京师哲学 古典哲学

BNU Philosophy

朱子论"曾点气象"研究

田智忠 著

中国社会科学出版社

图书在版编目(CIP)数据

朱子论"曾点气象"研究／田智忠著．—北京：中国社会科学出版社，2020.5
ISBN 978-7-5203-6108-8

Ⅰ.①朱… Ⅱ.①田… Ⅲ.①朱熹（1130—1200）—哲学思想—研究 Ⅳ.①B244.75

中国版本图书馆CIP数据核字（2020）第040524号

出 版 人	赵剑英	
责任编辑	冯春凤	
责任校对	张爱华	
责任印制	张雪娇	

出 版	中国社会科学出版社	
社 址	北京鼓楼西大街甲158号	
邮 编	100720	
网 址	http://www.csspw.cn	
发 行 部	010-84083685	
门 市 部	010-84029450	
经 销	新华书店及其他书店	
印 刷	北京君升印刷有限公司	
装 订	廊坊市广阳区广增装订厂	
版 次	2020年5月第1版	
印 次	2020年5月第1次印刷	
开 本	710×1000 1/16	
印 张	20.5	
插 页	2	
字 数	332千字	
定 价	128.00元	

凡购买中国社会科学出版社图书，如有质量问题请与本社营销中心联系调换
电话：010-84083683
版权所有 侵权必究

编委会

主　　　编： 吴向东
编委会成员：（按笔画排序）
　　　　　　　田海平　兰久富　刘成纪　刘孝廷
　　　　　　　杨　耕　李　红　李建会　李祥俊
　　　　　　　李景林　吴玉军　张百春　张曙光
　　　　　　　郭佳宏　韩　震

总序：面向变化着的世界的当代哲学

吴向东

真正的哲学总是时代精神的精华。进入 21 世纪 20 年代，世界的变化更加深刻，时代的挑战更加多元。全球化的深度发展使得各个国家、民族、个人从来没有像今天这样紧密地联系在一起。以理性和资本为核心的现代性，在创造和取得巨大物质财富与精神成就的同时，也日益显露着其紧张的内在矛盾、冲突及困境。现代科技的迅猛发展，特别是以人工智能为牵引的信息技术的颠覆性革命，带来了深刻的人类学改变。它不仅改变着人们的生产方式、交往方式，而且改变着人们的生活方式和价值观念。在世界历史背景下展开的中国特色社会主义的伟大实践，形成了中国特色社会主义道路、理论、制度、文化，意味着一种新型文明形态的可能性。变化着的世界与时代，以问题和文本的方式召唤着当代哲学家们，去理解这种深刻的变化，回应其内在的挑战，反思人的本性，重构文明秩序根基，塑造美好生活理念。为此，价值哲学、政治哲学、认知哲学、古典哲学，作为当代哲学重要的研究领域和方向，被时代和实践凸显出来。

价值哲学，是研究价值问题的哲学分支学科。尽管哲学史上一直有着强大的道德哲学和政治哲学的传统，但直到 19 世纪中后期，自洛采、尼采开始，价值哲学才因为价值和意义的现实问题所需作为一门学科兴起。经过新康德主义的张扬，现当代西方哲学的重大转向都在一定程度上蕴涵着价值哲学的旨趣。20 世纪上半叶，价值哲学在西方达到一个高峰，并逐渐形成先验主义、经验主义、心灵主义、语言分析等研究路向。其中胡塞尔的现象学开辟了新的理解价值的进路；杜威建构了以评价判断为核心的实验经验主义价值哲学；舍勒和哈特曼形成系统的价值伦理学，建构了相对于康德的形式主义伦理学的质料伦理学，还有一些哲学家利用分析哲学进路，试图在元伦理学的基础上对有关价值的表述进行分析。当代哲学家诺奇克、内格儿和泰勒等，一定程度上重新复兴了奥地利价值哲学学派，创造了在当代有关价值哲学的讨论语境。20世纪70年代以后，西方价值理论的研究重心从价值的元问题转向具体的道德和政治规范问题，其理论直接与公共的政治生活和个人的伦理生活相融合。

中国价值哲学研究兴起于20世纪80年代，缘于"文化大革命"的反思、改革开放实践的内在需要，并由真理标准的大讨论直接引发。四十年来，价值哲学经历了从分析价值概念到探究评价理论，再到聚焦价值观和社会主义核心价值观研究的发展历程，贯穿其中的主要特点是理论逻辑和实践逻辑的统一。在改革开放的实践中，我们首先通过内涵价值的科学真理观解决对与错的问题，其次通过"三个有利于"评价标准解决好与坏的问题，最后通过社会主义核心价值观，解决"什么是社会主义，如何建设社会主义"的问题。同时，与马克思主义哲学研究的相互交融促进，以及与国际价值哲学的交流和对话，也是价值哲学研究发展历程中的显著特点。中国价值哲学在价值本质、评价的合理性、价值观的结构、社会主义核心价值观的内涵与逻辑等一系列问题上形成了广泛学术争论，取得了诸多的理论进展。就其核心而言，我认为主要成就可归结为实践论基础上的主体性范式和社会主义核心价值观的理论建构这两个方面。中国价值哲学取得的成就具有强烈的时代性特征和阶段性特点。随着世界历史的充分展开和中国改革开放的不断深入，无论是回应、解答当代中国社会和人类发展的新矛盾与重大价值问题，还是价值哲学内部的广泛争论形成的理论空间，都预示着价值哲学未来的发展趋向：完善实践论基础上的主体性解释模式，实现价值基础理论的突破；深入探究新文明形态的价值理念与价值原则，不仅要深度建构和全幅拓展以社会主义核心价值观为主导的中国价值，还要探求人类命运共同体的价值基础，同时对人工智能为代表的当代科学技术进行价值反思和价值立法，以避免机器控制世界的技术冒险；多学科研究的交叉与融合，并上升为一种方法论自觉。

政治哲学是在哲学层面上对人类政治生活的探究，具有规范性和实践性。其核心主题是应该用什么规则或原则来确定我们如何在一起生活，包括政治制度的根本准则或理想标准，未来理想政治的设想，财产、权力、权利与自由的如何分配等。尽管东西方都具有丰富的政治哲学的传统，但

20世纪70年代以降，随着罗尔斯《正义论》发表才带来了规范性政治哲学在西方的复兴。其中，自由主义、共和主义、社群主义竞相在场，围绕正义、自由、平等、民主、所有权等一系列具体价值、价值原则及其理论基础相互论争，此起彼伏。与此同时，由"塔克—伍德"命题引发的马克思与正义问题的持续讨论，使得马克思的政治哲学思想在西方学界得到关注。新世纪以来，随着改革开放进入新的历史阶段，国内政治哲学研究开始兴起，并逐渐成为显学。这不仅表现在对西方政治哲学家的文本的大量译介和深入研究；更表现在马克思主义政治哲学研究的崛起，包括对马克思主义政治哲学的特征、基本内容等阐释以及对一些重大现实问题的理论回应等；同时也表现在对中国传统政治哲学的理论重构和现代阐释，以及从一般性视角对政治哲学的学科定位和方法论予以澄清和反思等。

无论是西方政治哲学的复兴，还是国内政治哲学研究的兴起，背后都能发现强烈的实践的逻辑，以及现实问题的理论诉求。面对当代实践和世界文明的裂变，政治哲学任重道远。一方面，马克思主义政治哲学本身并不是现成的，而是需要被不断建构的。马克思主义政治哲学有着自己的传统，其中人类解放，是马克思主义，也是马克思主义政治哲学的主题。在这一传统中，人的解放首要的取决于制度革命，制度革命其实包含着价值观的变革。所以，在当代理论和实践背景下讨论人的解放，不能离开正义、自由、平等、尊严等规范性价值，这些规范性价值在马克思主义政治哲学中需要被不断阐明。而在中国特色社会主义实践背景下建构当代中国马克思主义政治哲学，更应该是政治哲学研究的理论旨趣。另一方面，当代人类政治实践中的重大问题需要创新性研究。中国学界需要以马克思主义政治哲学为基本框架，综合各种思想资源，真正面对和回应当代人类政治实践中的矛盾和问题，诸如民粹主义、种族主义、环境政治、女性主义、全球正义、世界和平等等，做出具有人类视野、原则高度的时代性回答。

认知哲学是在关于认知的各种科学理论的基础上反思认知本质的哲学学科。哲学史上一直存在着关于认知的思辨的传统，但是直到20世纪中叶开始，随着具有跨学科性质的认知科学的诞生，认知哲学作为哲学的分支学科才真正确立起来，并以认知科学哲学为主要形态，涉及心理学哲学、人工智能哲学、心灵哲学、认知逻辑哲学和认知语言哲学等。它不仅处理认知科学领域内带有哲学性质的问题，包括心理表征、心理计算、意识、行动、感知等等，同时也处理认知科学本身的哲学问题，对认知神经科学、语言学、人工智能等研究中的方法、前提、范式进行哲学反思。随着认知诸科学，如计算机科学、认知心理学、认知语言学、人类学、认知神经科学等学科的发展，认知哲学的研究在西方学界不断推进。从图灵到西蒙、从普特南到福多，从德雷福斯到塞尔等等，科学家和哲学家们提出了他们自己各不相同的认知理论，共同推动了认知科学的范式转变。在认知本质问题上，当代的认知科学家和哲学家们先后提出了表征—计算主义、联结主义、涉身主义以及"4E＋S"认知等多种理论，不仅深化了对认知的理解，也为认知科学发展清理障碍，提供重要的理论支持。国内的认知哲学研究与西方相比虽然有一定的滞后，但近些年来，与国际学界保持着紧密的联系与高度的合作，在计算主义、"4E＋S"认知、知觉哲学、意向性、自由意志等领域和方向的研究，取得了积极进展。

认知哲学与认知科学的内在关系，以及其学科交叉性，决定了认知哲学依然是一个全新的学科领域，保持着充分的开放性和成长性。在新的时代背景下，随着认知诸科学的发展和突破，研究领域中新问题、新对象的不断涌现，认知哲学会朝着多元化方向行进。首先，认知哲学对已经拉开序幕的诸多认知科学领域中的重要问题要进行深入探索，包括心智双系统加工理论、自由意志、预测心智、知觉—认知—行动模型、人工智能伦理、道德决策、原始智能的涌现机制等等。其次，认知哲学会继续对认知科学本身的哲学前沿问题进行反思和批判，包括心理因果的本质、省略推理法的效力、意识的还原策略、涉身性的限度、情境要素的作用、交叉学科的动态发展结构、实验哲学方法等等，以期在认知科学新进展的基础上取得基础理论问题研究的突破。再次，认知哲学必然要向其他诸般研究人的活动的学科进行交叉。由于认知在人的活动中的基础性，关于认知本身的认识必然为与人的活动相关的一切问题研究提供基础。因此，认知哲学不仅本身是在学科交叉的基础上产生的，它也应该与经济学、社会学、政治学、法学等其他学科相结合，将其研究成果运用于诸学科领域中的相关问题的探讨。在哲学内部，认知哲学也必然会与其他领域哲学相结合，将其研究成果应用到形而上学、知识论、伦理学、美学诸领域。通过这种交叉、运用和结合，不仅相关学科和问题研究会得到推进，同时认知哲学自身也会获得新的发展。

古典哲学，是指东西传统哲学中的典型形态。西方古典哲学通常是指古希腊哲学和建立在古希腊哲学传统之上的中世纪哲学，同时也包括18世纪末到19世纪上半叶以康德和黑格尔为主的德国古典哲学，在某种意义上来说，康德和黑格尔就是古希腊的柏拉图和亚里士多德。无论是作为西方哲学源头的古希腊哲学，还是德国古典哲学，西方学界对它的研究各方面都相对比较成熟，十分注重文本和历史传承，讲究以原文为基础，在历史语境中专题化讨论问题。近年来一系列草纸卷轴的发现及文本的重新编译推动着古希腊哲学研究范式的转换，学者在更广阔的视野中理解古希腊哲学，或是采用分析的方法加以研究。德国古典哲学既达到了传统形而上学的最高峰，亦开启了现代西方哲学。20世纪德国现象学，法国存在主义、后现代主义等思想潮流从德国古典哲学中汲取了理论资源。特别是二战之后，通过与当代各种哲学思潮的互动、融合，参与当代问题的讨论，德国古典哲学的诸多理论话题、视阈和思想资源得到挖掘和彰显，其自身形象也得到了重塑。如现象学从自我意识、辩证法、社会正义等不同维度推动对古典哲学误解的消除工作，促成了对古典哲学大范围的科学研究、文本研究、问题研究。以法兰克福学派为首的西方马克思主义，从阐释黑格尔总体性、到探究否定辩证法，再到发展黑格尔承认理论，深刻继承并发挥了德国古典哲学的精神内核。在分析哲学潮流下，诸多学者开始用现代逻辑对德国古典哲学进行文本解读；采用实在论或实用主义进路，讨论德国观念论的现实性或现代性。此外，德国古典哲学研究也不乏与古代哲学的积极对话。在国内学界，古希腊哲学，特别是德国古典哲学，由于其与马克思主义哲学的密切关系，受到瞩目和重视。在过去的几十年中，古典哲学家的著作翻译工作得到了加强，出版了不同形式的全集或选集。研究的领域、主题和视阈得到扩展，如柏拉图和亚里士多德的伦理学、政治哲学，康德的理论哲学、美学与目的论、实践哲学、宗教哲学、人类学，黑格尔的辩证法、法哲学和伦理学的研究可谓方兴未艾。中国马克思主义学者从马克思主义哲学与德国古典哲学关系的视阈对古典哲学研究也是独具特色。

中国古典哲学，包括先秦子学、两汉经学、魏晋玄学、隋唐佛学、宋明理学等，是传统中国人对宇宙人生、家国天下的普遍性思考，具有自身独特的问题意识、研究方式、理论形态，构成中国传统文化的核心，深刻影响了中国人的生活方式、思维方式和价值世界。在近现代社会转型中，随着西学东渐，中国传统哲学学术思想得到重新建构，逐渐形成分别基于马克思主义、自由主义、保守主义的不同的中国古典哲学研究范式，表现为多元一体的研究态势与理论倾向。其中胡适、冯友兰等借鉴西方哲学传统，确立中国哲学学科范式。以侯外庐、张岱年、任继愈、冯契为代表，形成了马克思主义思想指导下的研究学派。从熊十力、梁漱溟到唐君毅、牟宗三为代表的现代新儒学，力图吸纳、融合、会通西学，实现理论创造。改革开放以来，很多研究者尝试用西方现代哲学诸流派以至后现代哲学的理论来整理中国传统学术思想材料，但总体上多元一体的研究态势和理论倾向并未改变。在新的时代背景下，随着中国现代化进程进入崭新阶段，面对变化世界中的矛盾和冲突，中国古典哲学研究无疑具有新的语境，有着新的使命。一方面，要彰显中国古典哲学自身的主体性。扬弃用西方哲学基本问题预设与义理体系简单移植的研究范式，对中国传统哲学自身基本问题义理体系进行反思探索和总体性的自觉建构，从而理解中国古典哲学的本真，挖掘和阐发其优秀传统，使中华民族最基本的文化基因与当代文化相适应、与现代社会相协调。另一方面，要回到当代生活世界，推动中国古典哲学的创造性转化、创新性发展。以当代人类实践中的重大问题为切入点，回溯和重释传统哲学，通过与马克思主义哲学、西方（古典和当代）哲学的深入对话，实现理论视阈的交融、理论内容的创新，着力提出能够体现中国立场、中国智慧、中国价值的理念、主张、方案，从而激活中国古典哲学的生命力，实现其内源性发展。

价值哲学、政治哲学、认知哲学、古典哲学，虽然是四个相对独立的领域与方向，然而它们又有着紧密的内在联系，相互影响、相互交融。政治哲学属于规范性哲学和实践哲学，它讨论的问题无论是政治价值、还是政治制度的准则，或者是政治理想，都属于价值问题，研究一般价值问题的价值哲学无疑为政治哲学提供了理论基础。认知哲学属于交叉学科，研究认知的本质，而无论是价值活动，还是政治活动，都不能离开认知，因而价值哲学和政治哲学，并不能离开认知哲学，反之亦然。古典哲学作为一种传统，是不可能也不应该为思想研究所割裂的。事实上，它为价值哲学、政治哲学、认知哲学的研究与发展提供了丰富的思想资源。无论是当代问题的解答，还是新的哲学思潮和流派的发展，往往都需要通过向古典哲学的回溯而获得思想资源和理论生长点，古典哲学也通过与新的哲学领域和方向的结合获得新的生命力。总之，为时代和实践所凸显的价值哲学、政治哲学、认知哲学、古典哲学，正是在它们相互联系相互交融中，共同把握时代的脉搏，解答时代课题，将人民最精致、最珍贵和看不见的精髓集中在自己的哲学思想里，实现哲学的当代发展。

北京师范大学哲学学科历史悠久、底蕴深厚，始终与时代共命运，为民族启慧思。1902年建校伊始，梁启超等一批国学名家在此弘文励教，为哲学学科的建设奠定了基础。1919年设立哲学教育系。1953年，在全国师范院校率先创办政治教育系。1979年改革开放之初，在原政治教育系的基础上，成立哲学系。2015年更名为哲学学院。经过几代学人的辛勤耕耘，不懈努力，哲学学科蓬勃发展。目前，哲学学科形成了从本科到博士后系统、完整的人才培养体系，拥有马克思主义哲学、外国哲学等国家重点学科、北京市重点学科，教育部人文社会科学重点研究基地价值与文化中心，国家教材建设重点研究基地"大中小学德育一体化教材研究基地"，Frontiers of Philosophy in China、《当代中国价值观研究》《思想政治课教学》三种学术期刊，等等，成为我国哲学教学与研究的重镇。

北京师范大学哲学学科始终坚持理论联系实际，不断凝聚研究方向，拓展研究领域。长期以来，我们在价值哲学、人的哲学、马克思主义哲学基础理论、儒家哲学、道家道教哲学、西方历史哲学、科学哲学、分析哲学、古希腊伦理学、形式逻辑、中国传统美学、俄罗斯哲学与宗教等一系列方向和领域，承担了一批国家重大重点研究项目，取得了有影响力的成果，形成了具有鲜明京师特色的学术传统和学科优势。面对当今时代的挑战，实践的召唤，我们立足于自己的学术传统，依循当代哲学发展的逻辑，进一步凝练学科方向，聚焦学术前沿，积极探索价值哲学、政治哲学、认知哲学、古典哲学的重大前沿问题。为此，北京师范大学哲学学院、教育部人文社会科学重点研究基地价值与文化研究中心和中国社会科学出版社合作，组织出版价值哲学、政治哲学、认知哲学、古典哲学之京师哲学丛书，以期反映学科最新研究成果，推动学术交流，促进学术发展。

世界历史正在进入新阶段，中国特色社会主义已经进入新时代。这是一个社会大变革的时代,也一定是哲学大发展的时代。世界的深刻变化和前无古人的伟大实践,必将给理论创造、学术繁荣提供强大动力和广阔空间。习近平指出:"这是一个需要理论而且一定能够产生理论的时代,这是一个需要思想而且一定能够产生思想的时代。我们不能辜负了这个时代。"北京师范大学哲学学科将和学界同道一起,共同努力,担负起应有的责任和使命,关注人类命运,研究中国问题,总结中国经验,创建中国理论,着力构建充分体现中国特色、中国风格、中国气派的哲学学科体系、学术体系、话语体系,为中华文明的伟大复兴贡献力量。

初版序

今年5—6月间，香港浸会大学举行了一个名为《当代语境下的儒耶对谈：思想与实践》的学术会议。与会的大陆和台港儒学研究学者不少，但对儒学的现状和前景，却弥漫着一种缺乏底气的、悲观的情绪。以致有基督教学者公开提出质疑：你们所谓儒学，观点论域不一，并未形成一个统一的、稳定的观念和价值系统；现在讲对谈，我们实不知与谁（?!）来对谈。这个质疑，虽嫌尖刻，却颇切中要害。但据我个人近年来对儒学发展状况的观察，觉得对儒学的未来，应持一种适度乐观的态度。我在大会的闭幕会上就此作了一点回应：主要是提请大家注意近四至五年来大陆儒学发展中所出现的一个重要动向——民间儒学和学术的兴起，并对之加以反思。

的确，现代以来，由于太过长期的"革命"、充斥整个社会的反传统思潮和西方文化的冲击，中国社会生活样式的历史连续性发生断裂，儒学既失其制度性依托，亦逐渐失去了它与社会生活的联系。在学术层面上，现代的儒学研究乃退居学院化一端，被纳入现代西方的学术规范和思想框架。这样，作为中国文化学术之整合基础和人伦教化之超越性本原的传统儒学，乃转而成为现代学术分科中之一"科"，成为一种无关乎社会生活的"理论"和析出于历史连续性之外的"知识"，使之难以构成为中国现代文化重建的一个活的文化生命动力。儒学似乎失去了它在现代社会的立身之所。有学者把儒学在现代中国的存在状况形象地比喻为博物馆之陈列品[①]或无体之"游魂"[②]，这似乎并不为过。

---

① 这是美国汉学家列文森对儒学在现代中国状况的一个基本的判断：儒学已成"博物馆"中的存在，正因为它已退出了历史，不足以影响现实生活，因而才得以被"收藏"。参阅列文森《儒教中国及其现代命运》第三卷第二部分和"结束语"，中国社会科学出版社2000年版。

② "游魂"说是余英时先生关于现代儒学的困境的一个形象说法。参阅余英时《现代儒学的困境》一文，收入其所著《现代儒学的回顾与展望》（生活·读书·新知三联书店2004年版）。

但是，一支延续了数千年的文化血脉，不可能被轻易斩断。近几年，中国大陆儒学的状况发生了令人意想不到的变化，其最显著的表现，就是民间儒学、学术的兴起与快速发展。各地种种民间性的儒学和学术组织，如书院、精舍、学堂、学塾、学会、讲堂等纷纷恢复或建立；各类民间性学术文化活动，诸如读经、会讲、讲学、读书会、沙龙、法会等，亦日趋活跃，中国的民间儒学和学术经过一段时间的孕育，已渐有复兴和蔚成风气之趋势。从更深一层来看，这种状况乃表现了一种民众文化意识的转变和觉醒。20世纪80年代的文化热，是反传统意义上的"热"，就连一般具有自由意识的知识精英，也难以摆脱当时政治现实和流行思潮的束缚，而将中国现实社会的种种弊端和问题简单地归咎于儒学和历史传统。90年代的儒学热，其实亦只是少数学院知识分子所关注和讨论的事情。值得注意的是，本世纪初以来的儒学和文化热，却不仅限于学院学者和学术研究，同时亦根于民间，逐渐深入民众意识。这两年，大陆出现了一些在大众中受到普遍认可，具有轰动性效应的"学术明星"。近所谓"于丹现象"，就是一个突出的例子。每一时代都有属于自己的"明星"，在这个意义上，"明星"乃标志一个时代的价值和精神企向。战争年代的明星是"英雄"，"文革"时代的明星是"造反派"。在我们这个穷奢极欲和消费至上的时代，为大众所广泛认可的儒学和学术明星的出现，正表现了社会民众之儒学和传统文化认同意识的觉醒。

民间儒学和学术的兴起，其意义并不限于一般民众生活，它也在推动着学院儒学的转变。民间的儒学和学术，其特点是自由的选择、自由的讲学、自由的思考，总之，体现着一种自由的精神。因其起于民间，与民众生活密切相关，故更具移风易俗的教化作用。在这个意义上，目前的学院儒学和学术，亦可以说已经开始逐渐民间化并已具有了相当的民间性。学院儒学和传统思想学术的研究，其诠释的原则，已经由一元趋于多元。这为学者的自由选择提供了条件，使其研究工作可以与自己的志趣乃至其价值的认同逐渐达致合一。知行合一，本是儒学和中国传统思想学术的根本精神。在这种情势下，学者已逐渐有可能秉承传统"为己之学"之宗旨，无所依傍，说自己的话，走自己的路，这使学院的儒学和学术渐具教化之功能，亦具有了切合于一般社会和民众生活的可能性。考虑到大学招生的历年扩大，现在，约半数的青年人要从各类高校毕业走向社会，学院儒学的教化作用已具有不可忽视的重要性。借用余英时先生的譬喻，这是否意味着，儒学可能有机会在当代中国的社会生活中"借尸还魂"，而不再做无体之"游魂"了呢？

对中国当前儒学发展的现状和趋势，我的评估是：有喜有忧，而喜大于忧。

《礼记·中庸》说："君子之道，造端乎夫妇；及其至也，察乎天地。"从历史来看，儒学作为中国传统社会核心的教化理念，既植根于社会人伦和民众日常生活，又能以其超越性的价值理念对之加以诠释、点化和提升，二者之间，总保持一种有活力的互动张力关系。这是儒学能够持续地保有其活的文化灵魂和生命原创力的原因所在。因此，重建儒学与社会和民众生活的内在联系，乃是儒学未来获得健康发展的根本途径。近年民间儒学和学术的兴起，以及民众传统文化认同意识的觉醒，已逐步为此建立起一个现实的基础。此吾人所可以为之"喜"者。

"历史性"与"当代性"，乃是文化自身之共属一体的两个方面。由乎其历史性，文化乃保有其民族的个性和其原创性的动力；由乎其当代性的建构，文化乃具有其当下生命的活力和因应现实及其持续展开的普世性价值。就作为中国文化主流的儒学而言，不同时代各有自己时代的儒学。这本身就显示了文化之历史性与其当代性的统一性。在中国两千多年的历史上，儒学之所以能够与民众生活密切关联而具有普世性的教化作用，这是其根本所在，而不仅仅因儒学的政治制度化使然。学者已普遍意识到，在现代的儒学研究中，长期存在着一种理论诠释原则（尤其是政治意识形态化了的理论原则）与历史传统相互外在的状况，这不仅已经导致了现代儒学研究之"历史性"的缺失，同时亦使我们未能真正建立起当代形态的儒学系统。由于缺乏独立的社会生活空间，我国民间儒学和学术长期付诸阙如。近年来，民间儒学和学术迅速兴起，面对这种情势，我们却突然发现我们的研究与之相距甚远，难以切合和因应。在我们为民间儒学和学术的兴起感到鼓舞的同时，也应看到，时下民间传统也表现出一种沉沦和堕落的趋向，如民间宗教常常流于荒诞迷信和巫蛊小道，传统宗族亲亲关系在很多地方衍生为族长专制势力等等。中国传统儒学对包括祭祀、卜筮、神灵崇拜等民间宗教并不排斥，而是采取"神道设教"的方式，以"察乎天地"的"君子之文"，对百姓生活之"神"加以澄汰、点化和提升，而赋予其超越性的精神意义①。这一点在当代中国仍有重要的借鉴意义。一般社会民众生活和民间宗教具有很强的功利性和迷信巫化的倾向，需要有合宜的礼仪礼俗形式，以及与之相切合的形上理念系统对之加以教化和提升，方不至趋于腐化和巫蛊化，由之保持其健康的发展。未能建立起与民众社会生活相切合的、具有当代性意义的教化理念和价值系统，这是目前社会生活趋于沉沦和堕落的根本原因所在。此吾人所当以为"忧"者。

因此，逐步建构起能够与社会和民众精神生活相切合的儒学现代形态，应是当前儒学研究的一个当务之急，且亦是一个长期的任务。从精神层面而言，当前学院的儒学研究已经具有了相当的"民间性"，这是其能够再度获致其生命原创力的一个前提。但要注意的是，这个"民间性"，是指它摆脱外在的意识形态束缚，而真正表现出价值上的自由选择，学术上的自由思考、自由讲学这种自由的精神，从而真正属于社会，关乎世道人心而言，并非要从现实上使之成为民间的书院。从现实层面而言，学院的儒学研究与民间的儒学和学术仍是有区别的。在现代分工的条件下，学院儒学在学术力量和资源的掌握上无疑都处于主导和优势的地位。因此，学院儒学理应成为儒学和中国文化当代形态理论建构的核心力量，学院儒学应承担起这份历史的责任和使命。

学院儒学要能够承担起这份责任和使命，就需要反思自己的研究方法和理论视角。简单说来，现代儒学研究之所以不能很好地切合民众生活和世道人心，乃由于其"历史性"的缺失；这"历史性"的缺失，则由于儒学本体的未能重建和挺立。

就应对外来文化和思想的冲击而言，现代儒学所面临的处境颇与宋明儒相似。毫无疑问，宋明儒学受到佛学很大的影响。但是，这个影响所产生的结果，是儒学作为心性义理之学之形上本体的重建，而非一些学者所谓的"阳儒阴释"。宋明儒学虽以心性义理之学的建构为要务，然其学说的根本，实在于世道人心之教化与人伦秩序之安顿，而非专主于空谈性

---

① 《易·观·象传》："圣人以神道设教而天下服矣。"《荀子·天论》："君子以为文，而百姓以为神。""神道设教"，是对民间宗教信仰的因任，但因任非放任，故须导之以"君子之文"，以使其具有超越性的精神价值。这是儒家对社会民众生活行其教化的一种重要方式。

命。宋儒秉持"体用一源，显微无间"①的信念，坚信儒学的外王和教化，不能建基于释老的性命之理。故其心性义理之学，乃旨在应对释老对儒家传统价值理念的冲击，以重建圣学教化和外王事业之形上学的基础。余英时先生大著《朱熹的历史世界》，对此已有充分的说明②。自上世纪初叶起，儒学既面临学术现代转型的问题，其社会生活的基础亦逐渐遭致削弱。中国哲学学科的建立，标志着包括儒学在内的中国传统学术思想研究初步完成了它的现代转型。

此一转型，实势所必然。它对于实现儒学及其中国传统学术思想与西方哲学、学术思想在现代学术层面上的交流与对话，无疑具有划时代的意义。但从根本上讲，这一转型，并未实现建基于儒学和中国传统学术思想的、新的诠释原则的生成及其文化主体性的现代重构，而是据西方哲学的概念框架，对之作外在的规划。就儒学而言，这一转型，实质上已使其性质发生了一种我们可以称之为"阳儒阴西"的嬗变。这与宋明儒学所受佛学的影响，不可同日而语。近年民间儒学和学术的兴起，标志着社会精神生活之历史记忆和文化主体意识的逐渐复苏，同时也愈益凸显出这种"阳儒阴西"型儒学对社会和民众精神生活的不相干性。

从历史上看，那些具有划时代意义的文化巨擘——孔子、孟子、董子、朱子等，其在思想、文化上的成就，乃皆经数百年之文化积累孕育而成者。现代形态的儒学建构，亦需要长时期的人文积累和孕育。而长期以来理论诠释原则与历史传统的相互外在，造成了我们的儒学研究在思想学术上人文积累的缺失和思想原创力的不足。近年来，与民间儒学和学术的渐趋活跃相呼应，学院儒学也在悄然发生着一种学术上的转向。儒学学者民族和文化关怀的意识增强，儒学哲理系统所蕴含的教化或宗教性义涵受到关注。尤其令人感到欣喜的是，一批青年儒学学者在学术上逐渐成熟。这一代学人的学术成长经历伴随着中国经济崛起，国力渐强和文化主体意识觉醒的过程，因而具有对历史传统强烈的认同感，思想上较少政治意识形态的束缚。其学术训练系统，外语功底扎实，对中西学术能够融会贯

---

① 《周易程氏传序》，《二程集》，中华书局1981年版，第689页。
② 参阅余英时《朱熹的历史世界》下篇第八章第一、二节，生活·读书·新知三联书店2004年版。

通。他们的研究较之前一代学者，表现出一种独特的问题意识、历史眼光和创造精神。他们的加入，已逐渐使儒学的研究由单向度的西方哲学和思想学术标准转向对儒学自身学术思想独特性及其历史文化内涵的揭示。这对于儒学现代形态的重建所需的人文积累和孕育，具有重要的作用。

据我的观察，近年青年学者的儒学研究，在研究方法和诠释视角上的一个重要转变，就是从注重概念范畴的分类辨析转向由问题的考察切入儒学的历史传统。此点看似简单，但关系重大。概念范畴的分类辨析，是注重在外部对儒学做抽离于其历史和精神传统的理论分析，而问题的考察则着眼于揭示问题在原有历史序列中的意义，其方式表现为回归播学大传统之整体性的意义重构。我们手头这部田智忠博士所著《朱子论"曾点气象"研究》，就是在这个方面有突出表现的一部儒学研究著作。

一个时代的思想建构，首先表现为一些核心话题的孕育和凝练。"曾点气象"之形成为宋代儒学的流行话语之一，亦有着某种历史和思想的必然性。宋明儒有关"曾点气象"的讨论和思想的历史性展开，其中各种复杂观点的交错与交锋，徘徊于所谓"敬畏与洒落"之两极互通的张力关系中。这表现出宋儒凸显道德心性和超越境界而又拒斥佛老，以达儒学心性本体和形上学重建的精神追求。朱子的"曾点气象论"，既有对曾点得见天理流行之悠然"胸次"的褒扬，亦有对片面强调和乐而易流于释老蹈空蹈虚之弊的警觉与排拒，在其一身之中，已表现出上述思想的复杂性，而这同时也折射出有宋一代儒学应对释老，实现其"当代性"重建的时代课题。因此，"曾点气象论"，看似一小问题，但却具有贯穿、透视并切中整个时代精神，并由此上接儒学大传统的重要意义。本书通过对朱子"曾点气象"论的形成发展过程的细致考察，揭示了"曾点气象"成为理学流行话语的思想与历史必然性。作者将"曾点气象"的研究范围从《论语集注》扩展到朱子全部文本作全面系统的分疏，由《论语集注》稿本的发展及相关书信的考辨对朱子的"曾点气象论"做历史性的分析；并由此契入，直探朱子思想中有无、虚实、本体、功夫、境界等重要哲学范畴，将之聚焦于一点加以透视，重新赋予了哲学概念的研究以历史的连续和文化生命的意义。这种研究视角的转变和突出的问题意识，是本书的一个重要的特点。

在本书中，作者给自己的研究提出的一个目标和努力的方向，就是希望能够从认识历史的、具体的、现实的朱子出发，来思考朱子本人所关注、所思考的问题，进而引出朱子所思及其所提出的答案、对策对于现代儒学重建所能带来的启示。本书指出，对朱子的研究首先涉及对朱子的定位问题。作者认同余英时先生的观点，认为应该把朱子看作一位具有坚定儒学信仰，以重建社会道德秩序为己任的传统士大夫，而非纯粹以构建知识化的理论体系为归宿的思辨哲学家。作者强调，单纯从概念范畴分类辨析的角度来研究朱子，就很容易导致对其理解的片面化，乃至于使我们的朱子思想研究有脱离儒学发展大传统的危险。当然，作者这样说，并不是完全排斥对传统的哲学化解读，而是意在强调我们应该透过古人对道德心性诸概念的辨析，契会其所思考的问题之内在的历史文化内涵，进而把握其思想的活的生命精神，强调我们对朱子的理解，应该有一个从知识化到生活化的转变。因此，研究的重心应在问题而非范畴，或者说，应由问题而透视范畴，而不是相反。在这里，所谓问题不是细枝末节的问题，而是围绕儒学主题而展开的"关键"问题、整体性问题，是朱子本人终身都在思考的问题。这些问题紧紧关联着朱子的现实生活，也是大多数对儒学抱有坚定信仰的儒者都在思考的问题。由此，我们的研究才能够切中儒学的根本，切中儒学在数千年的发展中日新而又恒久的精神。应该说，本书在方法论的自觉上，也有自己的独到之处。

基于此，本书在对朱子著述的文本诠释上，亦颇能避免外在解释，隔靴搔痒之病，而较能给予同情的了解。其在文献的考辨、资料的梳理和有关朱子道德心性、境界、工夫、教化等理论的诠释上，都能提出新解，给人以耳目一新之感。

我们这个时代是一个大时代。一个民族的复兴有其因缘时会，现代中国在经济发展和国力上的逐渐强大，为中华民族的伟大复兴提供了基础和契机。但民族复兴的内在灵魂乃是文化的复兴。目前，民间儒学和学术的兴起，民众传统文化主体意识的觉醒，既逐渐为儒学和中国文化凝聚着其还"魂"之"体"，亦在呼唤着一个儒学和中国文化现代形态的孕育成型。从历史上看，一个时代文化和学术新形态的创造，需经长时期的积累、凝聚和孕育乃能竟其功。近年学院儒学和学术的民间化转向，和由新一代学人所代表的新的诠释视角和研究方法的变化，已使学院的儒学和学术研究逐渐找到了它契会传统的历史切合点。这亦使现代形态儒学和学术建构所需之人文积累和孕育，成为可能并加速其进行。学院儒学的学术理论创造和民众生活之文化认同意识的复苏与孕育，二者合力并功，相持而长，中华民族的真正复兴似已可期之于不太遥远的将来。这是我对儒学和中国文化的未来秉持着一种乐观态度的依据所在。

田智忠君2003年考来北京师范大学跟我攻读中国哲学专业的博士学位。这部《朱子论"曾点气象"研究》，即是他的博士学位论文。论文在答辩时受到答辩委员会诸位先生的一致好评，并获得北京师范大学2006年优秀博士论文的奖励。本书即将由巴蜀书社收入《儒道释博士论文丛书》出版，智忠君希望我为此书写一篇序，于是谈了以上这些感想，以为本书序言。

李景林

2007年7月于北师大励耘9楼寓所

目　录

初版序 …………………………………… 李景林（1）
导论 ……………………………………………………（1）
 一　问题的提出 ……………………………………（1）
 二　线索与脉络 ……………………………………（7）
第一章　问题的缘起 …………………………………（9）
 第一节　曾点、气象与"曾点气象" ……………（9）
 第二节　"曾点气象"问题的兴起 ……………（20）
 第三节　宋儒"曾点气象论"的演变及其精神 …（34）
  一　朱子前"曾点气象论"的演变 ……………（34）
  二　宋儒论"曾点气象"的精神 ………………（59）
第二章　朱子论"曾点气象"考
  ——以《文集》为中心 ………………………（67）
 第一节　朱子"早年"思想发展概述 ……………（69）
  一　无所不学阶段 ………………………………（70）
  二　从学延平阶段 ………………………………（75）
  三　中和之悟阶段 ………………………………（86）
 第二节　朱子"早年"思想发展与其论"曾点气象"
   的关系 ………………………………………（98）
 第三节　朱子在《论语集注》初稿成书之际对"曾点
   气象"的讨论 ………………………………（104）
  一　约在《论语集注》成书前朱子论"曾点气象"
   的书信研究 ………………………………（105）
  二　朱子在《论语集注》初稿成书之际的"曾点

气象论" …………………………………………………（113）
第四节　朱子对《论语集注》"曾点言志"节的修改——兼从一个新的视角看朱陆异同 ……………（128）
　一　朱陆异同概说 ………………………………………（129）
　二　1186 年朱子论"曾点气象"书信研究 ……………（138）
　三　1196 年朱子论"曾点气象"书信研究 ……………（140）
　四　1197 年朱子论"曾点气象"书信研究 ……………（156）
　五　1198 年朱子论"曾点气象"书信研究 ……………（167）
　六　1199 年朱子论"曾点气象"书信研究 ……………（168）
　七　朱子论《论语集注》"曾点言志"节的精神 ………（169）
　附录　朱子论"曾点气象"的其他书信研究 …………（172）
第五节　朱子在《论语集注》定稿中对"曾点气象"的讨论 ……………………………………………（175）
　一　定稿研究 ……………………………………………（176）
　二　朱子"易箦之叹"考 ………………………………（183）

第三章　朱子"曾点气象论"研究
——以《朱子语类》为中心 ………………………（186）
第一节　朱子"曾点气象论"的基本精神 ………………（186）
　一　推尊曾点之能见大本 ………………………………（186）
　二　推尊曾点之胸次 ……………………………………（190）
　三　大力强调理欲之辨 …………………………………（197）
　四　强调工夫与气象紧密相连 …………………………（201）
　五　批评"曾点气象"虚的一面 ………………………（202）
　六　基于"曾点气象"指示为学之序 …………………（205）
第二节　朱子对与"曾点气象"相关之"气象"的评论 ……（206）
　一　曾点与子路 …………………………………………（207）
　二　曾点与曾参 …………………………………………（208）
　三　曾点与颜回 …………………………………………（209）
　四　曾点与漆雕开 ………………………………………（210）
　五　曾点与庄子、邵雍 …………………………………（212）
　六　曾点与谢良佐 ………………………………………（213）

  七　曾点——朱子心中的圣人气象 …………………………（214）
  八　曾点与朱子气象 ………………………………………（218）
 第三节　一个典型个案研究 …………………………………（221）
第四章　朱子论"曾点气象"的评价及影响 ……………………（233）
 第一节　强调有无、虚实之辨 ………………………………（233）
 第二节　强调儒学与佛老之辨 ………………………………（239）
 第三节　强调现实批判精神 …………………………………（253）
 第四节　朱子"曾点气象论"的影响 ………………………（255）
结论　朱子论"曾点气象"的定性与定位 ……………………（285）
参考文献 …………………………………………………………（293）
后记 ………………………………………………………………（299）
再版后记 …………………………………………………………（301）

导　论

一　问题的提出

清儒颜元（字易直，一字浑然，35 岁时自号习斋，1635—1704）曾言：

> 仆尝有言，训诂、清谈、禅宗、乡愿，有一皆足以惑世诬民，宋人兼之，乌得不晦圣道、误苍生至此也！①
>
> 吾读《甲申殉难录》，至"愧无半策匡时难，惟余一死报君恩"，未尝不凄然泣下也。至览和靖祭伊川"不背其师有之，有益于世则未"二语，又不觉废卷浩叹，为生民怆惶久之。②
>
> 宋元来儒者，却习成妇女态，甚可羞。"无事袖手谈心性，临危一死报君王"则为上品矣。③

我们能从颜习斋的这些话中读出他对亡宋、亡明的深刻反思，也能读出他对以程朱为代表的整个理学的激烈批判。在明清鼎革之际，像他这样的话几乎成为一种潮流、一种时尚，但还没有人提得像他这么尖锐，如此痛快，如此决绝：

> 去一分程朱方见一分孔孟……程朱之道不熄，周孔之道不著，圣

---

① 颜元：《颜元集》，《习斋记余》卷 3《寄桐乡钱生晓城》，中华书局 1983 年版，第 439 页；钱穆先生之《中国近三百年学术史》作《与桐乡钱晓城书》，下同。
② 《颜元集》，《存学编》卷 2《性理评》，第 62 页。
③ 《颜元集》，《存学编》卷 1《学辨一》，第 51 页。

人复起，不易吾言矣。①

颜习斋所破程朱者，曰近禅、曰尚静、曰读书，而其攻击尤激烈者，则曰清谈性命，即今人所谓的"道德形上学"。今天看来，习斋所破者未必就能服宋人之口，尤其不能服朱子（朱子，名熹，字元晦，一字仲晦，号晦庵、晦翁、考亭、遁翁等，1130—1200）之口，但是他敢于"开二千年不能开之口，下二千年不敢下之笔"②，将宋儒们所津津乐道之义理心性、之种种玄言一笔推翻，诚可谓中国思想界之空谷绝响。不过具有讽刺意味的是，颜习斋虽然力辟程朱之失，但其本人"不免心性礼乐之见，故平日持论虽甚激昂，其制行则仍是宋明诸儒桀黠"③，而其迂腐、泥古与禁欲主义则远超宋儒。习斋勇于破旧却拙于开新④，竟在不自觉中走向他所批判者，这一点都不令人奇怪。但习斋所批评者，的确给我们反思宋儒之失提供了一个很好的思路。"祖尚清谈"、"空言道德性命"、喜谈"颜乐与点"、"阳儒阴禅"，毕竟是许多人对宋儒的一般看法⑤，他们更视宋儒之讨论"孔颜乐处"、"曾点气象"为此中的典型代表，攻之不遗余力。更有甚者，他们还有意无意间把宋明之亡归结为儒生之清谈性命（顾炎武）、之好议论（王夫之，字而农，号薑斋，1619—1692）⑥，或是近禅（潘平格，字用微，生卒不详；陈确；戴震）。我们很难说这些批评只是出于个人意气或个人偏见——儒学的本质在于化成世界，而讨论道德性命学的高峰却与宋明之亡同时出现，二者之间能没有丝毫干系吗，这一反差还不够触目惊心的吗？我们只能说，宋儒之于"道德性命"，成也在

---

① 《颜元集》，《习斋记余》卷1《未坠集续》，第398页。
② 王昆绳：《居业堂集》卷8《与婿梁仙来书》，转引自钱穆之《中国近三百年学术史》卷上，商务印书馆1997年版，第198页，下引本书只注作者、书名和页码。
③ 钱穆：《中国近三百年学术史》，第216页。
④ 这也是清儒的通病，其不满程朱者可以理解，而其提出替代程朱者，如忠恕反躬，如行己有耻，如六艺三事，同样难以尽孔孟之精神，同样难以担当天下者，可参《中国近三百年学术史》，第75页。
⑤ 诸如顾炎武（初名绛，字忠清，后改名炎武，字宁人。曾自署"蒋山佣"，人称亭林先生，1613—1682）、戴震（字东原，1723—1777）、陈确（字乾初，1604—1677）等人都持这一看法。
⑥ 船山之批判宋儒议论，可见《宋论·卷十》及赵园的《明清之际士大夫研究》的相关评论。

此，败亦在此。这应该是我们理解宋明理学的一个基本点①。

当然，仅仅把宋明之亡归结为儒生清谈误国自是倒果为因，不值一辩，而脱离具体历史环境，抽象地批判宋人一味谈论与点之乐如何如何，却看不到宋人在讨论此问题中所隐含的现实性与批判性，看不到他们背后蕴藏的忧患意识和危机感，就更不能算是理智的态度。每一种思潮的兴起，都会有其因、有其缘，也都会结其果，生其弊，会出现异化，这不值得大惊小怪。再者，这种异化还可能是人病而非法病。若因此即对理学一并打倒，自然也有其不足。

问题在于，像颜习斋等人那样仅仅把程朱之学定位为空谈道德性命是否恰当？对于习斋这一观点，余英时先生曾做过详细的考证，指出宋儒乃至于宋代僧人（如宗杲）的一个显著特征就是"大有为"、"平治天下"、"志切救世"②，可谓不刊之论。况且，我们不是对"先天下之忧而忧，后天下之乐而乐"和"为天地立心，为生民立命，为往圣继绝学，为万世开太平"③等语耳熟能详吗？这两种看法何以如此对立，究竟何者才能代表程朱之学的真精神？它们之间又存在怎样的关系？也许，我们只有运用史学的方法对宋代士大夫做出全景式的考察，才能最终解决此问题。

不过，宋儒之谈道德性命就只有负面效果吗？其实也不尽然。已经有学者指出，人性论不仅是作为一种思想，而居于中国哲学思想史中的主干地位，并且也是中华民族精神形成的原理、动力④，它也是我们把握整个儒学精神的一个关键点。儒学之作为成德成圣之学，必然会关注人成德成圣的根据问题。而儒学的特色就在于，它始终立足于从人的内在本质中去寻求其成德的根据，把成德规定为人性的充分实现。由此，成熟的儒学必然会以道德性命学为核心，必然会把强调义利心性之辨当作自己的主要话

---

① 何为宋儒乃至宋学的基本精神，至今仍无定论。这里只是针对明清之际思想家们批评立论。

② 余英时：《朱熹的历史世界》上册，生活·读书·新知三联书店2005年版，第129—142页，下同。

③ 此四句各家说法不一，《张载集·张子语录》为：为天地立志，为生民立道，为去圣继绝学，为万世开太平。而同书之《拾遗·近思录拾遗》则作：为天地立心，为生民立道，为去圣继绝学，为万世开太平。其他又有"为往圣继绝学"，"为生民立极"（见《黄氏日抄·横渠语录》）等不同说法。

④ 参见徐复观《中国人性论史·先秦篇》序，上海三联书店2001年版，第2页。

题。儒学在塑造国民性中的积极作用，也应该在此处寻找才对。

再者，宋儒之强调"道德性命"，也是针对此前儒学流传中的积弊而发。其中所体现出的批判精神、其革新的一面，实在不容忽视。而宋儒之所以敢于宣称自己度越汉唐，这是一个非常重要的原因。可以说，强调道德性命同样也是宋儒之心忧天下，志在济世的一个体现——强调正心诚意，强调尧舜其君，这与魏晋清谈的区别处显而易见。尤其值得强调的是，宋明诸儒自己对于时人竞言"孔颜乐处"、"与点之乐"的弊端也多有警觉，其所反复呼吁者则曰虚实之辨，曰力辨逃禅之失，曰下学上达，曰多谈工夫、少谈境界。这在朱子尤其是如此。由此，就出现了非常有趣的一幕：明清之际学者如颜习斋等，对于程朱思想的批判虽然激烈，虽然颇有鼓动性，其对实学之诉求也不可谓不强，却反不如朱子的自我批判更深刻，更圆通，更具悲天悯人之精神。这不能不令我们良加慨叹。今天，若我们不再被所谓亡国之痛所限定，而是能抱一同情理解之态度来看待该问题，则宋明人尤其是朱子于"孔颜乐处"、"曾点气象"之爱之恨，之得之失，正是一绝佳之研究与反思课题。这对于我们了解儒学发展之多维性、多元性，儒学内部发展的张力与活力，都有莫大的帮助。有鉴于此，本书选取在整个宋明之际谈论"曾点气象"最多、最认真、也最深刻的朱子为研究对象，希望以此来关照他在讨论此问题中所能透露出的诸多消息。

朱子之学博大精深，其思想体系之精密，其著述之淹博浩繁，都每每使人望而兴叹。朱子学又成为把握中国哲学精神之一正途，因此每每能勾起人研究它的冲动。不过，近年来朱子学的研究者都是中国哲学界的名家，这也使得该领域几乎成为后来初学小子的研究禁途。对此的研究若不能提纲挈领，循序而进，很可能是落得入宝山却空手而归的结果。因此，合理地选择研究朱子思想的进路就显得非常重要。当前，学界于朱子论"曾点气象"的研究则是一个相对的空白点。之所以会出现这种情况，并不是因为这个题目不重要（情况可能恰恰相反），而是因为它本身虽然太小，太琐碎，但它的牵涉面却是太广了。以它为研究题目不是太简单，而是太难了，也正因为这个原因，选它做题目很有挑战性。

由此，选择朱子与"曾点气象"之合来作为研究课题就有其必要了：朱子之论"曾点气象"既非常详尽，又充满曲折——在这个问题上，他既在与程明道和谢上蔡等人对话，又在与张南轩和陆象山等人对话，其实还在和王介甫之学和陈亮叶适之学、吕祖谦之学和佛老之学进行对话。对话的话题则涉及了理学中的诸多关键问题，很值得我们研究。同时，这个问题又能照顾到朱子和"曾点气象"两方面的因素。二者相互影响，使本课题既不会失之空疏，也不会流于琐碎。

当然，作小题目者常常会有只见树木，不见森林的毛病。为此，本书有意识地扩充了第一章的内容，以尽量把该问题放回它原本所在的森林中，尽量揭示出该话题与时代主题的关联，也希望本书能够做到小中见大，从侧面反映出时代变迁的大势。话虽如此，本书仍然只是对前贤研究成果的一个补充，不可能喧宾夺主。事实上，由于朱子思想之博大与多侧面性，任何对他的研究必然首先涉及对其"定位"的问题，即你想要揭示一个什么样的朱子的问题①。本书所力求揭示出的朱子形象，不会是他的完整形象，但一定会特色鲜明而又接近真实的朱子。这种形象类似于束景南先生和余英时先生对朱子形象的定位：力图避免把朱子塑造为一个纯粹的"哲学人"，而是还原他一位多层面、具有坚定儒学信仰、忧国忧民的封建士大夫形象。由此，本书对包括"曾点气象"在内的一系列问题的讨论都建立在朱子矢志于重建社会整体秩序，实现内圣与外王的贯通这一前提之上，而不只是关注他的所谓"哲学"的部分。从这一预设出发，本书的基本想法是：以朱子所关心的话题即重建社会秩序为线索，将朱子对"曾点气象"的讨论放回到他与弟子朋友讨论该问题的现实生活中，放回到他们自己思考的具体问题中，来看他们讨论这一问题的本身反映出的信息——朱子与其朋友弟子之间微妙的思想互动。一句话，本书是以人为中心，而不是以"哲学"为中心来研究该问题，重在揭示我们可以从朱子对此问题的讨论中看出什么，而不只限于谈朱子眼中的"曾点气象论"究竟是个什么的问题。只有这样，我们才能真切地了解朱子的内心世界，了解他的论"曾点气象"。我希望这能成为一个创新点。

进一步讲，前贤多强调，若欲取得学术研究上的突破，方法有二：一是研究视角之转变，二是研究方法之转变。我们过去研究宋明理学，往往

---

① 尽管大家都希望为自己所揭示的朱子形象与历史上的朱子本人完全重合，但这至多只能是一个理想而已。

从"哲学化"的思路入手，从概念辨析入手，眼睛一味向上，注重把理学从儒学发展的整体中抽离出来，只研究范畴和思想，却不注意人。这种研究视角与方法延续既久，自然不能无弊，此诚如余英时先生所言：

> 理学的"哲学化"也必须付出很大的代价，即使它的形上思维与理学整体分了家，更和儒学大传统脱了钩。①

我们的研究对象，本来是一个个有着鲜活个性的活人，有着多维的复杂的儒学灵魂，简单视之为思想的代号，或者是把古人和他的思想割裂、隔离开来，这是我们需要反思的一大偏失。

当然，以朱子学的研究为代表，近年来我们在中哲史的研究上已多有创新，也出现了许多开风气的大作。但是，这些作品也有用现代人的思维模式诠释古人，过分注重用单纯理论思辨来解读古人的问题②。受这种研究方法的影响，我们在解读古人时，常常喧宾夺主，将古人所关心的问题弃之不顾，而大谈他们的所谓现代性，大谈概念和范畴，大谈其对于当下现实的意义，大谈所谓的中西比较。这又出现了诠释过当、代古人立言的种种问题，却忽略了对前人本人的关注，忽略了对他们本人所关心的问题的关注③。再者，当前我们的哲学研究正在加速退居学院化、学科化、知识化的一极，变得异常的玄虚化与晦涩化。结果是我们今天所讲的中国哲学变成了自我欣赏、自说自话的学术游戏，不再具有为人提供信念指导、方法论支持甚至是教化功能。更加耐人寻味的是，表面上我们是那么的欣赏传统儒学，但我们却在本质上远远背离了传统儒家以"尊德性"为核心展开"道问学"，讲究学以致用、行重于知的基本精神。其后果是我们常常只能以思想研究者的身份自居（学者？），重蹈前人所批判的"逐外丧本"、"口耳之学"的覆辙。这些都是我们需要认真反思的。

有鉴于此，本书希望此文能实现一转向，即实现从对"思想"的研

---

① 《朱熹的历史世界》总序，第3页。按，束景南先生在作《朱子大传》时也对此有激烈的批评。
② 钱穆先生的《朱子新学案》不在此列。
③ 葛兆光就禅思想史的研究表达了同样的观点，见《中国禅思想史》导言，北京大学出版社1995年版，第31—32页。

究转为对人的研究,转向对前人所关注的问题的研究,从辨析概念范畴到分析问题的研究。当然,本书作为学术性很强的学位论文,只能从知识论的角度去解读和研究古人,也不可能完全抛弃对朱子思想做知识化的分析。但是,本书也有意在强调用朱子本人的话来谈朱子,宁可引文稍长也要体现朱子的完整思路,决不断章取义,同时还尽可能把朱子说这些话的背景说清楚。这样做虽然可能流于烦琐,但决不会失真,不会出现以我解朱的情况。其次,本书在解读朱子的思想时也有意避免将其完全知识化、概念化、"玄虚化",同时尽量指点出其某一观点与其具体为学工夫的关联性,突出强调朱子之学的现实批判精神。因此,本书在一定程度上也是一部针对朱子学的微型批判史。

总之,希望本书的价值并不只是在于对历史的一种陈述,而在于能引起人更多的思考。是为引言。

二 线索与脉络

本书围绕朱子对"曾点气象"的讨论而展开,同时也试图对朱子的"曾点气象论"做出简要的概括。"曾点气象"问题为何兴起?人们对此问题的讨论,背后又蕴含着什么问题?我们只有在儒学发展的整体背景下来探索该问题,才会得到比较明确的答案。显然,宋儒对此问题的关心,正是以心性论为代表的理学兴起的一个缩影。在当时,儒学的中心问题是为重建社会秩序提供理论上的支持,而朱子对"曾点气象"的讨论,其中心也正在于此:从淳而又淳的儒学立场来诠释之,在对它的诠释上寄托儒学之所应然的诸多理想。

由于"曾点气象"本身的复杂性,朱子的这一努力也遇到了很大的困难,此困难集中地反映在朱子数十年间讨论"曾点气象"的曲折历程上。朱子一开始未必对于其塑造"曾点气象论"所能遇到的阻力有足够的预见,而在如何弥合前人在论"曾点气象"的分歧上,也缺乏清晰的认识。这又直接导致了其后来在讨论该问题上的重重矛盾,深入挖掘朱子在此讨论过程中所遇到的困难及其应对之方,就成了本书的重点所在。

朱子对"曾点气象"的讨论,也是其整个思想发展历程的有机组成部分。如果说,朱子的"曾点气象论"只是所然的话,那么其早年的思想发展历程,就构成了他形成上述思想的所以然者。因此,在我们详尽考察朱子论"曾点气象"之前,有必要对朱子思想的发展历程做出概括性的说明。事实上,正是由于朱子在中和之悟后思想已经基本定型,因此他对"曾点气象"的讨论在总体上也具有一致性:都是其一贯为学宗旨的反映。也可以说,朱子论"曾点气象"的过程,只是一个由说不出到说清楚的过程,而其所展示的思想内涵,一开始就隐含在《论语集注》的初稿中。

朱子讨论"曾点气象"的中心,就在于对"曾点气象论"的塑造。而"曾点气象论",本又凝聚着他对儒学理想之境的设想。朱子对"曾点气象"的讨论,包含三方面的内容:一是对"曾点气象"做合乎儒学正面价值的诠释,二是对时人过分渲染"曾点气象"所可能导致的诸多流弊的批判,三是把对"曾点气象"的讨论导向对为学之方和为学之序的辨析。这三个方面渗透在朱子讨论"曾点气象"的整个过程中,也体现着朱子学的基本精神。

朱子论"曾点气象"的过程,既体现为其对儒学"有"的方面的强调,也体现为其重在划分儒释道疆界的巨大努力,体现为他对虚实之辨的强调。上述特征也是朱子学的整体特色。当然,朱子在强调有的前提下,也没有对"无"的方面采取一概禁绝的态度。他曾长期对"洒落"欣赏有加,直到晚年还沉湎于注释《周易参同契》之中,这些都反映出了朱子思想的多侧面性。

朱子与弟子友人围绕该问题的讨论,又体现为一个教学相长、相互促进的过程:不独朱子的弟子朋友在朱子的影响下有所收益,而朱子也在这些讨论中不断调整自己的思路和思想表达方式,不断完善自己的思想。完全可以说,若没有这一讨论过程,没有弟子友人对朱子论"曾点气象"的反复问难与指责,就不会有《论语集注》定稿中的"曾点气象论",也就不会有朱子晚年对陈淳的谆谆教导。

朱子对"曾点气象"的讨论,彰显着中国哲学的特色所在,具有浓厚的精英色彩。它是超时代的,对于今天构建良好的社会秩序具有巨大的参考价值。

第一章　问题的缘起

第一节　曾点、气象与"曾点气象"

首先，我们需要弄清楚，何谓"曾点气象"？此问题与朱子又有什么关系？我们为什么要研究此问题？这是本书首先必须要回答的问题。要想认识"曾点气象"，首先要对曾点和气象这两者分别做出说明。

曾点（字皙，生卒年代不详①）是孔子（名丘，字仲尼，前552—前479）的著名弟子曾参（字子舆，前506—前436）②的父亲。曾点也是孔子的众多弟子之一。历史上的曾点是一位颇具神秘色彩的人物。有关他的记载只有只言片语，很难展示出一个完整的曾点形象——除了大家都知道的《论语》中对他的记载外，《吕氏春秋》中的他颇有些智者的气度：

> 曾点使曾参，过期而不至，人皆见曾点曰：无乃畏耶？曾点曰："彼虽畏，我存夫安敢畏？孔子畏于匡，颜渊后，孔子曰：吾以汝为死矣。颜渊曰：子在，回何敢死！颜回之于孔子也，犹曾参

---

① 今本《孔子家语》中提到：曾点，曾参父，字子皙，疾时礼教不行，欲修孔子之善焉。《论语》所谓"浴乎沂，风乎舞雩之下"（《孔子家语·七十二弟子解》）。但是《史记》并未采用此说，似乎此说为王肃在整理编订《孔子家语》时所增者。

② 关于曾参的卒年，今人单承彬在其论著《论语源流考述》中提到，清人曾国荃重修《宗圣志》卷三引熊赐履《学统·正统》中的说法，是在鲁悼公三十二年（即周考王五年，公元前436年），但不知何据……考《礼记·檀弓》载曾子责子夏哭子丧明，有"退而老于西河之上，使西河之人疑汝于夫子"之语……《宗圣志》所谓"卒于悼公三十二年"，应该是近于事实的。见该书第41页，吉林人民出版社2002年版。

之事父也。"①

但是在其他文献中，曾点则更像是一位不拘礼法的狂者：

> ……曾折（笔者按，即皙字）□木击曾子口……者参得罪夫=
> 子=得无病乎退而就……曰参
> 　来勿内（笔者按，即纳字）也曾子自……之未尝可得也
> 小箠则待答大……□怒立壹而不去杀身以□父□……之民与
> ……杀天子之民者其罪……②

> 季武子寝疾，娇固不说，齐衰而入见，曰：斯道也将亡矣。士唯公门说齐衰。武子曰：不亦善乎？君子表微。及其丧也，曾点倚其门

---

① 吕不韦等编《吕氏春秋》卷4《劝学》，《四库全书》本。本书所引用的《四库全书》文献，均为文渊阁《四库全书》电子版，武汉大学出版社出版，下文中不再详细注明。

② 文物出版社：《儒家者言》《文物》，1981年第8期。该文系对定县八角廊出土汉简的整理成果。八角廊汉墓40号葬于公元前55年，为西汉晚期，该墓所收汉简的年代在此之前，但目前还没有充分的证据表明它形成的年代比《韩诗外传》更早。
笔者按，此段文字亦见于韩婴的《韩诗外传》、刘向的《说苑》和王肃本《孔子家语》。其文字越来越详细，具有较为明显的"层累"痕迹：
曾子有过，曾皙引杖击之仆地。（曾子）有间乃苏，起曰：先生得无病乎？鲁人贤曾子，以告夫子。夫子告门人：参来，汝不闻昔者舜为人子乎？小棰则待答，大杖则逃，索而使之未尝不在侧，索而杀之未尝可得。今汝委身以待暴怒，拱立不去，非王者之民，其罪何如？诗曰：优哉游哉，亦是戾矣。又曰载色载笑，匪怒伊教。《韩诗外传》卷8《四库全书》本。
曾子芸瓜，而误斩其根。曾皙怒，援大杖击之。曾子仆地，有顷苏，蹶然而起，进曰："曩者参得罪于大人，大人用力教参，得无疾乎？"退屏鼓琴而歌，欲令曾皙听其歌声，令知其平也。孔子闻之，告门人曰："参来，勿内（纳）也"。曾子自以无罪，使人谢孔子。孔子曰："汝闻瞽叟有子名曰舜。舜之事父也，索而使之，未尝不在侧。求而杀之，未尝可得；小棰则待，大棰则走，以逃暴怒也。今子委身以待暴怒。立体而不去，杀身以陷父不义、不孝，孰是大乎？汝非天子之民邪？杀天子之民罪奚如？《说苑》卷3《建本》，《四库全书》本。
曾子耘瓜，误斩其根。曾皙怒，建大杖以击其背。曾子仆地而不知人久之，有顷乃苏，欣然而起，进于曾皙曰："向也参得罪于大人，大人用力教参，得无疾乎？"退而就房，援琴而歌，欲令曾皙而闻之，知其体康也。孔子闻之而怒，告门弟子曰："参来勿内"。曾参自以为无罪，使人请于孔子。子曰："汝不闻乎？昔瞽瞍有子曰舜，舜之事瞽瞍，瞍欲使之，未尝不在于侧。索而杀之，未尝可得。小棰则待过，大杖则逃走。故瞽瞍不犯不父之罪，而舜不失蒸蒸之孝。今参事父，委身以待？怒，殪而不避，既身死而？父于不义，其不孝孰大焉？汝非天子之民也？杀天子之民其罪奚若？曾参闻之，曰：参罪大矣，遂造孔子而谢过。"《孔子家语》卷4《六本》，《四库全书》本。

而歌。①

这样的曾点丝毫没有儒家的气息，反倒是与佛老之徒极为相似，体现出一种对生命的达观与超脱，以及对世俗礼法的蔑视与无谓——这也是曾点后来经常为人诟病的原因所在。曾点的这种做人风格甚至对曾参也有影响。在他死后，素来以孝著称、临死前都还规规矩矩的曾参，却为其父亲举行了非常简单的丧礼，还被历代奉为厚养薄葬的典范②，这或许就是出于尊崇曾点本人的意志吧！

在理学兴起之前，人们对曾点的关注并不多，只是在《孟子》中提到：

> 如琴张（名牢，字子开，孔子弟子，生卒不详，赵岐以琴张即为孔子的弟子子张）、曾晳、牧皮（资料不详）者，孔子之所谓狂矣……其志嘐嘐然，曰"古之人、古之人"，夷考其行而不掩焉者也。③

在孟子眼中，曾点是狂者的代表，所谓狂者，是指志大才疏、行不掩言的人。这和《论语》以进取来释"狂"的说法有很大的不同，但还是褒多于贬。孟子对狂者以及曾点的评价对后世影响很大——后来程颢论及曾点，就基本转述了孟子的这段话。

总之，历史上的曾点就像颜回（字子渊，前523—约前490④）一样，

---

① 《礼记》卷20《檀弓》，《四库全书》本。对于这件事的真伪，崔述曾指出："季武子卒于昭公七年，孔子仅十八岁，度曾晳是时当不过数岁，而安能倚其门而歌乎？此乃放诞之士、庄周之徒所伪托。见崔述之《洙泗考信余录》卷1《孔门弟子统考》，收入《崔东壁遗书》，第368—369页，上海古籍出版社1983年版，下同。崔的这一说法或可参考。

② 王符在《潜夫论·浮侈》中就说：郿毕之郊，文武之陵；南城之垒，曾晳之冢。周公非不忠也，曾子非不孝也。按《后汉书·王符传》引这一段作：郿毕之陵，南城之冢，周公非不忠，曾子非不孝。二者意同，二书均为《四库全书》本。

③ 孟轲著，朱熹注《孟子集注·尽心下》，《四书集注》本，中国书店1988年据民国世界书局《四书五经》本影印。

④ 颜回的卒年争论较大，可参看钱穆的《先秦诸子系年考辨》，上海书店1992年版，第48—50页；亦可见《史记会注考证》，沈川资言著，北京文学古籍刊行社1955年版，第3347页，下同。

颇有些神秘的色彩。他有高远的一面，也有狂傲的一面，还颇有些隐士之风，却都让人无法说清楚。当然，在理学兴起之前，曾点始终只是一位默默无闻的小人物，很少受到关注①。他的地位远不能和颜回、子路、曾参等人相比。

我们说，曾点的这种情况，尤其是《论语》所记载的曾点所言所行，也给后人对其思想进行创造性诠释留有很大的空间。我们知道，自玄学兴起之后，"寄言出意"就成了中国哲学常用的诠释手段，这被形象地称为"六经注我"，或是旧瓶装新酒。这种情况不独玄学为然，禅宗、理学也是如此。"寄言出意"常常表现为反弹琵琶或是无中生有。前者如《世说新语·文学》中提到王弼对"圣人体无"的精彩发挥，后者如朱子认为"曾点气象"是天理浑然的气象云云。对诠释者来说，他只是在借用旧题作为载体，来充分发挥自己的新思想罢了。而通常被选中作为寄言对象的，往往既与诠释者的论题相近，又本身具有较大发挥空间的材料，如曾点者。

对今人而言，当然不能像清儒一样只是去笑话上述诠释方式没有忠实于被诠释的对象，而更应该得其汇归，明其所寄，从中读出诠释者想要说出的东西，乃至于读出诠释者的思想风格来②。事实上，宋学家们理解中的曾点和历史上真实的曾点是同是异，这一点其实并不非常重要。我们只要知道在客观上，曾点已经成了他们寄言出意的工具，"曾点气象"也不尽同于战国时代的曾点本人的"气象"，而更多的是反映出了诠释者自身的"气象"，这就足够了，尽管他们中的许多人也许是出于无意的。

---

① 此前人们提到曾点，多与舞雩之礼有关，而非关注曾点本人，或者就是简单的重复《孟子》中的几句话，视之为狂者而已。

② 钱穆先生指出，朱子解经极审慎，务求解出原书本意，但亦有时极大胆，极创辟，似与原书本义太不相干，如论语获罪于天无所祷也，朱子注天即理也，孔子只说祷于天，没有说祷于理，朱子注语岂非大背原意？但此等处正见理学精神，实亦见北宋诸儒之精神。后来清儒拈出此等处，对朱子与宋儒大尊讥呵，只在训诂上争，却不在学术思想上分辨，未免为小而失大。见《朱子新学案》，巴蜀书社1986年版，第29页，下同。按，钱先生的上述观点确实需要我们注意。今天看来，朱子对"曾点气象"的诠释，对中和问题的诠释等都是如此，也可以说《论语》中的"曾点言志"并不涉及讨论天理的内容。我们只需对朱子及宋儒具有同情之理解，善于从中读出他们的新东西即可。

"气象"这个词出现得很早。但我通过多种文献的检索发现，在唐宋之前这个词被使用的很少。它常见于天文和医学领域，多与"气论"相关，指的是"气"之形象。这在《史记》、《前汉书》、《素问》、《论衡》诸书中都是如此。此后，它才开始指文学作品的风格，或是指人的形神状态，指一种形于中而发于外，超越言诠的境界①，或是一种与自然混化的生命意识。总之，气象就是某某人或物所体现出的状态，给人的总体感觉而已。但是，在理学兴起之前，"气象"一词通常是与"无"、玄远、意在言外等词联系在一起的，只是具有文学和审美的意义，缺乏一种具体的规定性。

在宋代，人们对这个词的使用有了爆炸性的增长，一跃成为当时的流行话语。尤其是程朱一系的思想家更是大量使用它，把它当作一个理学中非常重要的概念来对待。例如，在二程的文集中，这个词出现过七十多处，而在朱子的著作中，则至少出现过三百多处。此外，该词还频频出现在吕祖谦（字伯恭，学者称为东莱先生，1137—1181）、张栻（字敬夫、乐斋，号南轩，1133—1180）等宋明理学家们的文集中。

此后，"气象"一词便开始拥有异常丰富的含义，在哲学、文学、史学的不同领域，乃至于每个人的作品中，都有着不尽相同的含义。因此，

---

① 境界论是理解中国传统哲学尤其是理学之特色的关键点，学界对此探讨非常多。大概境界最早是一个地域、疆域概念。彭国翔君认为"境界"一词本来最早却是佛教中的观念，见《良知学的展开》，生活·读书·新知三联书店2005年版，第205页。此说不确：付长珍君已指出"境界"一词已经出现在郑玄的《诗·大雅·江汉》笺注中，亦见于刘向的《新序》一书中，见《宋代理学境界论》第1页。笔者还发现这个词也出现在郑玄对《尚书·夏书·禹贡》和《周礼》的笺注中。在佛教传入中国后，这个词成为梵文visaya的汉语意译，这是格义的产物。李明权先生指出，在佛学中，境界一词有两方面的意思：一指"十八界"中的"六境"（亦名六尘），包括色、声、香、味、触、法，是眼、耳、鼻、舌、身、意六根展开活动的对象。"境界"相当于人们所说的客观世界，然而，佛教认为"境界"乃是意识所现出来的"相分"。《起信论》谓："以能见故，境界妄现。"又指学佛修行所达到的境地。如《无量寿经》谓："斯义弘深，非我境界。"后来，或以"境界"泛指景象。如元耶律楚材《再和呈景贤》诗："我爱北天真境界，乾坤一色雪花霏。"或以泛指思想、艺术所达到的境地、意境。如云：思想境界很高。又如，诗中的境界很美，见中国佛教文化研究所编《俗语佛源》，上海人民出版社1993年版，第255页。在理学中，境界更多指一个人的内心感受，但是这种感受不是纯粹的主观感受，而反映着其对现实世界的基本看法或对理想化世界的看法，是贯通主客观的。随着本书的展开，我们会对理学家的具体境界类型做出进一步的分疏。

要全面揭示它的丰富内涵及其流变,仅靠文字训诂是远远不够的①。准确地说,所谓"气象"本身是个虚概念,指"……的样子",因此我们更多讨论和关注的是如颜子气象、曾点气象、曾子气象这类具体的气象。从这个意义上说,在古人不提"气象"之处,也有"气象"存在:如《论语·乡党》中所描述之孔子者,未尝不体现出一种独特的"气象";《老子·十五章》之"豫兮若冬涉川,犹兮若畏四邻,俨兮其若容,涣兮若冰之将释,敦兮其若朴,旷兮其若谷,混兮其若浊",《老子·二十章》之"我独泊兮其未兆,如婴儿之未孩"②,这也是一种"气象";其他如《庄子·逍遥游》中之"藐姑射山之神人",《孟子·尽心》中"说大人则藐之"……等等都代表着不同类型的"气象"。

就本书而言,"气象"一词本身有着相对集中的含义,即更落脚在其所包含的哲学意蕴上。如陈来先生所说:

> "气象"在理学本指达到某种精神境界后在容貌词气等方面的外在表现。由于气象是某种内在精神的表现,在理学的讨论中常常把气象直接作为一个精神修养的重要课题。③

当然,在理学家们的讨论中,"气象"所涉及的远不止是"精神修养",或者只是境界论的内容。在理学中,"气象"一词更加偏重于对人内在思想性的评价,指被理想化了的"完人"的根本精神内涵,自然也体现着儒者们的基本为学精神和基本价值观。理学中"气象"的特殊之处在于,它既保留着此前人们对其所理解的那种超越的、内省的、玄远的色彩,同时也增添了理性、德性和思辨的内容,以及强调人文关怀的内容,将"极高明而道中庸"完美地结合在了一起。这也是理学在整体上强调与佛老之辨、强调"虚实之辨"的必然选择。这一点,使其既体现出了儒学的基本特色,也体现着理学的根本精神。

---

① 徐复观曾力辨"以语言学的观点,解释一个思想史的问题的方法"之失,见《中国人性论史·先秦篇》,上海三联书店2001年版,第1—12页,下同。劳思光先生也持相同的观点。

② 老聃:《老子》,《王弼集校释·老子道德经注》本,第7、33页,中华书局1999年版,下同。

③ 陈来:《朱子思想研究》,华东师范大学出版社2001年版,第53页,下同。

理学家们普遍认为，不同的"气象"体现着儒学与佛老思想之间的异同关系，甚至反映出理学中不同流派在为学之方上的深刻差异。因此，辨别"气象"也成了他们辨析为学宗旨之正伪高下，以及获得正确修养门径的重要途径。在此意义上，宋儒所说的不同"气象"，代表着其对不同类型的儒学理想人格的理解，也关联着他们独特的为学之方与工夫论，也是本书重点关注的地方。

那么，何谓"曾点气象"？据《论语·先进》记载，孔子曾让他的四位弟子各言其志：子路（仲由，字子路，前543—前481）说他志在使民"有勇且知方"；冉求（字子有，前523—？）说他志在"足民"；公西华（字子华，前510—？）则说他只愿意做一个司礼的小相。这三个人的志向都是要济世安民。与三人不同，曾点却说他的志向是要在晚春时节里，自己身穿新衣，和一大帮青少年一起到沂水里去洗洗澡，在舞雩台上吹吹风，然后才悠然地唱着歌回家（"暮春者，春服既成，冠者五六人，童子六七人，浴乎沂，风乎舞雩，咏而归"①）。孔子听后喟然而叹："吾与点也"。在很多人看来，孔子的"与点"似乎有些出人意料：为什么孔子不与"志在济世"的三子，却要与说话有些玄远的曾点呢？

其实，这里我们大可以把这段话理解为，曾点心中所向往的，就是人们理想中优游自在的太平生活，而孔子赞许他，也只是因为如《论语笔解》所说的，"美其乐王道也"②。然而，由于原文在叙述上过于简略含混，也由于孔子此处所表现出的态度与其毕生一贯强调的济世、淑世精神

---

① 朱熹：《论语集注·先进》，宋元人注之《四书五经》上册，中国书店影印本1988年版，下同。按，《论语》中的这段字，不断遭到后人尤其是美国学者的怀疑，崔述也认为此段是"后儒误采入者"，见崔述著、顾颉刚编订《崔东壁遗书》，《洙泗考信余录》卷1《论语余论》，上海古籍出版社1983年版，第369页，亦见第619页。在尚未发现新材料前，对此问题只能存疑了。

② 程树德：《论语集释》第三册，中华书局1997年版，第811页，下同。清人张履祥（字考夫，学者称杨园先生，1611—1674）亦认为："化行俗美，民生和乐，熙熙然游于唐虞三代之世矣，曾晳之春风沂水，有其象矣。夫子志乎三代之英，能不喟然兴叹！"见《杨园先生全集》卷42《备忘录四》，清同治江苏书局刊本，第43页。近人杨树达也认为："孔子所以与曾点者，以点之所言为太平社会之缩影也"，见《杨树达文集》卷16《论语疏证》，上海古籍出版社1988年版，第273页。笔者以为，上述说法最接近《论语》此段的本意。

存在有巨大反差,这就使得后人在对这段文字的理解上始终分歧不断①。同时,也由于曾点的那些"玄远"的话确也给后人留有较多发挥空间,因而围绕着曾点言行中所体现出的"气象",后人纷纷提出推测,也常借对此问题的讨论来表达他们自己的思想。他们所讨论的问题之广,参与讨论的人数之众,在整个中国哲学发展史上都是罕见的。这遂使该问题成为哲学史上的一大著名公案,进而形成了理学史上的一个非常重要的名词——"曾点气象"。

那么,何谓"曾点气象"?简言之,所谓"曾点气象",就是在《论语》该节中曾点之言行所体现出的"气象"。实际上,它更指后人尤其是理学家们所理解的曾点之"气象"。需要指出,由于在理学中每个人都有对"曾点气象"的独特理解与诠释,因此我们对"曾点气象"的解释也只能是描述性的,指示性的。随着本书的展开,可以看到人们对其的理解和诠释各个不同,而这种不同的背后,则包含着很深的消息。为什么会出现这种情况,这才是本书分析的重点。

这里还需要指出一点,那就是曾点与"曾点气象"的关系问题。提出这个问题其实很有必要。曾点是一个历史人物,他有着自己独特的"气象"。至少是在《论语》的记载中,曾点的"气象"压倒了比他有名得多的孔门弟子,比如子路等。这是一个历史事实,不必多讲。但是"曾点气象"却还不仅仅是"曾点"与"气象"的简单叠加。实际上,"曾点气象"几乎完全是一个理学论域和视域中的话题。也可以说,"曾点气象"早已经游离出了作为历史现象的曾点之外,而进入了如我们上文所提到的寄言出意的层面。由此,我们固然不能说宋人的见解忠实了历史,但却不能由此认为他们的努力毫无价值。否则,只能说我们尚没有把握到中国哲学的特质。我们说,只有明确了曾点与"曾点气象"的区别,我们才能更好地把握宋学的精神与价值,更好地把握宋儒论"曾点气象"之新意。也正是由于这一点,本书多次强调,本书的重点在于讨论"曾点气象"以及宋人对此问题讨论本身的价值,而非曾点的问题与价值。因此,历史上"曾点言志"一节的真意若何、该节的

---

① 前人对此的讨论非常复杂,由于此问题与本书基本无关,故此处从略,读者可以参看《论语集释》、《孔子大全》等书。

确切训诂若何，以及清儒根本取消"曾点气象"的种种言论，都不在本书的关注对象之列。

在本书中，我们通常会在三个层面上提到"曾点气象"。其一，在最广泛的意义上，它是众多文学作品尤其是诗歌所吟咏的对象——指一种玄远而难以言说的境界，或是一种自由自在、逍遥快乐的心境。在这个层面上，它是一个审美概念，它所指向的是无言之域、无我之境，是需要被直觉体悟和审美体察的东西，很难被哲学语言正面分析清楚，解说清楚。需要指出的是，理学家们也纷纷作诗吟咏曾点，如朱子的《朱文公文集》中就收录了六首这样的作品。这些作品也属于这一层次。

在第二个层面上，"曾点气象"是宋元明理学家们讨论的对象——代表者就是二程及其弟子，以及阳明及其后学讨论的对象。在这个层次上，"曾点气象"的含义非常复杂，有时指一种具有正面意义的理学理想境界，有时则指负面的、虚而不实的境界，有时还与《中庸》中的"鸢飞鱼跃"一起，来形容所谓"道体"的流行发用等，有时是指与佛老、隐士相近的"气象"。但是，在这个层面上，"曾点气象"明显具有理性、德性和思辨等哲学意蕴，是可以被正面分析和说出的。这一点，是其区别于第一层面的重要特色。

需要指出的是，这个层面的"曾点气象"并不仅仅是一个境界论的范畴。它的涉及面非常广，几乎覆盖了理学中所有的重要方面：大多数理学家们对此问题的讨论，广泛涉及了以"理"为核心的工夫论、价值论乃至于学术批判的内容，甚至还涉及了强调活泼自由、率性自为的主体精神的内容。另外，这一话题还始终与时人对人生态度和儒学发展的所应然和所必然的讨论密切相关，可以说是关联着儒学最为核心的问题。也可以说，历史上对"曾点气象"的讨论史，也是一部微型的思想发展史和学术批评史。

在第三个层面上，它特指朱子本人与其朋友弟子们所讨论的话题。这也是本书所要讨论的中心话题。我们说，朱子对"曾点气象"问题的关注从少年时代开始，一直延续到他去世前数月为止，几乎贯穿了他的一生。另外，他的著作中对"曾点气象"的讨论，篇幅也相当大（仅《朱子语类》就多达数万字）。这足以体现出他对该问题的重视程度。朱子的"曾点气象论"具有自己鲜明的特色，也足以彰显出朱子为学的基本精神。由于本书将对此进行重点论述，这里就不展开了。

总之，这三个层面既有相对的区别，又有着内在的联系。因此，本书在对"曾点气象"的讨论上力求有所兼顾，又要突出重点。

在理解"曾点气象"时，我们还必须提到另外两个非常相近的典故——"孔颜乐处"和漆雕开（字子开，生卒不详①）的典故。在当时，"孔颜乐处"同样是人们经常提到的话题，被用来指代一种理想的理学精神境界。乃至于时人对"孔颜乐处，所乐何事"的追问，有着和禅宗的参话头相同的意义。"孔颜乐处"源出《论语》中《雍也》篇和《述而》篇：孔子称赞弟子颜渊虽然"箪瓢陋巷"生活贫穷，却"不改其乐"；又自谓："饭疏食，饮水，曲肱而枕之，乐亦在其中矣。"此问题在宋明理学中具有重要的意义。宋儒大都认为，孔颜之乐，不仅仅是以道为乐，也不以乐为中心，不以乐为根本目的，而是指天理充周下和乐之情的自然发露。这种乐拟议即乖，助长即差。他们还认为，寻孔颜乐处的真正价值，是要发现儒学的根本精神和基本价值观。冯友兰先生甚至认为：

> 从回答这个问题（即孔颜乐处）开始，这就得到了进入道学的门径。从理论上回答了这个问题，这就是懂得了道学。从实践上回答了这问题（不仅知道有这种乐，而且实际感到这种乐），这就进入了道学家所说的"圣域"。②

在很多情况下，人们常常会把"孔颜乐处"和"曾点气象"相提并论，认为它们都指的是一种以"乐道"为中心的高深境界。在理学中，二者都围绕"道"和"理"展开，以儒家的"道德境界"为内核，却又上升到了与天地同流的"天地境界"、"同天意识"。同时，它又体现出一

---

① 郑玄云：鲁人；《家语》云：蔡人，字子若，少孔子十一岁。《史记会注考证》云：漆雕氏之名字，多有不同。汉《艺文志》及人表作名启，《家语》作字子若，白水碑作字子修，《艺文志考证》云名启，字子开，史避景帝讳也，然则子若、子修皆误耳。见《史记会注考证》，第3383页。关于漆雕开之学，《韩非子》中把漆雕氏当作儒学八派之一，并说："漆雕之议，不色挠，不目逃，行曲则违于获藏，行直则怒于诸侯"（《韩非子·显学》）。《汉书·艺文志》收有《漆雕子》十三篇，惜今不传，只知道其中有论性的内容。今人蒙文通先生作有《漆雕之儒考》，见其《古学甄微》，巴蜀书社1987年版，第203—208页。

② 冯友兰：《中国哲学史新编》第五册，人民出版社1995年版，第122—123页。

种仁民爱物的人文关怀。这是二者的共同点。另外,"孔颜乐处"和"曾点气象"又都是理学心性论的重要组成部分。由于二者在不同程度上都带有"遮诠"的意味,这就使得理学的心性论具有了一定的流动性,达到了一种即有而无,在平和中显高远的特色。在今天,我们常常只是把理学中的那些以概念范畴为核心的,静态的心性辨析作为理学心性论的主要内容。但我们必须明白,"孔颜乐处"和"曾点气象"所代表的,是那些静态辨析的最终归宿。正是它们的存在才使我们通常所辨析者有了生命,有了意义。离开了这些理想境界的导向作用,离开了理学中至关重要的工夫二字和为朱子反复强调的"反身体认"、"知行并进",这些被我们今人抽象化、客体化、实体化了的"无人身的理性",已经变成了理学中异己的东西。

不过,当代学者似乎很少注意到"曾点气象"与"孔颜乐处"之间的区别,而这在理学中,尤其是对于朱子来说,乃是一个非常关键的话题。就与本书较有关系的内容而论,二者之间最大区别是虚实之辨。其一,朱子认为"孔颜乐处"出于自然,而"曾点气象"有拟议和"劳攘"的嫌疑。朱子曾多次断章取义地引用《论语》中的某些段落来证明:"孔颜乐处"建立在扎实的工夫之上,是真实的;相反,由于没有下学工夫的有效支撑,"曾点之乐"是不真实的,更像是一个倒置的宝塔。其二,朱子强调,"孔颜乐处"纯而又纯,代表着儒学的基本精神,又体现着儒学与佛老思想根本不同;而"曾点气象"则有很多的"问题"——最大问题是与佛老思想很难划清界限。其三,二程和朱子都曾强调,孔颜乐处的所乐者,是有道者自然乐,是说道在乐外;而"曾点之乐",恰好是见道分明之乐,是乐见天理之乐,其乐者即是道,二者有自然与勉强之别。总之,在朱子和其他许多理学家看来,"曾点之志,虽有尧舜气象",但却远远不能直接等同于"孔颜乐处"。它是一个需要用批判精神来对待的东西。朱子甚至是近乎烦琐的强调,混淆二者之间的区别会带来莫大的危害——刊落工夫,虚说气象,甚至会丧失儒家的基本价值观,流于佛老的自我陶醉和虚无之境。

当然,若做进一步的分疏,则朱子在笼统的谈论"孔颜乐处"之外,又很注意把孔子和颜回分开对待。我们经常可以看到他将曾点和颜回等人进行比较的例子,却没有见到他对孔子和曾点等人进行比较的例子。对于朱子来说，孔子作为圣人，自然不能和贤人地位的颜曾等人相提并论①。在这里，本书只是在一般的意义谈"孔颜乐处"和"曾点气象"的异同，至于曾点和颜回之间的异同，则是朱子所关心的重点问题。我们在后文中会有较为详细的讨论。

实际上，在理学内部真正常和"曾点气象"相提并论的是《论语》中的另一个典故：

子使漆雕开仕，对曰：吾斯之未能信。子说（悦）。②

这一典故也和"曾点言志"有着相同的特性——也具有较大的诠释空间：文中的"斯"字究竟为何意？历史上众说不一，而理学家们则对此进行了理学化的阐释，其典型者如小程子就认为："曾点、漆雕开已见大意。"而朱子更是直截了当的认为"斯"指的就是天理。这样，漆雕开之所信者和曾点之所见者，就被宋儒们等量齐观了。在当时，时人针对曾点、漆雕开的优劣异同纷纷展开评论，这也使得本来在孔子弟子中默默无闻的两个人，逐步拥有了超越子路等人之上的地位。

理学内部对"曾点气象"、"孔颜乐处"和曾点与漆雕开之异同的比较，反映出了其鲜明的自我批评精神。

第二节 "曾点气象"问题的兴起

我们说，"曾点气象"一跃成为理学的流行话语，有其深层的必然性③。它的出现所反映出的，不仅是一个词汇的兴衰，更是儒学思想发展大势的演进。诚如汤用彤先生所言：

---

① 上文引用《近思录》一段也显示，孔子是"无迹"，颜子是"微有迹"，二者有质的不同。

② 孔子：《论语·公冶长》，《论语集注》本。

③ 这里的必然性并非如所谓客观规律一样的铁定如此，而更具有温和的含义，指它的出现不是完全偶然的，更不是空穴来风。"我们不要以一种相信道学必然出现的方式进入这个更大的思想环境"，参见包弼德《斯文》，江苏人民出版社2001年版，第31页。这对"曾点气象"问题亦然。

> 夫历史变迁，常具继续性。文化学术虽异代不同，然其因革推移，悉由渐进……故玄学固有其特质，而其变化之始，则未尝不取汲于前代前人之学说，渐靡而然，固非骤溃而至。①

汤先生所说这种情况不独玄学为然，而是整个思想发展史上的普遍情况。简言之，当时人们对"曾点气象"的热切关注，既与该问题直契理学主题有关，也是思想史长期孕育的产物。如果我们带着问题意识来关注这一问题，就更易在复杂的历史中勾勒出其孕育发展的全过程。

我们说，儒学发展总是体现为一个螺旋式的动态形态。它有高峰，也有低谷。而作为一个历史事实，儒学的发展自两汉后曾经历了长期的低谷。之所以会出现这样的情况，既有来自儒学外部的原因，更有来自儒学内部的原因。劳思光先生就曾提到：

> "历史环境"仅为思想学说之外缘条件，本非哲学史之主题所在。但在"发生意义"上，思想学说之"发生过程"（Genetic Process），每与历史环境有关。②

在严格意义上，以经世致用为核心的儒学与"纯粹的哲学"也有不同，故其兴衰与历史发展的关系更为紧密。因此，本书自然不会把眼光单纯集中在所谓的内在理路（inner-logic）上。

首先，儒学的衰落是时代发展的必然。在儒学成为官学后，变得僵化了，出现了严重异化的现象。不可否认，政治化儒学虽然是孔孟的毕生追求，但是，汉代儒学的政治化却付出了相当大的代价：它并没有获得独立的发展，而始终只是政治的附庸。同时，儒学的官学化也使自己庸俗化，功利化了——失去了先秦儒学的那种不竭的创生力与批判性，失去了先秦儒学那种高调的理想主义色彩与现实批判精神。这正像是李景林师所指出的：

---

① 汤用彤：《魏晋玄学论稿》，《言意之辨》，上海古籍出版社2001年版，第23页，下同。
② 劳思光：《新编中国哲学史》卷3上，广西师范大学出版社2005年版，第54页，下同。

教化的理念或教化之道，本质上是一种理想性的存在，它理应与现实的世界尤其是政治的、政权的运作相互保持间距，从这个意义上讲，它必须是"虚"的；同时，这教化的理念又不仅仅是一种观念性的存在，必须要有一个"以身体道"的阶层或群体作为它实存性的人格体现和传承的载体，从这个意义上讲，它又必须是"实"的。教化理念或教化之道这"虚"与"实"两面，"虚"是其本，而"实"是其用，本"虚"才能用"实"，二者乃一体之两面，既相反而又相成。……理想与现实的混淆，或现实理想化，理想现实化的状况，造成了很严重的后果。①

儒学言必道尧舜，旨在为社会发展高悬一理想，这是她的虚。儒学不虚，就不足以保持其理想性、批判性和独立性；她又特别强调在现实社会中贯彻、实现其理想，这是她的实。儒学不实，即不足以成为教化社会的现实力量。儒学的虚的本和实的用应该各司其位。如果本应该"虚"的东西和本应该"实"的东西错位，就会使二者产生扭曲。儒学之庸俗化、之口耳化，之一度被看成是压抑人、束缚人的工具，似乎都可以从中得到解释，也都能在汉代历史中得到印证。

另一方面，儒学官学化也导致了自身的经院化，导致了自身的恶性膨胀，而儒学在向训诂、辞章的发展中，更失去了简易直接却又鞭辟入里的工夫论，失去了作为教化理念的功用。不可否认，汉代经学的迷信权威、烦琐和拘泥师承，其惟古是尚的短处也是客观事实。在这一趋势下，儒学只能面向事实混乱、难以说清的过去，去争书本上的短长。在这种情况下，儒学会出现衰落是必然的②。另外，虽然以训诂为主的汉代儒学发挥了孔孟之学中智识主义的一面，却完全背离了先秦儒学言必道仁义和祖述尧舜的一面。这种情况的出现，既使得儒学的主题淹没在了无尽的考辨

---

① 李景林：《本虚而实——儒家教化理念的立身之所》，见《教化的哲学》，黑龙江人民出版社2006年版，第460—461页，下同。

② 《汉书·儒林传》在论及儒学的衰落时总结到：自武帝立五经博士，开弟子员，设科射策，劝以官禄，迄于元始百有余年，传业者寖盛，枝叶繁滋，一经说至百余万言，大师众至千余人，盖禄利之路然也。有关汉代儒学之衰，皮锡瑞先生在《经学历史》中论之甚详。可见，儒学之走向烦琐，由盛而衰也与政治和历史因素有关。

中，使得儒学更加远离现实生活，也导致了知识与德性相脱节、名实相脱节的现象普遍涌现①。借用李景林师的上述说法，就是儒学中本应该"实"者反而"虚"了——失去了"以身体道"的阶层或群体。这种情况又成为玄学兴起的一大因缘，而玄学的兴起，尤其是玄学发展的道家化、玄佛合流趋势大大打击了儒学，进一步加深了儒学的危机。

在儒学自身弊端日益显现的同时，来自外部的挑战则更是激烈。虽然我们还不能简单说玄学的兴起就是道家对儒学的挑战②。但是，玄学毕竟以"无"为体，以"无"为本，这个"无"毕竟离道家更近些。汤用彤先生更是准确地指出，大多数玄学家虽然在表面仍然推尊孔子为圣人，也有"老不及圣"的说法，但其所诠释的孔子反而道家化了，"遂使赖乡（庄学）夺洙泗（孔孟）之席"③。在笼统的意义上，我们显然可以把玄学的兴起视为道家思想对儒学的一大挑战。

从总体上看，后来理学对玄学的批判多于继承。基于价值观的不同，宋儒对玄学的道家色彩和其"祖述虚无"的一面、混淆儒道的基本界限以及其贵无贱有、体用两分的思维方式都有极为严厉的批判。于他们来说，玄学家都应该归属到道家的旗下，属于异端之列。具体到朱子，他甚至没有在《朱子语类》中给玄学留有位置，这本身就很能说明问题。在他认为，无论是就其代表性来说，还是就其思想性而言，玄学只能算是道家思想之末流，卑之不足一论。但是从我们今人的角度来说，无论是作为反面教材（对宋儒来说，这一点似乎尤为重要，但今之学者往往基于强调发展的立场，更为重视玄学对理学的正面作用）也好，还是一种正面的激励因素也罢，玄学都大大刺激了儒学：玄学本是因汉代经院儒学之弊而起，这就大大加速了传统儒学的进一步衰落；玄学围绕人而展开，突出了人主体性的一面，这使得章句、训诂之学重学（外）轻人（内）的弊

---

① 较为典型的如《抱朴子》对此的批判：举秀才，不知书；察孝行，父别居；寒清素白浊如泥，高第良将却如鸡，见《抱朴子·外篇卷二·审举第十五》，《四库全书》本。其直接后果是时人开始重视对名实之辨，开始品评人物，这又直接催生了玄学的出现。

② 玄学类似一个大共名，其中具体的个人或偏儒或偏道，难以一概而论。但是，玄学家基本上都不满于名教之束缚，主战以自然来消解机械宣扬名教的弊端，主张调和名教与自然的关系，其发展的总趋势是老佛味道在逐渐加重。

③ 《魏晋玄学论稿》，《言意之辨》，第29—34页。

端暴露无遗；玄学主张删繁就简，主张即有而体无，这较之于汉儒的烦琐而不得要领无疑更能深入人心。再者，玄学的中心是名教与自然之辨。不管某些玄学中人如何以极端的方式来揭露名教与自然之间的固有矛盾，但玄学的最终目的是要消解此矛盾，使之重新回到和谐统一上来。这一思路无疑体现着理想主义的光辉，具有鲜明的批判精神。这就抓住了汉代儒学身陷困境的症结，无异于从根本上取消了汉代儒学的合法性地位。

总之，玄学的兴起是儒学衰落的产物。不过，玄学在加剧儒学危机的同时，又转过来在逼使和推动着儒学的转变，并且也为其发展提供了强有力的支持。这又表现为，玄学重人、重内、重境界、重义理的诸精神，以及其对汉代烦琐经学的廓清之功，都在实际上为儒学的进一步发展指出了方向①。我们只要看看王弼（字辅嗣，226—249）扫象②和《颜子所好何学论》之间的共性就很容易明白这一点。

就思维方式而言，玄学首次明确地采用体用模式、辨名析理、言意之辨、执一统众等思维模式。这代表着人们思维能力及水平的一大飞跃，其对理学的影响更是深远。再者，玄学对无之本体的关注也对理学本体论的建立有辅助之功。最后，玄学对有无问题的讨论，真正开启了一个纵贯中国传统哲学发展的大问题，而此问题更是直接关涉理学的主题。所有这些无疑都为新儒学的诞生提供了土壤。由于这些大家都已经提到过，故在此不必详论。

就本书而言，玄学指示儒学发展的方向还表现为：玄学同样把探求理想人格的所应然、所当然作为重点关注的对象；也以境界论为核心，视玄远（在理学表现为大其心与天地同体，无执不滞的空灵心境）为自身的一项重要规定；它同样把最终目标指向了一个人类会为之奋斗不息的理

---

① 汉魏之际与两宋之际都有一个转向内在的过程，但二者之间又有深刻的不同：汉魏间士人的转向，在总体上表现为对政治和儒家礼法的远离，表现为对个人感性面的张扬，对审美的靠近；而两宋士人的转向内在之际，却更突出了人的道德属性，更突出了人以伦常为本的社会性，表现为对哲理的靠近。见刘子健的《中国转向内在》，江苏人民出版社2002年版，罗宗强的《玄学与魏晋士人心态》，南开大学出版社2003年版。罗先生指出，汉魏士人如阮籍者，实开苏轼之先导（见该书137页），故汉魏之际与两宋之际转向的区别也可大致体现为朱子与苏轼之间的区别。而上述之不同，正是宋人扬弃前者的结果。

② 王弼的扫象，并不是一概不论象，而是要扫除人们对象的拘泥和象对意的遮蔽的一面，大家对此论述已多，此不详论。

想：自由之境。这对于理学的兴起，无疑具有重大的意义。但是，玄学与儒学之间又有着深刻的不同。这种不同，毋宁说正是理学扬弃玄学的结果。玄学以"见独"和"体无"为基本精神，所追求的是超言绝象的超道德之境。其对自由的理解也是"独化于玄冥"、"泯迹"，甚至是"不累"于物和猖狂傲世的，这也是它和道家思想隔碍潜通的地方。由此，虽然玄学家又有不弃名教的说法，但其追求的最高目标则曰"自然"、曰"逍遥"，也是通过对现实世界的否定实现的①。相反，理学家们所追求的"气象"则明显地受到了儒学基本理念的约束，其所追求的自由也是在"理一分殊"或是"民胞物与"框架约束下的自由，是不弃物前提下的自由。无论如何，这终究是属于道德之境。尤其需要指出的是，朱子经由"曾点气象"所强调的自由，是一种肯定天理之自然、当然与必然之后的"从容中道"，是以格物穷理为前提的"豁然贯通"，这种自由既是道德的，也是理性的，具有儒家鲜明的特性。

在一定意义上，我们在玄学的兴起中，也看到了儒学复兴的希望。

在论及传统儒学衰落、理学兴起的原因时，佛教的影响是一个非常重要的因素，陈寅恪先生甚至认为：

> 佛教经典言："佛为一大审因缘出现于世。"中国自秦以后，迄于今日，其思想之演变历程，至繁至久。要之，只为一大亨因缘，即新儒学之产生，及其传衍而已。②

陈先生的这段话影响很大，也颇值得商榷。不过若说到佛教对理学的影响之大，恐怕没有人会有所怀疑。事实上，在隋唐之际，儒学的衰落与

---

① 玄学中固然有不弃有而体无之说，但其主流思想则是贵无贱有。需要指出：很多人认为郭象主张"名教即自然"是在为名教的合理性做宣传，这是很值得商榷的。郭象祖述庄子，其思想最核心的精神则曰"逍遥"。若曰许由之流只是隐身，为有迹，圣人则居庙堂而不碍其"逍遥"。盖其所劳者为身，所安者为心，为无迹。在他看来，这才是一种更高层次上的"逍遥"。可见郭并不是在一切意义上肯定名教即自然的，而其所尤贵者仍为"无"。其又曰性分之当然既是自然，安其性分未尝不"逍遥"。其重心仍在"逍遥"二字上。当然，若考其行，则郭象的理论只是说辞而已。

② 陈寅恪：《陈寅恪史学论文选集》，《冯友兰中国哲学史下册审查报告》，上海古籍出版社1992年版，第510页。

佛学的兴盛形成了鲜明的对比，以至于在讨论宋代儒学与佛老之关系时，大家多会引用到以下这段文字：

> 《扪虱新话》云：世传王荆公尝问张文定公（张方平，字安道，谥文定，生卒不详）曰：孔子去世百年，生孟子亚圣，后绝无人，何也？文定公曰：岂无，又（一作只字）有过孔子上者。公曰：谁？文定曰：江南马大师、汾阳无业禅师、雪峰、岩头、丹霞、云门是也。公暂闻，意不甚解，乃问曰：何谓也？文定曰：儒门淡薄，收拾不住，皆归释氏耳。荆公欣然叹服，后语张天觉，天觉抚几叹曰：达人之论也。①

把禅门诸宗师比为"过孔子者"，这只能是一种耸人听闻的说辞。但其指出儒释之兴衰对比，则大可玩味。总之，在宋代以前的很长一段时间里，由于长期政治动荡对儒学立身之所的冲击，以及受到来自佛老思想的冲击，儒学传统的价值理想已经无法收拾人心。当时士大夫几乎人人谈禅，"儒门淡薄"已是不争的事实。这一点前人论述已多，无需再做分疏。当然，如果我们不是局限在这一条材料上，而是以史的眼光来看待佛学对宋初之影响，则有一点需要注意，正像是周晋先生所言：

> 北宋之时，帝王奉法虽不如前代之盛，僧徒之数亦不如前代之多。其于政治之影响，亦不如前代之大。但佛教思想之传布天下，则于前代未尝多让。诸帝既倡之于上，而一时之名臣，士人所宗者，如杨亿（字大年，974—1020）、文彦博（字宽夫，1006—1097）、富弼（字彦国，1004—1083）、王安石（字介甫，1021—1086）、赵抃（字阅道，号知非子，1008—1084）、苏轼（字子瞻，号东坡居士，1037—1101）、宗泽（字汝霖，1060—1128）诸人、皆信佛教；更遑论晁迥、张商英等著书立说以明之者。至于民间之拜佛烧香，佛礼治葬者，更是相沿成习。乃至若有人不用佛礼，则成为可注意之特例。②

---

① 胡应麟：《少室山房笔丛·正集》卷32引，《四库全书》本。
② 周晋：《道学与佛教》，北京大学出版社1999年版，第4页。

周文此前有较为详细的考证，因此其立论颇为有据。此条材料的价值则在于，它指出当时佛学之影响，不独占据着时人的思想层面，而且深入到了士大夫阶层的生活里，深入到了他们的信仰层面。这对于儒学来说，实在是个很不好的信号。我们知道，玄学发展的一个归宿就是玄佛合流。在魏晋之末，佛学以玄谈话题的形式进入了当时士大夫的思想世界，乃至于谈佛几近于时尚。但是，魏晋之人谈佛，多是抱着玩的态度，其所玩者为文词，为义理。他们大多只以欣赏的态度来谈之，却很少能达到信仰的层面。因此佛学对于那时士人的影响毕竟有限。而在宋代，佛学之进入士大夫阶层，是以一种生活化、信仰化的形式实现的。我们说，士大夫阶层正是儒学得以存身的最基础部分，即李老师上文中所提到的"以身体道者"，他们的动摇对于儒学所带来的冲击实在不容小视。只有在这个意义上，我们才能理解为什么宋代的理学家们会有那种严重的危机感。

那么，宋代佛学为什么会对士大夫有如此大的吸引力？若细考其中的原因，佛学在自身的转变或曰中国化过程中，迅速增大了对知识分子的亲近感和感染力，则是一个根本的原因。佛教在中国本土的发展中，一面不断地在抹去原始佛学中入世与出世的森严界限，或者是把此界限内心化，另一面则在渐渐培养出一种诗情画意的所谓入世的内容，甚至也在不断地弥合着它与儒学的界限①，其后果是在潜移默化中把大批的士大夫变成在家的佛教徒。其三，佛学在中国化的过程中，也在不断删繁就简，形成简易直接，直契本根的宗风。我们说，宋代强调个人的价值，一味求乐、失之太高、玄虚化等诸风气，未尝不是佛学尤其是禅学推波助澜的结果。而这对于儒学的基本价值观来说，更是起到了一种致命性的瓦解作用②。对此，朱子有着清醒的认识：

> 大抵近世言道学者失于太高，读书讲义率常以径易超绝、不历阶梯为快，而于其间曲折精微、正好玩索处，例皆忽略厌弃，以为卑近

---

① 佛教在中国流传充满了复杂性，这是因为包括儒释道在内的任何思想在发展中，都始终存在着要求回到经典，回到原初思想精神的内在呼声，因此佛教在中国化的进程中始终又能时时保持自己的核心思想，从而保持其与儒道之学的必要距离。

② 仅就宋代而论，佛门人士一般都不会公开反对儒学的仁义礼智思想，但都在宣扬这是末，而佛学的基本价值才是本，而他们对儒家经典如《中庸》的解释也是佛学化的、中观化的。

琐屑，不足留情。以故虽或多闻博识之士。其于天下之义理亦不能无所未尽。理既未尽，而胸中不能无疑，乃不复反求诸近。顾惑于异端之说，益推而置诸冥漠不可测知之域，兀然终日，味无义之语，以俟其廓然而一悟。①

朱子显然认为，佛学的最大危害，不在于它会引导人成为纯粹的佛教徒，而在于其对儒者的学风产生影响，使之产生懈怠，使之个体之维空前膨胀，会使之反而开始对儒学传统的平实言论产生怀疑等等。也只有在这个意义上，我们才会理解为什么宋儒不再热衷于和佛教的正面交锋，而是转而攻击那些混淆了儒学与佛学界限之在家溺佛者，是要为其提净戒。这不啻是儒学内部发起的一场自我救赎运动，一场自我净化运动。

更有甚者，佛学在自身羽毛丰满之后，已经不再满足于通过宣扬"佛即周孔，周孔即佛"②来壮大自身。相反，佛学也走出了对儒学与道家的假借，更希望成为重建人间秩序的主导性话语。在当时，认为应该"以尧舜之道治世，以如来之行修心"③、"以佛修心，以道养生，以儒治世"④，这是当时大多数士大夫的普遍看法。这无异于认为儒学与佛老各有胜场，儒学只能治外，而佛老更长于治心，其实质上是要从本末之辨的角度强调佛老是本，儒学是末⑤，是要彻底把儒学逐出"内圣"的领域。

---

① 朱熹：《晦庵先生朱文公文集》，下文简称《文集》卷30《与汪尚书·三》，《四部丛刊》本，下同。
② 孙绰：《喻道论》，见《弘明集》卷3《四库全书》本。
③ 语见《续资治通鉴长编》卷24，太平兴国八年十月甲申条，《四库全书》本。
④ 语出孝宗的《原道辨》，见《玉海》卷32转引，《四库全书》本。按，此本从白居易之"以儒治身，以释治心"转来。
⑤ 这正是契嵩、智圆所宣讲的观点。他们以儒为迹，以佛为体。表面上宣扬三教合一，其实质是在为佛教争正统。如契嵩就强调：夫迹者属教（即儒），而体者属道（佛），非道则其教无本，非教则其道不显，见《镡津集》卷九《万言书上仁宗皇帝》，《四库全书》本。另外，大家在引述宗密所谓强调"三教合一"的思想时，一般也都会引用这一段话："孔老释迦，皆是至圣。随时应物，设教殊涂。内外相资，共利群庶"云云，其实宗密在下文中紧接着就提到：策勤万行，明因果始终；推究万法，彰生起本末。虽皆圣意，而有实有权。二教唯权，佛兼权实。策万行，惩恶劝善，同归于治，则三教皆可遵行；推万法，穷理尽性，至于本源，则佛教方为决了。见《原人论序》，《大正新修大藏经》卷45，NO.1886，第707页上，台湾新文丰版，下同。而且，宗密的《原人论》首先就是《斥迷执》，在抨击所谓儒道的"迷"。可见，宗密同样是在为佛教争正统。

在这一前提下，宋儒不能不群起而反击之，不能不高扬儒学之旗帜，强调自身由体达用、由内圣到外王的贯通性——强调名教中自有胜地，儒学对人间秩序的重建也不需要假借佛学的"本"。这是他们大力宣扬儒学与佛老之辨的基本出发点。总之，在唐宋之际给儒学带来的，不是喜悦，而是挑战，是触动自身根本的危机感。这和佛学对明代儒学的影响，不可同日而语。

当然，正像许多学者所提出的，佛学的壮大本身也给儒学的复兴提供了诸多刺激。这一点大家讨论已多，这里不再详论。

穷则思变。困境中的儒学也正积聚着变革的力量，上文提到的各种外缘也为此变革的适时出现提供了丰富的资源，而宋代特殊的历史也为此变革的出现提供了良好的外在环境：自唐宋之际开始，中国社会发生了深刻的变化，进入了所谓的"亚近代"。随着相沿已久的门阀制度以及与此相关的官吏选拔制度退出历史舞台，随着宋代崇文抑武政策的有力推行，具有知识分子特征的文人士大夫阶层参政的主体意识空前高涨，一跃成为社会政治文化生活的主力军。在当时，文人士大夫的地位不但超越了汉唐，其政治活动的空间之大也是明清士大夫所无法望其项背的。事实上，不管王安石发动的新政受到后人多大的抨击，但其能为君所用，有一伸抱负的幸运，这几乎是后人可望而不可即的理想。在这一大背景下，文人士大夫掀起了一股誓与帝王"同治天下"的浪潮。这是他们政治主体意识的自觉，也有力地推动了儒学大变革的出现。

余英时先生在细致地比较了唐宋士大夫的异同后，指出：

> "以天下为己任"可以视为宋代"士"的一种集体意识，并不是极少数理想特别高远的士大夫所独有，它也表现在不同层次与方式上面。①

这批士人给自己的基本定位，既不是哲学家，也不是思想家，而是以儒学为基本信仰的封建士大夫。在当时，相对宽松的客观环境给了他们以无限的希望，使他们把重建人间秩序的努力重点放在了"格君心之非"

---

① 《朱熹的历史世界》上册，第219页。

上。而汉唐儒学的偏失和王安石变法则从反面提醒了他们正人心对于治国安天下的奠基性作用。在这一前提下，他们强调"心术"在经世致用中的奠基性作用，把主要的精力放在了大讲正心诚意上，并由此提出一系列的心性理论与践履工夫。这些都是可以理解的。他们虽然高谈道德性命，却并没有脱离经世致用这一大局，也没有陷入一味地清谈。他们更没有仅仅要为自己寻求"安身立命之所"，或者只是要追求个人的向上超越，而主要是为了寻求治国平天下的良策，至少是要为此有所贡献。一句话，宋儒虽以高谈道德性命为特色，但却没有冲淡他们对社会现实的强烈关注，没有冲淡他们的现实批判精神。

总的看来，这批士人重建人间秩序的努力可以体现在两个方面：一是通过为己之学实现内（心之全体大用）与外（众物之表里精粗）贯通的境界，以解决自汉唐以来儒学流于口耳化和庸俗化的弊端。这又被他们认为是经世致用的前提。二是通过对儒与佛老异同的区分，大力批判好高恶卑、务内遗外、独善其身、一味求乐等为学和做人的态度，以维护儒学的基本价值，维护以儒学为核心的社会秩序。他们的这些活动虽然在总体上给人一种其只重内圣，不重外王的印象，但是事实却远非如此。导致上述印象产生的原因非常复杂，也远远超出了本书所讨论的范围。不过，一个基本的历史事实是，在党争不断的整个宋代，宋儒们始终难以把得君行道的可能性转变为现实，因此他们只能把精力投放在讲学和传道这些为经世致用做准备的工作上。对于以"与道共进退"为立身准则的他们来说，独善其身更多是出于不得已，也未尝不是在传达其居明夷而待访的苦心。明白了这一点，我们就不会仅仅把朱子解读为经学家、思想家、哲学家，才会看到其内心深处的更多消息。

这一变革是全方位的，广泛涉及政治、学术、生活、文学诸领域。它自唐代已经开始，在宋代更盛。这场变革的主导者，正是代表新"气象"的宋儒，尤其是自居为新儒者。他们多出自寒门，不但与唐代士大夫不同，也与两汉魏晋的士族中人不同。就"气象"而论，他们以自己的身体力行重新诠释了先秦"狂者胸次"的内涵。钱穆先生就此指出：

> 他们重新抬出孔子儒学来矫正现实，他们用明白朴质的古文，来推翻当时的文体。他们因此辟佛老，尊儒学、尊六经，他们在政制

上，几乎全体有一种革新的要求。他们更进一步看不起唐代，而大呼三代上古，他们说唐代乱日多，治日少。他们在私生活方面，亦表现出一种严肃的制节谨度，而又带有一种宗教狂的意味，与唐代的士大夫恰恰走上相反的路径，而互相映照。因此他们虽则终于要发挥到政治社会的现实问题上来，而他们的精神，要不失为含有一种哲理的或纯学术的意味。①

他们是典型的进取者之狂，是淑世者之狂——这种狂直接承自孔孟。这种狂和唐"宋代文人常自称'疏狂'"②的情况，形成了鲜明的对照③，也每每被世俗者视为怪异，一再遭到扼杀。

这场变革，首先体现为儒者们对于自我革新的强烈自觉，体现为其强烈的批判和自我批判意识，体现为其对儒学之根本精神的重新定位。借用梁启超先生的话说，就是"凡一新学派初立，对于旧学派，非持绝对严厉的攻击态度，不足以摧故锋而张新军"④。宋儒对汉唐儒的弊端感受最深，故其对之的批判也最严厉。其批判的焦点，主要在于汉唐儒学的"失本"：批判汉唐儒学关注了许多非本质性的东西，使儒学的基本精神受到了遮蔽。由此，他们大力呼唤儒学向自己的核心精神的复归。不妨以程伊川为例：在其著名的《颜子所好何学论》一文之起首，伊川即提出一石破天惊之观点：

> 圣人之门其徒三千，独称颜子为好学。夫诗书六艺三千子非不习而通也，然则颜子所独好者何学也？学以至圣人之道也。⑤

在汉唐儒者看来，游夏之学是孔孟学的真谛，其内容是客体化了的种种知识，是种种典籍。而伊川此论，正是对此旧说的全面颠覆——刻意突出了颜子之学较之于"三千子"之学（主要是游夏之学）的独特性。在

---

① 钱穆：《国史大纲》，商务印书馆1991年版，第560页。
② 张海鸥：《宋代文化与文学研究》，中国社会科学出版社2002年版，下同。
③ 唐宋之际文人对疏狂的吟咏，可参看上书之介绍。
④ 梁启超：《清代学术概论》，东方出版社1996年版，第10页，下同。
⑤ 《二程文集》卷9《伊川文集·杂著·颜子所好何学论》，《四库全书》本，下同。

他看来，颜子之学才是儒学的大本所在。它不是指"博闻强记、巧文丽辞为工，荣华其言"的外在学问，而只是指"正心养性"，指返求诸己的学问。这就突出了学圣人之道与俗学的区别：是求诸己和求诸外的区别，是为己之学和为人之学的区别，更是本与末的区别。这篇文章更是传递出了一个信号，那就是儒学正在酝酿着变革与转向：从注重外在的知识回到注重人本身，从注重人的外在方面转到注重人的精神世界，注重人的主体世界，注重人的本质即人性的充分实现。此文亦如锋利的剃刀，剃去了那些被认为是外在于儒学基本精神的东西，使得儒学重新恢复了其鲜明的个性，也使宋学之新的一面清晰地凸现了出来。当然，伊川的这一说法并不是一个独立个案。在他之前，周敦颐就强调"文所有载道"①，把矛头指向了当时流行一时的辞章之学，而后来的儒者们也多次把文章、训诂和异端作为儒者的对立面，大力加以批判。所有这些，其目的都是要凸现儒学的基本精神传统，要为新儒学的诞生摇旗呐喊。伊川等人坚信，本立而道生，一个人只要做好了成圣之学，也就为治平之学奠定坚实的基础。在这一思路下，儒者面向自我的"尊德性"，面向道德性命之学，就不止是对个体自我的立命安身有意义，而是成了其伸展治国平天下之理想的起点和根本。如果我们细致地考察自初唐到理学兴起之际的思想发展脉络，就会发现这同时也展现为儒学逐渐强调由内圣开外王的过程。当然，在这里，小程子对儒学中智识传统一面的激烈批判也会产生负面影响——会有把儒学这一治平之学化约为道德之学的嫌疑。而朱子的一大功绩，也正在于能够及时发现这一流弊，并通过强调下学、强调在分殊中见理一、强调格物致知的为学之法来纠正之。

同样，我们也能在宋人之言论中，看到他们对"曾点之志"的强调，看到他们对于事为之末和大本达道的区分。这一区分，与伊川的上文意图是相通的。我们说，虽然宋人"寻曾点之乐"的动机有很大的差异，不能一概而论。但是有一点可以肯定，那就是他们的"寻曾点之乐"，是对儒家所自有的理想之境的向往和追求，是在借曾点之言志来明孔子之志，是要去寻求儒学的大本。这是一种泛化了的"希圣"、"希贤"之心。"曾点气象"就是在这一大背景下，受到时人的热切关注的。它虽然只是此

---

① 周敦颐：《通书·文辞》第28卷，《四库全书》本，下同。

大背景下的一个小结果,但此一结果却体现着宋儒的基本精神。

　　这一变革的具体途径,化用李景林师的话说,就是儒学重新向的她的"虚"的"本"——向儒学的基本精神复归,就是要确立新儒学在重建社会秩序中的主导地位。而儒学的本,就是"希圣希贤"和成德成圣。当然,儒学在向原始儒学复归大旗下的种种努力,未尝也不是在开新——"阐旧邦以辅新命",从来都是中国传统哲学的根本特色。就本书而言,宋儒之新"气象"更多来自于其借复古而开新。惟其以复古的形式出现,故"希圣希贤"就成了这场变革的基本口号。

　　我们知道,儒学有着悠久的"希圣"传统,自孔子首提"宪章文武,祖述尧舜"开始,这一传统就一直在延续着,甚至于韩愈(字退之,768—824)还郑重地提出了"学圣人之道"的口号,并以此来回应佛老与"俗学"的挑战。但是,直到理学兴起之后,这一口号才真正转变成了具体行动,也才出现了人人竞言"希圣、希贤"的壮观局面。而寻"与点之乐"的问题随之也被突出了出来。

　　由此,儒者们对"曾点气象"问题的关注,也就折射出了其对于"圣贤气象"的不同理解,折射出了他们对于最终修养境界的不同理解,乃至于他们为了臻至这一境界所用工夫的不同,最终折射出了不同流派之间的思想互动关系。这样,通过对该问题的讨论,努力强化并突显儒学有别于佛老的根本性价值观,同时将"气象化"了的理学人格理想牢牢限定在成圣问题上,以及如何由此推动社会整体道德水平的提高这一根本问题上,这也是"曾点气象"被人关注的原因之所在。难怪陈来先生会认为:

> 在孔门传统中本有"曾点之乐"的一面,孔子也表示过"吾与点也"的意愿。而这个问题在宋明理学则成为一个基本的问题,获得了古典儒学中所没有的重要意义。①

　　在这里,陈先生所说的"古典儒学中所没有的重要意义",指的就是理学中对"曾点气象"的讨论,关涉的是理学所独有的问题。这也是我

---

① 陈来:《宋明理学》,辽宁教育出版社1992年版,第253页,下同。

们强调"曾点气象"更是一个理学独有话题的原因所在。因而，对此问题的研究也就成了我们把握理学基本精神的重要门径。

不过，虽然宋儒都有着治国平天下的热情，但是在实际生活中，除了王安石特别幸运地实现了其"得君行道"的理想之外，绝大多数儒者都像朱子那样在苦苦等待时机中度过了一生。于他们，只能牢守孟子"穷则独善其身，达则兼善天下"①的古训，尽自己的所能去修自己的"在我者"，去做那些为"得君行道"做准备的工作②。因此，宋儒重建人间秩序努力就具有了更为宽泛的意义。它既表现为"得君行道"、治国平天下的政治活动，也表现为在小范围内的"化民成俗"，还表现为传道授业，著书立说，指示为学之方等。但是，我们并不能因为他们在多数时间谈的只是面向个人的道德性命工夫，就忽视他们作为儒者的基本立场，乃至误认为他们所强调的就只是个人的超越问题。在这里，余英时先生的观点也是本书审视理学家们之论"曾点气象"的基点：

> 分析到最后，无论"上接孔、孟"，或形上系统都不是理学家追求的终点，二者同是为秩序重建这一终极目的服务的。③

尽管我们在后文中对朱子就"曾点气象"的讨论，更多涉及的是一系列道德心性的问题，我们还是要注意到朱子种种思想所指向的，正是上述终点和目的。

第三节　宋儒"曾点气象论"的演变及其精神

一　朱子前"曾点气象论"的演变

我们在上文中已经对"曾点气象"的基本概况与时人关注此问题的原因略有叙述。为了加深大家对此问题的了解，这里有必要对在朱子之前

---

① 《孟子·尽心上》。
② 朱子即指出：大抵修身、齐家、治国、平天下，皆学者分内事，而其先后固有序矣。读书求义理，乃格物致知之事，所以发明正心诚意之端也。学者不本于此，乃欲责成于人民社稷之间，求其必当于理而无悖，吾见其难矣。见《文集》卷70《记谢上蔡论语疑义》。
③ 《朱熹的历史世界》上册，第183页。

理学中讨论"曾点气象"的整体面貌做出分疏。需要指出的是：自宋初到朱子之前，人们对曾点及"曾点气象"的讨论很零散，本书也只是选择其中具有代表性的材料略作介绍，其目的只在于揭示理学中讨论该问题的大致演变，揭示他们在讨论该话题背后体现出的深层问题，实不以穷尽材料为目的。

总的来说，在唐之前，虽然也有人零星作诗来吟咏曾点，但这些文字多属于文学性质，也多无深意。自宋代开始，才出现了士大夫竞相谈论"曾点气象"的盛况，而其所谈论的内容，也才有了一定的思想内涵。当然，在宋代之后，提到"曾点气象"的文学作品仍然很多，这些作品也始终缺乏思想意蕴，这一点不必细说。不过，在唐宋之际的文学领域，对曾点"疏狂"一面的渲染却是一个令人关注的现象，这一现象背后所包含的，是佛老之学对世人的深刻影响。当时人们对曾点的理解，也多流于疏狂和玄远洒落一路[①]。这和理学兴起后人们对"曾点气象"的认识形成了鲜明的对照。

在宋明之际，尤其是在理学系统内部，讨论"曾点气象"似乎成为一种时尚。在当时，自周敦颐以发其端，此后探讨"与点之乐"者蔚然成风，这种状况一直到了明末清初才渐趋式微。在此过程中，儒者们凭借对"曾点气象"的各自诠释，纷纷表达了他们对儒学之所应然的不同认识。他们对"曾点气象"的诠释在许多方面推动了儒学的发展。当然，有些儒者对"曾点气象"的理解摇荡在似禅非禅之间，"遂复非名教之所能羁络"；也有些儒者把"曾点气象"作为其发泄自己感性情识的借口，或者是当作其独善其身的借口。这也使得"曾点气象"的内容变得异常丰富。而在此过程中居主导地位的，还是对人们对"曾点气象"的儒学化诠释与理解。其中，朱子以"天理浑然"、阳明以"良知呈现"来诠释"曾点气象"最为典型。

与此同时，儒学内部也始终存在另一种声音[②]，呼吁人们要警惕"曾点气象"的多义性，要人们警惕过分渲染"曾点之乐"可能带来的弊端。这一呼声自小程子开始，中间经过朱子的大力宣扬而始终绵延不绝。正是

---

① 唐宋文学的这一特点，参看《宋代文化与文学研究》。
② 这两种声音在朱子的思想中都有所体现，朱子思想的丰富性和多侧面性于此可见。

在这一呼声的有效影响下，"曾点气象"的大多数鼓吹者们才会时时注意强调"与点之乐"的儒学特质，没有把乐作为为学的唯一目的来追求。这两种声音在理学发展史上交映争辉，共同推动着儒学在一个前提下的多元发展。它们之间的互动可以被概括为敬畏与洒落之争、有与无之辩，或是究竟应该是从心的角度，还是理的角度来理解"曾点气象"问题的争论。可以说，在一定程度上，"曾点气象"就像是一面镜子，从中可以照出人们对儒学之根本精神的不同理解，可以照出理学发展的基本脉络。

周敦颐（字茂叔，号濂溪，1017—1073）一向被奉为理学的开山祖，因为他比宋初三先生（胡瑗，字翼之，993—1059；孙复，字明复，992—1057，人称泰山先生；石介，字守道，1005—1045，时人尊称为徂徕先生）更为集中和明确地提出理学的几个核心问题。也正是他，使得儒学的心性概念首次具有了本体化的意义，从而启动了儒学发展的根本转向——转向内在化、转向心性本体化。这也促使儒学从一个更高的角度上实现了天与人的贯通[①]。周濂溪还是理学中讨论"孔颜乐处"和"与点之乐"问题的始作俑者，其对儒学境界论的形成有奠基之功。

濂溪论学，还以在理学史上首次提出"希圣希贤"、"志伊尹之所志、学颜子之所学"[②] 等口号而著称。仅就此而论，孔颜才是濂溪心目中的理想人格，而如曾点者，甚至都没有出现在濂溪本人的文集中。但是，在后人纪念濂溪的文字里，濂溪与曾点尤其是"曾点气象"被紧密地连在了一起[③]，这绝非偶然：就"气象"论，濂溪给人的最大印象是"洒落"，是极高的天资如后人心目中的曾点者，而程明道也曾说过：

> 某自再见茂叔后，吟风弄月以归，有吾与点也之意。[④]
> 昔受学于周茂叔，每令寻颜子仲尼乐处，所乐何事。[⑤]

---

① 参见李景林《儒学心性概念的本体化——周濂溪对于宋明理学的开创之功》，《北京师范大学学报》2004年第6期。
② 周敦颐；《周元公集》卷1《通书》第十章《志学》，《四库全书》本，下同。
③ 如清人张伯行所编的《周子全书》中，多次把二者相提并论。一言以蔽之，周濂溪和曾点的气象都可以称之为"洒落"。
④ 《二程遗书》卷3《明道语》，《四库全书》本，下同。
⑤ 《二程遗书》卷2上《明道语》。

可见，濂溪与"曾点气象"确实有难以割舍的联系。

在濂溪的思想中，乐是一大关键词。但他所说的乐，不是指个人的一己之乐与富贵之乐，而是指"天地间有至贵至富可爱可求，而异乎彼者"①——对于其所乐者，濂溪明言"天地间至尊者道，至贵者德而已矣。"② 此道此德此乐，其主流是儒学精神，毕竟不同于庄子、禅学之乐。当然，濂溪较后人来说，缺乏对于严辨儒学与佛老界限的自觉，其思想不脱受佛老道家（教）的影响，这也是事实。就是濂溪本人之"气象"，也很难说是纯而又纯的儒者。正像有些学者所说，濂溪在理学中能有今天的地位，更多是和朱子对其形象的重新塑造是分不开的。

濂溪还较早地从工夫论的角度出发，主张通过"无欲"与主静、礼乐教化这双方面的努力来获得"乐"与天的合一，此即"至诚"之境。此"乐"既有"生生不息"之意，又有"以仁育万物，以义正万民"的"成人"、"成物"之志。由此，濂溪的"吟风弄月"，既包含着洒落与自由的精神，又不失"正"、"义"的德性成分，也还使得传统以仁为核心的儒学，增添了浓厚的境界论成分。完全可以说，新儒学之有新气象，是自濂溪开始的。另外需要指出，今人在提到濂溪"气象"时，往往只会留心黄庭坚论濂溪"舂陵周茂叔人品甚高，胸中洒落，如光风霁月"③的一面，却很少注意潘兴嗣认为濂溪"为政精密严恕，务尽道理"④的一面。我们说，只有把二者结合起来，才能充分把握濂溪在与点之乐、寻孔颜乐处上的真意所在。

邵雍（字尧夫，号康节，1011—1077），在宋儒中，只有邵康节把"安乐逍遥"标明为自己的为学宗旨，公然宣称"学不至于乐，不可以谓之学"⑤，可谓开泰州学派之先。康节还曾作"《清风长吟》、《垂柳长吟》、《落花长吟》、《芳草长吟》、《春水长吟》、《花月长吟》、《落花短吟》、《芳草短吟》、《垂柳短吟》、《春水短吟》、《清风短吟》形成了一个吟风弄月的咏物系列。这些咏物诗不属于物以明德、物以彰德或物以比德

---

① 《通书》卷23《颜子》。
② 同上。
③ 黄庭坚：《山谷集》卷1《濂溪诗·序》，《四库全书》本。
④ 朱熹编：《伊洛渊源录·一》，《濂溪先生事状》，此为濂溪好友潘兴嗣对其评价。
⑤ 邵雍：《皇极经世书》卷14《观物外篇下》，《四库全书》本。

的模式,更没有多少托物以言志、借物以写心的内容。诗人只是在肯定自然美价值的前提下,把自然事物当作自在之物进行赏玩,展露了自己精神生活的另一侧面"①。康节的这些作品,极力渲染了宇宙的生命意识,有着"鸢飞鱼跃"的活泼气象,也非常类似于儒家所强调的"仁"之境界。但是,其一,康节强调自身安乐逍遥有余,却认为"治人应物"只是余事;其二,康节没有像其他理学家们那样,刻意点出此乐中所包含的德性因素。这些都使他的思想多少带有些"异端"色彩,如《宋元学案》在论康节时,就引了熊禾(字去非,号勿轩,又号退斋,为辅广弟子,1247—1312年)的观点认为:

> ……但其(康节)制行不免近于高旷,若使进之圣门,则曾皙非不高明,子贡非不颖悟,终不可谓与颜(回)曾(参)同得其传,百世以俟,不易吾言矣。②

熊氏的观点也基本符合程伊川和朱子对康节的大致定位。康节之乐,还常被认为有刻意求乐之嫌,因此受到过小程子等人的批评。但是,理学中对康节的正面评价也不少:

> 魏鹤山曰:若邵子者,使犹得从游于舞雩之下,浴沂咏归,毋宁使曾皙独见称于圣人也欤?洙泗已矣,秦汉以来无此气象,读者当自得之。③

这是说康节之气象真正能体现出宋儒之超越秦汉儒之处,也真正能和"曾点气象"相通,表现为自得之境界。

虽然康节所留下的文献里并没有直接提到过曾点,但是在后人的理解中,他二人还是有着内在的一致性。朱子更对康节一味渲染乐的言辞心存芥蒂。他多次将庄子之乐、康节之乐和曾点之乐相提并论,并对其展开了

---

① 王利民:《从〈伊川击壤集〉看邵雍的风月情怀》,《浙江大学学报》2004年第5期。
② 黄宗羲、全祖望等编《宋元学案》卷10《百源学案下》,《祀典议》,中华书局1986年版,第471页,下同。
③ 《宋元学案》卷10《百源学案下》,《邵氏击壤集序》,第470页。

细致地比较与评述（详见后文论述）。

在论"曾点气象"时，不能不提到的另一个重要人物是张载（字子厚，1026—1077，因出生于横渠镇，被称为横渠先生）。横渠之学，注重诚明两进，既包括以"穷神知化"为内容的逻辑思考；又包括"体天下之物"的直觉体会。如他强调"大心"，提倡"民胞物与"，提倡直心而发的"四为"精神，这些说法的立意都非常高，也有浓重的境界论色彩。但是，人们对横渠之"气象"的总体印象却是：他没有很好地把这两方面融合在一起，显得"有苦心极力之象，而无宽裕温和之气，非明睿所照而考索至此，故意屡偏而言多窒"①。这就是说，横渠之学总的精神是提倡刚恪严毅，苦心力索，基本上不讲从容自在与和乐之情。其气象正和"曾点气象"相反。例如，他的弟子就记录到：

> 终日危坐一室，左右简编，俯而读，仰而思，有得则识之，或中夜起坐，取烛以书，其志道精思，未始须臾息，亦未尝须臾忘也。②

这是对横渠之为学精神的最好概括。朱子对于横渠的这一点曾赞不绝口，指出："横渠最亲切，程氏规模广大，其后学者少有能如横渠辈用工者。近看得横渠用工最亲切，直是可畏，学者用工须是如此亲切。"③ 基于个人的特殊"气象"，张横渠推崇的理想人格是"下功夫"类型的曾参和颜回，而非曾点者。因此，张横渠对于那些虚谈"曾点气象"者来说，不啻是一针强有力的清醒剂。对于这一点，王船山更是有着非常真切的体认：

> 张子之学所为壁立万仞，而不假人以游佚之便，先儒或病其已迫，乃诚伪之分，善恶之介，必如此谨严而后可与立。彼托于春风沂水之狂而陶然自遂者，未足以开来学，立人道也。④

---

① 《宋元学案》卷18《横渠学案下》，《伊川答横渠书》，第77页。
② 张载：《横渠易说》，《横渠先生行状》，《四库全书》本。
③ 黎靖德编：《朱子语类》卷93《孔孟周程》，《四库全书》本，下同。
④ 王夫之：《正蒙注·中正》，《船山全书》第12册，岳麓书社1988年版，第177页，下同。

船山本人对于"曾点气象"评价颇高（详见后文），他在这里所批评的，也只是那些"托于"曾点之狂的"陶然自遂"者，指已近于"鱼馁肉烂"的阳明后学。船山明确地反对"托于春风沂水"的狂者气象，而坚持严肃主义的道德修养①。这是他和朱子在此问题上的相通之处，而其更早的思想源头，正是张横渠。就本书的主题而言，朱子既推崇曾点之"气象"，更推崇横渠之"气象"，他认为后者有给前者奠基的意义。从他一贯注重下学上达，一贯反对虚说"气象"的立场来看，强调苦与乐贯通，敬畏与洒落的贯通，是朱子思想复杂性与立体性的具体体现。对朱子来说，只有通过强调张载这一类型的"气象"来约束和限定时人对"曾点气象"的过分迷恋，才能使之不走作，不流于佛老的一边。

程颢（字伯淳，后人称为明道先生，1032—1085）。明道论学，强调生意、强调和气、强调仁心和浑然与物同体的境界、强调活泼自在的精神。他也被后人视为是理学中洒落派的重要代表。因此，我们能在他的文字中找到大量宣扬自得、宣扬和乐之境甚至"优游"、"闲"、"无事"的内容：

> 两事到头须有得，我心处处自优游。闲来无事不从容，睡觉东窗日已红。
> 死生有命人何与，消长随时我不悲。直到希夷无事处，先生非是爱吟诗。②

"心闲"、"无事"、"从容"、"淡云微雨"、"云淡风轻"，这些很容易被认为会冲淡儒学的基本价值观的词汇，却经常出现在明道的诗文中。他还提到：

> 太（泰？下同）山为高矣，然太山顶上已不属太山。虽尧舜之事，亦只是如太虚中一点浮云过目。③

---

① 在对"曾点气象"的理解上，船山完全继承了朱子的观点，以强调天理流行为核心。
② 《二程文集》卷1，《明道文集》卷1《秋日偶成二首》，《和尧夫首尾吟》。
③ 同上书。

若论气象,明道此论可谓高矣。在他看来,即使是如尧舜一般的"事业"、"事功",也终归是"太山"而已,都不可滞留于心,都只能是"如一点浮云过目"。这一"气象",我们已经在他早年的大作《定性书》里见到过了。但是,以上所述只是明道思想的一个方面。在另一非常重要的方面,明道也同样强调诚与敬,强调格物穷理的下学工夫,表现出淳儒的气象。以上两方面的结合才能揭示一个完整的明道形象:

> "鸢飞戾天,鱼跃于渊",言其上下察也。此一段子思吃紧为人处,与必有事焉,而勿正心之意同,活泼泼地,会得时,活泼泼地,不会得时,只是弄精魂。①

在这里,明道意谓"无心"与"与必有事焉"是一体之两面,注意二者的有机结合就会活泼泼地,否则就会出现差错,流于佛家的弄精魂。注意二者的结合也足以保证明道思想的儒学本质。那种认为程颢心中既没有"一夫不得其所,若挞于市"的悲天悯人之情,也没有程颐那样的"纯粹天理"的道德厚重感的说法,显然是片面的。

具体到本书,明道对"曾点气象"的看法颇为典型,对朱子之论"曾点气象"也产生过极大的影响:

> 孔子与点,盖与圣人之志同,便是尧舜气象也。诚异三子者之撰,特行有不掩焉者,真所谓狂矣。子路等所见者小,子路只为不达为国以理道理,所以为夫子笑,若知为国以理之道,便却是这气象也。②

> 子路,冉有,公西华皆欲得国而治之,故孔子不取。曾点狂者也,未必能为圣人之事,而能知孔子之志,故曰:"浴乎沂,风乎舞雩,咏而归",言乐而得其所也。孔子之志在于"老者安之,朋友信之,少者怀之",使万物莫不遂其性,曾点知之,故孔子喟然叹曰"吾与点也"。又曰:"曾点,漆雕开已见大意,故圣人与之。"③

---

① 《二程遗书》卷3《谢显道记忆平口语》。
② 《二程遗书》卷12《明道先生语二》,《戊冬见伯淳先生洛中所闻》。
③ 《二程外书》卷3《陈氏本拾遗》,下同。这段文字在被朱子收入《论孟精义》时,被标明为明道语。

自程明道开始，曾点之志和漆雕开之见就变成了理学中的重要话题，他们也被圣学化了。甚至明道还把曾点之志等同于尧舜之志，其对"曾点气象"之推崇可见一斑。事实上，"曾点气象"之所以能在后来鼓动一时学人的心，明道对其的特殊推崇是一个非常重要的因素。明道的"曾点说"也对朱子的"曾点气象论"有着直接的影响。大程子认为曾点"盖与圣人之志同，便是尧舜气象也"和"曾点、漆雕开已见大意"这两句，后来每每成为弟子们向朱熹提出质疑的重点内容，而后一句又是朱熹借以讨论工夫与本体之辨的大话题。

明道的"曾点论"，也正是他个人"气象"的具体注脚。如谢良佐就曾提到：

> 学者须是胸怀摆脱得开始得，有见明道先生在鄠县作簿时有诗云："云淡风轻近午天，傍花随柳过前川；旁人不识予心乐，将谓偷闲学少年。"看他胸怀直是好，与曾点底事一般。①

可见，明道胸怀之开阔，气象之和乐，都与"曾点气象"不谋而合，其核心都可谓之"洒落"。

程颐（字正叔，后人称为伊川先生，1033—1107），伊川是明道之弟。众所周知，伊川的为学工夫与"气象"都与明道显有不同。具体而言，就是小程子更强调庄敬严肃，更强调格物致知，因而更具有理性的特色。他在论"曾点气象"上，也颇与明道不同：

> 古之学者，优柔厌饫，有先后之序，近之学者，却只做一场话说，务高而已……今之学者往往以游、夏为小不足为。然游、夏一言一事却总是实，如子路、冉求、公西赤言志如此，夫子与之亦以此，自是实事，后之学者好高，如人游心千里之外，然自身却只在此。②

伊川此言，抛开曾点不论，却大谈时人的好高无实，其核心是虚实之

---

① 朱熹编：《上蔡语录》卷1《四库全书》本，下同。
② 《二程遗书》卷15《伊川先生语·一》。

辨。应该说，小程子对"曾点气象"不感兴趣，但也没有贬词。而他反复强调为学的先后之序、强调崇实事为却对朱熹有着极大影响，这也成为朱熹后来诠释"曾点气象"问题的一贯观点。

二程兄弟气象的不同，以及其对"曾点气象"的不同态度，是后人热烈讨论的大题目。他们的"曾点说"也都对朱子产生过很大的影响。因此，如何协调二人"曾点说"的异同，进而在吸取二人观点的基础上形成自己的独到见解，就成了朱子后来长期考虑的问题。

二程弟子们几乎人人讨论过"曾点气象"，朱子也在编辑《论孟精义》时收入了范祖禹（字淳夫，一作纯父、纯甫，一字梦得，1041—1098）、吕大临（字与叔，1044—1091）、谢良佐（字显道，后人称为上蔡先生，1050—1103）、杨时（字中立，号龟山先生，1053—1135）、尹焞（字彦明，字德充，人称尹和靖，1071—1142）论"曾点气象"的内容。但是，其中只有谢上蔡的"曾点说"对朱子产生过很大的影响。

谢上蔡是程门高足，被乃师誉为是不为佛所夺的少数弟子之一，黄宗羲更认为："程门弟子，予窃以上蔡为第一。"① 全祖望（字绍衣，亦作裔，小字补，亦作阿补、补儿，号谢山，亦自署鲒琦亭长、双韭氏、双韭山民、孤山社小泉翁、勾曲山人、子全子，学者称谢山先生，1705—1755②）也认为"洛学之魁，皆推上蔡"③。但是，在朱子及后人眼中，谢上蔡同样带有明显的佛老气息④，这又突出体现在他的"曾点说"上：

> 莺飞戾天，鱼跃于渊，无些私意，上下察以明道体无所不在，非指莺鱼而言也。若指莺鱼为言，则上面更有天，下面更有地在，知勿

---

① 《宋元学案》卷24《上蔡学案》，第917页。
② 王永健：《全祖望评传》，南京大学出版社1996年版，第28—29页。
③ 《宋元学案》卷24《上蔡学案》，第916页。
④ 如《宋元学案》就指出：洛学之魁，皆推上蔡，晦翁谓其英特过于杨游，盖上蔡之才高也。然其堕入葱岭处，决裂亦过于杨游，见《宋元儒学案序录》，第916页。黄震也指出：因精微而遁入空虚者，如张横浦，如陆象山，如杨慈湖……盖尝深究三人之说，无一不出于上蔡，见《黄氏日钞》卷85《回董瑞州》，《四库全书》本，下同。而朱子之论上蔡近禅更多，详见下文分疏。

忘勿助长则知此，知此则知夫子与点之意。

曾本（按，指曾恬所录的版本）此下云：季路冉求言志之事，非大才做不得，然常怀此意在胸中，在曾点看着正可笑尔。学者不可著一事在胸中，才著些事，便不得其正，且道曾点有甚事？列子御风事近之，然易做，只是无心（吴本作贤）近于忘。①

谢曰：吾曾历举佛说与吾儒同处问伊川。（伊川）先生曰：恁地同处虽多，只是本领不是，一齐差却。余问本领何故不是？谢曰：为他不循天理，只将拈匙把筯日用底便承当做大小事，任意纵横，将来作用，便是差处，便是私处。余（曾恬）问：作用何故是私？（谢）曰：把来作用做弄，便是做两般看当了，是将此时横在肚里，一如子路、冉子相似，便被他曾点冷眼看，他只管独对春风吟咏，肚里浑没些能解，岂不快活！②

针对谢上蔡的这段话，陈来先生曾指出：

"谢良佐十分推崇曾点的境界，他认为曾点的境界就是'不著一事'的境界，这个解释显然受到来自禅宗的影响"、"谢良佐明确地用佛教'无著'的思想解释曾点气象是有意识地吸收了佛教提倡的'无执无著'的人生境界"、"谢显道了解的尧舜气象既是不著一事在

---

① 《上蔡语录》卷2。按，这一段，在朱子编的《论孟精义》中与此略有不同，《精义》在开头多出的部分，不见于谢的《语录》，可能另外出自谢的《论语说》，现将其附录于下：

《论孟精义》：谢曰：子路、冉有、公西华、未识道体，未免于意必者也。乃若曾点之意，果何在乎？道以无所倚为至，夫子与之，非止乐其不愿仕，推曾点之学，虽禹稷之事固可以优为，特其志不存焉。此为后来朱子论曾点虽尧舜事业故可优为之本。

又曰：鸢飞戾天，鱼跃于渊，无些私意，上下察以明道体无不在，非指鸢鱼而言也。若指鸢鱼为言，则上面更有天，下面更有地在，知勿忘勿助长则知此，知此则知夫子与曾点之意。季路冉求言志之事，非大才做不得，然常怀此意在胸中，在曾点看着正可笑尔。学者不可着一事在胸中，才着些事，便不得其正，且道曾点有甚事？列子御风事近之，然易做，只是无心近于忘。又曰：吕晋伯兄弟中皆有见处。一人作诗咏曾点事曰：函丈从容问且酬，展才无不至诸侯；可怜曾点惟鸣瑟，独对春风咏不休。

② 《宋元学案》，第935页，曾恬所录《记上蔡语》。黄震认为这一段出自《上蔡语录》不知何据，见《黄氏日钞》卷41。

胸中的勿忘勿助、活泼泼底精神境界。"①

陈先生的观点也是朱子在中年以后对谢良佐的基本印象。不过，我们也未尝不可以谢所说的"不著一事"也就是为程明道所宣扬的"无事"。当然，若单论"不著一事"的来源，则其肯定有比禅宗更早的渊源，比如王弼、老庄之学等。因此，仅靠这一则材料尚不足以表明谢上蔡与佛学有多大的渊源。

谢上蔡是朱子早年的主要思想引路人，而谢的"曾点说"，无论从正面还是反面都对朱子产生过极大的影响。事实上，朱子后来曾花了很长的时间认真反思谢的"曾点论"，着力清算其中的"禅学"因素②。朱子与张栻之间围绕曾点问题的讨论，其背后也隐藏着一个如何消化谢的思想的问题。当然，就谢本人的思想而论，谢并不只是一味强调洒落，他论求仁、论穷理、论常惺惺，都包含有强调敬畏的内容，而朱子所忧虑的，是谢的思想的立意颇高，会引导人不顾下学，务求上达，会促使人在不自觉中转向佛老。此外，谢与朱子在曾点问题上不解的渊源，还体现在朱子与弟子们围绕谢的一些具体观点如说曾点"虽禹稷之事固可优为"等的反复辩难中。伴随着弟子们的纷纷质疑，朱子后来屡有对谢良佐极为严厉的批评③。

朱子曾数次提到，从谢上蔡到张九成（字子韶，号横浦居士，又号无垢居士，1092—1159），从张九成到陆九渊，其言论越来越放荡而近禅④。张横浦更是交游于宗门人士宗杲，被朱子认为是"阳儒而阴释"的代表。⑤朱子甚至把张的作品比为洪水猛兽，并对其《中庸解》进行了较

---

① 《宋明理学》，第136、137、138页。
② 这只是朱子所理解中的禅学，是一种泛化的禅学，详见后文的论述。
③ 钱穆先生也曾引朱子晚年的话强调，朱子晚年还对谢的曾点说有很欣赏的一面："先生曰：此一段，唯上蔡见得分晓。盖三子只就事上见得此道理，曾点是去自己心性上见得那本源头道理。使曾点做三子事，未必做得。然曾点见处，虽尧舜事业亦不过以此为之而已。
④ 如朱子就曾指出：上蔡之说，一转而为张子韶，子韶一转而为陆子静，上蔡所不敢冲突者，子韶尽冲突，子韶所不敢冲突者，子静尽冲突。见朱子编《宋名臣言行录》，《外集》卷7，《四库全书》本。
⑤ 朱子论及张横浦曰：子韶初间便是上蔡之说，只是后来又展上蔡之说，说得来放肆无收杀了。见《朱子语类》卷35："无垢本佛语，而张公子韶侍郎之别号也。张公以佛语释儒书。其迹尤著。"朱子还提到宗杲还传授了张横浦所谓的改头换面之说。见《文集》卷72《张无垢中庸解》。

为严厉的批判。此后，黄震（字东发，学者称于越先生，1213—1281）因袭了朱子的说法，认为横浦"于孔门正学，未必无似是之非"①。但是，黄梨洲和全谢山都在《宋元学案》中对张横浦有所回护，如谢山就认为："然横浦之羽翼圣门者，正未可泯也。"② 而今人王伟民先生更是认为：

> 这里，我们看不出他（指张横浦）的"驳"，也看不出有什么"禅"，更看不出是"务在愚一世之耳目"。③

王先生似乎对朱子所说的"驳"和"禅"的特殊含义并不十分了解（后有详述）。但其强调张氏也曾激烈的批判过佛学，这确属事实。我们可以通过张氏所著的《少仪论》来窥见他对佛学以及"曾点气象"的态度：

> 圣人之道，本无小大，于其中有辨之不精者，此予所以不得无说。大矣哉，圣人之论礼也。其曰："礼之以少为贵者，以其内心也。德产之致也精微，观天下之物，无可以称其德者"，如此，则得不以少为贵乎？故"君子谨其独"也。礼在于是，则寂然不动之时也，喜怒哀乐未发之时也，《易》所谓"敬以直内"也，《孟子》所谓"尽其心，知其性"也。有得于此，未可已也，释氏疑近之矣。然止于此而不进，以其乍脱人欲之营营，而入天理之大，其乐无涯，遂认廓然无物者为极致，是故以尧舜禹汤文武之功业为尘垢，以父子君臣夫妇长幼为赘疣，以天地日月春夏秋冬为梦幻，离天人，绝本末，决内外，茕茕无偶，其视臣弑君，子弑父，兵革扰攘，岁时荒歉，皆其门外事⋯⋯又乌知夫"冠者五六人，童子六七人，浴乎沂，风乎舞雩，咏而归"之气象也乎？殆将灭五常，绝三纲，有孤高之绝体，无敷荣之大用，此其所以得罪于圣人也。礼之以多为贵者，德发扬，诩万物，大理物博。如此，则得不以多为贵乎？故君子乐其发

---

① 《黄氏日抄》卷42。
② 《宋元学案》卷40《横浦学案》，第1303页。
③ 王伟民：《张横浦的心学思想述论》，《浙江学刊》1994年第6期。

也。礼在于是，则感而遂通之时也，发而中节之时也，易所谓"义以方外"也，孟子所谓"存其心，养其性"也。自内心之贵进而得于此，则为尧舜禹汤文武之功业，为父子君臣夫妇长幼朋友之大伦，为天地日月春夏秋冬之照用，兼天人，通本末，合内外，循环往复，无有不可。譬之于木，从元生本，从本立根，从根立干，从干发枝，从枝敷条，从条出叶，以枝叶而观本元，相去远矣！然枝枝叶叶皆元气也。有元气而无枝叶，不足以见元气之功；有内心无外心，则无以见礼之大用。由是而推一叶之黄，一枝之瘁，皆本根之病也。一拜之不酬，一言之不中，皆内心之不充也。昔尧舜性之，则不勉不思，内外兼得矣；汤武反之，则触人欲而知反矣。然而其反也，有力量之浅深焉。昔颜子三月不违，其余日月至焉，犹未如汤武之一反而不复起也。盖汤武之反，反于礼而已，以礼为反，则动容周旋皆中于礼矣。皆中于礼，则一唯一诺，一起一止，一进一退，一取一舍，无不合于礼者，此其所以为圣人也……且夫释氏之学，以归根反本为至极。岂知恻隐之心为仁之端，羞恶之心为义之端，辞逊之心为礼之端，是非之心为智之端乎……昔子思明此道矣，曰："大哉圣人之道，洋洋乎发育万物，峻极于天"，此明内心之理矣。又曰："优优大哉，礼仪三百，威仪三千，待其人然后行"，此又明内心而进于外心之礼矣，此少仪之意也。诸君诚有意于斯道，当自喜怒哀乐未发之前，求其所谓内心傥有得焉，勿止也；当求夫发而中节之用，使进退起居，饮食寝处，不学而入于乡党之篇，则合内外之道，可与论圣人矣……①

之所以详引张的这篇长文，是想从中找出朱子对于佛老之辨的态度。

张氏的这篇大文，在学理上堪称是辨析儒学与佛学之辨的力作。总的来看，张氏的这篇文章目的就在于辨析儒学与佛学的异同，而他也做得很成功。在他看来，如果只是注意向内心寻求"寂然不动"的一面，"遂认廓然无物者为极致"，进而蔑视外在的尧舜汤武功业、人伦物理、"离天人，绝本末，决内外"，有体无用，就会流向禅学。这种人也无法真正地领略到"曾点气象"强调内外贯通的真意。在张横浦看来，君子的为学

---

① 张九成：《横浦集》卷5，《四库全书》本。

之道，既要能"谨其独"，又要能"乐其发"，要贯通天人、本末、大小、内外和体用。由体发用，因用以见体，循环往复，这样才能体现出真正的儒学精神。显然，张横浦心中的"曾点气象"，绝非那种务内遗外，独善其身的形象，而是为明道所宣扬的那种"老者安之，朋友信之，少者怀之，使万物莫不遂其性"的精神，这是真正的儒学精神。

张横浦据此批判了佛学，认为后者"以归根反本为至极"，而根本不知"四端"为何物，无法让人"承其庇覆"。我们可以从张横浦的这篇文章中读出他对辨析儒释之别的自觉，其辨析的内容也基本上同于二程等人的论述。从这个角度说，我们可以说张横浦在总体上还是坚持了一个儒者的基本立场。

但是在另一方面，我们也可以说，尽管张横浦也曾提到，君子既要能"谨其独"，又要能"乐其发"，在为学上强调一种"未可已也"的精神，但是他的观点总给人一种只是强调"应当如何"，却缺乏"具体如何"去做的感觉。试问，张所说的"'大哉圣人之道，洋洋乎发育万物，峻极于天'，此明内心之理矣。又曰：'优优大哉，礼仪三百，威仪三千，待其人然后行'，此又明内心而进于外心之礼矣"，所有这些仅仅靠"反之"就能实现吗？说"反于礼而已"，那礼又从何而来？儒学中还没有人会认为礼是先验的。我们也能从朱子对张氏乃师杨时"返身而诚"的批判中读出这一点："外心之礼"是需要格而后能知，知而后才能行的，离开了为朱子所强调的落实到物上的格物致知工夫，仅仅说"有内心还不够，还需要有外心"云云，就等于空说而已。这在朱子的理解中，无疑就等同于禅学。

再者，我们也能感觉到张横浦强调心（又分为内心和外心）有余，而强调理不足之处。而其强调礼的时候，又主张通过"反"来求礼，这给人一种以心法起灭天地的感觉①。总之，张横浦的这篇文章从学理的角度上看未尝不是，但如果从工夫论的角度来考虑，则有点似是而非。在这方面，其被朱子指为"阳儒而阴释"，符合朱子自己的逻辑和判断标准。

张横浦强于论心、略于论工夫的特点在他其论"曾点言志"的另一

---

① 朱子对张九成以心法起灭天地的批判，可参看朱子之《文集》卷72《张无垢中庸解》。

材料中更有所体现,其文曰:

> 识此心则万里犹一堂也,千岁犹一昔也,岂问地之远近,时之先后哉?夫尧舜禹汤文武,皆圣人也……孔子又身入舜文王之所入,故艺则执御,能则鄙,事则吾岂敢,未之有得,皆舜与文王之心也。异时问二三子之志,而曾点有暮春浴沂童冠舞雩之乐,乃入舜与文王道路中,此夫子所以喟然而叹,曰吾与点也,岂不以圣人之道,此路最高乎?夫子倡此心于洙泗,诸弟子虽于圣人阃奥浅深不同,而自此路入者,亦何其多也?①

这里,张横浦更是直接把曾点和古人心目中的圣人相提并论的味道。其对理想人格状态之期许可见一斑。上文已经提到,在横浦心中,"曾点气象"是纯儒的典型,因此在这段文字中也没有禅学的味道。但是,此文仅仅提到"识此心"则会如何如何,但具体到要如何才能"识此心",张横浦依然言之未详。

《宋元学案》认为,张横浦上承谢上蔡,下启陆象山。我们也从这段话中读出一点"古圣相传只此心"的味道来。张横浦并没有认为曾点之乐是圣人之道中的最高,但却认为千古一揆的心是"最高"。而传心之说,在此前的儒学传统中绝无先例,毫无疑问是来自于禅学。朱子紧承二程的观点,认为"圣人本天,释氏本心"②。考其实,则"天"实而"心"正虚。在这个意义上,他认为横浦此说是刊落工夫、虚说心体、直求顿悟的代表,一句话,也是禅学的代表。

在许多人们的印象中,陆九渊(字子静,后人称为象山先生,1139—1193),应该是洒落一派的代表③。因此,他们多认为象山应该与"曾点气象"相似,且都与禅学相通。这一印象,又往往被以下材料所强化了:

---

① 张九成:《张状元孟子传》卷18《离娄章句下》,《四部丛刊》本。
② 《二程遗书》卷22下《附师说后》。
③ 陈来先生似乎对此有所注意,他虽然多次提到洒落与敬畏派的分野,却从来没有把陆象山归为洒落派的代表。

祖道（曾祖道，字择之，生卒不详，江西永丰人，1197年始从学于朱子）又曰：顷年亦尝见陆象山。先生笑曰：这却好商量，公且道象山如何？（祖道）曰：象山之学，祖道晓不得，更是不敢学。（朱子）曰：如何不敢学？（祖道）：象山与祖道言，"目能视，耳能听，鼻能知香臭，口能知味，心能思，手足能运动，如何更要甚存诚持敬，硬要将一物去治一物，须要如此做甚？咏归舞雩，自是吾子家风！"祖道曰：是则是有此理，恐非初学者所到地位。象山曰：吾子有之，而必欲外铄以为本，可惜也。祖道曰：此恐只是先生见处，今使祖道便要如此，恐成猖狂妄行，蹈乎大方者矣。象山曰：缠绕旧习，如落陷井，卒除不得。先生曰：陆子静所学，分明是禅（黄卓录）。①

于朱子，"目能视，耳能听，鼻能知香臭，口能知味，心能思，手足能运动，如何更要甚存诚持敬"，就是以知觉言性、言仁，这尚且不能体现出儒家之为儒的基本精神，而是典型的禅家语。受这则材料的影响，同时也是受朱学一系的长期渲染②，甚至我们也在潜意识里把陆学和阳明学混为一谈的影响，凡此种种，使我们很容易认为陆九渊只是一味地在宣扬"咏归舞雩"的家风。

另外，还有一个情况更容易加深我们的这一印象，那就是朱子晚年对时人论"曾点气象"之流弊的批判中，其矛头所指向的，往往是曾经向象山处问过学的弟子，而就此问题向朱子多次提问的，也往往是这些人③。所以，在《语类》中，这样的情景并不鲜见：

近日陆子静门人寄得数篇诗来，只将颜渊曾点数件事重迭说，其它诗书礼乐都不说，如吾友下学也只是拣那尖利底说，粗钝底都掉了，今日下学，明日日便要上达……如论语二十篇，只拣那曾点底意思来涵泳，都要盖了，单单说个风乎舞雩，咏而归，只做个四时景

---

① 《朱子语类》卷116《朱子十三·训门人四》。

② 在朱子陆子二人的书信往来中，有一种很有趣的现象是相互指责为禅，于此我们可以看到二人对禅学的基本精神的理解以及如何区别儒学与佛学之别的问题上大有不同。

③ 需要指出，这些人就"曾点气象"向朱子提问还有一种情况，那就是这些人怀疑朱子对"曾点气象"的评价太高，认为这与朱子的一贯精神不符，见后文详述。

致，论语何用说许多事（陈淳录）？①

问：说漆雕开章云云，先生不应，又说与点章云云，先生又不应。久之却云：公那江西人，只管要理会那漆雕开与曾点，而今且莫要理会。所谓道者，只是君之仁，臣之敬，父之慈，子之孝便是。而今只去理会言忠信，行笃敬，博学而笃志，切问而近思，仁在其中矣。须是步步理会，坐如尸，便要常常如尸，立如齐，便须要常常如齐，而今却只管去理会那流行底，不知是个甚么物事，又不是打破一桶水，随科随坎皆是（黄义刚录）。②

据此，钱穆先生亦认为："象山陆学好言与点、颜乐而不求实下工夫处"③。其实，钱先生实是误会象山了，至少是在陆子对待曾点气象的态度上，现实情况与此恰好相反——象山的文集和语录中提到曾点的次数非常少，这或许是与陆子不善著述有关。但是我们也没有在他的语类中发现大段讨论"曾点气象"的内容。这反而和朱子的大量讨论曾点形成了鲜明的对照。而且，象山论及"曾点气象"处往往寥寥数字极见精神④。他在提及曾点时有一个非常明显的特色：处处将当时普遍被认为是重工夫的颜回和曾点并列，强调二者之间不相悖违；他在提到咏归之乐时，也一定会同时提到"戒谨恐惧"或是"履冰"的诚敬状态。

论及工夫，在许多人看来，陆学是一味求乐，大讲简易，刊落工夫的典型，也几乎就是禅学的翻版，这同样是对陆子的误解。陆子反复强调：

自下升高，积小之大，纵令不跌不止，犹当次第而进，便欲无过，夫岂易有？以夫子之天纵，犹曰"加我数年，五十以学易，可以无大过矣"。瞻之在前，忽然在后，颜子之粹而犹若是。如有所立卓尔之地，竭其才而未能进，此岂可遽言乎？⑤

---

① 《朱子语类》卷117《朱子十四·训门人五》。
② 《朱子语类》卷116《朱子十三·训门人四》。
③ 钱穆：《朱子新学案》中册，《朱陆异同散记》，巴蜀书社1986年版，第1066页，下同。
④ 如陆子在《语录》中强调：习气，识见凡下，奔名逐利，造次，尽欢，乐在其中，咏归，履冰。此寥寥数语中的确包含着无尽的深意。见《象山先生全书》卷35，《四部丛刊》本，下同。
⑤ 《象山先生全书》卷5《与吕子约》。

这与朱子的态度如出一辙，而这样的话在陆子的著作中举不胜举。其实，就是提到"简易"二字，陆子所说的"简易"和许多人理解中的"简易"并不相同：

> 然开端发足不可不谨，养正涉邪则当早辨。学之正而得所养，如木日茂，如泉日流，谁得而御之？今之学者气不至甚塞，质不至甚薄，向善之志号为笃切，鞭勉已至，循省已熟，乃日困于茫然之地而无所至止，是岂非其志有所陷，学有所蔽而然耶？①

可见，陆子所说的"简易"，是指由于"学之正而得所养"，因而由本之末、无所窒碍的顺畅，是指不支离，而不是指刊落工夫，一步登天的简易，更不是指容易。在陆子看来：

> 临深履冰，此古人实处，浴沂之咏，曲肱陋巷之乐，与此不相悖违。岂今之学失其正，无所至止，谬生疑惧，浪为艰难者，所可同日道哉？②

陆子认为，为学与乐两不相悖违，但为学工夫一定要谨于开端，次第而进，实下工夫，不能轻言容易。"浴沂之志"和"中庸之戒谨恐惧"乃至于舜、文王、夫子、孟子的工夫都是一致的，失去了任何一方面都会有所偏失。在这方面，象山与明道可谓心有灵犀。但在象山看来，"浴沂之志"是人用力的"所主者"，也是人应当用力不已之地：

> 改过迁善，固应无难，为仁由己，圣人不我欺也。直使存养至于无间，亦分内事耳。然懈怠纵弛，人之通患，旧习乘机之，捷于影响，慢游是好，傲虐是作，游逸淫乐之戒，大禹伯益犹进于舜；盘盂几杖之铭，成汤犹赖之；夫子七十而从心。吾曹学者省察之功，其可已乎？承喻未尝用力而旧习释然，此真善用力者也。舜之孳孳，文王之翼翼，夫子言主忠信，又言仁能守之，又言用其力于仁，孟子言必

---

① 《象山先生全书》卷5《与吕子约》。
② 同上。

有事焉，又言勿忘，又言存心养性以事天，岂无所用其力哉？此《中庸》之戒谨恐惧，而浴沂之志，曲肱陋巷之乐，不外是矣。此其用力，自应不劳，若茫然而无主，泛然而无归，则将有颠顿狼狈之患，圣贤乐地，尚安得而至乎？①

可见，陆子认为改过迁善从应然的层面上讲是不难，但在实然的层面上讲，则一定要强调省察之功的不能已，而"浴沂之志"也必须从属于此。陆子还在《与潘文叔》一文中提到："盖所谓儆戒抑畏，戒谨恐惧者，粹然一出于正，与曲肱陋巷之乐，舞雩咏归之志不相悖违。"

上述资料足以表明，强调必须兼顾"曾点气象"与"儆戒抑畏，戒谨恐惧"，强调二者不相悖违，这是陆子对于"曾点气象"的基本看法，其中也体现出了他的基本为学精神。这一点，也能从朱子对陆子的评价中得到印证：朱子多次指出，陆子力行持守迥然超出常人，而其只重践履，不重穷理却有一条腿走路的嫌疑。我们说，陆子在对"曾点气象"的理解上，与为朱子反复批评的陆子后学实不可同日而语。

陆子还曾指出，其实为学过程是极其苦涩的，绝非一个乐字所能概括：

> 作事业固当随分有程准，若着实下手处，未易泛言……盖此事论到着实处，极是苦涩。除是实有终身之大念，近到此间，却尽有坚实朋友与之切磋，皆辄望风畏怯，不肯近前。②
>
> 莫厌辛苦，此学脉也。③

强调苦与乐不相悖违、简易与苦涩不相悖违，这是陆子思想的辩证

---

① 《象山先生全书》卷5《与杨敬仲一》。
② 《象山先生全书》卷6《与吴伯颙》。
③ 同上书，卷35，《语录》。按，钱穆先生认为，寻孔颜乐处，乃二程得自濂溪，而明道又特自提出曾点，象山循此一路，分别濂溪明道与伊川朱子之不同。复斋（陆九龄，字子寿）鹅湖寺初会诗即云：珍重友朋勤切琢，须知至乐在于今。则二陆之学，固是从此乐处一端上路，见《朱子新学案》，第1064页。按，复斋是诗只是应景之作，表达一时的心情，实不足以代表二陆之学的精神。钱先生在是书中对陆氏学每每有攻击过当之处，需要引起我们的注意。

法，也是他思想丰富性、深刻性的具体体现。当然，陆子也在行动上切实地贯彻了这一点，如杨简就在《行状》中提到陆子："读书不苟简，外视虽若闲暇，而实勤于考索。伯兄总家务，常夜分起，必见先生秉烛检书"①。我们常常能见到朱子认为为学必须见苦涩处的语录。实际上，陆子应该是先于朱子提到这一点的②。当然，基于为学宗旨上的显著差异，朱陆二人对如何做工夫肯定也会有不同的理解。

陆子对苦涩的强调与晚明心学形成了鲜明的对照。从陆子到阳明，他们在对"曾点气象"的态度上有很大的不同。这种不同，也是时代的差异使然。

在与朱子的交流中，吕祖谦也提出过对"曾点气象"的看法：

> 所谓狂者，是心到力不到。夷考其行而不掩焉者，不是言不副行，其志甚大，但不能无病耳。……曾皙当二三子言志时，欲风乎舞雩咏而归，则是颜子陋巷亦不过此，观此一段气象，则是春秋衰周之时，直有唐虞三代之气味，曾点岂不难得？至季武子死则倚其门而歌，直是容一个武子不得，亦是心到力不到，此之谓狂，狂者度量甚高，止是力有未到处耳。③

吕伯恭此论的中心，是强调曾点"其志甚大"，"度量甚高"，乃至于有唐虞三代气味。他不同意程明道认为曾点"言不副行"的定性，而是认为曾点是心到力不到，因此只欠"宽以居之"，待其自然用力而实现其志。可见吕祖谦对曾点的推崇，比程明道更甚。对此，朱子评论到：

> 问："东莱说，曾点只欠宽以居之，这是如何？"曰："他是太宽了，却是工夫欠细密。"因举明道说康节云："尧夫豪杰之士，根本不贴贴地。"又曰："今人却怕做庄老，却不怕做管商，可笑"（叶贺

---

① 《象山先生全书》卷33《行状》。
② 在文集和语类中，朱子最早是针对包扬（字显道）而提到这一点的，见《朱子语类》卷119，时为1193年，正好陆子去世。此后在1197年，他也对曾祖道提到了这一点。
③ 吕祖谦：《丽泽论说集录》卷7，《四部丛刊》本。

孙录）！①

朱子显然认为曾点颇有些放荡，空疏。因此对他来说只能严加约束使之归于朴实。于朱子，若对曾点宽以居之，更会使其流于佛老。但反过来说，若完全不讲"曾点气象"，不讲心性修养，又会使人有流于管商的危险，这也是他特别忧虑的。

在当时，游离于理学正统之外的人物也在讨论"曾点气象"，其典型者则是叶适（字正则，后人称为水心先生，1150—1223）。水心论学，以"放言砭古（全谢山语）"、"漂剥古人（陈钟凡语）"为最大特色，其批判的锋芒所及，"自曾子、子思而下皆不免"②，而其论说的核心则在虚实之辨。正是基于这一精神，水心针对理学诸子好言尧舜气象的"儒释"③特色，抨击尤为激烈。其辨"黄叔度为后世颜子"之说，更被吕思勉先生指为能切中宋儒好言"圣贤气象"之失④。所有这些，似乎都显示水心应该对"曾点气象"不感兴趣，但其实情却又不尽然。

对于"曾点气象"，叶水心的态度有些复杂，却更符合辩证的精神。他曾大量撰文正面地吟咏过"曾点气象"：除在一些诗文中吟咏曾点外⑤，他还写了《风雩堂记》来具体说明自己的思想：

> ……若夫曾晳异于三子，则其乐可以名言，而知德者可勉而至也。浴乎沂，风乎舞雩，鲁之禊事也，陈宛丘、郑溱洧皆是也。方其士女和会，众粲交发，彼外有所逐徇，一世而狂者，固以淫情荡志为讥矣，而内有所操，不与众俱靡者，岂不以闭关绝物为病哉？欣时和美备服，即名川之易狎，同鲁人之愿游，咏歌而还，容顺体适，此义理之中，物我之平也。身之显晦，用舍而已，以舜、文王之急士，终不能毕用而无遗。孔子尝一用于鲁，流离困厄，遂至终老，况三子区

---

① 《朱子语类》卷40，《论语二十二·先进下》。
② 《宋元学案》卷54，《水心学案上》，第1738页。
③ 叶适：《习学记言》卷49，《四库全书》本，下同。
④ 吕思勉：《理学纲要》篇10，东方出版社1996年版，第136页。
⑤ 叶适：《水心先生文集》卷7《送戴汉老》，《题钟秀才咏归堂》；卷11《宜兴县修学记》；卷12《巽岩集序》，卷15《奉议朗郑公墓志铭》，《四部丛刊》本。

区邦邑之间，自许以求用，何其陋也？点之甘服闾里，而自安于不用，亦岂忘世也欤？浴沂舞雩，近时语道之大端也，学者未知洁己以并（即摒字）俗，远利以寡怨，悬料浮想，庶几圣贤，而出处得丧之争，能全其乐鲜矣……虽然，犹有待于物，点之乐也；无待于物，颜氏之乐也。①

本书作于嘉定七年，即1211年，颇能代表水心的晚年观点。他在论及曾点时，语气极为平实，没有高妙之论，更没有涉及心性性命的内容，这是他和正统理学一系在论此问题上的最大不同。于他来说，搬弄这些玄而又玄的东西其实无异于"阳儒阴释"。水心强调，曾点之乐"可以名言"、"可勉而至"，没有丝毫的神秘气息，而是当时的一种普通现象。这种乐既未流于"淫情荡志"的一面，又没有走向"闭关绝物"的另一个极端，更不是要"忘世"，而是体现出了"义理之中，物我之平"，是"洁己以并（摒）俗"的代表。这一点在水心看来正是儒学的真实一面。水心的这一说法诚如黄震的评论：

> 风雩今为圣门一大议论，善形容者往往极于高明，水心谓舞雩鲁之禊事，点不敢必放用，甘服闾里耳。说极平实而文采灿然可读也。②

在对"曾点言志"一节的态度上，黄震与水心有着内在的一致性，甚至黄震还走得更远，要从根本上取消"曾点气象"的正面价值（见后）。也正因此，他才能够发现水心论"曾点言志"一节的价值所在。我们说，水心的这一观点，大大扫除了时人关于"曾点气象"的种种玄虚不实之论，而这正能体现出水心为学之道的基本精神。同时，水心还结合自己的感受，给予了曾点以"同情之理解"，指出自安与不用绝不能和忘世直接画等号。可以说，与其入世而不为所用，不能一展抱负，还不如高尚其志，这在宋

---

① 叶适：《水心集》卷10《风雩堂记》，《四库全书》本。
② 《黄氏日抄》卷68。

代士人中几成共识①。这也是水心为自己言行的一种辩解。

我们说，水心一方面肯定"曾点气象"，认为它只是一种毫无神秘色彩的平实活动，另一方面，他也对时人过于渲染"曾点气象"、使曾点玄虚化的弊端有所警觉，在极力批判时人一味虚说曾点之乐的危害：

> 曾皙虽未闻道，而其心庶几焉，故孔子喟然与之。且浴沂风雩，咏歌而归，通国皆然，但不狎邪，所以至道。而后世之论纷纷不已，无实而妄意，可哀也。②

水心认为："曾皙虽未闻道，而其心庶几焉"，其赞许之情和正面肯定的意味非常明显。在水心的心中，曾点的"庶己"、"至道"和后人的"无实而妄意"，还是有明显的区别。他对这两者的评价也显然不同：可哀的是后者，而非前者。他还指出了后者的危害：

> 然近世学者以浴沂舞雩为知道一大节目，意料浮想，遂为师传，执虚承误，无与进德，则其陋有甚于昔之传注者，不可不知也。③
>
> 君子言忧不言乐，然而乐在其中也。小人知乐不知忧，故忧常及之。若夫《蟋蟀》之诗，知忧不知乐，则其患亦大矣。④

许多人都曾指出，汉唐之儒只重文字训诂，其弊端丛生。理学的兴起转而强调心性之学，大讲与点，颜乐，这颇有因病施药的价值，这是其长。但是，这样新趋势的进一步发展，却又导致了虚说"气象"的弊端，可谓有得亦有失。这里，水心就是在抨击时人只凭玄想，虚说曾点。他认为这种风气比两汉时期拘泥传注文字的学风为害更大。当然，在水心看来，若是走向另一面，单纯"知忧而不知乐"，也是片面的。这也是他为什么没有绝对地排斥"曾点气象"的原因所在。在水心看来，儒学中因为过度渲染乐而走向更大偏颇的代表是邵康节，乃至于程明道：

---

① 余英时先生对此有精彩的论述，见《朱熹的历史世界》中对出处去就问题的论述。
② 《习学记言》卷13。
③ 同上书，卷31。
④ 同上书，卷6。

> 邵雍诗以玩物为道，非是。孔氏之门，惟曾晳直云浴乎沂，风乎舞雩，咏而归，孔子与之。若言偃观蜡，樊迟从游，仲由揖观射者，皆因物以讲德，指意不在物也。此亦山人隐士所以自乐，而儒者信之，故有云淡风轻、傍花随柳之趣，其与穿花蛱蝶，点水蜻蜓何以较重轻，而谓道在此不在彼乎？①

这是他在抨击邵雍的"玩物为道"，乃至最终丧道，沦为山人隐士。水心在讨论曾点问题上的态度，与他所一贯坚持的黜虚崇实的精神是一致的，都体现出了对现实问题的关怀和强烈的批判精神。水心的这一批评，当与朱子对此问题的基本态度齐观。

上文主要是从第二个层面，即哲学的角度介绍了人们对"曾点气象"的看法。其实，在整个唐宋之际，在文学领域即本书所说的第一个层面上，同样有大量吟咏曾点的作品。在宋代，如王安石（字介甫，号半山，1021—1086②）、司马光（字君实，1019—1083）③、苏轼（字子瞻，号东坡居士，1037—1101）④、苏辙（字子由，号颖滨遗老，1039—1112）⑤、陆游（字务观，号放翁，1125—1210）⑥、杨万里（字廷秀，号诚斋，1127—1206）⑦者，都有吟咏"曾点气象"的诗作与文字。上述这些人所吟咏或是评论曾点的内容，既没有太深的思辨内容，也没有涉及道德心性性命的内容。仅就此题目而言，甚至都没有进入到哲学的论域之内，故本书不再展开介绍。

---

① 《习学记言》卷47。
② 王安石：《次韵酬龚深甫二首·之一》，《临川先生集》卷17，《四部丛刊》本。
③ 司马光：《传家集》卷11，《上巳日与太学诸同舍饮王都尉园》卷13《还陈殿丞〈原人论〉》，《四库全书》本。
④ 苏轼：《集注分类东坡先生诗》卷17《酒独行遍至于云威徽先觉四黎之舍三首·之二》，卷18《州次韵刘泾》《次韵乐著作野步》，《四部丛刊》本。
⑤ 苏辙：《古史》卷32，《四库全书》本。
⑥ 陆游：《剑南诗稿》卷84《圣门》，《四库全书》本。
⑦ 杨万里著、杨长儒编《题峡江谭温父咏齐》，《诚斋集》卷6，《四库全书》本；《张丞相咏归亭词二首》卷45；《代宰执开启皇后三月六日生辰青词》卷97；《诚斋易传》卷9，《四库全书》本。

二 宋儒论"曾点气象"的精神

那么，宋儒尤其是朱子会想借对这个问题的讨论来表达什么思想？他们的讨论又体现出了什么样的精神？如果我们不再局限于对当时特定的时代以及曾点问题的特殊性的分析，而是从整个哲学史发展的大背景、大视野来看待该问题，那么可以说，朱子等人对该问题的特殊关注，也体现着他对哲学发展史上某些永恒问题的关注。由于本书会在后面对其中的一些问题进行详细讨论，这里只是对上文中的一些内容略做归纳和提示。

第一点，关涉工夫与本体之关系。

工夫与本体关系从来都是理学中最为核心的问题，也包含异常丰富的内容，宋儒对"曾点气象"的讨论也直接与此相关。需要指出，虽然宋儒对本体的理解颇有所不同，但是他们都强调虚实之辨，都反对脱离工夫虚说本体，反对单单说本体，反对把本体玄虚化、佛老化。在宋儒中也很少有人把本体作为独立的概念使用的实例。他们对"曾点气象"的讨论，就充分地说明了这一点。不过，他们所说的"大本"、"源头"云云，也相当于我们今天所说的本体。以朱子为代表的宋儒们都非常审慎地强调，曾点所见是"大本"，是"源头"，是道体的流行发用。此"体"与佛老的"体"的区别就在于，它绝非独立于人类社会之外的"别有一物光辉闪烁，动荡流转"，更不是一个不可言说的东西。这个"体"有着非常具体的规定：理，以及由此层层展开的人伦物理……宋儒都坚信，由此，这个"体"是最实的。就这个"体"与人的关系而言，这个"体"本身不与人隔绝。但就每个具体的人来说，受气质之蔽的限定，我们是自绝于"体"的。因此，若非经过下学工夫来格物穷理从而突破这一限定，我们就不能对这个"体"有真实、切实的体认，不能做到实有诸己。就我们所见的"体"来说，同是这个"体"，在不同的人心中，会有不同的显现，会有虚实之别。这不是因为"体"不同，而是因为"我"不同，此即"理一分殊"。从这个角度来说，工夫对于我们所能见到何种的"体"，会起到决定性的作用。后来黄宗羲提出"心无本体，工夫所至，既是本体"[①]，说的就是

[①] 黄宗羲：《明儒学案》序，是序作于黄84岁时，此序《四库全书》本未收，而被收入中华书局1985年本，第9页。

这个道理。也正是因为这个原因，朱子每谈及本体时必会提到工夫。强调这个"体"需要你反身去实际地体认，需要你循着下学上达的为学之序实有所见，实有所知。朱子还反复强调说，由于没有扎实下学工夫的支撑，曾点的所见只是一个虚的大轮廓，他的"气象"很虚。这是其与圣贤气象的真正差别，是质的差别。因此，应该循着颜回、曾参的工夫型为学之方，走向真实的圣贤气象，真正地超越"曾点气象"。朱子的这一观点，具有浓厚的现实批判色彩。

第二点，关涉内外之辨。

我们说，《论语》中的这一节确实很容易引起后人对"内圣外王"问题的思考。"内圣外王"是儒家所追求的理想人生境界。简言之，这一思想体现了儒家既要涵养个人境界，又希望实现治国安天下之抱负的人生理想。在整个儒学发展史上，强调"内圣"对于"外王"的优先地位，主张由"内圣"而开"外王"是这一思想的基调。其原因本书前面已经有所说明：儒学的政治模式以圣人之治为核心，而其从来都认为人成德的根据和可能性源自其内在的本性，也就是其善性。因此内重于外是儒学的根本特色，至少是自孟子以后的特色。不过，在先秦时期，人们对于内圣与外王问题是分开讨论的。大家都很清楚，有了内圣不一定就会有外王，实现外王是需要机缘或是机遇的——乃至于孔孟诸贤都无法集内圣外王于一身。他们提出的"八条目"，只是强调一种由近到远的、推己及人的为学"顺序"，最终实现兼有内圣和外王。显然，内圣与外王之间是有联系，却不是前者决定后者的关系，更不是"由内圣开外王"的关系。

在理学中，为了回应佛学提出儒学治世、佛学治心的口号，希望把自己上升为本，而把儒学定位为末的企图，理学不得不强调自身就已经实现了治世与治心之间内在的贯通，不得不强调"内圣外王"的内外、本末关系。同时，针对当时"管商之学"横行的现实，他们又不得不提出由内圣来开外王的口号，从而使得"内圣外王"具有了与以往不同的意义。

一者，他们把对这些问题的讨论，建立在了理欲之辨这一心性论的范围，使之具有了内向化、本体化的意味。李景林师认为：言心性义理，本非宋明儒学所独有，其强调"性与天道"的内在贯通，亦本为先秦儒学的固有精神。但只有到了宋明理学这里，其言心言性，才真正具有了本体化的意味。故宋明理学所阐发"心性义理之精微"，对于先秦儒学的"性与天道"思想，既是继承，亦是一种新的理论创造①。李老师的意思是说，于先秦，是性命与天道两分；于宋儒，则实现了二者的内在结合与真正贯通。我们说，宋儒的这种运思方式，也使得他们对内圣外王之辨问题有了更新的认识。反映在"曾点气象"的问题上，宋儒大都强调曾点之志的价值，并认为这是曾点超越三子的所在，这也是为什么三子都强调事为，都要志在为国，却得不到夫子赞许的原因。

二者，他们首次运用了体用、本末的思维模式来处理这一问题。给予了"内圣"之学更为基础、奠基性的地位。宋儒空前地强调理欲之辨，强调本末之辨，论及"曾点气象"，朱子突出强调"曾点气象"代表着了无私欲、天理浑然的方面，强调是它才使得我们的"事为之末"的活动不至于迷失方向。他甚至长期认为有"曾点气象"作为源头，"是虽尧舜事业固优为之"。但是，另一方面，这并不表明宋明理学是只讲内圣不讲外王，乃至迷失了儒学经世致用的基本宗旨，大家在这方面有较详细的论述，这里不再赘述。

我们说，儒学这样做的一个后果，就是会导致用哲学化的思维来处理治理国家的复杂问题，会把它简化为一个道德的、教化的问题，或是人性批判的问题。对此，余英时先生和张汝伦先生都有所强调，如张先生认为："试图以哲学主导政治，其结果一定是无视政治的独立意义，造成哲学和政治的脱节。"② 这一点，也要引起我们的注意。

当前，另一种颇为流行的观点认为，于宋儒，我们不能单讲他们的道德性命之学，而是更应该注重其与儒学大传统的关联。对此，也要有一个全面的理解。宋儒之学的新，就在于其提出了不同于前人的道德性命之学，那么我们在讨论他们的学术思想时，是该把重心放在他们继承前人的东西上，还是应该放在他们的新突破上，这一点不是很清楚吗？片面渲染宋儒的道德性命之学，乃至于忽视了他们的士大夫形象固然不好，但把宋

---

① 李景林：《儒学心性概念的本体化——周濂溪对于宋明理学的开创之功》，《北京师范大学学报》2004年第6期。

② 张汝伦：《德国哲学十论》，复旦大学出版社2004年版，第229页。

代学术思想刻意描述为政治思想史,却是走向了另一个极端。

第三点,关涉"敬畏"派与"洒落"派的学术分野。

当时学界对"曾点气象"的热烈讨论,还关涉到理学中"敬畏"与"洒落"派的学术分野。概括而言,陈来先生曾多次指出:

> 儒家的境界本来是包含有不同的向度或不同层面的,孔子既提倡"克己复礼"的严肃修养,又赞赏"吾与点也"的活泼境界……从宏观上看儒家,受佛道影响较大的周邵的"洒落"境界与近于康德意义的"敬畏"境界的程朱派构成了一种互补的平衡。①

> 周濂溪的光风霁月,邵康节的逍遥安乐,程明道的吟风弄月,正如黄庭坚评价濂溪时用的一个词汇,都属于"洒落"的境界。后来朱子的老师李侗也用过这个词汇,成为宋儒浪漫主义境界的一个基本特征。同时,由程颐到朱熹,更多地提倡庄整齐肃的"主敬"修养,动容貌、修辞气,培养一种"敬畏"的境界。这两种境界在儒学中一直有一种紧张。过度的洒落,会游离了道德的规范性与淡化了社会的责任感;过度的敬畏,使心灵不能摆脱束缚感而以自由活泼的心境发挥主体的潜能。这个紧张也就是有心与无心的紧张的一种表现。②

"敬畏"和"洒落",被认为是两种相对的气象。"敬畏"的含义相对集中,而"洒落"的含义就很复杂,既可以指儒学中"活泼泼地"等正面至少是中性的气象,也可以指"旷荡放逸,纵情肆意"等越出儒学价值观约束的气象。因此,在理学中反对提倡"洒落"者多,而认为完全不要"敬畏"者就很少。当然,此二者的分野只具有相对的意义:儒学中强调"敬畏"者未必不谈"洒落",强调"洒落"者也未必不谈"敬畏",这在两宋之际尤其是如此。这是因为,"敬畏"与"洒落"不只是表现为对立和矛盾,它们也有相统一的一面。如王守仁(字伯安,世称阳明先生,1472—1529)就曾指出:

---

① 《有无之境》,第239页。
② 同上书,第244页。

夫谓"敬畏之增，不能不为洒落之累"，又谓"敬畏为有心，如何可以无心而出于自然，不疑其所行"，凡此皆吾所谓欲速助长之为病也。夫君子之所谓敬畏者，非有所恐惧忧患之谓也，乃戒慎不睹、恐惧不闻之谓耳；君子之所谓洒落者，非旷荡放逸，纵情肆意之谓也，乃其心体不累于欲，无入而不自得之谓耳。夫心之本体即天理也，天理之昭明灵觉，所谓良知也，君子之戒慎恐惧，惟恐其昭明灵觉者或有所昏昧放逸，流于非僻邪妄而失其本体之正耳。戒慎恐惧之功无时或间，则天理常存，而其昭明灵觉之本体无所亏蔽，无所牵扰，无所恐惧忧患，无所好乐忿懥，无所意必固我，无所歉馁愧怍，和融莹彻，充塞流行，动容周旋而中礼，从心所欲而不逾，斯乃所谓真洒落矣。是洒落生于天理之常存，天理常存生于戒慎恐惧之无间，孰谓敬畏之增乃反为洒落之累耶？惟夫不知洒落为吾心之体，敬畏为洒落之功，岐为二物，而分用其心，是以互相抵牾，动多拂戾，而流于欲速助长。①

我们知道，宋儒中早有既强调必有事焉，又强调勿忘勿助，如程明道者。于他们，"敬畏"和"洒落"就不是对立的。因为"敬畏"不是株守，"洒落"更不是放倒，而阳明更把二者水乳交融的关系说得更为明确了。

在阳明看来，"洒落"是心之体，是头脑，而戒慎恐惧却是具体工夫。二者之间的关系是一体之两面，合之两美，析之两伤。如果把"敬畏"与"洒落"截然划为不相关联乃至相互排斥的领域，就会使二者都失去生命力。由此，阳明并不像大多数宋儒和明代早期儒者那样单讲"敬畏"不讲"洒落"，而是给两者以适当的限定，使两者互相肯定、互相补充。他强调，一方面"洒落"产生于常存天理，常存天理则来自戒慎恐惧之无间。因此戒慎恐惧的功夫愈详密，愈有助于"洒落"境界的实现；另一方面，"敬畏"也要有明确的"所敬畏者"以为头脑，若失去了"所敬畏者"这个本，"敬畏"也不会是纯粹的儒家工夫。从这个立场看，认为一讲"洒落"就会导致刊落工夫的说法，是错会了"洒落"，把

---

① 王守仁：《王文成公全书文录》卷5，《四部丛刊》本，下同。

"洒落"等同于了放荡；同样，那种把"敬畏"当成"洒落"的障碍的说法，表明其工夫还未能真正落到实处。这都是片面的①。

在这一点上，朱子和阳明的态度完全一致。朱子反复指出，

一方面，曾点的"快活"需要"克念"的工夫使之趋于"实"，因而"洒落"需要"敬畏"来限制和充实；另一方面，"敬畏"之情同样需要以曾点式的"洒落"来引导使之开阔，来提升，来指点出"敬畏"后面的"所敬畏者"，并消解其不自然的一面。在他与弟子们热议的"放与守的话题"就说明了这一点。

此外，朱子也曾长期用"洒落"一词来诠释"曾点气象"，并把这理解为胸次悠然，上下与天地同流，不"规规为事为之末"的典型。他也对横渠为学之方的过于拘束多有微词。对朱子来说，割裂二者的联系，只讲"敬畏"，或是只讲"洒落"，都不符合儒学以中行为最高的基本原则。但是，随着他发现时人竞言"洒落"之流弊日深，他终于下决心把对"曾点气象"的评价改为更为平实，更为具体的内容。在他的天平上，二者之间的地位也逐渐在向"敬畏"偏斜。

应该说，朱子也没有因为时人的流弊而不言"洒落"。反之，他终其晚年，一直在寻求一种较为妥帖的文字重新诠释"洒落"，以达到扬其之长，抑其之短的目的，使之与敬畏形成良性的互补。我们说《论语》"曾点言志"一节的定稿，就很能体现朱子的这一心态。关于这一点，我们会在下文中详细讨论。再者，正像是大家所看到的，出于对人们一味宣扬"洒落"之流弊的警觉，朱子突出强调了通向真"洒落"之境的艰难，同时也突出强调"敬畏"在儒学中居于更为基本的地位。总之，朱子虽然突出强调"敬畏"，但并不是不讲"洒落"，这是朱子学具有包容性和多侧面性的体现。这也是陈来先生所说的"儒家的境界本来是包含有不同的向度或不同层面的"具体反映。

当然，理学家们在讨论"气象"时，因为其偏重点的不同，大体也可以分为突出"庄敬严毅"的一脉和以"活泼洒落"为理想的一脉。论

---

① 当然，在理学中"敬畏"与"洒落"，并非只是表现出协调和互助的一面，在大多数情况下，尤其是在儒者的入手工夫，往往或偏重于"敬畏"，或偏重于"洒落"。由此，理学中围绕此话题的争论，已经成为理学的一大主题。

及"气象",前者更多注重在"有"上做文章,极力渲染该"气象"的理性义、道德义、责任义的一面,而后者则更多强调心灵的空灵自由或是"浑然与物同体"的"无"的一面;论及实现"气象"的工夫,前者更多的显现出以致知、穷理为宗旨的"智性"色彩,而后者则更强调以内向的逆觉体证或简易直接的明心工夫为主。尤其是在明代,这一紧张关系更有明朗化的趋势。"曾点气象"这一本身就存在不同解释可能性的问题,自然也成了他们借以批判对方并表达自己思想最佳载体。事实上,究竟是从"有"的一面还是从"无"的一面来诠释"曾点气象",这构成了整个理学中的一个讨论极为热烈的问题。

最后需要指出,理学中对此问题的讨论也显示出了独特的一面。在当时"希圣、希贤"热潮的鼓舞下,评点"气象"也自然就成了指示圣人的所应然和所必然的重要手段。正如崔大华先生所指出,时人之所以如此热烈的投入对"气象"问题的讨论,其目的就是要弄清圣人境界应该是什么样子,从而树立一种有别于佛老之超脱境界、真正属于理学自身特色的理想人格与基本为学精神[1],而"曾点言志"这一具有较大发挥空间的素材,就成了他们寄言出意的绝佳工具。考其实,正是通过对"曾点气象,妙在那里"的不断追问,理学家们紧紧围绕着什么是"曾点气象"、如何实现"曾点气象"、"曾点气象"与"圣贤气象"的异同这一核心,系统地讨论儒释之辨、心性之论、理欲之辨、义利之辨、工夫与本体之辨等诸问题[2]。应该说,这些话题都是在理学中最基本的问题。而人们从"曾点气象"出发对此问题展开的讨论,则具有鲜明的个性。这正是我们应该重点关注的内容:比如围绕儒释之辨,他们意在强调"曾点气象"与佛老气象的异同;围绕心性之辨,他们重在辨析究竟应该是从理的一面、还是从心的一面来诠释"曾点气象";围绕理欲之辨,他们强调了天理浑然、毫无私欲作为治国平天下之"大本"的重要性;围绕义利之辨,他们重在强调"有意的为国之心"和"规归于事为之末"的不可取,反之,若能一循天理,就会"虽尧舜事业固尤为之";围绕工夫与本体之辨,他们重点讨论了"曾点气象"的虚实问题,讨论了格物穷理的工夫

---

[1] 崔大华:《儒学引论》,人民出版社2001年版,第447—452页。
[2] 后文将详细论述。

对于培养"气象"的重要性等内容。当然，时人对这些问题的讨论，每每会有重叠，也常常会表现为一而二、二而一的复杂关系。对于我们而言，重要的是善于把握他们在讨论这些问题时所体现出的总的精神，同时还要圆融领会他们在讨论每个具体问题时所体现出的独特性。这样才能够超越文字的局限，领会其在讨论"曾点气象"中所包含的独特价值所在。

第二章　朱子论"曾点气象"考
——以《文集》为中心

本章与下章将对朱子之论"曾点气象"的基本情况做出介绍，同时也对朱子之论"曾点气象"的基本精神做出归纳。本章为经，以《文集》为中心，联系《论语集注》与《论语或问》，从纵的角度对朱子之论"曾点气象"的阶段性发展做出考证；下章为纬，以《朱子语类》为中心，从横的角度对朱子之论"曾点气象"的基本精神略做总结。之所以做出这样的划分，大致因为朱子在《文集》中对"曾点气象"的讨论时间跨度较大，对它的纵向分析可以反映出朱子在不同阶段对"曾点气象"的不同看法。相对来说，《朱子语类》所记录的朱子对该问题的讨论更为集中，更为全面和深入，也多集中在朱子的晚年，因此更能代表朱子之论"曾点气象"的基本精神。

朱子对"曾点气象"的讨论，从二十几岁一直持续到他去世之前，几乎贯穿了他的一生。总的来看，这一漫长的讨论过程具有以下特点。

其一，我们能很明显地感受到朱子在论"曾点气象"过程中的矛盾心态。一方面，朱子非常警惕过分渲染"曾点气象"所能导致的流弊，因此一再强调"曾点不可学"，尤其是不可虚说。而来自朋友与弟子们对其论"曾点气象"的一再质疑，也在不断逼使朱子反复强调这一点。另一方面，朱子始终又对"曾点气象"包含儒学积极价值的一面非常欣赏，对"曾点气象"抱有难以割舍的情愫。因此，朱子在讨论"曾点气象"时的态度就非常复杂：既不是简单地不喜谈"曾点气象"，当然更不是在泛泛地宣扬"曾点气象"。朱子之论"曾点气象"的矛盾处还体现为，他很难很好把前人的各种"曾点气象论"统一起来：为朱子所景仰的程明道对"曾点气象"的评价极高，也很"虚"，而这又是颇为朱子所反感的谢良佐的"曾点说"的直接源头。相对而言，程伊川对"曾点气象"的看法就很一般。由此，如何恰当地融会这些"曾点说"，就是朱子必须面对的一个难题——他在公开和激烈地批判谢的"曾点说"的同时，往往又要对明道的"曾点说"有所保留和回护。这都使得朱子在论"曾点气象"时有一种非常微妙的心态。这也正是本书希望深入挖掘的内容。

当然，朱子之为大贤，就在于他能够通盘考虑上述因素，并且找到恰当的折中点。在他看来，对于"曾点气象"不能持像泼洗澡水时一并把小孩也泼掉的态度。问题的关键不在于能不能谈该问题，而是应该怎样去谈它，怎样才能把它谈好。同时又要注意随时把谈的收获转化为指导我们去行动的纲领，从而有效规避时人在为学之方上的失误。具体来说，就是在论"曾点气象"中，既要注意有效地"损"其消极的一面，又能注意充分"益"其积极的一面，还要注意自觉用所知去引导行，做好返身这一大文章，实现二者的贯通。朱子之所以反复讨论此问题，其目的就是要做到这一点。

朱子对"曾点气象"的"益"，表现为突出强调曾点的所见是"天理浑然"，是儒家的大本。这是他在努力赋予"曾点气象"以新的内涵，使之完全成为儒学的应然理想。朱子对"曾点气象"的"损"，表现为大力清除"曾点气象"中可能包含的消极因素，尤其是剔除其中的佛老气息，使之由杂转淳。当然，朱子的努力若仅限于此，犹不脱空谈之讥。更为重要的是，朱子非常注意用自己所一贯强调的"理一分殊"模式来规范之，把它重新放置在自己所一贯主张的"格物穷理、下学上达"的基础上，使其不再是空中楼阁，无源之水。对他而言，"气象"只能在实处见，是在做工夫处见到的"豁然贯通"。这就把"曾点气象"和朱子的为学之方有机地融合在了一起。自此，"曾点气象"在朱子手中遂面貌一新，带有了典型的朱子特色。这也正是朱子论"曾点气象"之突破前人之处。而这一全新的"曾点气象"，自然也成了朱子批判时弊的有力武器。

其二，朱子论"曾点气象"也体现出了变中有不变、不变中有调整的深刻辩证法，而这与其个人的思想发展历程有着内在的关联。我们知道，朱子在"中和新悟"之后，思想的大框架已经基本定型，这是其不变的一面；而其思想的微小调整则与年俱进，直到易箦之际也没有结束，这又体现出了其思想的开放性的一面。就他的论"曾点气象"而言：一方面，朱子在《论语集注》初稿确定了他对"曾点气象"之看法的基调后，他讨论此问题的大方向没有发生过改变。他此后对《论语集注》"曾点言志"节的修改，只是要对其做出不断完善——进一步明确其想要表达的观点，弥补其中可能包含的漏洞。这是其思想相对不变的一面。另一方面，在朱子思想发展的某一大的阶段，他对"曾点气象"的讨论就相对集中在某一主题上，这又体现出了朱子思想发展性的一面。正是在这一意义上，本书也大致对朱子之论"曾点气象"做了划分，以此来简要地勾勒朱子论"曾点气象"的一般演进特征。

最后需要指出，虽然前贤们已经对朱子的所有书信进行了大量细致的编年工作，但人们还是无法准确判定朱子每一封书信的具体写作年代，其中就包括朱子论"曾点气象"的一部分书信。而本书对朱子论"曾点气象"的分析也只能建立在这些有限的资料之上，尤其是陈来先生的《朱子书信编年考证》之上。这就决定了本书对朱子之论"曾点气象"的考察，只能是宏观的，概括性的。

第一节　朱子"早年"思想发展概述

朱子之论"曾点气象"，体现出了他对什么是儒学的理想境界，如何实现这一境界的基本看法。要想全面地认识朱子对此问题的看法，就有必要探究他的这些看法是如何形成的，是建立在什么基础之上的，即有必要对朱子寻求为学之方的历程做一简要的介绍。由于在这方面同样有大量的前人研究成果，因而这里只是结合本书的主题对此做出有选择性的概括与总结。

在研究朱子的文献中，前人几乎都提到了朱子"综罗百代"的广阔胸襟，并且把他推为集孔子以下学术之大成者。也难怪，上自五经与孔孟学庸，中间包括汉唐诸儒的训诂章句著作，下至北宋诸贤如宋初三先生、北宋五子（二程周张邵）、二程的诸弟子，乃至于佛老玄学、两汉经学，这些都是朱子所吞吐批判的对象。朱子思想之宏大，决不只是单纯继承道南四传的结果。不但如此，朱子思想也绝不只是单纯继承二程之学（如朱子之推尊濂溪、康节就与二程大异其趣），乃至单纯继承北宋理学的结果。我们能深切地感受到朱子对孔孟以下思想的吸收，也能看到自北宋五子以下直到谢上蔡、李侗（字愿中，福建延平人，故后人多称为李延平，1093—1163）对朱子的直接影响。因此，我们在讨论朱子的术渊源时，就要注意眼光放远。当然，若牵扯过多，讨论过泛，也无必要。

对于朱子"早年"思想发展阶段性的划分，目前学界存在不同的看法。不过学界一般认为，朱子在四十岁左右的两次"中和"之悟是其确立基本为学工夫的关键阶段。在此之前，朱子始终没有停止过对为学之方的探索。在此之后，朱子基本确立了其主敬与穷理两相兼顾的为学工夫，也确立了其理性主义的基本立场。此后，虽然朱子的思想还在不断调整，但是其思想的基本精神却不再发生大的改变。尤其是在此后不久，朱子开始对"曾点气象"问题进行讨论。因此，本节重在关注朱子在"中和之悟"之前探索为学之方的过程，并且统称其为朱子"早年"思想发展历程，以期找出朱子讨论"曾点气象"的立言基础。其中，谢良佐、李侗、张栻和二程都对朱子为学之方的形成起到了重要的引导作用，本书也正是顺着朱子与这些人之间的思想互动展开的。

一　无所不学阶段

据现在资料看，朱子寻求为学之方的第一个阶段大致从乃父朱松（字乔年，号韦斋，1097—1143）处发蒙，并且立志于为己之学开始，直到其正式师事李延平之后，在为学工夫上发生重大转折为止。朱子这一阶段最显著的特色，就是以苦读儒学经典为中心的泛观博览。

朱子探寻为学之方的历程，毫无疑问是从接受乃父的启蒙教育开始的。是朱松确定了朱子一生的为学基调——那就是私淑二程和为己之学。另外，朱松还以他强大的人格魅力引导朱子形成了刚恪严毅，是非分明以及坚持民族大义的做人品格。应该说，朱松对朱子的影响身教多于言教。黄宗羲指出：

> 朱子之学，虽传自延平，而其立朝气概，刚毅绝俗，则依然父之风也。[1]

---

[1]《宋元学案》卷39《豫章学案》，第1296页。

朱松早亡,他对朱子学业的影响毕竟有限。朱子后来介绍,他对父亲传给自己的二程之学,多未能通其大义①。但有一点可以肯定,那就是朱子在朱松那里接受了非常严格的启蒙教育:

某自卝角,读四书,甚辛苦(杨敬仲录)。②

某自卝角读论、孟,自后欲一本书字高似论、孟者,竟无之(郭友仁录)。③

某八九岁时,读孟子到此,未尝不慨然奋发,以为为学须如此做功夫(胡泳录)。④

朱松对朱子的要求颇为严格,朱子五岁入小学,随即开始诵读《孝经》、四书⑤。这种家庭熏陶,基本上奠定了朱子一生思想发展的轨迹。

在朱子十四岁时,父亲去世。他尊父遗命转从胡宪(字原仲,学者称为籍溪先生,1086—1162)、刘子翚(字彦冲,号屏山,又号病翁,1101—1147)、刘勉之(字致中,称白水,又号草堂,1091—1149)三先生处继续进学,他的求学之路得到了延续。

三先生都与二程学有渊源,也继承了二程诸弟子泛滥佛老的传统。他们都认为佛老与儒合,不必严格区分二者的界限。不过,朱子从他们那里所受的教育主要还是举业之学,也包括程氏之学(当时还属被禁的伪学之列),而非佛老之学。今《朱子语类》和《文集》中多处录有朱子在十四五岁时立志苦学的文字⑥,显示朱子在三先生处,开始进入"十年寂寞

---

① "熹年十三四岁时,受其说(指二程的《论语说》)于先君,未通大义而先君弃诸孤",见《文集》卷75,《论语要义序》。

② 《朱子语类》卷104《朱子一·自论为学工夫》。

③ 同上。

④ 同上,卷121《朱子十八·训门人九》。

⑤ 戴铣:《朱子实纪》卷1,《(朱松)与内弟程复书》。朱子读《孝经》事,亦见真德秀《西山读书记》卷31所引的李方子《紫阳年谱》,《四库全书》本。

⑥ 陈来先生和刘承相博士都详细转引了朱子在二十岁前为学的情况。他们分别收录了来自《朱子语类》和《文集》中的十二段文字,从中可见朱子早年的学习内容以儒家思想为主,详见《朱子哲学研究》,第26—27页;《朱子早年思想研究》,第23—24页引。

抱遗经"①的刻苦阅读儒家经典阶段。其中，朱子主要的阅读书目是四书，更准确地说是二程与张载及其弟子们的四书学，而对于科举之学却不太精心②。与此同时，受三先生的影响，朱子也开始了一个"无所不学"的阶段：

> 某旧时亦要无所不学，禅、道、文章、楚辞、诗、兵法，事事要学，出入时无数文字，事事有两册。（包扬录）③

当然，朱子此时的泛观博览也是有限度的，因为他自己在二十一岁时就已经认识到：

> 三百篇，性情之本；离骚，辞赋之宗。学诗而不本之于此，是亦浅矣。然学者所急亦不在此。学者之要务，反求诸己而已。反求诸己亦别无要妙，语、孟二书精之熟之，求见圣贤所以用意处，佩服而力持之，可也（作于绍兴二十年，1150年）。④

显然，正是朱松和三先生所倡导的为己之学，有力地约束了朱子在求学之路上的过度泛滥。这也使得朱子终其一生对佛老的认识都非常有限。

在朱子的泛滥杂学中，最引人关注的当数其泛滥佛老。这也可谓三先生对朱子的最大影响。朱子自言曾"出入释老者十余年"⑤，这十年大概从在病翁处遇到一僧开始，直到其在同安县作《牧斋净稿》时为止。不过，从上文可知，在此阶段，朱子阅读的书籍中儒家经典毕竟占的是主

---

① 《文集》卷4《送德和弟归婺源二首·二》。
② 《朱子语类》卷107《朱子四·孝宗朝》：某少年时只做得十五六篇义，后来只是如此发举及第。又见黄榦的《朱熹行状》：少长，励志圣贤之学，于举子业，初不经义，《四库全书》本。
③ 《朱子语类》卷104《朱子一·自论为学工夫》。
④ 朱熹：《与程允夫帖》，见洪嘉植《朱熹年谱》，《绍兴二十年下》条引，转引自《朱熹年谱长编》，第136页。束景南先生指出，此帖乃朱子佚文。而李方子之《紫阳年谱》引此帖则是：三百篇，性情之本；离骚，辞赋之宗。学诗而不本之于此。是亦浅矣。后山诗固佳，然前辈以为尽力规模已少变化。然学者要务，在反求诸己，精熟语、孟，求所以见圣贤用意处。李氏《紫阳年谱》早失，此为《四库全书》本《宋名臣言行录》所转引。
⑤ 《文集》卷38《答江元适·二》。一说为二十年，前人已辨其误。

流——即使在他最痴迷佛老的时候,也没有放松对儒家典籍的探究。于朱子,他只是在肯定"天下之理一而已",因而佛老与儒合,佛老也属于为己之学的前提下,才去参究佛老之学的。夏炘认为"其实此十余年之中,沉思经训,潜心理学,未尝一日不精研吾道,特其齐头并进,二氏亦在所不遗耳"①,这一观点是很恰当的。而就经常为大家所引用的《牧斋净稿》来看,其实此时朱子泛滥佛老的目的只有一个——那就是希望"屏绝尘世之累",他对佛老的理解也仅限于方法层面,并不涉及信仰层面②。事实上,就是朱子的这个目的也没有实现,他是带着无限的困惑结束这一阶段,转向李延平处问学的。

这里需要特别指出的是,今之学者多持以下的一种观点,其典型者如:

> 宋明理学家为了增长儒学日新而日日新的生生活力,激活化解佛道冲突效用力,只有知己知彼,才能百战不殆,于是他们均效法柳宗元"统合儒释"的方法,出入佛道,而后返求诸六经……出入佛道,才能体认佛道的长短,而超越佛道;在佛道的比照下,才能体认儒学自身的缺失,取彼之长,补己之短,才能提升儒学,从"本然全体"上使儒学理论思辨化,思维精微化,形上学体系化。③

本书认为,上述观点似是而非,因为其强行赋予了宋明理学家们之出入佛老的一个本不存在的"目的性",而无视这些人之出入佛老都在少年阶段,而且无一例外地抱着一种真诚的求道之心的事实。而且,我们也没有在任何史料中发现理学家是为了要知己知彼,为了要占而胜之的目的才会出入佛老的证据。事实反而是,上述这些人出入佛老在先,随之都产生

---

① 夏炘:《述朱质疑》卷1《朱子出入于老释者十余年考》,《续修四库全书》第952册,第9页,《续修四库全书·子部·儒家类》,上海古籍出版社1998年版,下同。

② 关于朱子早年泛滥佛老的情况,宗门内对此有很多记载,但都真假难辨,无法尽信。可见束景南、陈荣捷、刘承相等人的相关考证。朱子自言:熹于释氏之说,盖尝师其人,尊其道,求之亦切至矣。然未能有得。见《文集》卷30《答汪尚书·二》。可见其对佛的认识很有限。学者渲染其有限的几次向道谦处问学,并不能说明太多的问题。

③ 张立文主编:《中国学术通史·宋元明卷》,人民出版社2004年版,第33—34页。梁启超先生亦持此看法,见《清代学术概论》。

了于佛道无所得的感受，而确定儒学的坚定信仰更在其后。上述观点如果不是一种杜撰，也应该是一种想当然。由于这种观点颇为流行，故本书于此不得不详加辨析。

若提到对朱子早年思想发展的影响，有一个人物不能不提到，那就是谢良佐。朱子从此阶段开始，直到其编订《四书集注》之际为止，中间的二十多年始终在迷恋谢的思想。

朱子最早编辑的书籍就是谢的语录，而他也说过"熹自少年妄意为学，既赖先生之言以发其趣"①的话。朱子还多次提到他早年间苦读谢的《论语解》的情况：

> 某自二十时，看道理便要看那里面。尝看上蔡论语，其初将红笔抹出，后又用青笔抹出，又用黄笔抹出，三四番后又用墨笔抹出，是要寻那精底。（黄义刚录）②
>
> 某少时为学，十六岁便好理学，十七岁便有如今学者见识，后得谢显道《论语》，甚喜，乃熟读。先将朱笔抹出语意好处，又熟读得趣，觉见朱抹处太烦，再用墨抹出，又熟读得趣，别用青笔抹出，又熟读得其要领，乃用黄笔抹出，至此，自见所得处甚约。只是一两句上，却日夜就此一两句上用意玩味，胸中自是洒落。（林夔孙录）③
>
> 某二十年前得《上蔡语录》观之，初用银朱画出合处；及再观，则不同矣。乃用粉笔；三观，则又用墨笔。数过之后，则全与元（原）看时不同矣。（余大雅录）④

事实上，虽然朱子在二十岁前后曾遍读二程弟子们的著作，但其用功最勤，受益最大的，还是谢良佐的《论语解》和《上蔡语录》，而在二程诸弟子中对朱子影响最大的，也还属谢良佐。此诚如束景南先生所言，

---

① 《文集》卷80《德安府应城县上蔡谢先生祠记》。
② 《朱子语类》卷120《朱子十七·训门人八》。
③ 同上书，卷115《朱子十二·训门人三》。
④ 《朱子语类》卷104《朱子一·自论为学工夫》。据束景南考证，朱子阅读《上蔡语录》的时间，当在其26岁左右。

"盖朱熹早年以上蔡谢良佐之论语学为入二程理学之门"①。这是因为，二程除了《易传》外，并没有其他系统的著述，其《论语》思想也很零散。事实上，无论是朱子的早年引路人还是他自己，都把二程及其弟子们看成一个整体，也都把阅读二程后学的著述，看成是把握广义程氏学即道学的有效途径。他们都希望由二程弟子上窥二程之学，再由二程上窥孔孟之学。而朱子之所以对谢良佐之学情有独钟，应该是受到了胡宪以及李延平的影响②。就本书而言，朱子此时对谢氏之学的留恋，也是他日后对谢的思想如"曾点说"进行深刻反思的基础。

二 从学延平阶段

朱子寻求为学之方的第二个阶段，指其从学于李延平的时期。由于朱子对延平有一个从"父执"到"师事"的发展过程③，因此这一阶段与第一个阶段在时间上必然会有些重叠。在这一阶段，朱子在寻求为学工夫上实现了巨大的飞跃：一是从泛滥佛老向一意归本二程之学的转变；二是从"泥书册"，"为道理所缚"向开始即吾身而求之的转变；其三是确立了理一分殊、强调虚实之辨的为学宗旨。这都与李延平对他的影响有关。当然，李侗也曾向朱子介绍过他的主静涵养、求洒落的为学工夫，但朱子对此没有契合。

绍兴二十三年，朱子时年二十四岁，在赴任同安途中，顺路拜访李延平。学界对于这次访问都非常重视，朱子日后回忆到：

> 某年十五六时，亦尝留心于此（禅）。一日在病翁所会一僧，与

---

① 束景南：《朱熹年谱长编》，华东师范大学出版社2001年版，第127页，下同。

② 胡宪属湖湘学派，与谢良佐有直接关系。朱松师从龟山杨氏门人。朱子对谢良佐发生兴趣，最大的可能是来自胡宪和胡寅的影响。见束景南先生的相应考证，《朱熹年谱长编》，第127页。李延平认为谢专就日用间做工夫，劝朱子读上蔡著作，见《延平答问》，《四库全书》本，下同。这也说明，后人过分渲染朱子的道南学统，是不恰当的。

③ 赵师夏《延平答问跋》提到：始，我文公朱先生之先人吏部公，与延平先生俱事罗先生，为道义之交。故文公先生于延平为通家子。文公幼孤，从屏山刘公学问。及壮，以"父执"事延平而已。至于论学，盖未之契，而文公每诵其所闻，延平亦莫之许也。文公领薄同安，反复延平之言，若有所得者，于是尽弃所学而师事焉。转引自清人李清馥《闽中理学渊源考》卷5，《四库全书》本，下同。

之语，其僧只相应和了说，也不说是不是，却与刘说某也理会得个昭昭灵灵底禅。刘后说与某，某遂疑此僧更有要妙处在，遂去扣问他，见他说得也煞好。及去赴试时，便用他意思去胡说。是时文字不似而今细密，由人粗说，试官为某说动了，遂得举（时年十九）。后赴同安任，时年二十四五矣，始见李先生。与他说，李先生只说不是，某却倒疑李先生理会此未得。再三质问，李先生为人简重，却是不甚会说，只教看圣贤言语。某遂将那禅来权倚阁起，意中道：禅亦自在，且将圣人书来读。读来读去，一日复一日，觉得圣贤言语渐渐有味，却回头看释氏之说，渐渐破绽罅漏百出。（辅广录）①

朱子初见延平，向他提到了自己宣扬"儒佛一理"的"禅说"，但是他的这些"佝侗宏阔之言"，并没有得到延平的首肯。延平所批评朱子的焦点，是认为他的这一说法"疑似乱真"，"不是"儒家的正理。因此，延平才会让他看"圣贤言语"来比较二者之间的异同（若延平认为朱子所说的禅法"不是"正宗禅法，却让他去看圣贤言语，这显然有些不合情理）。但是，朱子对此并不服气。他认为李侗没有理会"儒释彼此两不相妨、可以并进"，（而不是怀疑李侗不懂禅学）的道理，疑心延平主张辨析儒佛之异同，是"多事"之举。李延平才告诉他，儒学的真精神不在于其语佛老相通之处，而在于其和佛老相异的一面，在日常之殊理上，而不是在悬空的一理上②。并且，李延平还基于虚实之辨的立场，告诫朱子要真正在儒学本身上用力，"在日用间着实做工夫处理会"③。对于这一点，赵师夏（字致道，号远庵，为朱熹长孙女婿）也有清楚的说明：

> 文公先生尝谓师夏曰：余之始学，亦务为佝侗宏阔之言，好同而恶异，喜大而耻于小，于延平之言，则以为何为多事若是，天下之理

---

① 《朱子语类》卷104《朱子一·自论为学工夫》。
② 陈来先生在《朱子思想研究》中两次提到朱子初见李延平的情况，一曰：朱子见延平，说学禅所得，延平只不是，朱子反怀疑李侗不懂禅学，见该书第36页；二曰：朱熹见延平之初，是用"天下之理一而已"调和儒释，这显然说受了刘子翚"以儒佛合"的思想影响，而李侗用以引导朱熹辨别儒释的方式，则是提起程门"理一分殊"的话头，见该书第67页。
③ 《朱子语类》卷101《程氏门人》。

一而已。心疑而不服……盖延平之言曰：吾儒之学，所以异于异端者，理一分殊也。理不患其不一，所难者分殊耳，此其要也。①

刘承相先生已经指出："延平所言，'吾儒之学，所以异于异端者，理一分殊也。理不患其不一，所难者分殊耳'一语，朱子称为'此其要也'，则可知该语乃朱子后来对延平所教之总体的概括性提法。"② 刘的这一说法还是恰当的。上述这句话的确不是李延平当时所说的原话。而到了金履祥（初名祥，更名开祥，后以开祥非学者名，又改，字吉父，学者称仁山先生，1232—1303）那里，李延平训导朱子的话就变成了：

李侗云：天下理一而分殊，今君于何处腾空处会得一个大道理，更不去分殊上体认？③

这段话显然是杂糅赵师夏的《延平答问跋》和朱子后来所作的《延平先生李公行状》而成，完全是老师训导学生的口气。这就更是以讹传讹了，不足置信。

不过，这次会面还是对朱子产生了很大的触动，使他不得不认真考虑"天下理一而已"这一说法的正确性。不过，朱子当时对佛老的迷恋并没有马上被扭转。他对李延平的说法由疑到信，大致经过了一两年的时间。而其产生转变的内因正是李延平劝导他的"读圣贤言语"——典型者就是朱子之彻悟《论语》中的"子夏之门人小子章"。对于这个问题，朱子后来有详细的说明，学者们也有细致的考察。④ 综合上述资料，朱子此前认为此章在强调"理无大小"，"本末无二道"。但他对此看法又始终心存疑问，认为这似乎与《论语》原文不符。在知同安时，他受李延平的教导，以及明道"君子教人有序"说法的引导，经反复思考，认识到"理无大小"指的是"（理）无乎不在，本末精粗，皆要从头做起，不可拣

---

① 赵师夏：《延平答问跋》，见《闽中理学渊源考》卷4引。
② 《朱子早年思想研究》，第151页。
③ 金履祥：《仁山集》卷5。转引自《朱熹年谱长编》，第164页。
④ 可看钱穆、束景南、刘承相的相关论述，分别见《朱子新学案》第2册，第1530—1541页，《朱熹年谱长编》，第204—206页，《朱子早年思想研究》，第87—91页。

择，此所以为教人有序也"①。这也就是说，朱子认为"理无大小"强调的是本末大小都是理的体现，因此必须"从头做起，不可拣择"。应该说，朱子此刻的所悟还只是在为"理无大小"一句做注解，至于朱子在此后进一步推导出"事有大小，而理无大小"，那已经不是同安时的观点了。不过，"从头做起"实际就是李侗所说的"在日用间着实做工夫处理会"，这也透露出了他对儒学与佛老思想异同的最初觉醒。

随着朱子在阅读儒学经典中逐渐感到"渐渐有味"，他对李延平的态度也发生了变化，由通书问讯逐渐发展到了师事延平。朱子的正式师事延平，也是他结束泛滥佛老阶段而一意归本儒学的标志。

朱子师事延平后的思想交流情况，在他亲手编辑的《延平答问》中有详细的记录。当代学者也有所总结。本书则从其对朱子探求为学之方的影响这一角度，略做归纳。

其一，由泥书册到既重书册，同时也做涵养身心、体验天理之工夫的转变。上文已经指出，苦读是朱子此前阶段为学的基本宗旨。在师事李延平之后，朱子一开始主要是在就儒学的章句训诂问题向他求教：《论语》是朱子问讯的主要话题②，其他则广泛涉及了以下书籍：

  胡文定（胡安国，字康候，谥文定，1074—1138）《春秋解》，伊川《春秋传》，《横渠语解》，《二程语解》，上蔡《论语说》，《二程语录》，《遗书》，《二苏语孟》，《濂溪遗文》（作者注：濂溪遗文不应该是书名），《颖滨语孟》，吕与叔（吕大临，字与叔，1044—1091）《中庸解》，《龟山语解》，《和靖语解》，胡明仲（胡宏，字仁仲，1106—1161，作者注：明仲实为胡寅的字③）《论语解》，《太极图说》，《上蔡语录》，《通书》以及《二程文集》等。④

---

① 《朱子语类》卷49《论语三十一·子张》，吴雉录。
② 《朱子早年思想研究》，第126页。
③ 朱子在《延平答问》中讨论的是胡宏还是胡寅的著作？检陈振孙的《直斋书录解题》和《宋史·艺文志》中都没有作过《论语解》。在《延平答问》中，朱子三次提到胡明仲非难苏轼的观点。据此，朱李二人所讨论的，应该是胡寅的《致堂论语详说》。
④ 《朱子哲学研究》，第65页。

第二章 朱子论"曾点气象"考

朱子在苦读儒学经典的过程中,也出现了泥于章句训诂、悬空说理、颇为道理所缚、内外离绝不相赅贯等诸弊端。而李延平从一开始就希望扭转朱子的这一弊端,让他把用力的重点转移到反身自求,涵养本源上。《延平答问》首载李延平于绍兴二十七年给朱子的复信中,就指出:

> 于涵养用力处,正是学者之要,若不如此存养,终不为己物也。①

这里,延平显然是在把涵养和为己之学联系了起来。朱子此前已与李侗有过书信往来,而他之所以选择此信作为《延平答问》一书的开篇,也是要有意突出这一精神的意思。其实,类似的文字在李延平给朱子的复信中比比皆是,如:

> 尝爱黄鲁直(黄庭坚,字鲁直,号山谷道人,1045—1105)作濂溪诗序云:"春陵周茂叔,人品甚高,胸中洒落,如光风霁月",此句形容有道者气象绝佳,胸中洒落即作为尽洒落矣。学者至此,虽甚远,亦不可不常存此体段在胸中,庶几遇事廓然,于道理方少进,愿更存养如此。②

对于李延平的上述教诲,朱子很快就有所领悟:

> 讲学近见延平李先生,始略窥门户……大概此事以涵养本原为先,讲论经旨特以辅此而已。向来泛滥出入无所适从,名为学问,而实何有?亦可笑耳……(作于绍兴三十年十二月间,1160年)。③

我们从《延平答问》所收录的信件中发现,朱李二人答问的内容也在逐渐从章句训诂为主,向逐渐讨论涵养心性为主转变:二人六年间的通

---

① 《延平答问·丁丑六月二十日书》。
② 同上。
③ 《文集》,《别集》卷3《答程钦国(允夫)》。

信共计二十四封。就篇幅而论，其中后三年的十六封信在篇幅上反而不如前三年的八封信。就内容而论，朱子后三年书信中，李延平告诫朱子注意在日用间做工夫的话语，则明显在增多。在朱子后来所做的《延平行状》中，他再次把这一点概括为：

> （李侗）盖尝曰：读书者，知其所言莫非吾事，而即吾身以求之，则凡圣贤所至，而吾所未至者，皆可勉而进矣。若直以文字求之，悦其词义以资诵说，其不为玩物丧志者几希。①
>
> 若徒记诵而已，则亦奚以为哉？必也体之于身，实见是理，若颜子之叹，卓然见其为一物而不违乎心目之间也。②

李延平这里所强调的，是要让人明确读书与其个人道德修养的关系，注意用尊德性这个本来统摄道问学，实现二者之间的贯通。在他看来，只有这样才能把外在的知识转化为"己物"，进而展开为主体自觉的道德践履工夫，最终臻至洒落、融释之境。而从朱子后来在《文集》和《朱子语类》中对此反复强调，以及他在李延平去世后随即对已发未发问题刻苦参究的这一事实来看，朱子确实已经认定《中庸》的已发未发问题是探求为学之方上的关键，并把李延平的这一教导视为自己的基本人生信条。那种认为朱子偏于"道问学"的指责，实不足以服朱子之心。

不过，前贤多已指出，李延平非常希望朱子能在做涵养本源的工夫中实现"洒落"。其所说的"涵养"，指的就是"静中体认大本未发时气象"的"龟山门下相传指诀"③；而其所说的"洒落"，实指一种"有道者气象"。正如后文中所指出的，在李侗去世后的很长一段时间里，朱子都在把"洒落"当成为一个正面的词汇，其对"洒落"的理解也不仅仅限于"对义理的玩味至融会贯通、无所滞碍"④ 的层面，而是包涵了相当程度的境界论成分。

但是，朱子毕生对"洒落"的理解，始终带有浓厚的理性色彩，而

---

① 《文集》卷97《延平先生李公行状》。
② 同上。
③ 《文集》卷40《答何叔京·熹孤陋如昨》。
④ 《朱子哲学研究》，第53页。

与李延平对"洒落"颇具神秘色彩的理解不尽相同。同时，正是由于"洒落"具有多义性，这也使得朱子对于"洒落"的态度非常复杂：既有对于世人所宣扬的那种流于放荡的"洒落"的严词批判，也有对他所理解的那种正面"洒落"的高度赞扬。朱子对于"洒落"的微妙态度也集中地反映在他对于"曾点气象"的评论上。

我们知道，自宋代理学兴起之初，是否有"践履工夫"，已经成为区别传统的儒生（文章、训诂）与理学人士的重要标准，而朱子从儒学角度对"践履工夫"的自觉追求与实践，也标志着他此时已经完全归本于理学系统。

这里需要指出，朱子此时还只是在笼统意义上接受了李延平的教导。但是，至于如何具体去做涵养本源的工夫，朱子却始终没有头绪。他对李延平时时教导的"道南旨诀"，也并不相契。对于此中的原因，本书以为，此中原因固然有朱子"贪听讲论，窃好章句"的原因，也有其受根深蒂固的知性思维限定的原因。不过本书认为，对于当时刚刚走出佛老影响的朱子来说，很难把李延平的"静中观未发气象"与佛老之学中的禅定划清界限，这才是他拒绝李侗为学工夫的根本原因。此后的理学发展史也多次证明，强调在静坐中严格划清与佛老之学的界限，是很难成功的。不管习静者多么在反复暗示他要时时保持一种道德心之警觉，他都会很快进入那种超越善恶的空灵心境，得到一种类似于禅乐的忘我或是与天地一体的神秘体验。这是出于人的生理反应的必然。静坐者若对此不加警觉，就会流向佛老的阵营中①。至少在当时的朱子看来，李侗所谓在静中涵养出的"景象"，与他曾在禅宗静修中出现过的"湛然虚明"、"昭昭灵灵"的景象并无根本上的区别。尽管后来朱子不便对李侗有太多之微词，但他还是通过对杨时等人的批判，隐约指出"道南指诀"在总体上有偏静和逃禅的倾向，而这也是他为什么会在李侗死后不久，便对湖湘学派的为学工夫心有所属的原因所在。事实上，从朱子走出佛老的影响开始，他也就很难再与具有神秘、直觉主义特色的道南之学合拍了。

朱子自师从李延平后，逐渐接受了李"不能悬空追逐'理一'，而要在'分殊'处踏实做工夫"的训导，并且把这一训导理解为"下学上达、

---

① 这对阳明亦然。朱子和阳明都明确认为，静坐所得光景为"非道"。

即物穷理"的理性活动。而静坐体验未发正是在"大本"处直接用力，难怪朱子会对此心存疑义。再者，朱子一向认为"心莫非已发"（见《中和旧说三》），而二程又强调"未发之前不可寻觅"的意思，这些因素都使当时仍然泥于书册的朱子无法寻觅到所谓的"未发之大本"。朱子最终选择小程子的理性主义思想是势所必然。

其二，李延平促进了朱子"理一分殊"思想体系，以及由此衍生出的方法论、工夫论的形成，也促进朱子逐渐把虚实之辨作为其个人的基本为学宗旨。

"理一分殊"以及由此衍生出的即物穷理、下学上达，重视辨析虚实之辨，这是朱子思想体系的立论基础，也是朱子确立为学工夫的根本。而李延平对于朱子"理一分殊"观念的形成，功莫大焉。

李延平在朱子二十四岁来拜访时，已经在用类似于"理一分殊"的话头来引导朱子走出佛老的影响。此后，李延平也在有意时时提醒朱子不能玄虚说高妙的一理，而是要注意在"分殊"上做工夫。也正是在李延平的引导下，朱子才会在荒山寒夜时，听杜鹃啼叫苦读《论语》中，顿悟"子夏之门人小子"章的意指，而其所悟，实际上也接近于"理一分殊"的道理。不过，就目前资料看来，朱子对"理一分殊"思想的真正自觉也有一个过程，而在此问题上，"李侗所欲以教授朱熹者和朱熹本人思想之取向"，也有所不同①。

以下资料表明，至少在朱子二十九岁时，他还缺乏对"理一分殊"的完全自觉：

> 胡丈书中复主前日一贯之说甚力，但云若理会得向上一著，则无有内外上下远近边际，廓然四通八达矣。熹窃谓此语深符鄙意。盖既无有内外边际，则何往而非一贯哉？（作于绍兴二十八年，1158年）②

朱子此书的本意是在讨论一贯与忠恕的关系问题，此不详论。不过值

---

① 《朱子思想研究》，第60页。
② 《文集》卷37《与范直阁·一》。

第二章　朱子论"曾点气象"考

得注意的是，朱子在书中所称许的胡宪的观点，正是所谓的"侊侗宏阔之言"，而朱子的所谓"既无有内外边际，则何往而非一贯"，其眼光还只落在"向上一著"上，显然离"理一分殊"甚远。因此，朱子后来才会一再强调"与范直阁说'忠恕'是三十岁时书（实际上是二十九岁），大概也是，然说得不似，而今看得又较别"云云①。但是，李延平在本年末回答朱子就"一贯、忠恕"问题的问讯时，却并没有提示他用"理一分殊"的思路来处理这一问题。这似乎表明，在此之前，"理一分殊"还没有进入他们的问题域②。而直到两年后，李延平再次致书朱子时，才开始用"理一分殊"的话头来提醒他：

> 所云见《语录》（二程之语录，当时还尚未成书，）中有"仁者浑然与物同体"一句，即认得《西铭》意旨，所见路脉甚正，宜以是推广求之。然要见一视同仁气象却不难，须是理会分殊，虽毫发不可失，方是儒者气象。③

这里，李延平明确告诫朱子"理会分殊"更能代表儒学的基本精神。这也促使朱子把用力的重心从注意"理一"转移到了"分殊"上，转到去关注儒学不同于佛老的地方上。朱子自言："自见李先生，为学始就平实"④，所指的就是这一转向。事实上，甚至是在朱子三十三岁之际，李延平还在就此话题点拨朱子：

> 又云"须体认到此纯一不杂处，方见浑然与物同体气象"一段，语却无病。又云"从此推出分殊合宜处，便是义。以下数句莫不由此，而仁一以贯之，盖五常百行无往而非仁也"，此说大概是。然细推之，却似不曾体认得伊川所谓"理一分殊"、龟山云"知其理一，

---

① 《朱子语类》卷104《朱子一·自论为学工夫》。
② 赵峰先生认为，这次"一贯忠恕"之辨，是朱熹第一次自觉运用"理一分殊"的原理解决理学问题的尝试，见其所著《朱熹的终极关怀》，第36页。此说不确。
③ 《延平答问·庚辰七月》。
④ 李幼武补编《宋名臣言行录·外集》卷12。

所以为仁；知其分殊，所以为义"之意，盖全在知字上用着力也。①

这里，李延平还是在就朱子重"理一"有余，而重分殊不足的弊端而提醒他。正是在李延平此信的引导下，朱子才提出了较为完整的"理一分殊"思想：

> 问：熹昨妄谓"仁之一字，乃人之所以为人，而异乎禽兽者"，先生不以为然。熹因以先生之言思之而得其说，敢复求正于左右。熹窃谓天地生物，本乎一源，人与禽兽草木之生，莫不具有此理。其一体之中即无丝毫欠剩，其一气之运亦无顷刻停息，所谓仁也。但气有清浊，故禀有偏正。惟人得其正，故能知其本，具此理而存之，而见其为仁；物得其偏，故虽具此理而不自知，而无以见其为仁。然则仁之为仁，人与物不得不同。知人之为人而存之，人与物不得不异。故伊川夫子既言"理一分殊"。而龟山又有"知其理一，知其分殊"之说，而先生以为全在知字上用着力，恐亦是此意也，不知果是如此否？又详伊川之语推测之，窃谓"理一而分殊"，此一句言理之本然如此，全在性分之内本体未发时看。合而言之，则莫非此理。然其中无一物之不该（赅），便自有许多差别，虽散殊错糅不可名状，而纤微之间同异毕显，所谓理一而分殊也。"知其理一，所以为仁，知其分殊，所以为义"，此二句乃是于发用处该（赅）摄本体而言，因此端绪而下工夫以推寻之处也。盖"理一而分殊"一句，正如孟子所云"必有事焉"之处。而下文两句，即其所以有事乎此之谓也。大抵仁字正是天理流动之机，以其包容和粹、涵育融漾、不可名貌，故特谓之仁。其中自然文理密察、各有定体处，便是义，只此二字包括人道已尽。义固不能出乎仁之外，仁亦不离乎义之内也。然则理一而分殊者，乃是本然之仁义，前此乃以从此推出分殊合宜处为义，失之远矣。又不知如此上，则推测又还是否？②

---

① 《延平答问·壬午六月十一日书》。
② 《延平答问·辛巳（按，实为壬午，作者注）八月七日书》。

朱子此说与前说的最大不同，乃是否定了"从此（指"理一"）推出分殊合宜处为义"的说法，转而认为"义固不能出乎仁之外，仁亦不离乎义之内也。然则理一而分殊者，乃是本然之仁义"。朱子此前视"理一"与"分殊"为本末关系，其潜在的思想是厚本薄末，好同恶异，喜大耻小；而现在则开始把它们看成是体用关系，其潜在的思想是"理一"必须要落实和实现于分殊上，二者是一体之两面。这也标志着朱子"理一分殊"思想的初步形成。当然，李延平在给朱子的复信中针对朱子一味注重单纯的理论辨析的弊端，提醒他不能"只是说话"，而要注意把这一认识转化为自己在日用上做反身践履的工夫，这又属于李延平教导朱子的一贯立场①。

朱子"理一分殊"思想体系的初步确立，对其日后强调即物穷理、重视下学上达，反对虚说玄妙之境界以及其浓厚批判意识的形成，都具有奠基性的意义。仅以虚实之辨为例，李延平从一开始就告诫朱子不能空说无限道理，而在对"仁"的讨论中，他再次告诫朱子要注意"即用见体"：

> 某尝以谓仁字极难讲说，只看天理统体便是。更心字亦难指说，唯认取发用处是心。二字须要体认得极分明方可下工夫。仁字难说，《论语》一部，只是说与门弟子求仁之方，知所以用心，庶几私欲沈、天理见、则知仁矣。如颜子仲弓之问，圣人所以答之之语，皆其要切用力处也。孟子曰：仁，人心也。心体通有无，贯幽明，无不包括，与人指示于发用处求之也。②

这一精神，正是日后朱子论学的根本宗旨。我们在后文中可见，朱子在晚年就"曾点气象"问题训导陈淳的话语中，所强调的最根本一点，正在于此。

---

① 陈来先生单单只据此信而认为"颇有意味的是，对朱熹这一大套客观性建构的理论李侗并无反应，却在批答中大讲了一套由程明道与谢上蔡问答引发的主体性境界与工夫，这颇能表出李侗所欲以教授朱熹者和朱熹本人思想之取向的不同"，见《朱子哲学研究》，第60页。朱子此信，只是对李侗前一封信的回复和进一步发挥而已。

② 《延平答问·壬午六月十一日书》。

总之，通过与李侗的接触，朱子在辩明儒佛之辨上、在对个人为学工夫的选择上都基本上确定下了其一生的基调。然而，朱子与李延平所强调的体验未发的为学之方不契，这大大影响了其后来对"曾点气象"的基本态度。

三 中和之悟阶段

朱子寻求为学之方的第三个阶段，指其两次"中和"之悟时期。而"中和新说"的形成，也代表着朱子思想体系的基本确立。

在朱子的整个思想发展历程中，中和之悟是一个非常重要的转折点，也历来是朱子学研究中的重中之重。王懋竑（字予中，俗称王白田，1668—1741）、童灵能（字龙传，号寒泉，福建连城人，1683—1745）、钱穆、牟宗三、刘述先、束景南、陈来诸先生对此都有非常精深的研究，对此的争论与考辨也非常激烈。对于本书而言，中和之悟对朱子为学之方的选定上意义重大，不了解此问题，就很难了解朱子之论"曾点气象"的所以然，这也是本书不容回避的地方。相对而言，前贤们在考辨此问题中所涉及的种种难题，则与本书关系不大。因此，本书只是结合朱子本人的文字，对此阶段朱子对中和问题认识的演变，以及这对其在为学之道上的影响做出一个较为概括的梳理，基本上回避了与本书无关的诸多争论。

"中和"问题导源于《中庸》中的"喜怒哀乐之未发谓之中，发而皆中节谓之和，中也者，天下之大本也；和也者，天下之达道也"一句，因而又被称为"已发未发"的问题。这个问题也同样直到理学兴起后才具有了独特的意义。概括地说，当时理学家们之所以关注"中和"问题，就是要为自己确立基本的修养工夫，使自己在时事纷纭、心体动荡中达到"处事应物自然中节"的理想状态①。他们认为，这也是人的成圣之本。

朱子师从延平，在探求为学之方上的转变已如前述。朱子此时已经接受李延平注重在"分殊处"和"日用间"做工夫的教训，却对"默坐观未发气象"以涵养"大本"的为学之道未能深契。由此，虽然朱子早已在一般意义上接受了李延平重视涵养大本的建议，但是他在如何做具体的

---

① 《文集》卷40《答何叔京·熹孤陋如昨》。

心性修养工夫,尤其是如何在"分殊"中最初下手的问题上,始终心存迷惑。在李延平去世后,朱子曾在很长的一段时间里仍然沿着李延平教导的思路,在思考着所谓未发与已发的问题(其实就是一个根本下学工夫,以及最初如何入手的问题)。在思而未得的情况下,他转向张南轩处问学,由此开始了从"中和旧悟"到"中和新悟"的艰难探索历程。对于这一历程,朱子后来在《中和旧说序》中明确提到:

> 余早从延平李先生学,受《中庸》之书,求喜怒哀乐未发之旨,未达而先生没。余窃自悼其不敏,若穷人之无归。闻张钦夫得衡山胡氏学,则往从而问焉。钦夫告余以所闻,余亦未之省也。退而沉思,殆忘寝食,一日喟然叹曰:人自婴儿以至老死,虽语默动静之不同,然其大体莫非已发,特其未发者为未尝发尔!自此不复有疑,以为《中庸》之旨果不外乎此矣。后得胡氏书,有与曾吉父论未发之旨者,其论又适与余意合用,是益自信,虽程子之言有不合者,亦直以为少作失传而不之信也。然间以语人,则未见有能深领会者(乾道八年,1172年①)。②

可见,朱子是在自感"未发"即大本渺不可寻的情况下,带着困惑转向张南轩处问学的。张南轩大致向朱子介绍了湖湘学派③的为学之方。朱子因此而认为在人的一生中,心莫非已发的道理④,并随即在胡宏给曾吉父的论"中和书"中找到了支持。这一认识,在朱子后来编订的《中和旧说》中,有着更为完整的说明。历来学者都把《中和旧说》中的四封信看成是一个整体。其实,这四封信是朱子与张南轩之间的四次思想交流,每封信都代表着朱子思想的一个发展:

---

① 除有转别说明外,本书均依照陈来先生的《朱子书信编年考证》一书,来确定朱子这些书信的写作年代,下文中不再特别说明。
② 《文集》卷75《中和旧说序九》。
③ 湖湘学派以胡宏为代表,以"先察识(善端),后涵养(大本)"为基本的为学之方。一般认为,这个学派与谢良佐有着直接的渊源。
④ 准确地说,朱子此时认为已发未发只是一种前后继起的关系,所谓未发,就是"还没有发"。

人自有生，即有知识。事物交来。应接不暇。念念迁革。以至于死。其间初无顷刻停息，举世皆然也。然圣贤之言，则有所谓未发之中，寂然不动者，夫岂以日用流行者为已发，而指夫暂而休息，不与事接之际为未发时耶？尝试以此求之，则泯然无觉之中，邪暗郁塞，似非虚明应物之体，而几微之际一有觉焉，则又便为已发，而非寂然之谓，盖愈求而愈不可见。于是退而验之于日用之间，则凡感之而通，触之而觉，盖有浑然全体应物而不穷者，是乃天命流行，生生不已之机，虽一日之间万起万灭，而其寂然之本体则未尝不寂然也，所谓未发，如是而已，夫岂别有一物，限于一时，拘于一处，而可以谓之中哉？然则天理本真，随处发见，不少停息者，其体用固如是，而岂物欲之私所能壅遏而梏亡之哉？故虽汩于物欲流荡之中，而其良心萌蘖亦未尝不因事而发见，学者于是致察而操存之，则庶乎可以贯乎大本达道之全体，而复其初矣。不能致察，使梏之反复，至于夜气不足以存，而陷于禽兽，则谁之罪哉？……程子曰："未发之前更如何求，只平日涵养便是"。又曰："善观者，却于已发之际观之"……亦足以验大本之无所不在，良心之未尝不发矣（作于乾道二年，1166 年）。①

这是朱子"中和旧说"的第一篇。朱子此书，首先从日常现象说起，指出人从一出生开始，其心始终处于"念念迁革"、了无停息的已发状态。那么又何来未发可言，前贤所说的大本又在何处？由于当时朱子认定人心的"念念迁革"是常态，而其"不与事接之际"，只是一种暂时的状态。由此，他的求"未发"之路也遇到了困难：他发现，"不与事接之际"只是一种"泯然无觉"、"邪暗郁塞"状态，无法找到所谓的"虚明应物之体"，即"未发"之体，甚至是"愈求而愈不可见"。这不能不令他感到困惑。颇为值得玩味的是，朱子在这里的倾诉，真实地反映出了他于李延平之"默坐观未发气象"的为学之道，努力尝试而又无法契合的情况。随之，朱子笔力一转，转而向他的所谓常态，即日用之间中去寻大本。他认为，"天理本真，随处发见，不少停息者"，其用表现为"感之

---

① 《文集》卷30《与张敬夫·人自有生》。

而通，触之而觉"、"应物而不穷者"，而其体则是"寂然"的。朱子认为，此"寂然者"，即是他所苦苦寻求的所谓"大本"。我们说，朱子此时强调的是"大本之无所不在，良心之未尝不发"。因此，他希望从用上见体，通过察识心体的时时发用之端，操存之、涵养之，以此为下手处，来实现"贯乎大本达道之全体，而复其初"的目的。我们说，这种为学方法正是张南轩所主张的"先察识，后涵养"说①。朱子的此一悟，也正是在张南轩的引导下完成的，与李延平所主的为学之道正好相反。需要注意的是，这里，朱子已经把未发已发视为体用关系。但是在朱子眼，所谓未发之中，仍然只是一隐而不现的虚体，他的这一说法，与他日后所大力批判的"百起百灭之中，别有一物不起不灭也"②的禅说，如出一辙。

朱子在获得此悟后非常兴奋——他认为终于找到了属于自己的下手工夫。他随即写信给张南轩，向他通报了自己的体会。另外，大约在此前后之际，他还致书何镐（字叔京，人称台溪先生，1128—1175），向他介绍了自己经历此悟之后，寻找到"做工夫底本领"之后的欣喜，与对张南轩之为学工夫的敬佩之情：

> 向来妄论持敬之说，亦不自记其云何。但因其良心发见之微，猛省提撕，使心不昧，则是做工夫底本领。本领既立，自然下学而上达矣。若不察于良心发见处，即渺渺茫茫，恐无下手处……所喻多识前言往行，固君子之所急，熹向来所见，亦是如此。近因反求未得个安稳处，却始知此未免支离，如所谓因诸公（按，即二程诸弟子）以求程氏，因程氏以求圣人，是隔几重公案？曷若默会诸心，以立其本，而其言之得失，自不能逃吾之鉴耶？钦夫之学，所以超脱自在，见得分明，不为言句所桎梏，只为合下入处亲切。今日说话虽未能绝无渗漏，终是本领是当，非吾辈所及（作于乾道四年左右，1168年）。③

据此可见，朱子此悟，是从反思自己过去偏于"多识前言往行"的

---

① 当然，从下一书所表现出的态度来看，张栻认为朱子并没有真实领会他的意思。
② 《文集》卷42《答石子重·按孔子言》。
③ 同上书，卷40《答何叔京·奉亲遣日如昔》。

支离，乃至于知行之脱节入手，在努力寻找一个做工夫底本领。其结论则认为张南轩之学"合下入处亲切"、"本领是当"。但是，张南轩随即在给朱子的回信中则指出了朱子此文的不足。张的回信我们现在已经无从知晓。但是从朱子对张回信的反应来看，张认为，朱子的见解有把心分为两物之弊，似乎在指责朱子犹不忘追求那个悬空的"寂然不动之体"。对此，朱子又进行了新的思考：

> ……兹辱诲喻，乃知尚有认为两物之蔽，深所欲闻，幸甚幸甚？自今观之，只一念间已具此体用，发者方往而未发者方来，了无间断隔截处，夫岂别有物可指而名之哉？然天理无穷，而人之所见有远近深浅之不一，不审如此见得，又果无差否？……所论龟山中庸可疑处，鄙意近亦谓然。又如所谓"学者于喜怒哀乐未发之际以心验之，则中之体自见"，亦未为尽善。大抵此事浑然无分段时节先后之可言，今着一时字，一际字，便是病痛。当时只云寂然不动之体，又不知如何？《二程语录》亦尝疑一处说存养于未发之时一句，及问者谓当中之时，耳目无所见闻，而答语殊不痛快，不知左右所疑是此处否？更望指诲也。向见所著中论有云：未发之前心妙乎性，既发则性行乎心之用矣。于此窃亦有疑，盖性无时不行乎心之用，但不妨常有未行乎用之性耳。今下一前字，亦微有前后隔截气象，如何如何？熟玩《中庸》，只消着一未字便是活处，此岂有一息停住时耶？只是来得无穷，便常有个未发底耳。若无此物，则天命有已时，生物有尽处，气化断绝，有古无今久矣。此所谓天下之大本，若不真的见得，亦无揣摸处也（作于乾道二年，1166年）。①

我们说，朱子的上一悟，认为"天命流行"的生生不已只是用，在它的背后有一个寂然的体，后者才是大本。那么，为他所强调的"先察识，后操存"的"复其初"，就只能导向一个玄虚枯寂的本体。这是张南轩所不可能接受的。由此，朱子的后一封信更进一步认为，"只一念间已

---

① 《文集》卷30《与张敬夫·前书所扣》。按，朱子于此信自注云：此书所论尤乖戾，所疑《语录》皆非是，后自有辨说甚详。

具此体用,发者方往而未发者方来,了无间断隔截处"、"大抵此事浑然无分段时节先后之可言"、"性无时不行乎心之用,但不妨常有未行乎用之性耳"。这无疑是把"未发"或大本归结为一种"尚未"的"可能",其实是取消了"未发"的实存性。而朱子对龟山和几条二程语录的怀疑,也正在于此。这一说法正是他在《中和旧说序》中所提到的观点。但是,他还是认为,这个"尚未行乎用之性"就是未发者,认为它是使万化得以生生不息的"大本"。显然,朱子此时仍不忘对"大本"的追寻。

朱子的这封信同样遭到了张南轩的批驳。张的复信我们同样不得而知,但从朱子在下一封信中的反映来推测,张南轩认为朱子的这一新说法,把心说成了受大化所驱下的流动不定之物,无法找到一个安宅,遂使人无法做心性修养的工夫。同时,张南轩也在信中对朱子不能忘怀那玄虚的"大本"提出了批评,并告诫他要切实地去求仁,把思考的重心落在如何去致中和上。对此,朱子再次进行了思考:

> 诲谕曲折数条,始皆不能无疑。既而思之,则或疑或信而不能相通。近深思之,乃知只是一处不透,所以触处窒碍,虽或考索强通,终是不该贯。偶却见得所以然者,辄具陈之,以卜是否。
>
> 大抵日前所见,累书所陈者,只是笼统地见得个大本达道底影象,便执认以为是了,却于致中和一句全不曾入思议。所以累蒙教告以求仁之为急,而自觉殊无立脚下功夫处。盖只见得个直截根源,倾湫倒海底气象,日间但觉为大化所驱,如在洪涛巨浪之中,不容少顷停泊。盖其所见一向如是,以故应事接物处,但觉粗厉勇果增倍于前,而宽裕雍容之气略无毫发,虽窃病之,而不知其所自来也。而今而启,乃知浩浩大化之中,一家自有一个安宅,正是自家安身立命主宰知觉处,所以立大本行达道之枢要,所谓体用一源,显微无间者,乃在于此,而前此方往方来之说,正是手忙脚乱无着身处,道迩求远,乃至于是,亦可笑矣……(作于乾道二年,1166年)①

在这封信中,朱子进行了比较全面的反思。他认为自己此前的毛病在

---

① 《文集》卷32《与张敬夫·诲谕曲折数条》。

于：其一，所见只是虚的"大本"，而没有体会到"致中和"的意义所在——"致"意味着要切实去做工夫。其二，一向认为心都是已发，方往方来，没有"少顷停泊"，因此找不到安心之地。其三，欲求仁，却没有下手处。朱子还声称，此时他已经发现在自己安身立命的安宅和"立大本行达道之枢要"，至于朱子所指的安宅和枢要究竟为何，信中却没有指明。朱子对于这一新的看法意犹未足，他在尚没有得到南轩的回信之际就继续致信南轩，对自己的上述看法提出了补充：

> 前书所禀寂然未发之旨，良心发见之端，自以为有小异于畴昔偏滞之见，但其间语病尚多，未为精切。比遣书后累日潜玩，其于实体似益精明，因复取凡圣贤之书以及近世诸老先生之遗语，读而验之，则又无一不合。盖平日所疑而未白者，今皆不待安排，往往自见洒落处。始窃自信，以为天下之理其果在是，而致知格物居敬精义之功，自是其有所施之矣。圣贤方策，岂欺我哉？盖通天下只是一个天机活物，流行发用，无间容息，据其已发者，而指其未发者，则已发者人心，而凡未发者，皆其性也。亦无一物而不备矣。夫岂别有一物，拘于一时，限于一处，而名之哉？即夫日用之间，浑然全体如川流之不息，天运之不穷耳。此所以体用精粗，动静本末，洞然无一毫之间，而鸢飞鱼跃，触处朗然也。存者存此而已，养者养此而已，必有事焉，而勿正，心勿忘，勿助长也。从前是做多少安排没顿着处，今觉得如水到船浮，解维正柂，而沿洄上下，惟意所适矣，岂不易哉？始信明道所谓未尝致纤毫之力者，真不浪语，而此一段事，程门先达惟上蔡谢公所见透彻，无隔碍处。自余虽不敢妄有指议，然味其言亦可见矣。近范伯崇来自邵武，相与讲此甚详，亦叹以为得未曾有，而悟前此用心之左，且以为虽先觉发明指示不为不切，而私意汩漂，不见头绪，向非老兄抽关启键，直发其私，诲谕谆谆，不以愚昧而舍置之，何以得此，其何感幸如之！区区笔舌，盖不足以为谢也。但未知自高明观之，复以为如何尔（作于乾道二三年间，1166—1167年）！①

---

① 《文集》卷32《与张敬夫·前书所禀》。

在这封信中，朱子将所谓的"安宅"和"枢要"做出了更为明确的说明。其结论是"通天下只是一个天机活物，流行发用，无间容息，据其已发者，而指其未发者，则已发者人心，而凡未发者，皆其性也"。这个观点为朱子日后所继承了下来并概括为："性为体，心为发用"。由此，朱子认为做工夫存养的对象就是此天机活物，即是张南轩所说的仁体，而其工夫之要在于自然洒落，勿忘勿助。朱子特别指出，他的这一新悟是受张南轩启发的结果。

总的看来，朱子在这四封信中思想演进的轨迹就是突出一个活字。而大致作于此时的《观书有感》诗，也能充分反映出朱子在"中和旧悟"后的感受①。但是，朱子的这一心情并没有延续多久。他的新的疑问也随着与蔡季通就中和问题的讨论而再次浮出水面。其中最大的疑问是，朱子感到他的这一说法和二程及其弟子们的许多说法不合：这个无处不见的天机活物又怎么能被称为未发呢？朱子三十九岁前数年在编订《程氏遗书》，此前肯定花费了相当多的时间再次精读二程的著作。而他与蔡季通的讨论也发生在此期间。因此，精读二程著作也成了朱子"中和新说产生的一大内因"。《中和旧说序》云：

> 乾道己丑之春，为友人蔡季通言之，问辨之际，予忽自疑，斯理也，虽吾之所默识，然亦未有不可以告人者。今析之如此其纷纠而难明也，听之如此其冥迷而难喻也，意者乾坤易简之理，人心所同然者殆不如是，而程子之言，出其门人高弟之手，亦不应一切谬误以至于此，然则予之所自信者，其无乃反自误乎？则复取程氏书，虚心平气而徐读之（作于乾道八年，1172年）。②

此一悟其实主要还是针对着张南轩的为学之方，如朱子在同年给张的书信中就反复提到：

---

① 朱子在同年作《观书有感》二首，诗中所咏的"源头活水"和"向来枉费推移力，此日中流自在行"，正是中和旧说第三、四书中的感受。
② 《文集》卷75《中和旧说序》。

如所谓学者先须察识端倪之发，然后可加存养之功，则熹于此不能无疑。盖发处固当察识，但人自有未发时，此处便合存养，岂可必待发而后察、察而后存耶？且从初不曾存养，便欲随事察识，窃恐浩浩茫茫无下手处，而毫厘之差，千里之谬将有不可胜言者，此程子所以每言孟子才高，学之无可依据，人须是学颜子之学，则入圣人为近，有用力处，其微意亦可见矣。且如洒扫应对进退，此存养之事也，不知学者将先于此而后察之耶，抑将先察识而后存养也？以此观之，则用力之先后判然可观矣（作于乾道五年，1169 年）。①

窃谓此病正坐平时烛理未明，涵养未熟，以故事物之来，无以应之。若曰：于事物纷至之时精察此心之所起，则是似更于应事之外别起一念以察此心，以心察心，烦扰益甚，且又不见事物未至时用力之要，此熹所以不能亡（无？）疑也……儒者之学，大要以穷理为先。盖凡一物有一理，须先明此，然后心之所发轻重长短各有准则……若不于此先致其知，但见其所以为心者如此，识其所以为心者如此，泛然而无所准则，则其所存所发亦何自而中于理乎……必曰"动处求之"，则是有意求免乎静之一偏，而不知其反倚乎动之一偏也……高明之意，大抵在于施为运用处求之，正禅家所谓石火电光底消息也，而于优游涵泳之功似未甚留意，是以求之太迫，而得之若惊，资之不深，而发之太露（作于乾道五年，1169 年）。②

上述两封信的最大特色，是朱子开始强调"烛理"，并用来批驳张南轩的"察识"之失。朱子认为，张所主张的"察识"是在脱落理而谈心，会流于以心察心、求之太迫，失之太高，偏于动，心无安处等弊端。我们说，朱子的这一认识也是有感于湖湘学者们的"擎拳竖佛"而发，因而也在有意地强调平时涵养、涵养与致知并重的思想③。这封信也从侧面显

---

① 《文集》卷 32《答张敬夫·诸说例蒙印可》，此书作于《与湖南诸公论中和第一书》之后。
② 《文集》卷 30《与张敬夫·蒙示及答胡、彪二书》。
③ 同年十一月，朱子在《答陈允夫·六》中直接批驳了"先有所见，方有下手用心处"的观点，实际就是对湖湘学派"先察识"的否定。也是在此信中，朱子首次引用了伊川"涵养须用敬，进学则在致知"的说法，实际已经开始了向"中和新说"的转变，参见束景南的《朱子大传》，福建教育出版社 1992 年版，第 261 页，下同。

示出朱子近来研读二程典籍的某些收获。显然,朱子认为南轩为学工夫的不当,根源于其对"已发未发"的认识错误。

上述诸内外因的结合,使朱子很快突破了"中和旧说",《中和旧说序》云:

> ……未及数行,已冻解冰释,然后知情性之本然,圣贤之微旨,其平正明白乃如此,而前日读之不详,妄生穿穴,凡所辛苦而仅得之者,适足以自误而已。至于推类究极,反求诸身,则又见其为害之大,盖不但名言之失而已也。于是又窃自惧,亟以书报钦夫,及尝同为此论者……(作于乾道八年,1172年)①

朱子随即把这一新的认识寄给张南轩等湖湘学人,以求印证:

> 中庸未发已发之义,前此认得此心流行之体,又因程子凡言心者皆指已发而言,遂目心为已发,性为未发。然观程子之书多所不合,因复思之,乃知前日之说,非惟心性之名命之不当,日用功夫全无本领。盖所失者不但文义之间而已。
>
> 按,文集、遗书诸说,似皆以思虑未萌,事物未至之时为喜怒哀乐之未发焉,当此之时,即是此心寂然不动之体,而天命之性当体具焉。以其无过不及,不偏不倚,故谓之中;及其感而遂通天下之故,则喜怒哀乐之性发焉,而心之用可见。以其无不中节,无所乖戾,故谓之和。此则人心之正,而情性之德然也。然未发之前不可寻觅,已发之后不容安排,但平日庄敬涵养之功至,而无人欲之私以乱之,则其未发也,镜明水止;而其发也,无不中节矣。此是日用本领工夫,至于随事省察,即物推明,亦必以是为本而于已发之际观之,则其具于未发之前者固可默识。故程子之答苏季明,反复论辩,极于详密,而卒之不过以敬为言。又曰:敬而无失,即所以中。又曰:入道莫如敬,未有致知而不在敬者。又曰:涵养须是敬,进学则在致知,盖为此也。

---

① 《文集》卷75《中和旧说序》。

向来讲论思索，直以心为已发，而日用工夫，亦止以察识端倪为最初下手处，以故阙却平日涵养一段工夫，使人胸中扰扰，无深潜纯一之味，而其发之言语事为之间，亦常急迫浮露，无复雍容深厚之风。盖所见一差，其害乃至于此，不可以不审也……（作于乾道五年，1169年）①

朱子此信指出，他的前一悟只看到了心体流行、无所间断的一面，因此认为心都是已发，遂把心看成了方往方来之物，导致日用功夫全无本领。后者更是表现为两点：一是"阙却平日涵养一段工夫"；二是急于"察识"，导致"胸中扰扰，无深潜纯一之味"和"急迫浮露，无复雍容深厚之风"。总之就是会导致心体动而难定，无法得到安顿。朱子新的观点则认为：心可分为"思虑未萌，事物未至之时"和"思虑已萌"两个阶段，前者是"未发时"——寂然不动却"具天命之性"，这是心之体；后者是"已发时"——"感而遂通，发而中节"，这是心之发用。这两个阶段之间了无间隔。由于"未发之前不可寻觅，已发之后不容安排"，因此具体到做工夫上，直接寻觅"未发"固然是错，而在"已发"处刻意察识也同样会流于安排，有失自然。正确的做法应该是加强平日庄敬涵养的工夫，那么"未发"时就会安然、"已发"就会中节。这是根本的为学工夫，而"随事省察，即物推明，亦必以是为本"。

此后不久，朱子对其新悟进行了更为系统的总结，遂有《答张敬夫·诸说例蒙印可》一书，这也标志着中和新悟的完成②：

人之一身，知觉运用莫非心之所为，则心者固所以主于身、而无动静语默之间者也。然方其静也，事物未至，思虑未萌，而一性浑然，道义全具，其所谓中，是乃心之所以为体，而寂然不动者也；及其动也，事物交至，思虑萌焉，则七情迭用，各有攸主，其所谓和，是乃心之所以为用，感而遂通者也。然性之静也，而不能不动；情之

---

① 《文集》卷64《与湖南诸公论中和第一书》；《文集》卷67又录有《已发未发说》，是此书的底稿。不再详论。

② 牟宗三：《心体与性体》卷3，上海古籍出版社1999年版，第134页。

动也,而必有节焉,是则心之所以寂然感通、周流贯彻,而体用未始相离者也。然人有是心而或不仁,则无以著此心之妙;人虽欲仁而或不敬,则无以致求仁之功。盖心主乎一身而无动静语默之间,是以君子之于敬,亦无动静语默而不用其力焉。未发之前是敬也,固已主乎存养之实;已发之际是敬也,又常行于省察之间。方其存也,思虑未萌而知觉不昧,是则静中之动,复之所以见天地之心也;及其察也,事物纷纠而品节不差,是则动中之静,艮之所以不获其身,不见其人也。有以主乎静中之动,是以寂而未尝不感;有以察乎动中之静,是以感而未尝不寂。寂而常感、感而常寂,此心之所以周流贯彻而无一息之不仁也。然则君子之所以致中和而天地位万物育者在此而已。盖主于身而无动静语默之间者心也,仁则心之道,而敬则心之贞也。此彻上彻下之道,圣学之本统,明乎此则性情之德、中和之妙,可一言而尽矣(作于乾道五年,1169年)。①

心者身之主,无动静语默之间隔,但却以静为本。这里所说的静,不是顽禅枯静,而是既包括心的未发时的"一性浑然,道义全具"和"知觉不昧",又包括心已发时的"事物纷纠而品节不差",可以称为是动中有静的虚静,主静立极之静②。因此,下学工夫也必须无间于动静,以敬为纲领,进而静存其体,动察其发(致吾知也,即物穷理也)。这样用功既久,才会使心无论动静而本性呈现,一皆是良。我们认为,朱子"中和新说"的一个显著特色是确立了情在其心性论中的地位,使心不再流于空虚。这是对先秦儒学即情显性思想的继承与创新。

此后,朱子关于"已发未发"以及"性情体用"的思考还在继续,直到在《知言疑义》中,朱子才会最终形成完善的心性论思想。但是,在"中和新说"之际,朱子基本的为学之方已经基本确定。本书以为,朱子对"已发未发"问题的思考,除了对于其心性论建构有重大意义外,其对朱子工夫论的确立尤其功不可没。正是在这一意义上,朱子日后才会

---

① 《文集》卷32《答张敬夫·诸说例蒙印可》。
② 由此可见,朱子的中和新说不能简单被概括为"未发为性,已发为情",而应概括为:心为变化感通之全体,其理为性,其用为情。情之未发便是性,性之已发为情。

指出"未发已发,只是一项工夫"①。

通观朱子"早年"探求为学之方的历程,思想与年俱进与自我批判意识日益增强是最大特色,与此相应的是朱子心论和工夫论的由虚转实,由急迫转为安稳。可以说,朱子此后对"曾点气象"的关注与他对个人"早年"经历的深切反思是分不开的——为学之方的确立使朱子更加强调虚实之辨的原则,也更注意到曾点之不可学、之虚的一面。其二,早年出入佛老的经历也使朱子更能深切地体会到佛老之学与儒学之间那仅存一线的区别,他后来在论及"曾点气象"时十分强调"理一分殊",注重所谓的虚实之辨,反复强调曾点所见只是些笼统的虚道理,指出这一见解若不与具体的下学工夫相结合就势必会流入于佛老等,都与朱子"早年"探求为学之方的经历息息相关。其三,朱子早年的思想发展历程,可以概括为理性主义不断强化的过程,而朱子之论"曾点气象"的最大特色,借用陈来先生评价王船山的说法,正是坚持了理性主义,严肃道德主义的立场。可以说,朱子早年探索为学之方的艰苦努力也构成了他论"曾点气象"时所持观点之所以然者。

第二节 朱子"早年"思想发展与其论"曾点气象"的关系

朱子"早年"的思想发展还与"曾点气象"有着直接的牵连。

朱子早在卯角苦读《论语》的时候,就应该接触到了"曾点言志"一节。但是他直接把这一内容和"曾点气象"联系起来,还是较晚的事。朱子开始大量谈论"曾点气象"之时,也正是他努力摆脱佛老思想的影响,开始一意归本于儒学之时。

在朱熹二十四岁赴同安任的途中,他在同林光朝(即林谦之,号艾轩,1114—1178)的会谈中首次谈到了"曾点言志"的问题,这也是我们目前所能见到的,朱子提及"曾点言志"节的最早记录,《朱子语类》云:

---

① 《朱子语类》卷62《中庸一》,万人杰录。

> 在兴化南寺,见(林)艾轩,言"曾点言志"一段,"归"自释音作"馈"字,某云"如何见得"? 艾轩云:曾点不是要与童子真个去浴沂风雩,只是见那人有冠者,有童子者,也有在那里澡浴底,也有在那里乘凉底,也有在那里馈饷饁南亩底,曾点见得这意思,此谓"物各付物"(汪德辅录)。①

我们相信,朱子丛林的这短短数言中所得到的,绝不仅仅是简单的训诂方面的收获。"物各付物"四字背后所体现的,必定是一种难以言状的洒落心态,这也激起了朱子的深深共鸣——这与当时朱子追求自然、和乐、自由的整体心境是相合的。林光朝有着心学背景,说话也极具感染力。这次会谈给朱熹留下了很深的印象,他在日后回忆说:

> 这道理易晦而难明,某少年过莆田,见林谦之(即林艾轩)、方次荣(方耒,字次云,生卒不详,荣字为云字之误)说一种道理,说得精神极好听,为之踊跃鼓动,退而思之,忘寝与食者数时,好之念念而不忘。及至后来再过,则二公已死,更无一人能继其学者,也无一个会说了(沈僴录)。②

朱子与林的谈话当然不止"曾点言志"一个话题,但朱子能在时隔多年后提到这次会面而只想起这一个话题,这本身就说明此话题当时对朱子所产生的触动之大。

数年后,他在任同安县知县时,为新建的教思堂作《教思堂作示诸同志·一》云:

> 吏局了无事,横舍终日闲。庭树秋风至,凉气满窗间。高阁富文史,诸生时往还。纵谈忽忘倦,时观非云悭。咏归同曾点,坐忘庶希颜。尘累日以销,何必栖空山(绍兴二十五到二十六年间,

---

① 《朱子语类》卷132《本朝·中兴至今人物·下》。
② 同上。

1155—1156年间）。①

这首诗的写作年代和内容都引起了许多人的注意，因为这首诗真实地反映出了朱子自见李延平后，徘徊在儒学与佛老之间的复杂心情，类似的资料少之又少。以钱穆、陈来为代表的众多学者认为，此诗是朱子从泛滥佛老到专意圣学的重要转变标志之一：诗中所提到的闲，更多体现出了朱子内有所充（儒学之理）下的自在。他们把朱子这首诗中的"尘累日以销，何必栖空山"和朱子在23岁时所作的《月夜述怀》中的"抗志绝尘氛，何不栖空山"相比较，认为二者正相反对。因此，《教思堂作示诸同志·一》无疑代表着朱子"学问境界上之一大转变"、"不仅说明他已一意归向儒学，也已充分说明他已'觉得圣贤言语有味'、'这边味长'"②。由此，钱和陈都认为，此诗当作于朱子体认"子夏之小子门人"章，即朱子明确表达了要专意圣学之后，当作于朱子二十七岁秋。

但是，刘承相博士则对此持不同的看法。他认为，"细考其内容，对该诗为专意圣学的确切根据颇有疑问"③。他的看法是："该诗作时，朱子思想乃从出入佛老逐渐转向专意圣学的过渡期之心态"，其证据是：这首诗中所提到的"其所咏'咏归'与'坐忘'均无积极入世之义，并且'坐忘'乃《庄子》所见的思想"。刘还引用了《朱子语类》中朱子认为"曾点所乐……颇与庄列相似之处"的几段话为证。在他看来：这首诗"其意乃不必以身去栖空山，只在尘日现实中能实现出尘绝俗的精神境界"，故这首诗和《月夜述怀》外迹虽有别，而内心趋向则同。

我们说，刘先生的观点，如认为朱子思想的转变是一个过程，此诗咏曾点、希颜乐，都表明其没有完全皈依儒学，这都有其合理的一面，但其论证和结论中都有值得商榷的地方。首先，就其论据来说，无论是在《文集》还是《朱子语类》中，固然有许多指责"曾点气象"有庄老意味的文字，但朱子在晚年正面称许"曾点气象"的文字似乎更多，仅仅

---

① 《文集》卷2。
② 分别见钱穆《朱子新学案》第3册，第19页；陈来《朱子哲学研究》，第42页。
③ 详见刘承相博士的论文《朱子早年思想研究》，第99—101页。

认为在朱子文中出现"咏归"词句,就认为此诗无积极入世的意义,绝对是本书所不许的。刘的证据给人以只强调一面的不严谨感。另外,刘认为"朱子亦晚年改正过《论语集注》此段",并引本书后文都会提到的万正淳和程树德的材料为证,似乎想由此证明朱子晚年颇有后悔对"曾点气象"评价过高之嫌。但是本书则认为,事实上朱子确实是对《论语集注》中的此段进行过多次的改正,本书也会对这些改正进行详细的考证。但是总的来看,朱子越是在稍后的《论语集注》版本中,对"曾点气象"的评价就越高。而《论语集注》定稿对"曾点气象"的推崇也最高,这一点也是清楚无疑的。认为朱子后来"后悔"的说法证据并不充分。而单就当时而言,在朱子心中,"曾点气象"无疑就代表着儒学的最高理想,与庄学不可同日而语。①刘先生对此似乎没有注意。而就刘先生的结论来说,说此诗反映出了"朱子思想乃从出入佛老逐渐转向专意圣学的过渡期之心态"则然,而其认为"朱子所咏'坐忘庶希颜'不是显出儒家路脉的思想",似乎下的断语有些太重。我们不能单看诗中的"坐忘"二字就下结论,为什么不看看同一诗作中的文史、诸生云云呢?说朱子此时仍不忘"销尘累"则可,但说他的"希颜"所的"希"就不是濂溪、明道所提倡的那个"颜"、那个服膺"克已复礼",被朱子及其以前的儒者渲染为"重工夫"的"颜",而是经过庄子打扮后的"颜",这就有些牵强了。况且,朱子在其二十八岁时(在朱子悟"子夏之门人小子"章后一年)还借用庄子的术语名其室为"畏垒庵",并声称"独(庄)周之书辞指经奇,有可观者"②,我们也不能仅凭"畏垒"二字就认为朱子还没有彻底归本儒学吧?数年前,我在我的同名硕士论文中已指出:

> 此诗多少也反映出朱子正在走出佛老的影响,转而寻求儒家自有之乐的心情。但是,朱子以吟咏点颜乐处作为对其泛滥于佛老之学的

---

① 朱子曾有意把他早年一味谈佛老的作品编为一集,题名为《牧斋净稿》。其中所收作品一味谈禅论道,绝无遮拦,朱子编此部分明显具有佛老气息的诗作,其用意更在于自警。朱子自己没有把这首诗收进《牧斋净稿》,显然表明诗中的与点、希颜都没有浓厚的佛老味,而是暗含名教中自有乐地的意味。从这个角度说,此时朱子心中颜曾都代表着儒学的精神。

② 《文集》卷77《畏垒庵记》。

代替，这里至少有两点值得我们注意。其一是此时朱子仍然对此前曾多次关注的"销尘累"问题十分挂心，对"寻乐"还保持着一种特殊的兴趣。而他所强调的"尘累日以销，何必栖空山"，意即既然尘累已消，就不必去栖空山的意思。这与当时主张"和光同尘"、"须知大隐居廛市，何必深山守静孤"① 的佛老思想并不冲突。事实上，王白田的《朱子年谱》和束景南先生的《朱熹年谱长编》② 都认为朱子在此时并未真正的归本于儒学。他们也都指出，朱子的这一转向经历了较长的一段时间。在这里，朱子似乎是认为儒家同样自有乐处，而归本儒家也同样可以达到"销尘累"的目的。这可以说是"名教中自有乐地"的另一种表达方法罢了。这也和他初见延平时的心态是基本一致的。其二是他选择借吟咏传统上认为具有超然倾向的点、颜（颜回）以明志，这也说明在当时求乐、求超脱仍然是他非常关心的一大问题。另外，也不排除朱子是受到周敦颐、大小程子乐"点颜之学"的影响下而专注于理学自身的超然之学的。③

我至今认为，这一说法应该更为妥帖。

在师事李延平后，朱子于三十一岁时曾抄写了程明道的两首绝句寄给他，李延平敏锐地注意到了朱子抄写这两首绝句中的弦外之音，随即致信朱子指出：

> 录示明道二绝句，便是吟风弄月、有"吾与点也"之气味。某尚疑此诗若是初见周茂叔归时之句即可，此后所发之语，恐又不然也。④

既然李延平说这两首绝句"便是吟风弄月、有'吾与点也'之气味"，那么我们很容易推测到朱子所抄写的两首绝句，正是为谢良佐所大

---

① 张伯端：《悟真篇·七言四韵绝·第五》，见仇兆鳌编《〈悟真篇〉集注》，上海古籍出版社1989年版，第74页，下同。
② 束先生认为作于朱子二十六岁悟"子夏之门人小子"章之前。
③ 田智忠：《朱子论"曾点气象"研究》，硕士学位论文，河北大学，2003年。
④ 《延平答问·庚辰七月书》。

力渲染的《偶成·云淡风轻近午天》和《秋日偶成二首·闲来无事不从容》①，而朱子日后认为，《偶成》"是后生时气象，发露无含蓄"②，明显是承李延平的观点而来。显然，朱子录示明道的这两首绝句的用意，正是要渲染"和乐"和"从容"。而李延平指点朱子的，也正是希望他要平实地去做日用间的工夫，而不要一味求乐，去求浑然"理一"的境界。

可能是在一年后，朱子还作过两首吟咏曾点的诗：

> 春服初成丽景迟，步随流水玩晴漪。微吟缓节归来晚，一任轻风拂面吹。③
>
> 只就吾身分上思，相手童子浴沂归。更无一点闲思想，正是助忘俱勿时。④

这两首诗同时被收入了朱子编订的《训蒙绝句》中，其年代不会晚于1163年。其中，我们分明能从《浴沂》一诗中读到谢良佐"曾点说"的味道：对于"分"的强调，所谓的"闲思想"、所谓的"助忘俱勿"。这些都充分体现了朱子当时服膺于谢上蔡思想的程度。钱穆先生认为，朱子的《曾点》诗连同其同时期的一些吟咏春意与生机的诗作，都体现着他在为学工夫上抛弃佛老的纠缠，而重视自然生意与大化流行的新境界，这也是朱子归本儒学的一个标志⑤。我们可以看到，与在被收入同卷的大量带有佛老气的诗作相比，这几首诗真可谓是别有洞天。其实，在这里朱子似乎有意是在强调一种有别于佛老之乐的儒家之乐。这种乐就是自然之乐，自得之乐，世间日用之乐，也正是李延平所常常提到的融释与洒落境界。

可能又是在一年后，朱子又作《题西林院壁·一》云：

---

① 《上蔡语录》卷1。
② 《朱子语类》卷93《孔孟周程》，林学蒙录，又见卷97。
③ 《文集》卷2《曾点》，此诗同样被收入《训蒙绝句》书中，为第58首。
④ 此诗未为《文集》所收录，其确切性存疑。见束景南《朱熹佚文辑考》，第46页，《训蒙绝句》第59首《浴沂》，江苏古籍出版社1991年版，下同。
⑤ 《朱子新学案》第三册，第1529页。

触目风光不易裁，此间何似舞雩台，病躯若得长无事，春服成时岁一来。①

这里，朱子明显是借用曾点的典故来传达其"触目风光"的和乐心境。到目前为止，"曾点气象"对朱子而言只代表一种极高的精神境界，没有一丝的贬义。联系朱子同时期的作品可见，这些都体现出了朱子刚刚归本儒学、有所自得下的兴奋之情。在该诗的写作年代上，束景南先生认为此诗当作于朱子二十九岁时春季访问李侗之时，而钱穆先生则认为当作于朱子三十三岁再次访问李侗期间。两人的判断都是以作于同时的《题西林院壁·二》为参照，结论却截然相反。本书认为，朱子的这两首诗中确实透露出了一种新的消息，这是一种对身外生机的确认。它与《曾点》诗所体现出的气息基本相同，不应该是困惑或矛盾，钱穆先生的观点更接近真实。

可以说，出入佛老、对大程子、谢良佐的思想心有所怡和大量吟咏"曾点气象"构成了朱熹在归本于小程子之学前，自身复杂思想体系中极为重要的一面。不过，按照本书的分类，朱子此时对"曾点气象"的吟咏尚处于第三个层面，并不具有太多的思想性内涵。但这却成为朱子日后评论"曾点气象"的一个非常重要的反思点。

总的看来，朱子此时对"曾点气象"的理解尚且是感性的，是非系统的，还没有把此问题同理学中的关键问题联系起来。

第三节　朱子在《论语集注》初稿成书之际对"曾点气象"的讨论

朱子的"早年"思想发展只是他思考与"曾点气象"相关诸问题的前奏。随着其思想体系日渐成熟，他也开始从自己的独有立场来审视这一问题。在本节中，笔者将以《文集》所收朱子论"曾点气象"的书信为中心，结合他在《论语集注》和《论语或问》中的相关论述，对朱子论"曾点气象"的情况作出纵向的梳理。需要指出的是，尽管本书希望由此

---

① 《文集》卷2。

揭示出朱子在此讨论中思想演进的大致脉络，但是本书不打算采取化约主义（规约主义）的方法来总结出所谓的必然规律——因为这样做会忽视朱子思想发展的丰富性和多面性，甚至是偶然性的一面：《文集》中所收录的朱子与朋友和弟子们的书信往来，不独来信具有极大的偶然性，而朱子的复信也往往有因病施药的针对性，而难以充分展开详细的正面论述。

为了整理资料的方便，我们也可以笼统地把朱子论"曾点气象"的书信归类划分为三个部分。只不过前两个部分在时间上大致前后相续，在讨论的对象上稍微有所不同罢了。

朱子在编订《论语集注》初稿前后对此问题的讨论，主要是围绕与张南轩等湖湘学者之间展开的，其背后则体现着朱子对湖湘学派及其思想源头谢上蔡的质疑与反思。这可以说是朱子论"曾点气象"的第一部分，也可以笼统地称为朱子论"曾点气象"的早期话题。由于话题相同，笔者也把朱子和詹体仁、吴伯丰的书信往来也收入了该部分。

朱子中晚年对"曾点气象"的讨论，主要集中在讨论《论语集注》此一节之评论的修订上。这主要当与一批来自江西，曾受到过陆学的影响的弟子们对朱子《集注》之评论的反复质疑有关。在一定意义上，这也可以被看作是朱陆异同的余响。这可谓是朱子论"曾点气象"的第二个部分。

除此之外，我们把朱子讨论该问题的那些话题比较分散的书信归为第三个部分。

总之，《文集》所收朱子论"曾点气象"的书信大致以《论语集注》为中心而展开，这也成为我们研究朱子论"曾点气象"的重要参照点。

最后需要指出：在对朱子与朋友弟子们论"曾点气象"之过程的定位上，本书力图避免把它描述为教训者与受教训者的单一关系，而是要强调此过程实属朱子与其他讨论者之间双向交流、教学相长的过程。尤其是重在强调，诸弟子的质疑对于朱子不断调整其观点进而形成其成熟"曾点气象论"的巨大促进作用。至少视之为一个教学相长的典型案例。

一　约在《论语集注》成书前朱子论"曾点气象"的书信研究

"中和新悟"在朱子的思想发展历程上翻开了新的一页。如果说此前朱子把主要精力放在自我批判上，那么此后他更多是以上述教训为基础，展开了对各种时弊的批判。就目前的资料来看，从"中和新悟"起，直到朱子编订《论语集注》和《四书或问》阶段为止，朱子所批判的主要对象是以谢良佐为代表的好高之学。在"中和新悟"两年后，朱子即作《记谢上蔡论语疑义》，对谢良佐进行了系统的批判：其中既有对谢氏引《老子》来解《论语》的批驳，又有对其"不觉乘快一向说开……只见旷荡无可捞摸"、"大抵上蔡气象宏阔，所见高明，微有不屑卑近之意"① 的批判。朱子直言："上蔡语中诸如此类甚多……几于段段有可疑处……大概亦只是一种病，即此亦可以见其余也。"② 这封信表明，朱子至此已经认识到谢良佐的"论语说"在总体上有说得太高、太快，流于佛老的毛病。这也是他日后在批驳谢的"曾点说"时所持的基本立场。另外值得注意的是，此时朱子往往以"洒落"来诠释"曾点气象"，并且显示出了对作为境界之"洒落"的特殊偏爱。不过，此时朱子已经对虚说"气象"的流弊有所警觉，并开始告诫人多做工夫，少谈境界。这也是他对李延平之谆谆告诫的自觉回应。

但是，朱子之对谢上蔡思想的批判，在更深层次上遇到了一个麻烦：如何对待谢上蔡与程明道之间思想上的一致性。上文已经提到，谢上蔡的许多观点都是对程明道思想的进一步发挥。其最显著者，上蔡的"学者不可著一事在胸中"，即是明道的"浮云过目"说和"放开说"的发挥。而朱子在对待二人的态度上，则一面"必为明道回护"，一面则"专以归咎上蔡"③，这不能不产生诸多矛盾。事实上，诚如后文所指出的，朱子在具有类似"气象"的曾点、程明道、陆象山之间，也采取了不同的态度：完全回护程明道，同时极力为曾点辩护，却大力地批判陆学。朱子的这一做法同样引发了诸多的矛盾，而深入地分析朱子之所以这样做的隐衷，会有助于我们理解朱陆异同，也会有助于我们深入把握朱子之论"曾点气象"的精神。本书在下文中会对此进一步说明。

随着朱子思想的日渐成熟，朱子也开始与人讨论《论语》"曾点言

---

① 《文集》卷70《记谢上蔡论语疑义》（作于乾道七年，1171年），据束景南先生考证，此信是朱子写给张栻的。

② 《文集》卷70《记谢上蔡论语疑义》。当然，朱子从来都没有对谢持一概否定的态度。这一点需要特别引起大家的注意。

③ 《朱子新学案》第3册，第1505页。

志"一节，如他针对陈埴（字明仲，生卒不详）的来信就强调说：

> 曹点见道无疑，心不累事，其胸次洒落，有非言语所能形容者，故虽夫子有如或知尔之问，而其所对亦未尝少出其位焉。盖若将终身于此者，而其语言气象，则固位天地、育万物之事也。但其下学工夫实未至此，故夫子虽喟然与之，而终以为狂也（约作于乾道四年，1168年）。①

陈埴为湖湘派著名学者，也是朱子的重要讲友之一。朱子的《文集》收入了朱子答陈明仲的书信共计十六封，黄震曾指出："答陈明仲书，多辨佛学。"② 可见，陈也算是一位溺佛者。而这是引导我们解读以上文字的一个重要线索。

陈来先生疑这封信当作于朱熹39岁前后，但无确证③。考《文集》的同一卷中有"喻及《论语》诸说以此，久不修报，然观大概贪慕高远、说得过当处多，却不是言下正意"云云，则这封信正是朱子对陈明仲之"《论语》诸说"的回复无疑。陈明仲"曾点说"的具体内容已不得而知，但其极可能失之高远和空泛，因此朱子才会强调曾点的所对是"未尝少出其位"，其用意，显然是在敲打陈。

值得我们注意之处是，在此信中朱子首次提出了自己对"曾点气象"的评价。这才是我们关注的中心。我们会在后文中对朱子的这些评价进行烦琐的比较，以发现其中细微的异同。

具体到这封信的内容，朱子说曾点"见道无疑、心不累事"，与《论语集注》"曾点言志"一节的初稿一致，这完全是对谢良佐的"曾点说"中"见道"和"不累"说的继承；而其说曾点"其语言气象，则固位天地、育万物之事也。但其下学工夫实未至此……而终以为狂也"云云，则显然是来自明道的"曾点说"。由此可见，此时朱子对"曾点言志"一节的看法基本上是以上述二人为准，对谢良佐也还没有贬词。再者，朱子

---

① 《文集》卷43《答陈明仲·为长府与季氏聚敛事》。
② 《黄氏日抄》卷34。
③ 陈来：《朱子书信编年考证》，第52页。此信中朱子对"曾点言志"的评论与《论语集注》初稿惊人的相似，故疑此信的写作年代可能更晚。

认为曾点"胸次洒落,有非言语所能形容者",则从侧面反映出他当时正在把"洒落"当成自己所追求的理想境界。

朱子对陈烨强调曾点的"见道无疑","则固位天地育万物之事也",正是在强调"曾点气象"的儒家特色,这也是朱子对"曾点气象"进行儒家化诠释的一个体现。另外,朱子此时已经很注意曾点的欠缺工夫的狂的一面,并对此做出了批评,其言外之意正是要明确儒释异同之辨和虚实之辨。陈明仲属于湖湘学派的重要人物,而谢良佐又是湖湘学派的思想源头。朱子在这封信中对陈明仲的批判,其实也包含着对湖湘学派的整体批判,并预示着他批判谢良佐思想的开始。果然,在朱子作《记谢上蔡论语疑义》的同一年,在回复方士繇就"曾点言志"一节的提问时,就开始公开批判谢的"曾点说":

> 夫子梦寐周公,正是圣人至诚不息处,然时止时行无所凝滞,亦未尝不洒落也。故及其衰则不复梦亦可见矣。若是合做底事,则岂容有所忽忘耶? 以忘物为高,乃老庄之偏说。上蔡所论曾点事似好,然其说之流恐不免有此弊也(约作于乾道七年,1171年)。①

方士繇(字伯谟,一字伯休,号远庵,1148—1199),1172年前后从朱子学。② 陆游《方伯谟墓志铭》记其情况颇详:

> ……六经皆通,尤长于《易》,亦颇好《老子》……又曰:"释氏固夷也,至于立志坚决,吾亦有取焉"。其博学兼取,不以百家之驳掩所长……工于书……好方技,治疾有奇验,能逆决生死……③

---

① 《文集》卷44《答方伯谟·夫子梦寐周公》,此书的确切年代不详。陈来先生疑为作于是年,未有确证。见《朱子书信编年考证》,第85页。钱穆先生在《朱子新学案》中,将此信误记为《文集》卷43之《答陈明仲·为长府与季氏聚敛事》,由于大家经常引用钱先生的书,故特别标出,希望大家注意。
② 《文集》卷81《跋方伯谟家藏胡文定公帖》。
③ 陆游:《渭南文集》卷36,《四库全书》本。

第二章 朱子论"曾点气象"考

陈荣捷先生曾指出,方伯谟"淡于义理,浓于文词"①,方伯谟所学之驳杂于上文可见一斑。陆游认为上述杂学对于方来说,"然在伯谟甫皆不足言",不尽符合历史事实。

这里,方伯谟给朱子之信的具体内容我们不得而知,大概是他在解说《论语·而中》的"久矣吾不复梦见周公"一节时,在把孔子的这一心境和为谢良佐所渲染的"忘物"境界相比附。对此,朱子一方面认为孔子"时止时行、无所凝滞",因此他虽然因衰老而不梦周公与此前有所不同,但其洒落则始终未变。另一方面,朱子转而强调,学者尤其不能"以忘物为高",否则必定会流于佛老,这显然是针对方伯谟的好佛老方外之学而发的。其三,朱子则重点指出谢良佐的"曾点说"虽有其好的一面,但是其过度渲染"忘"有流于老庄的嫌疑。朱子的这一说法与他作于同时期的《记谢上蔡论语疑义》中认为谢良佐"论语说"是"旷荡无可捞摸,便更向别处走,此其立言之病也"②的总体认识是一致的。这也反映出了他对于谢的思想由偏爱到反思的过渡心态。不过,我们还是可以从文中发现朱子对"洒落"境界的欣赏态度。

一年后,石塾(字子重,号克斋,?—1182)③把自己研读《论语》此节的心得寄给朱子以求印证,其中就包括他对"曾点言志"一节的看法:

> 鼓瑟希,铿尔,舍瑟而作,对曰:"异乎三子者之撰"。天机自动,不知其所以然(约作于乾道八年,1172年)。④

对此,朱子指出:

> 门人详记曾晳舍瑟之事,但欲见其从容不迫,洒落自在之意耳。若如此言(石的说法)则流于庄列之徒矣。且人之举动,孰非天机

---

① 陈荣捷:《朱子门人》,台北学生书局1983年版,第53页,下同。
② 《文集》卷70《记谢上蔡论语疑义·其为人也孝弟》。
③ 石塾为朱子的另一位重要讲友。1172年11月,朱子南下尤溪奔舅父丧,初会当时任县宰的石塾,二人的交往自此开始。
④ 《文集》卷42《答石子重·从事于斯》引。

之自动耶？然亦只此便见曾皙狂处，盖所见高而涵养未至也。①

朱子意味，《论语》本书是要突出曾点的"从容不迫，洒落自在"，但是石子重却在把曾点的这一"气象"归结为"不知其所以然"，就有虚说"气象"，把"气象"无化的意味。故钱穆先生即认为"子重之说，即谢上蔡以列子御风而行相比之说也"②，这在朱子看来正是禅老之说。对于这个意思，朱子在《文集》的同一卷中有更为详细的说明，其点出石子重的病处也更为明显：

> 按，孔子言"操则存，舍则亡，出入无时，莫知其乡"四句，而以"惟心之谓欤"一句结之，正是直指心之体用，而言其周流变化、神明不测之妙也。若谓"以其舍之而亡致得"，如此走作，则是孔子所以言心体者，乃只说得心之病矣。圣人立言命物之意，恐不如此。兼出入两字有善有恶，不可皆谓"舍之而亡之所致"也。又如所谓"心之本体，不可以存亡言"，此亦未安。盖若所操而存者初非本体，则不知所存者果为何物？而又何必以其存为哉（作于淳熙元年，1174年）？③

朱子指出，孔子以操存舍亡、变化不测论心，只是要强调心的周流变化，变动不居，而不是要从根本上把它归结为"无"，乃至于进而摒弃"操而存者"，更不是要让人去一味追求"不可以存亡言者"的神秘心体（如中和旧说者）。朱子暗示，石子重之论心、之论"曾点气象"，都犯有这个毛病。另外，朱子还强调，"天机自动"只是"夫妇之愚可以与知焉"的自然状态，根本不值得渲染，而学者更需要从自然发展到应然，要历阶而上，实下工夫。曾点之狂，就在于他只有见处，而涵养未至，因此有流为庄老的倾向。总之，朱子这封信的精神还是儒释之辨和有无之辨。

一年后，吕祖谦在与朱子的通信中提到：

---

① 《文集》卷42《答石子重·从事于斯》引。
② 《朱子新学案》第3册，第1502页。
③ 《文集》卷42《答石子重·按孔子言》。

> 将尧舜事业横在胸中，此《（易）传》说所谓有其善者也。①

上文已经提到，吕祖谦对曾点评价甚高。他并不认为曾点有"言不副行"的毛病。他也对谢良佐的"曾点说"做了正面的解读，认为其含义是要强调心存善念，并以此和《易传》比附。朱子在答信中，再次对谢的"曾点说"提出了批评：

> 上蔡"尧舜事业横在胸中"之说，若谓尧舜自将已做了底事业横在胸中，则世间无此等小器量底尧舜；若说学者，则凡圣贤一言一行皆当潜心玩索，要识得他底蕴，自家分上一一要用，岂可不存留在胸次耶？明道玩物丧志之说，盖是箴上蔡记诵博识而不理会道理之病，渠得此语，遂一向扫荡，直要得胸中旷然无一毫所能，则可谓矫枉过其正矣。观其论曾点事，遂及列子御风，以为易做，则可见也。大抵明道所谓与学者语，如扶醉人，真是如此。来喻有惩创太过之说，亦正谓此，吾人真不可不深自警察耳（约作于乾道九年，1173年）。②

于朱子，谢的"曾点说"的核心是强调要胸中无事，扫荡一切，这是他对程明道针砭其"玩物丧志"的矫枉过正。朱子强调，于学者而言，正应当着实去做下学工夫，必须要胸中有事才可。当然，朱子也在强调，若学者把"必有事焉"理解为"博识而不理会道理"，或者是为道理所缚却不得"洒落"，这同样也是偏失。

两年以后，朱子与吕祖谦编成《近思录》一书。大约在同时③，邓绾致信朱子，就此书提出了自己的看法，其中"曾点、漆雕开已见大意"一条为：

---

① 吕祖谦：《东莱集》，《别集·卷十六·答朱侍讲所问》。
② 《文集》卷35《答吕伯恭别纸·上蔡尧舜事业》。
③ 这封信的确切年代不详，但其内容是提问《近似录》，因此时间必定在淳熙二年之后。而邓以"天理流行之妙"诠释"曾点气象"，应该是出于朱子的教导。而朱子以"天理流行之妙"诠释"曾点气象"则在中年之后，故此信的写作年代当更晚。

> 绚谓"大意"者,得非天理流行之妙,圣贤作用之气象欤?二子胸中洒落,无一毫亏欠,安行天理之至,盖舜有天下而不与焉者也。但二子已能窥测乎此,未必身造乎此也,故曰已见大意。①

邓绚(字卫老,福建将乐人,生卒不详,与其兄邓邦老同游于朱子之门,有《近思录问答》)②,认为曾点和漆雕开所见的"大意",是"天理流行"和"圣贤气象",因此二人能"胸中洒落,无一毫亏欠"。但他们只是窥测到此,却没有"身造于实地",这都是朱子论"曾点气象"上的一贯态度。对此,朱子答曰:

> 且如此说,亦未有病,然须实下功夫,真有见处,方有意味耳(约作于淳熙二年后,1175年后)。③

朱子告诫邓不能只是空头讨论此问题,而要有在做工夫中增进对此问题的了解。不久,邓再次致信朱子,就此问题再次提出个人的见解。邓的这封信的具体内容不得而知,而朱子的复信则直截了当地指出:

> 曾点之说,乃不真实之尤者,今亦未须便论见处,且当理会如何是实下功夫底方法,次第而用力焉,久当自有得耳。若只如此揣摸笼罩将去,即人人会说,更要高妙亦得,但不济事,反害事耳(约作于淳熙二年后,1175年后)。④

诚如朱子所言,邓绚的说法本身并没有明显的毛病。而朱子重在告诫他注意反身于己,实下工夫去体会,不能空说道理。于朱子,真实不仅意味着说法不错,而且意味着我对它们实有诸己。而这也是《文集》所收书信中朱子所反复告诫邓卫老的核心内容。如:针对邓卫老对"孔颜乐处"的评论,朱子指出"此等处未易一言断,且宜虚心玩味,兼考圣贤

---

① 《文集》卷58《答邓卫老(绚)问近思录》引。
② 李清馥:《闽中理学渊源考》卷22,《四库全书》本,下同。
③ 《文集》卷58,《答邓卫老(绚)问近思录》。
④ 同上书,《答邓卫老(绚)问近思录二》。

为学用力处实下功夫，方自见得。如此硬说无益于事也"；针对邓卫老对"视听思虑动作皆天理也，人但于其中要识得真与妄尔"的评论，朱子则强调"识字是紧要处，要识得时，须是学始得"；针对邓卫老对张横渠"横渠先生谓范巽之曰：吾辈不及古人病源何在"的评论，朱子则指出"横渠先生之意，正要学者将此题目时时省察，使之积久贯熟而自得之耳。非谓只要如此说杀也"；针对邓卫老对周敦颐和张载的评论，则指出"不可只如此说了便休，须是常切玩味涵养也"。可见，大概邓有虚说"气象"的毛病，因此朱子才会这样反复告诫他。

另外值得注意的是，朱子回复邓卫老的第二封信，是他所有论"曾点气象"中最严厉的一例，而《近思录》的成书时间与鹅湖之会相距只有几个月的时间。由此可以推测，大概朱子的复信也是有激进之处吧。朱子此后反复告诫学人要注意真正的"为己"，否则纵然说的道理不差也于事于己无补，这些都应该导源于此。

二 朱子在《论语集注》初稿成书之际的"曾点气象论"

编订《论语集注》是朱子思想发展历程中的一大关节点。正是在此书中，朱子首次提出了他对于一系列理学问题的正式看法，也确定了他诠释前人经典的基本模式和立场。此后，虽然朱子对《论语集注》做过多次调整，但是他并没有改变其在编订《论语集注》初稿时所确立的大方向。可以说，《论语集注》初稿是朱子讨论"曾点气象"问题的重要起点。

在朱子编订《论语集注》初稿之际，他对"曾点气象"的讨论，主要是与张栻之间展开的。他们讨论的焦点问题，则是如何评价谢良佐的"曾点说"。通过数度交流，南轩完全接受了朱子的观点，并对自己的《论语说》进行了全面的修订。

就目前的资料来看，张南轩对"曾点气象"有着格外的兴趣，而其在个人"气象"上也颇与曾点相近①。他曾与朱子以曾点之乐为题有过数次的诗歌应答，也曾在刘珙复建（1165 年）岳麓书院之初，作《风雩亭

---

① 如，朱子就做张敬夫画像赞曰：仡仡乎其任道之勇，卓卓乎其立心之高，知之者识其春风沂水之乐，不知者以为湖海一世之豪。见《文集》卷85《六先生画像赞》。

词》以吟咏曾点之乐：

> ……予揆名而谏义，爰远取于舞雩之风。昔洙泗之诸子，侍函丈以从容。因圣师之有问，各跽陈其所衷。独点也之操志，与二三子兮不同。方舍瑟而铿然，谅其乐之素充。味所陈之纤余，夫何有于事功。盖不忘而不助，示何始而何终。于鸢飞而鱼跃，亮天理之中庸。觉唐虞遗烈，俨洋洋乎目中。惟夫子之所与，岂虚言之是崇。嗟学乎兮念，此溯千载以希踪。希踪兮奈何？盖务勉乎敬恭。审操舍兮斯须，凛戒慎乎冥蒙。防物变之外诱，遏起习之内订。浸私意之脱落，自本心之昭融。斯若人之妙旨，可实得于予躬。循点也之所造，极颜乐之深工。登斯亭而有感，期用力于无穷。①

南轩的这篇词，是我们了解他关于"曾点气象"早期态度的绝佳材料。在这篇词中，他认为"曾点气象"的要点，是"何有于事功""不忘而不助""亮天理之中庸"。他还认为，曾点言志，不是虚言。论及后人如何学习"曾点气象"，南轩更强调通过"敬恭""操舍""戒惧"等下学工夫来实得这一"气象"。从下文朱子对南轩《论语说》的批评来看，南轩此时在"曾点气象"上的观点，几乎是他后来《癸巳论语说》的雏形。

次年，朱子致信南轩，就曾点问题提出了自己的观点：

> （尹）和靖曰："脱（疑为若字）使穷其根源，谨其辞说，苟不践行，等为虚语。"石子重云："愚以为人之所以不能践行者，以其从口耳中得来，未尝穷其根源，无着落故耳。纵谨其辞说，终有疏谬。若诚穷其根源，则其所得非浅，自然欲罢不能，岂有不践行者哉？"范伯崇云："知之行之，此二者学者始终之事，阙一不可。然非知之艰，行之惟艰也。"知而不行，岂特今日之患，虽圣门之徒，未免病此。如曾点舞雩之对，其所见非不高明，而言之非不善也，使其能践履，实有诸己而发挥之，则岂让于颜、雍（也）哉？惟其于

---

① 张栻：《南轩集》卷1《风雩亭词》，《四库全书》本，下同。

践履处未能纯熟，此所以为狂者也（约作于乾道二年，1166年）。①

朱子此信，针对的是那些徒务口耳、知而不行的人，是在探寻世人知行脱节的原因。朱子的态度也与数年后他答邓卫老一样，强调若离开实地工夫，纵使"谨其辞说"，也只是虚说。其实，这也是儒学的一贯立场。朱子进而强调：曾点只是所见高明，但其有知少行，因此毕竟还只是狂者之列。朱子的这一观点与其晚年答廖德明"曾点实未行得"的观点是一致的。张南轩答曰：

> ……知者，凡圣之分也……"知之非艰，行之惟艰"说之意，亦曰："虽已知之，此非艰也，贵于身亲实履之"，此为知之者言也……自孟子而下，大学不明，只为无知之者耳……曾点非若今之自谓有见而直不践履者也。正以见得开扩，便谓圣人境界不下颜曾"请事""战兢"之功耳。颜曾"请事""战兢"之功，盖无须臾不敬者也。若如今人之不践履，直是未尝真知耳。②

南轩认为，在知行关系上，知先行后，知是行的先导，也更为关键。若有人空说而不践履，那只是因为他的知还不是真知（至于如何才能有真知，南轩没有说明）。论及曾点，南轩认为曾点所见甚高，因此才会有不下于颜曾"请事""战兢"的圣人境界③。但是，南轩此说非常关键的一点，是他回避了曾点"行不掩言"的一面。应该说，朱张二人所讨论的并不是同一个问题，他们显然是在自说自话。

以上是朱子与南轩就"曾点气象"的早期交锋。我们知道，当时朱子正在艰苦探索为学之道，他自己的为学基本宗旨也还不成熟。但其知行并重，行重于知的思想已经初显端倪。这次交锋的结果如何，我们已经不得而知。但是他们在《论语集注》初稿的编订前后之际，对该问题进行

---

① 此信原文未被收入朱子的文集中，却被朱子收入了《南轩集》中，见该书卷30；又见束景南《朱熹佚文辑考》，江苏古籍出版社1991年版，第46页。按，束先生明显将朱子的去信和张栻的复信弄颠倒了。
② 朱熹：《南轩集》卷30；束景南：《朱熹佚文辑考》，第46页。
③ 张南轩对曾点的看法，与朱子在上文中批评的吕祖谦的看法很相近。

了更为详细的讨论。

一年后，朱子在与南轩讨论"洒落"话题的时候，也提到了"曾点气象"：

> 示喻黄公洒落之语，旧见李先生称之，以为不易窥测到此。今以为知言，语诚太重，但所改语又似太轻，只云识者亦有取焉，故备列之如何？所谓洒落，只是形容一个不疑所行、清明高远之意，若有一豪私吝心则何处更有此等气象邪？只如此看有道者胸怀表里亦自可见，若更讨落着，则非言语所及，在人自见得如何？如曾点舍瑟之对，亦何尝说破，落着在甚处邪（约作于乾道六年，1167年）？①

南轩给朱子的信今本《南轩集》未收，也可能是被朱子在整理编订时删除了，因此我们对二人所讨论的细节不得而知。我们知道，李延平非常推崇"洒落"，还把它归结为形容有道者气象。此后"洒落"遂成为当时人人竞相讨论的话题。在此信中，朱子认为"洒落"只是"识者亦有取焉"者，只是"形容一个不疑所行、清明高远之意"，并不主张对其进行过度的渲染与诠释。朱子认为，对于"洒落"最好是去"自见得"，若"更讨落着"，反为不美。自乾道三年秋朱子长沙之行后，朱子已经对南轩有了"见处卓然不可及……但其天姿明敏，初从不历阶级而得之，故今日语人亦多失之太高"的总体印象。朱子在此信中的语气极为委婉，但我们也能体会到他有反对虚说"气象"的意味。不过，此时朱子仍然视"洒落"为一种值得称许的境界。

1177年，朱子在他编定的《论语集注》初稿中首次提出了对"曾点气象"的正式看法。相对于此前在书信和《语类》中对此的讨论而言，这一材料无疑更有价值。《论语集注》的初稿现在我们已经无法见到，我们只能据《论语或问》中的资料来分析它的大致内容：

> 曰：何以言曾点之"见道无疑，心不累事，而气象从容，志尚高远"也？曰：方三子之竞言所志也，点独鼓瑟于其间，漠然若无

---

① 《文集》卷31《答张敬夫·三》。

所闻，及夫子问之，然后瑟音少间，乃徐舍瑟而起对焉，而悠然逊避，若终不肯见所为者。及夫子慰而安之，然后不得已而发其言焉。而其志之所存，又未尝少出其位，盖澹然若将终身焉者，此其气象之雍容闲暇，志尚之清明高远为何如？而非其见道之分明，心不累事，则亦何以至于此耶？

曰：何以言其"直与天地万物各得其所"也？曰：夫暮春之日，万物畅茂之时也；春服既成，人体和适之候也；冠者五六人，童子六七人，长少有序而和也；沂水舞雩，鲁国之胜处也；既浴而风，又咏而归，乐而得其所也。夫以所居之位而言，其乐虽若止于一身，然以其心而论之，则固蔼然天地生物之心，圣人对时育物之事也，夫又安有物我内外之间哉？程子以为"与圣人之志同，便是尧舜气象"者，正谓此耳。

或曰：谢氏以为："曾皙胸中无一毫事，列子驭风之事近之"，其说然乎？曰：圣贤之心所以异于佛老者，正以无意必固我之累，而所谓天地生物之心，对时育物之事者，未始一息之停。若但曰旷然无所倚著，而不察乎此，则亦何以异于虚无寂灭之学，而岂圣人之事哉？抑观其直以异端无实之妄言为比，则其得失亦可见矣。曰：何以言"夫子之许三子"也？曰：此无贬辞固已可见，而答孟武伯之言，尤足以见其平日之与之也……①

我们知道，《论语或问》自成书后并无修改，因此可以借其了解《论语集注》初稿的面貌。

这一段资料非常重要。它使我们得以窥见《论语集注》"曾点言志"节初稿的基本内容。这也是我们研究朱子论"曾点气象"之发展脉络的重要线索。

由这则材料可知，《论语集注》的"曾点言志"节的初稿必然包含以下内容：见道无疑，心不累事，而气象从容，志尚高远……直与天地万物各得其所……夫子之许三子……

这些内容又可以分为两部分，一是从二程继承来的内容，如"直与

---

① 《四书或问》卷16《论语·先进第十一》，《四库全书》本，下同。

天地万物各得其所"和"夫子之许三子";二是朱子自己的思想。当然,朱子自己的思想更值得研究。

在这里,朱子说曾点"见道无疑、心不累事",明显是承谢上蔡的"曾点说"而来,意在突出曾点之洒落和从容。但是,或许是出于对谢上蔡的"曾点说"流于空疏和佛老化的敏感,朱子在此文中努力试图把"曾点气象"引向淳乎淳的理学境界。

首先,朱子一改谢的"曾点说"对"道"的空疏理解,而赋予"道"以更为儒学化的内涵:"蔼然天地生物之心,圣人对时育物之事也"。其次,提到"心不累事",朱子则明确强调其含义是"无意必固我之累"。他同时说明,这又是保证圣人能够做到"天地生物之心,对时育物之事者,未始一息之停"的先决条件。用他后来成熟的思想说,"心不累事"强调的是曾点没有刻意为国之心、不规规于事为之末,所强调的是心不为物所役,不为物所滞。朱子认为,做到这样才能突破小我,上下与天地同流。其三,朱子也强调所说的"心不累事",是圣贤之所以异于佛老者,与谢所渲染的曾点"心中不着一事"截然不同。以此为基础,朱子也公开对谢的观点进行了批判,指出后者只强调"旷然无所倚着"的一面,这无异于佛老的虚无寂灭之学。不过,朱子虽然对"心不累事"进行了明确的限定,却在此文的开头花了大量的笔墨大谈曾点的"终不肯见所为"、"澹然若将终身焉"云云,这固然意在突出曾点的"洒落"与"从容",却也难免给人以曾点"以独善其身为高,蔑视事为,摒弃外物"的嫌疑。后文中甘节等人对朱子此说的疑问,正是由此而发。而朱子此后不久就把这一句改掉,当与他对这句话可能带来的流弊有所警觉有关。

再者,朱子说曾点"志尚高远"、"直与天地万物各得其所",就是要突出曾点所怀的志,是儒家化的志,是心怀天地万物、以苍生为怀的志,而非佛老出世间的志,同样也是意在强化"曾点气象"的儒家属性,防止其流于佛老一端。而文中评价曾点"以其心而论之,则固蔼然天地生物之心,圣人对时育物之事也,夫又安有物我内外之间哉","程子以为与圣人之志同,便是尧舜气象者,正谓此耳",正是对此问题的澄清。

由于我们目前所能见到的,只能是《论语集注》初稿"曾点言志"

一节的部分,因此我们也不清楚朱子是否对曾点的"行不掩言"有所评价。不过,在这一时期的《朱子语类》中,也载有朱子认为"至于曾点,诚狂者也,只争一撮地,便流为庄周之徒"的慨叹①,这也比程明道认为曾点只是"行有不掩"的评价走得更远了。这表明朱子此时已经很清醒"曾点气象"有"先天不足"——无论如何,"有知无行"的曾点都离儒学的理想人格相差甚远。他对"曾点气象"的评价从一开始就不是一边倒的。朱子在《论语集注》初稿中对"曾点言志"一节的评价与其作于同时的《与张敬夫论癸巳论语说》中的基本精神是一致的。

在朱子编订《论语集注》的同一年,张南轩将他在数年前写成的《癸巳论语说》寄给朱子,朱子针对该文提出了一百多条质疑,其中就重点批评了其对"曾点言志"一节的评论。这一材料同样可以帮助我们分析朱子此时对于"曾点气象"的基本态度②:

> 此论甚高,然反复玩之,则夸张侈大之辞胜,而悫实渊深之味少。且其间文意首尾自相背戾处极多。且如所谓"曾子非有乐乎此也,盖以见夫无(所?)不得其乐之意耳",只此一句便自有两重病痛。夫谓曾子非有乐乎此,此本于明道先生箪瓢陋巷非有可乐之说也。然颜曾之乐虽同,而所从言之则异,不可不察也。盖箪瓢陋巷实非可乐之事,颜子不幸遭之,而能不以人之所忧改其乐耳。若其所乐,则固在夫箪瓢陋巷之外也。故学者欲求颜子之乐而即其事以求之,则有没世而不可得者,此明道之说所以为有功也。若夫曾皙言志,乃其中心之所愿而可乐之事也。盖其见道分明,无所系累,从容和乐,欲与万物各得其所之意,莫不霭然见于词气之间,明道所谓与圣人之志同,便是尧舜气象者,正指此而言之也。学者欲求曾皙之胸怀气象而舍此以求之,则亦有没世而不可得者矣。夫二子之乐虽同,而所从言则其异有如此者,今乃以彼之意为此之说,岂不误哉?且夫子之问欲知四子之所志也,四子之对皆以其平日所志而言也。今于曾

---

① 《朱子语类》卷40《论语二十二·先进下》,此条为朱子次年的语录。
② 《与张敬夫论癸巳论语说》中大多数条的内容不过十字,以这一条篇幅最长,朱子对此问题的重视可见一斑。

皙之言，独谓其特以见夫无所不得其乐之意，则是曾皙于夫子之问，独不言其平日之所志，而临时信口撰成数句无当之大言，以夸其无所不乐之高也。如此，则与禅家拈槌竖拂、指东画西者何以异哉？其不得罪于圣人幸矣，又何喟然见与之可望乎？

至于此下虽名为推说曾皙之意者，然尽黜其言而直伸己见，则愚恐其自信太重，视圣贤太轻，立说太高而卒归于无实也。且所谓无（所？）不得其乐者，固以人而言之矣，而其下文乃以"天理自然，不可妄助、不可过不及、不可倚着"者释之，则未知其以理而言耶，抑以人言之耶？以理而言，则与上文得其所乐之云似不相应；以人而言，则曾皙之心艰危恐迫，倾侧动摇，亦已甚矣，又何以得其所乐，而为天理之自然耶？其以为叙秩命讨、天则所存，尧舜所以无为而治者，则求诸曾皙之言，殊未见此曲折。且此既许之以圣人之事矣，又以为圣门实学存养之地，则是方以为学者之事也；若曰姑以为学者之事而已，而又以为行有所不掩焉，则是又并所谓有养者而夺之也。凡此数节殊不相应，皆熹之所不能晓者。

窃惟此章之旨，惟明道先生发明的当。若上蔡之说，徒赞其无所系着之意，而不明其对时育物之心，至引列子御风之事为比，则其杂于老庄之见而不近圣贤气象，尤显然矣。凡此说中诸可疑处，恐皆原于此说，窃谓高明更当留意，必如横渠先生所谓"濯去旧见，以来新意"者，庶有以得圣贤之本心耳。《论语》中大节目似此者不过数章，不可草草如此说过也（作于淳熙四年，1177年）。①

束景南先生指出，"朱熹作与张敬夫论癸巳论语说在八月前后（指1177年），其讨论所得，均写入《论语集注》中"②。可见，这篇文章也代表着朱子在编辑《论语集注》初稿时的基本观点。

南轩《癸巳论语说》的初稿今已不可见，但据此信所引，张的来信大致包括以下内容：

---

① 《文集》卷31《与张敬夫论癸巳论语说·点尔何如》。
② 《朱熹年谱长编》，第588页。

第二章 朱子论"曾点气象"考

> 曾子非有乐乎此也,盖以见夫无不得其乐之意耳……天理自然,不可妄助、不可过不及、不可倚着……叙秩命讨天则所存,尧舜所以无为而治者……圣门实学存养之地……故行有不掩焉也。

南轩所主的正是谢良佐的观点(故朱子指出"凡此说中诸可疑处,恐皆原于此说")。因而,朱子的此信表面上是在批评张栻,其更深一层却是在指出张的文稿中的所有可疑之处,都是来自于对谢良佐"曾点说"的发挥,实际上也是在曲折地批判谢。在此文中,朱子明确点出谢说的弊端是"徒赞其无所系着之意,而不明其对时育物之心",这也就是说,谢上蔡过于强调"曾点气象"虚无的一面,却没有强调其属于儒学之"有"的一面。朱子认为张南轩对曾点的解说犯了同样的毛病:立论太高而无实,夸张侈大之辞胜,而悫实渊深之味少。

具体而论,首先,朱子指出,颜子之乐、曾点之乐的本质都是乐道。于颜子,他是不因"箪瓢陋巷"而易其乐道之心;而在曾点,乐道就体现为他的"乐乎此(这里的此指道)"。因此,把曾点的"非有乐乎此(指'道')"和颜回的"非乐乎此"(朱子指出,这一"此",指的是箪瓢陋巷的生活境遇)相混同,就会抹杀曾点之乐是以道为乐的核心精神,无形中把"曾点气象"推到虚无缥缈的佛老阵营中,这是谢的"曾点说"的最大流弊。

其次,朱子认为:说曾点的"无(所?)不得其乐",会淡化曾点在"言志"这一事实,以及其中所包含的儒的成分,使人认为曾点单纯是在炫耀"高"和"乐",这是在把"曾点气象"等同于禅家的"拈槌竖拂、指东画西"。也是在这一意义上,朱子才肯定,对于"曾点气象"而言,只有极力强调曾点"与圣人之志同"的程明道的观点最为得当,而张南轩的说法有"名为推说曾皙之意者,然尽黜其言而直伸己见"的弊端,并指出南轩忽而把"曾点气象"等同于"尧舜所以无为而治",忽而又说曾点"行有不掩",忽而从曾点乐的一面说,忽而又从"天理自然,不可妄助、不可过不及、不可倚着"的一面说,对"曾点气象"的定位有些飘摇不定。

最后,朱子还特别说明:"《论语》中大节目似此者不过数章,不可草草如此说过也。"他显然认为此节是学者探询为学之方之大关键所在。

另外，文中说曾点"盖其见道分明，无所系累，从容和乐，欲与万物各得其所之意，莫不霭然见于词气之间"云云，几乎就是《论语集注》初稿相关内容的翻版。这也显示出了朱子此时思想的一致性。

我们今天所能见到的《癸巳论语解》，就是南轩针对朱子的批评而做出改订的本子。对比此文和朱子的上述评论不难发现，张南轩基本上接受了朱子的批评，并对自己的"曾点说"进行了全面的修正：

> ……至于曾晳，则又异乎是，其鼓瑟舍瑟之间，门人记之如此之详者，盖已可见从容不迫之意矣。言莫（暮）春之时，与数子者浴乎沂水之上，风凉于舞雩之下，吟咏而归。盖其中心和乐，无所系累，油然欲与万物俱得其所，玩味辞气，温乎如春阳之无不被也，故程子以为此即是尧舜气象，而亦夫子"老者安之，朋友信之，少者怀之"之意也。晳之志若此，自非其见道之明，涵泳有素，其能然乎？然而未免于行有不掩焉，则以其于颜氏工夫，有所未能尽耳。夫子以三子之言之实也，故曰亦各言其志也已矣。礼者为国之理也，言之不让则为废礼，而失所以为国之理矣。如求与赤则庶几乎能让者，故复因以称之。①

此文删去了转述谢良佐的文字和"叙秩命讨天则所存，尧舜所以无为而治"等把曾点直接等同于尧舜的内容，同时较多采取了程明道和朱子的观点，强调曾点"从容不迫"、"中心和乐，无所系累，油然欲与万物俱得其所"、"见道之明，涵泳有素"云云，这都是显现出了张南轩对于朱子的折节相从之处，表明张南轩在朱子的影响下，在逐渐展开对谢良佐思想的反思。

朱子与南轩围绕"曾点气象"的讨论并没有自此结束。1186年，时任广西安抚使的詹仪之（字体仁，？—1189，《儒林宗派》将其列为吕氏门人②）在桂林刻印了朱子新修订的《四书集注》，与此同时，他致信朱子讨论张南轩的"曾点说"，朱子答曰：

---

① 《南轩集》卷6《癸巳论语解》。
② 万斯同：《儒林宗派》卷11，《四库全书》本，下同。

第二章 朱子论"曾点气象"考

蒙喻钦夫说曾点处,鄙意所疑,近已于《中庸或问》"鸢鱼章"内说破。盖明道先生乃借孟子勿忘勿助之语发明己意,说不到处,后人却作实语看了,故不能不失其意耳(约作于淳熙十三年,1186年)。①

关于这件事的背景,程明道曾对谢良佐说:

"鸢飞戾天,鱼跃于渊,言其上下察也",此一段子思吃紧为人处,与"必有事焉而勿正心"之意同,活泼泼底。②

明道认为,"鸢飞鱼跃"与"勿忘勿助"所表达的意思可以相互促进:即要强调自由活泼的精神境界,也要注意做工夫。谢良佐在引述程的这句话时,加上了一些自己的补充:"知勿忘勿助长则知此,知此则知夫子与点之意",他是把程的"与点说"与此联系起来,强调了它们可以相通。谢还指出,"鸢飞戾天,鱼跃于渊,非是极其上下而言,盖真个见得如此。此正是子思吃紧道与人处,若从此解悟,便可入尧舜气象"、"子思之意,言上下察也,犹孟子所谓必有事焉而勿正,察见天理不用私意也"③。上文已经指出,张南轩的"曾点说"是对谢"曾点说"的进一步发挥,而朱子对张南轩的批判也正是对谢的批判。

在《中庸或问》中我们可以看到朱子对此更为详细的论述:

问:程子所谓"鸢飞鱼跃,子思吃紧为人处"与"必有事焉,而勿正心之意同,活泼泼地"者,何也?(朱子)曰:道之流行发见于天地之间,无所不在……其流行发见于上下之间者,可谓著矣。子思于此指而言之,惟欲学者于此默而识之,则为有以洞见道体之妙而无疑,而程子以为子思吃紧为人处者,正以示人之意为莫切于此也。其曰"与必有事焉,而勿正心之意同,活泼泼地",则又以明道之体用流行发见充塞天地,亘古亘今,虽

---

① 《文集》卷27《答詹肿书·熹向蒙下喻》。
② 《二程遗书》卷3。
③ 石墪编:《中庸辑略》引,卷上,《四库全书》本。

未尝有一毫之空阙，一息之间断。然其在人而见诸日用之间者，则初不外乎此心，故必此心之存，而后有以自觉也。"必有事焉而勿正心，活泼泼地"，亦曰此心之存，而全体呈露，妙用显行，无所滞碍云尔。非必仰而视乎鸢之飞，俯而观乎鱼之跃，然后可以得之也。抑孟子此言固为精密，然但为学者集义、养气而发耳。至于程子借以为言，则又以发明学者洞见道体之妙，非但如孟子之意而已也。盖此一言虽若二事，然其实则必有事焉半词之间已尽其意，善用力者苟能于此超然默会，则道体之妙已跃如矣，何待下句而后足于言耶？圣贤特恐学者用力之过而反为所累，故更以下句解之，欲其虽有所事而不为所累耳，非谓必有事焉之外，又当别设此念以为正心之防也。①

从这段文字来看，朱子想要在这一段中说破的，是他与张南轩在为学工夫上的根本不同。他认为，程颢提到《中庸》和《孟子》的这两句话，其核心是强调：道体流行，无所不在，但其落实于人，则不外乎人的心。故根本下学工夫在于存心以默识道体，使之全体呈露，无所滞碍，其重心落在自然涵养上。朱子认为这是大本，而"察"只是"但为学者集义、养气而发耳"。而谢说的重点却在强调"察识"，朱子认为这有以心察心的流弊，会使人失之拘束②。这正是朱子所说的"后人（即指谢）却作实语看了，故不能不失其意耳"的意思。一句话，朱与张在曾点说上的分歧，其关键点还落在谢良佐身上。

1195年，吴伯丰（字必大，？—1198，江西人，早师事张南轩、吕东莱，晚师文公，深究理学，议论操守为儒林所重③，吴1180年从朱子学，

---

① 《四书或问》卷4。
② 朱子后来在《朱子语类》对此的说明就更为明确了：问"鸢飞鱼跃"如何与它"勿忘勿助长"之意同？曰：孟子言勿忘勿助长，本言得粗。程子却说得细，恐只是用其语句耳。如明道之说却不曾下勿字盖谓都没年。其□正当处者，谓天理流行处，故谢氏亦以此论曾点事。其所谓勿忘勿助长者，亦非立此四边做防检，不得犯着，盖谓俱无此而皆天理之流行耳。钦夫论语中误认其意，遂曰不当忘也，不当助长也，如此则拘束得曾点更不得自在，却不快活也，吴必大录，见《朱子语类》卷63。
③ 《宋元学案》卷69《沧州诸儒学案》，第2318页。

吴与万人杰都曾先到陆九渊处问学,后又乃师从朱子)① 来信,就明道的一句话发生疑问,并就曾点和颜回的异同问题向朱子提出质疑:

> 第十四章,明道曰:"既得后须放开,不然却只是守"。必大观颜子之学具体而微矣,然得一善则拳拳服膺,守之固也。如此不知明道放开之说抑何谓耶?上蔡亦曰:学者须是胸怀摆脱得开始得。必大窃谓:固滞狭监固不足以适道,然不勉学者以存养践行之实,而遽以此为务,此曾点之学非颜子之学也。②

伯丰针对明道与谢上蔡的"放开说"发问,他认为颜子之学的核心就是谨守,这也是学者所应该遵循的基本法则。由此,他对明道的放开说感到难以理解,认为曾点的弊端就体现在无存养践行之实,而只有放开,这是曾点不及颜回之处。伯丰担心明道和谢的说法会导致人忽略存养工夫,而刻意去追求胸怀开阔的心境。其实,这正暗含着我们在上文中提到的洒落与敬畏之辨的问题。其中也包含着对虚实之辨问题的关注。为此,朱子答到:

> 明道之语亦上蔡所记,或恐须字是必然之意,言既得则自有此验,不但如此拘拘耳,非谓须要放开也。曾点之胸怀洒落,亦是自然如此,未必有意摆脱使开也。有意摆脱则亦不能得开,而非所以为曾点矣。上蔡说恐不缜密,生病痛也(作于庆元元年,1195年)。③

朱子指出,明道所言,是登高自然望远的意思,决不是要"有意放开"。他还强调,曾点的"洒落"也是如此,而非出于有意强求。由此也

---

① 《文集·续集》卷一,《答黄直卿·初七日方遣得辞免》。按,朱子对吴评价甚高;吴伯丰在后生中最为警敏,肯着实用功,近年说得尽有条理,乃不幸而早死。死后闻其立志守节不为利害移夺,尤使人痛惜也,见《文集·续集三·答蔡季通·精舍阒然》(间《朱熹集》第196页作"阕"。吴伯丰果以去冬得疾不起,见其思索通晓,气象开阔,朋友中少能及之。又子约元德书来,皆言其自树立之意尤不可及,见《文集·续集·卷一·答黄直卿·伯丰绝交之事》;近年朋友读书讲学如此君者,绝不易得,见《文集·卷53·答刘寄章》。

② 《文集》卷52《答吴伯丰·孟子集解序》引。

③ 同上。

可见其对曾点的评价尚高,其对"洒落"的理解至此也是正面,至少是中性的。

朱子此段还传达了一个重要的信息,那就是对理学中"既得后须放开"一段著名公案的基本态度。谢上蔡所记录的明道语录中曾提到:

> 既得后,便须放开,不然却只是守。①

上文已指出,明道之学、之气象都强调活泼泼或是洒落,尤其是以著名的《识仁篇》为代表。明道强调"识得此理,以诚敬存之而已,不须防检,不须穷索。若心懈则有防,心苟不懈何防之有?理有未得,故须穷索。存久自明,安待穷索"②,都表明了这一点。明道意味,为学不能一味苦苦株守拘泥。既有所收获,就没有必要再去刻意地"防检"和"穷索"。这一点,明道的表述非常清楚。应该说,明道的这句话和谢对此的记录都没有问题。包括谢氏本人也没有"有意使开"的嫌疑,如谢就曾强调:

> 问太虚无尽,心有止,安得合一?(谢)曰:心有止,只为用他,若不用,则何止?(问)吾丈莫己不用否?(谢)曰:未到此地,除是圣人便不用。当初曾发此口,被伊川一句坏了二十年。曾往见伊川,伊川曰:近日事如何?某对曰:天下何思何虑。伊川曰:是则是有此理,贤却发得太早在。③
>
> 问:当初发此语时如何?(谢)曰:见得这个事,经时无他念,接物亦应副得去。问:如此,却何故被一句转却?(谢)曰:当了终须有不透处。当初若不得他一句救拨,便入禅家去矣。伊川直是会锻炼得人,说了又却道:恰好着工夫也。问:闻此语后,如何?(谢)曰:至此未敢道到何思何虑地位。始初进时速,后来迟,十数年过,却如梦。问:何故迟?(谢)曰:如射弓,到满时便难开。然此二十年闻见知识却煞长。明道曰:贤看某如此,某煞用工夫。见理后须放

---

① 《二程遗书》卷3《谢显道记忆平日语》。
② 《二程遗书》卷3上《元丰己未,吕与叔东见二先生语》。
③ 《上蔡语录》卷1。原文无标点,此处系根据陈来先生之《宋明理学》一书标点。

开,不放开只是守。开又近于放倒,故有礼以节之,守几于不自在。故有乐以乐之,乐即是放开也。①

"天下何思何率",代表了一种由必然进到自然的较高境界,对于某些人来说,也确实是有此理,对此伊川并不否认。但他却不认为这句话对任何人都适用。相反,他认为,若没有必要的工夫来支撑,大多数人说这句话都会落空。我们说,对于这些人来说,说"天下何思何虑",就当属"有意使开"之列,其流弊自然很大。

上蔡在二十年后非常明白:"当初若不得他一句救拔,便入禅家去矣。"他强调"至此未敢道到何思何虑地位。始初进时速,后来迟"、"如射弓,到满时便难开"云云,都体现出了他不敢轻易放开的心情。我们说,朱子多次批评谢上蔡言论高妙,担心其所说太快是一回事,而谢上蔡本人是否对此有所注意是又一回事②。在明道和上蔡,见理后只是守是一失,因此需要乐以乐之;一味放倒又是一失,因此需要礼以节之。二者的恰当结合才会臻于中道。

其实,朱子对放开太早者的担心,更多是担心谢的这一说法对后世的影响,担心的是,后人在谢的说法上再向前迈出一步。准确地说,是和他对谢氏后学——尤其是湖湘学派学风的担心直接相关。对于这一点,上文中已经多次提到,这里不再赘述。这正如明代人们对阳明的批评,未尝不是感于阳明后学的泛滥一样。对这一点,明儒胡居仁(字叔心,号敬斋,1434—1484)的观点可兹借鉴:

> 上蔡记明道语,言"既得后,须放开"。朱子疑之,以为"既得后心胸自然开泰,若有意放开,反成病痛"。愚以为,得后放开虽似涉安排,然病痛尚小,今人未得前先放开,故流于庄佛。又有未能克己求仁,先要求颜子之乐,所以卒至于狂。殊不知周子令二程寻颜子之乐处,是要见得孔颜因甚有此乐,所乐何事,便要做颜子工夫,求至乎其地。

---

① 《上蔡语录》卷1。原文无标点,此处系根据陈来先生之《宋明理学》一书标点。
② 朱子亦云:上蔡语虽不能无过,然都是确实做工夫来,见《朱子语类》卷101,杨道夫录。

岂有便求自己身上寻乐乎？故放开太早，求乐太早皆流于异端。①

胡对朱子观点的把握与发挥都很到位。大概明道的这句话，委实可以成为那些本无所得，却想要放开者的借口。在朱子看来，时人的一味求乐，一味好高恶卑，好简易而恶苦涩，都是这种思想的体现。于朱子，在工夫与境界、下学与上达之间，他更愿意把目光放在下学的工夫上。

本书视朱子与吴伯丰的这封信为其论"曾点气象"第一部分的结束。自此以后，朱子与湖湘学派之间的学术讨论基本结束（此后朱子对谢上蔡思想的批判终其一生都在继续，只不过随着朱陆二人交往的开始，朱子也逐渐在把批判的重心转到陆子上。其实，朱子之批陆者，也未尝不是在批谢）。而朱子论"曾点气象"的中心，转向了对《论语集注》之"曾点言志"一节评论的修改上。

第四节　朱子对《论语集注》"曾点言志"节的修改
——兼从一个新的视角看朱陆异同

朱子论"曾点气象"书信的第二个部分，主要是围绕其对《论语集注》之"曾点言志"一节注释的修改展开的。朱子自淳熙五年编订《四书集注》后，至少对其进行过四次大规模的修订②，但是据目前资料，我

---

① 胡居仁：《居业录》卷3，《四库全书》本。

② 束最南先生对此考之甚详：1177年6月24日，朱子最初编成四部书。《朱子语类》卷19载：《论语集注》为朋友间传去，乡人遂不告他刊，及知觉，则已分裂四出而不可收矣。其间多所未稳，舛误看读，是为丁酉本，即本书所说的《论语集注》初稿。1184年，朱子将《大学章句》、《中庸章句》、《论语集注》、《孟子集注》集为一编，命曰"四书集注"刊刻于婺州，是为宝婺本。两年后，詹仪之在广东德庆刊刻了这一版本，朱子致札让其毁版。1186年，詹仪之、赵汝愚分别将朱子新修订的《四书集注》刻于桂林和成都。朱子称新本"《论语》所改已多"。1192年4月，朱子再次修订《四书集注》，刻板于南康。此后朱子仍在继续对《四书集注》进行改订，下文中朱子论"曾点言志"一节的不同版本就是明证。按魏了翁《朱氏语孟集注序》曰：王师北伐之岁，余请郡以归，辅汉卿广以《语孟集注》为赠。曰："此先生晚年所授也。余拜而授之。较以闽浙间书肆所刊，则十已易其二三，赵忠定公帅蜀日成都所刊，则十易六七矣。"见《鹤山集》卷53，《四库全书》本。魏所说的闽浙间书肆所刊本应该是宝婺本，赵忠定公帅蜀日成都所刊是指南康本，则辅广所见版本为朱子《论语集注》之定稿欤？束景南先生的相关考证详见《朱熹年谱长编》，第586、731、795、846—847、1064页。

们只能确定朱子在 1192 年对《论语集注》的修订中，修改过"曾点言志"一节。如在是年朱子在给黄榦的书信中提到：

> 近却改得《论语》中两三段，如叶公、子路，曾皙之志，如知我其天之类，颇胜旧本，旦夕录去，子约除官可喜，今固未有大段担负，且看岁寒如何耳（作于绍熙三年，1192 年）。①

朱子这次对《论语》修改的结果，就是同年刊行的南康本，也有可能就是后文中所提到的，欧阳希逊和严时亨所见到的本子。具体到朱子对"曾点言志"一节的修改，其大弟子辅广（字汉卿，号潜庵，河北人，生卒不详）也有所说明：

> 《集注》于此一段（即"曾点言志"一节），凡三次改削，然后得如此平实，学者当深味之。②

辅广文中所说的三次改动，指的都是较大的改动。至于朱子对此章的微小调整，本书会在下文中做出详细地说明。

总的看来，在此过程里朱子论"曾点气象"的基本精神并没有多大变化，只是与他讨论该问题的对象发生了变化——变成了朱子的诸位弟子。而这些弟子又多具有较为明显的陆学背景。由此，这一讨论过程也就有了一个非常值得关注的地方，那就是如钱穆先生所指出的：

> 抑由此而可朱陆异同之一面。③

这一点，颇值得我们注意。

一　朱陆异同概说

朱陆异同是理学中的一个备受关注的问题，同时也是一个至今仍俱讼

---

① 《文集·续集》卷 1《答黄直卿·中庸不暇看》。
② 赵顺孙：《论语纂疏》卷 6 引，《四库全书》本，下同。
③ 《朱子新学案》第 3 册，第 1500 页。

不已、难有定论的话题。导致这一情况出现的原因非常复杂。过去数百年的门户之争固然是一个原因，而对于今人来说，我们常常忽视朱陆本人各自的基源性问题，而对其进行过度的发挥则是又一个重要的原因①。再者，历史几乎没有给朱陆二人以更多的机会，来让他们平心静气地谈论彼此之间根本性的思想异同，而是不断地把他们抛向由一系列琐碎问题挑起的矛盾与误解中②。这也在很大程度上掩盖了二人思想的真正异同所在。因此，如何透过大量的无谓材料来把握他们之间甚少谈论的根本学术异同，这本身就是一个大的考验。

我们仍有必要探讨朱陆异同问题，因为清人章学诚（字实斋，号少岩，1738—1801）早已提到：宋儒有朱陆，千古不可合之同异，亦千古不可无之同异也③。但是，我们的眼光又不能过分局限于此。钱穆先生早已指出：

> 前人治朱子，每过分重视其与象山之异同……固是两家显有异同，但若专就此方面研治朱子，则范围已狭，又漫失渊源，决不足以见朱子之精神。④

钱先生意味，朱子思想异常宏大，其为学立论都务求圆通无碍，每每有一体两面之说：有先分后总，先总后分的不同，更有很多针对性很强的"对机"性说法。故而全面地把握朱子的思想非常不易。由此，若单纯把目光聚焦在朱陆异同上，很难把握朱子的真精神，仿佛朱子的

---

① 尤其是在西学东渐的影响下，我们往往会在不自觉中重新戴上有色眼镜来看该问题：无视这些问题所具有的特色，而一味把此问题和西学进行机械的比附。

② 朱陆二人对对方的印象多来自于传言，而二人之间矛盾的激化也与部分陆氏弟子的推波助澜有关，甚至朱子对陆学的反感印象，也在很大程度上是来自于部分陆氏弟子。但是对于二人的根本分歧，如心即理，还是性即理的问题等，他们从来也没有展开过正面讨论。以下这则轶事颇能说明这一现象：紫阳（朱子）尝作一绝云：川原红绿一时新，暮雨朝晴更可人；书册埋头无了日，不如抛却去寻春。即《文集》卷九《出山道中口占》。陆象山见之，喜曰：元晦至此觉矣。见《柳亭诗话》，转引自丁传靖编《宋人轶事汇编》下册，中华书局1981年版，第944页。朱子的绝句本为即兴之作，而陆子却会因之产生错觉，二人之不相知于此可见。当然，既为轶事，则这个故事的可信度可想而知。

③ 章学诚：《文史通义·朱陆》，上海书店1988年版，第75页。

④ 《朱子新学案》上册《例言》，第2页；又见钱先生之《朱子学提纲》，第158—159页。

第二章 朱子论"曾点气象"考

所有说法都只是在和陆子在争长短,这不仅是低估了朱子,也低估了陆子。不过,如果刻意地调停和淡化朱陆异同,又会忽视理学发展中固有的矛盾,忽视理学发展的多维性与其内涵的丰富性。故谈朱陆异同的前提必是眼界开阔。

在讨论朱陆异同问题时有两点值得我们注意:其一,要充分关注朱陆二人本身思想的复杂性,切忌对二人进行了化约处理,把二人的思想简化为干瘪的教条。其二,要注意到朱陆之争其实是由两部分组成。其一是二人之间的无谓争论或是意气之争,其二则反映着二人为学之道的真实差异。后一差异深刻地反映着理学中固有的张力与多元性,也是我们真正应该注意的地方。

关键的问题是,我们能不能找到一个新的角度,以新材料为基础重新探讨该问题,进而能避开上面提到的重重阻碍呢?笔者在阅读朱子论"曾点气象"的文献中,发现了一个非常有趣的现象。这就是在陆子去世后的数年里,朱子的一批曾有陆学背景的弟子,纷纷就他对《论语集注》之"曾点言志"的评论提出质疑。这一次,朱子是站在了"被告"的位子上,来为自己为什么一边在激烈批判谢上蔡和陆子的思想"全是禅学",同时却又推崇同样"有禅味"的"曾点气象"、"明道气象"做出解释。这一次讨论,固然没有涉及人们所经常提到的"尊德性与道问学之争"和"心即理与性即理之争",但却同样具有"朱陆异同"余响的意味。在这场更为平和的讨论中,朱子面对弟子们的反复质疑,颇能从善如流,及时调整自己在"曾点气象"问题上的说法,同时又能及时指出弟子们的偏颇。这就为我们研究朱陆异同提供一个非常独特的视角,使我们可以充分了解朱陆二人思想的丰富性和复杂性。据此,本书将首先分析那些有陆学背景的弟子与朱子的书信往来。同时把与此无关的书信归为第二部分,单列于后。

1193年,陆子去世[①],朱陆二人直接的分合异同以一种特殊的方式被终止。闻讯后,朱子"率门人往寺中哭之。既久,曰:可惜死了告子"[②]。

---

① 关于陆九渊的卒年,有1192年12月14日(《象山先生全集》所收年谱)和1193年12月14日两种说法,本书以南京大学出版社《陆九渊评传》为准。

② 《朱子语类》卷124《陆氏》,胡泳录。这里,朱子是把陆子比为"务内遗外"的告子。有趣的是,陆和王守仁同样认为朱是"析心与理为二"的告子。

我们相信，朱子此时的内心一定是复杂的，这就像是他们之间的思想异同一样，无法用寥寥数语能够说清楚。陆子之死并没有给朱陆之争画上句号。或许是有感于部分陆氏弟子的张狂，此后朱子之批陆更加无所顾忌，多处直指陆子为禅学，使朱陆异同问题进一步公开化。

在此，我们不妨先对前人探讨"朱陆异同"的成果做一简要的总结。朱陆异同，又可分为他们的同者和异者两个方面，而且它还体现出了同中有异，异中含同的复杂性。

就其同的方面而言，二人都以天理为本根①，都持性善论的立场，二人都有经世致用的强烈政治抱负，也都体现出了鲜明的儒学信仰②。而在为学之方上，二人都把成德之学置于核心地位：无论是朱的主静涵养、克己复礼，还是陆的发明本心，其用工夫的主战场，都落在了心地上③；他们也都把"实"字作为自己为学的基本宗旨④。另外，二人之学都体现为知与行的贯通，有着鲜明的为己之学的特色，这个特色也是中国传统哲学的根本。

就其异的方面而言。首先，我们一般把主张"心即理"和"性即理"看成是二人的基本分别。上述说法基本不错，也能得到文献的支持。当然，上述区别更应该准确地表述为，他们主张"本心即理"和"在天为

---

① 严格来说，朱子所说的天理贯通天人，包含人伦和物理，而陆子所说的天理即指人的道德良知，其范围比朱子所说的天理要窄得多。

② 需要说明的是，二人诚然都在相互指责对方为禅。在陆子方面，其指朱子为禅，颇有咬文嚼字的嫌疑；而朱子之指陆为禅，"并不是指陆学是那种'以心法起灭天地'的禅学"，而实是从陆学的一些外部特征、为学方式、修养风格上立论的：陆学的重内遗外、趋于简易、兀然期悟、弃除文字、张狂颠绝等都与禅学一致，盖其批判陆学为禅，更多是就其"气象"和为之方而言的。这一点陈来先生辨之甚详。见《朱子思想研究》，第400、402页。

③ 在这个意义上，朱子同样认为心即是"大本"：自人而言，非仁则无自而立，故圣门之学以求仁为要者，正所以立大本也……若圣门所谓心，则天序、天秩、天命、天讨、恻隐、羞恶、是非、辞让莫不该备，而无心外之法。故孟子曰：尽其心者知其性也，知其性则知天矣；存其心养其性所以事天也，是则天人性命岂有二理哉？而今之为此道者，反谓此心之外别有大本，为仁之外别有尽性至命之方，窃恐非惟孤负圣贤立言垂后之意、平生承师问道之心，窃恐此说流行，反为异学所攻，重为吾道之累。见《文集》卷30《答张钦夫·所示彪丈书》。在朱子，自天而言，理是大本；自人而言，具众理的心是大本；自工夫而言，求仁是大本。这不只是他的早年看法。

④ 朱子对实的强调已见上文，而陆子也强调：千虚不博一实，吾平生学问无他，只是一实。

理，赋予人为性，心中的性为理"的不同。这样看来，陆子也不会无条件地承认心都是理，朱子也不会认为心就不是理。因此，钱穆先生多次强调：

> 谓陆王是心学，程朱是理学，此一分别，未为恰当。若说陆王心学乃是专偏重在人生界，程朱理学则兼重人生界与宇宙界，如此言之，庶较近实。①

于朱子而言，他与陆子相比更愿意探究天人之本。他的理气二元的本体论、"理一分殊"的天人论、天命与气质、天理与人欲两分，心性情才辨析明确的人性论，这都是陆学所不具备的。因此，朱学更广大，也更能做到辨析入微；于陆子而言，他目光的聚焦点更多落在人上，更准确地说是落在人的本心上。因此他所说的理，更多地折射出道德和人性的光辉（相对而言，在朱子，道德和人性只能是殊理），而他所说的气和外物，更多只具有对心蒙蔽的意义，没有终极性的含义。而在对心的理解上：朱子认为心是理与气的合体：理赋予了心以善端，而气则使人的善端在受生之初处于蒙蔽状态，恶随之产生；而在陆子，心指的就是本心，在本体意义上，心与气没有关联。恶来自于心的失位。这反映在为学之方上，朱子主张变化气质（包括涵养和格物两个方面），是要去蔽，是要使心与天理为一；而陆主发明本心，是要使心复其本然，是要去染。

其次，朱陆异同的另一个重要方面，就是德性与知识之辨。事实上，后来王阳明的一句"纵格得草木来，如何反来诚得自家意"，也成为今人屡屡考问朱子的大问题②。上文已反复指出，宋儒反对汉唐儒的关键一点，就是强调成就德性儒与文字儒的区别。随之，宋明儒大多都强调德性之知与见闻之知的区别，而陆王尤其如此。与此相对，朱子却不大赞同此区别，认为"知只是一样知，但有真不真，争这些子，不是后来又别有

---

① 《朱子新学案》第1册，第39页。
② 如冯友兰先生就强调穷物理和穷人理的区别，认为朱子必须在二者之间下一转语，才不会产生矛盾，见《中国哲学史新编》第5册，第177—183页。今人多认为，阳明的格竹子，其实是出于对朱子的误解。

一项知"①。当然，朱子反对此分别，绝不可能只是因为"与象山批评他偏于，'道问学'一路而不免于'支离事业'有关"②，而是因为在朱子"理一分殊"的思想体系中，无论人理和物理，都是理一之映现。在殊理上它们是有不同，但是它们在共同反映理一上，又未尝不同，而朱子穷理的目的是要通过见殊理而见理一，因此穷物理和穷人理，就不能说是毫无关系了③。在朱子看来，德性不离于知识，亦不滞于知识，求知识与尊德性不是二事，而是一事。那种摒弃外物和外在知识的人是告子，是佛老。

当然，本书早已指出，在讨论朱陆异同时最忌简单化。虽然我们大体上可以说陆子更重"尊德性"，而朱子则在"道问学"方面说得较多，但是朱子同样承认"尊德性"是"道问学"的宗旨或头脑。如他在《玉山讲义》中就强调：

> 圣贤教人，始终本末循循有序，精粗巨细无有或遗，故才尊德性，便有个道问学一段事，虽当各自加功，然亦不是判然两事也……故君子之学，既能尊德性以全其大，便须道问学以尽其小。其曰致广大极高明，温故而敦厚，则皆尊德性之功也；其曰尽精微道中庸，知新而崇礼，则皆道问学之事也。学者于此固当以尊德性为主，然于道问学亦不可不尽其力。要当使之有以交相滋益，互相发明，则自然该贯通达，而于道体之全无欠阙处矣。④

可见，朱子对于"尊德性"和"道问学"关系的认识是清楚的："尊德性"是本，是头脑；"道问学"是末，是枝叶，但是二者却不是判然两事，没有枝叶也就无所谓根本。从道体应该本末兼赅的立场看，只有展开在"道问学"之中的"尊德性"才是完整的，才是"实"的。相反，脱

---

① 《朱子语类》卷34《论语十六》。
② 彭国翔：《良知学的展开》，生活·读书·新知三联书店2005年版，第51页。
③ 那么，正像后来新儒家所质疑朱子的，为什么不能直接在心上用力呢？朱子的回答是心"虚"，而外在的理实。心虽具众理，但是却受到了气质的蒙蔽。人时时呈现的心，并不能算是本心。
④ 《文集》卷74《玉山讲义》。

离"道问学"的"尊德性",就是有理一而无分殊,就是"虚"的①。

再者,朱子显然也会同意以下的思想:

> 唯其"尊德性",所以能"道问学","道问学"即所以"尊德性"。"尊德性"是为己之学,"道问学"亦是为己之学。不以"尊德性"为宗旨与本源的"道问学",朱认为是游骑无归,玩物丧志;离开"道问学"的"尊德性",朱认为是游谈无根,不立文字,直趋本根,是佛禅。②

正因为有为己之学这一前提的限定,使得朱子的"道问学"不同于汉唐之儒。明白了这一点,则依托于"尊德性"的穷物理不必是"支离",而不穷物理、只去格心,则必定会流于"空疏"。

于陆子,他坚持人心本具天理的观点,因此认为尊德性不必借助于道问学来展开,二者之间更不是"理一分殊"的关系,因此才有"既不知尊德性,焉有所谓道问学"之说(这句话暗含着尊德性而后道问学的意思)。在他看来,本心对人来说无比真实,发明本心是提纲挈领的简易之学。

同样,今天看来,朱子未尝不知陆子所说的"心即理"是指"本心即理"③,但朱子还是认为:

> 陆子静之学,看他千般万般病,只在不知有气禀之杂,把许多粗恶底气都把做心之妙理……不知初自受得这气禀不好,今才恣意发出许多不好底,也只都做好商量了。只道这是胸中流出,自然天理,不知气有不好底夹杂在里一齐滚将去,道害事不害事(叶贺孙录)?④

这里朱子所批评陆子的,是陆所强调的"胸中流出,自然天理"云云,意味陆子的说法无视气质之蔽,常常会把私欲认作本心。朱子并不否

---

① 前文已经反复指出,朱子认为有体无用是佛老之学的根本特色。
② 金春峰:《朱子晚年思想》,《山东大学学报》2005年第1期。
③ 陆子自己对此有明确说明:人皆有是心,心皆具是理,心即理也,见《象山先生全集》卷11。这里的两个是字,指的就是本心。
④ 《朱子语类》卷124《陆氏》。

认人生而具有先验的道德因素，但他也必然强调，说到心就不可能不牵扯到气，心也必然会有气禀之杂。因而对于任何人而言，不假修为，当下呈现的只能是"杂有不好底气"的心，而非"本心"。要想让"本心"呈现，需要去做许多工夫①。朱子认为，陆学的最大失误就是认贼（欲）做子（理），混淆了心与本心的界限，其直接后果是像禅之大坏佛氏一样的刊落工夫，乃至于：

> 只是要自渠心里见得底，方谓之内……才自别人说出，便指为义外……故自家才见得如此，便一向执著……只是专主生知安行，而学知以下一切皆废（黄㽦录）。②

在这个意义上，朱子认为陆学务内遗外，言语道断、心行路绝，是告子学，也是佛学。

再者，"先立其大者"的确是陆子的根本为学宗旨。他也曾强调："近有议吾者云：除了先立乎其大者一句，全无伎俩。吾闻之曰：诚然。"③ 这也被朱子讥为有禅学嫌疑。但是，陆子本人并不像严时亨所说一样，认为"立大"后就可以做到天下事无不可为。对于这一点，劳思光先生亦曾明确指出：

> 故知本立大……非说人一知本或立志，便万事全了；其下学自有极大扩充工夫，陆氏固力持不立本不能言扩充一义，但决非不知扩充，决非只讲立志。如《语录》云：有学者听言有省，以书来云："自听先生（陆）之言，越千里如历块"。（陆）因云："吾所发明为学端绪，乃是第一步；所谓升高自下，涉遐自迩，却不知他指何处为千里。若以为今日舍私小而就广大为千里，非也。此只可谓之第一步，不可遽谓千里。"世俗每以为陆氏重觉悟，故即与禅宗所倡"顿

---

① 《朱子语类》卷124云：陆子静说良知良能四端等处，且成片举似经语，不可谓不是。但说人便能如此，不假修为存养，此却不得。
② 同上。
③ 《象山全集》卷34《语录上》。

悟"为一事,观此可知不然。①

陆子亦自言,强调立本心的本意是要"使其本常重,不为末所累"②。而在为学之序上,陆子也说要升高自下,涉暇自迩。我们没有证据表明陆子持"顿悟说"。不过,陆子所说的工夫,是由纲到目的扩充,这和朱子由分殊到理一的积累说恰好相反:

> 学有本末。颜子闻夫子三转语,其纲既明,然后请问其目,夫子对以非礼勿视勿听勿言勿动,颜子于此洞然无疑,故曰:回虽不敏,请事斯语矣,本末之序盖如此。今世论学者本末先后一时颠倒错乱,曾不知详细处未可遽责于人,如非礼勿视听言动颜子已知道,夫子乃语之以此。今先以此责人,正是躐等。视听言动勿非礼,不可于这上面看颜子,须看请事斯语,直是承当得过。③

相反,朱子也重先立大本:"为学须是先立大本,其初甚约,中间一节甚广大,到末梢又约……其节目自有次序,不可逾越"、"先只是从实上培壅一个根脚,却学文做工夫去"④。可见,在为学的起点上,二人未尝不同——都要立本。但是朱子强调在"立本"之后,要做一大段格物穷理的工夫,是要从分殊上见理一,这与陆子所说的扩充本心根本不同。

这里,若我们于此不能辨析于毫厘之间,就很可能会厚诬古人。受篇幅所限,本书不可能对二人思想的异同处进行全面和细致的辨析。但是值得我们注意的是,我们说朱陆异同固然体现在他们"知"的一面,即"思想"的一面,这一点无可怀疑,但却不止如此。朱陆之同之异的一个重要方面是在其"行"——在为学之方上,这也正是中国哲学之特殊性所在。上文的分析清楚地表明了这一点。但是今人在西学的影响下把理学等同于思想时,却常常忽视这一点,而这却是本书所关注的重点。

上文已经指出,在朱子基本确立了自己的为学之方后,同时即以

---

① 劳思光:《新编中国哲学史》卷3上,第291页。
② 《象山全集》卷34《语录上》。
③ 同上。
④ 分别见《朱子语类》卷11、卷95、卷15。

"理一分殊"以及由此展开的虚实之辨为立论基础,不断在对各种好高之学进行批判。但是,在相当长的一段时间里,他却对"曾点气象"推崇备至,这一情况就是在朱陆矛盾被公开之后的相当一段时间里也没有改变。其原因在于,朱子非常希望通过强化"曾点气象"的正面价值来批判当时甚嚣尘上的功利之学。但是,就是朱子本人也无法否认,曾点行有不掩的狂者胸次毕竟和佛老不远,也和陆学不远。而朱子在此前已经对与曾点"气象"相近的庄子、邵雍、谢良佐,甚至陆子都有过激烈的批判,那么他就必须为为何单独对"曾点气象"推崇备至做出说明。事实上,朱子在与一批来自江西、具有陆学背景的弟子们讨论"曾点气象"时,他越来越深切地感受到此中的困难,同时也不得不对自己对"曾点气象"的态度做出调整。

在此过程中,朱陆之异同也在逐步得到较清晰的表达。

二 1186年朱子论"曾点气象"书信研究

其实,早在1186年,朱子在批判陆子关于曾点的怪论时,就在不自觉中流露出了自己思想中的矛盾:

> (吴)伯起说去年见陆子静,说游夏之徒自是一家学问,不能尽弃其说以从夫子之教。唯有琴张、曾皙、牧皮,乃是真有得于夫子者。其言怪僻乃至于此,更如何与商量讨是处也,可叹,可叹(作于淳熙十三年,1186年①)。②

---

① 陈来先生以为此信当作于淳熙四年(1177),见《朱子书信编年考证》,第149—150页,陈先生的根据是此文中提到"广西寄得语孟说来,细看亦多合改"云云,他认为这是指"张栻由广西寄得《语孟解》者,当作于丁酉(1177)为近",此说不确。其一,朱子的这封信中两次提到任伯起(任希夷)到访,考任希夷于淳熙十三年(1186)浦城主簿任满后,又至武夷精舍向朱熹问学,见《朱熹书院门人考》,第85页;其二,此信中同时提到"江西除命缘上封事云云,上感其言故有是命",考陆子上封事而除命,显指其在淳熙十一年(1184)的"轮对"五札后的除命。其三,此信明确指出"其(陆)言怪解乃至于此,更如何与商量讨是处也,可叹,可叹",其语气只能出现在朱陆公开"论陆之弊"之后,不会出现在朱陆刚刚接触之际;而信中"广西寄得语孟说来,细看亦多合改"云云,乃指1186年时任广西安抚使的詹仪之,把新刻于桂林的新定《语孟集注》寄给朱子,事见《朱熹年谱长编》,第847页。综合上述材料,则此信的确切年代当为1186年无疑。

② 《文集·续集》卷1《答黄直卿·所喻先天之说》。

第二章　朱子论"曾点气象"考

我们知道，自从理学兴起之际开始，就基本认为文字、训诂、科举不足以代表儒学的真精神，而轻视游夏为代表的文字儒更成为一种风尚。就是小程子早年的《颜子所好何学论》，也有类似的倾向①。这里，陆子提到"唯有琴张、曾晳、牧皮，乃是真有得于夫子者"，那也是从贬低文章之士、宣扬三人志存高远，以及孔子的所谓"不得中行而与之，必也狂狷乎"，抑或是从三人之率性而行，而非乡愿的角度立论的。如陆子也曾提到：

> 算稳底人好，然又无病生病；勇往底人好，然又一概去了。然勇往底人较好，算稳底人有难救者。②

算稳者近于狷者甚至是乡愿，勇往者近于狂者，其优劣之分显然可见。从这个角度说，陆子的说法未必就那么惊世骇俗。当然，为朱子提到的这句话，不见于陆子的文集中，我们也无从详考其说话的语境和背景。不妨再引王畿（字汝中，号龙溪，1498—1583）对陆子上文的发挥对此详加说明：

> 古今人品之不同如九牛毛，孔子不得中行而思及于狂，又思及于狷。若乡愿则恶绝之，甚则以为德之贼。何啻九牛毛而已乎！狂者之意，只是要做圣人，其行有不掩虽是受病处，然其心事光明超脱，不作些子盖藏回护，亦便是得力处。如能克念，时时严密得来，即为中行矣。狷者虽能谨守，未办得必为圣人之志，以其知耻不苟，可使激发开展以入于道，故圣人思之……自圣学不明，世鲜中行，不狂不狷之习沦浃人之心髓。吾人学圣人者，不从精神命脉寻讨根究，只管学取皮毛支节，趋避形迹，免于非刺以求媚于世，方且傲然自以为是，陷于乡愿之似而不知，其亦可哀也已。所幸吾人学取圣人壳套尚有未全，未至做成真乡愿，犹有可救可变之机。苟能自反，一念知耻即可

---

① 当然小程子在后来已经意识到了这一看法的流弊，转而认为"然游、夏一言一事却总是实"，这都是有感而言务虚风气而发的。
② 《象山全集》卷35《语录》。

以入于狷，一念知克即可以入于狂，一念随时即可以入于中行……①

龙溪所言，也基本上是陆子的意思。狂者一念随时，即可入于中行，分明已是仅次于圣人的理想人格。但是，推崇狂者胸次，不仅是陆王学的特征。在这方面朱子丝毫不逊于陆王。而朱子认为陆说的怪，针对的只是"唯有琴张、曾晳、牧皮，乃是真有得于夫子者"这一句。在他看来，若果真如此，则又要置颜回、曾参于何地？问题是，朱子自己却对"曾点气象"推崇备至，比之于尧舜，更不用说子路、冉求，游夏之徒了，这自然令人生疑：仅在这个问题上，朱陆之间只是五十步笑百步而已。其诸弟子的疑问也正是由此而来。

三　1196年朱子论"曾点气象"书信研究

1196年，江西弟子欧阳谦之就《论语集注》之"曾点言志"一节的注释，向朱子提出了疑问：

> 《论语集注》曰：曾点气象从容，辞意洒落。某窃想象其舍瑟之际，玩味其咏归之辞，亦可以略识其大概矣。程子谓其便是尧舜气象，窃尝以程子之意求之，所谓尧舜气象者，得非若所谓不以位为乐欤？夫有天下而不与之意乎？《论语集注》又云：是虽尧舜事业固优为之。不知所谓事业者，就其得于己者而言，就其得于事功者而言？孟子之所谓狂者，盖谓夷考其行而不掩焉者也。所谓行不掩焉者，若曰言不顾行，行不顾言，所行不能掩其所言也。不知曾点行不掩焉者何处可见？《檀弓》曰：季康子死，曾子倚其门而歌，于此而作歌，可以见其狂否？②

欧阳谦之（字希逊，江西人，生卒不详，1193年从朱子学）无法把曾点的"狂者胸次"和"尧舜气象"统一起来，他也不理解曾点如何就

---

① 王畿：《王龙溪先生全集》卷1《与梅纯甫问答》，《四库全书存目丛书》集部，第98册，齐鲁书社1997年版，第253页。

② 《文集》卷61《答欧阳希逊（谦之）·所示疑义》引。

能做到"是虽尧舜事业固优为之"①。尤其是"事业"二字,又怎么和在事功方面乏善可陈的曾点相联系呢?再者,朱子从未说过颜回、曾参虽尧舜事业固优为之,那么是二人都还不如曾点吗?

对此,朱子答曰:

> 曾点气象固是从容洒落,然须见得它因甚到得如此始得。若见得此意,自然见得它做得尧舜事业处,不可以一事言也。行有不掩,亦非言行背驰之谓,但行不到所见处耳。倚门而歌亦略见其狂处,只此舍瑟言志处,固是圣人所与,然亦不害其为狂也,过此流入老庄去矣。(作于庆元二年,1196 年)②

朱子让欧阳希逊探寻曾点之所以"从容洒落"的根源,意味那些能够使曾点"从容洒落"者,也自然可以使其"做得尧舜事业处"。他还强调,说曾点"是虽尧舜事业固优为之",是从其见处着眼,而不是从事的方面说的。但是朱子也指出:"只此舍瑟言志处,固是圣人所与,然亦不害其为狂也",这是说单纯从舍瑟言志这一点上说,这固然是孔子所称许的,但是这并不影响说曾点在总体上是狂者,而且是和老庄仅有一线之隔的狂者。

我们说,朱子与欧阳希逊的这一番书信往来,揭示了朱子在诠释"曾点气象"上的一个难以克服的矛盾:究竟是要把"曾点气象"定位为"尧舜气象",还是定位为"狂者胸次"?本书已指出,朱子之所以激烈批判谢上蔡的"曾点说",就是要剔除其中潜藏的佛老气息,使"曾点气象"保持纯粹的儒学形象。但是,朱子的这一努力毕竟无法改变人们认为"曾点气象"包含"狂者胸次"的事实,其对曾点的赞扬,也不可能不和其所反复主张的虚实之辨相矛盾。而就朱子的复信而言,他简单地说"曾点气象固是从容洒落",也无法消除人们的疑问。因此,朱子对"曾点气象"的定位就只能一再摇摆在"尧舜气象"和"狂者胸次"之间。其此后论"曾点气象"所有的矛盾,都是由此而来。

---

① 上文已经指出,这一说法是承谢良佐而来。
② 《文集》卷61《答欧阳希(谦之)·所示疑义》。

见到朱子的信后，欧阳希逊再次向朱子介绍了自己的思考：

> 谦之前此请问曾点气象从容，辞意洒落，尧舜事业亦优为之，先生批教云……谦之因此熟玩《集注》之语，若曰：但味其言，则见其日用之间，无非天理流行之妙，而用舍行藏了无所与于我，见得曾点只是天资高，所见处大，所以日用之间无非天理流行之妙。惟其识得这道理破，便无所系累于胸中，所谓虽尧舜事业亦优为之。自其所言以逆诸其日用之间，而知其能尔也。何者？尧舜之圣只是一个循天理而已。然曾点虽是见处如此，却无精微缜密工夫，观《论语》一书，点自言志之外，无一语问答焉，则其无笃实工夫可见矣。使曾点以此见识，加之以钻仰之功，谨于步趋之实，则其至于尧舜地位也孰御？本朝康节先生大略与点相似，伏乞指教（作于庆元二年，1196年）。①

欧阳希逊此信明确区分了曾点的所见和其所行的不同，指出：曾点所见是"日用之间无非天理流行之妙"，而"尧舜之圣只是一个循天理而已"，在这一点上可以说曾点"虽尧舜事业亦优为之"；而考其所行，曾点缺乏工夫，其终离尧舜地位甚远。曾点只有"加之以钻仰之功，谨于步趋之实"，才会真正至于尧舜实地。欧阳希逊此文的分析是公允的，也体现出了虚实之辨的精神。而尤其值得注意的是，他的这封信对于朱子后来对《论语集注》之"曾点言志"节评论的修改，有相当大的影响，比较后来朱子给黄榦的回信中所提到的对"曾点言志"节评论的新修订稿，就很容易发现二者之间的相似性。但问题是，一个只有见处，而行不掩言的曾点，是否就值得那样推崇？脱离行支撑的知，能不能是真知？由此疑问，则朱子后来对曾点评价的总体降低就势所必然。

对于欧阳希逊的新体悟，朱子答曰：

> 人有天资高，自然见得此理真实流行运用之妙者，未必皆由学问之功。如康节，二程先生亦以为学则初无不知也。来喻皆已得之，大

---

① 《文集》卷61《答欧阳希逊·所示卷子》引。

第二章　朱子论"曾点气象"考

> 抵学者当循下学上达之序，庶几不错，若一向先求曾点见解，未有不入于佛老也。

朱子在信中提到学者当循下学上达之序，不应该先求曾点见解，否则会流于佛老，这些都是朱子的一贯思想。但是，这里朱子强调"人有天资高，自然见得此理真实流行运用之妙者，未必皆由学问之功"的用意何在？伊川提到："真知未有不能行者"，朱子承此观点，也反复强调真知必从实行中来，因此有真知必有实行。如果依此逻辑再来反观曾点，则他的有知无行，也必然体现出他的所知不真，那么"曾点气象"所体现儒学的正面价值也会大大降低。这使朱子不得不有些违心的搬出有人生知的套话，来强调因为曾点天资高故不假学问之功，却能得见"此理真实流行运用之妙者"。但如果我们设想把曾点换成陆子，再问同样的问题，朱子会怎样回答呢（更何况陆子的践履要远远强于曾点）？正是这一疑问，促使朱子在后来与弟子们的问难中，承认曾点所见只是一个虚的轮廓，并且逐渐在把话题的中心引向虚实之辨的话题。

几乎与此同时，同样来自江西的严世文（字时亨，一字亨甫，生卒不详，江西人）①，也致信朱子讨论"曾点气象"问题。颇值得玩味的是，在这次书信往复中，朱子一开始对严的来信给予了较高的评价，但随之却对其进行了严厉批评。那么，朱子的态度为什么会有这种转变呢？此中的消息对于我们进一步辨清朱陆异同有很大的参考价值。

严时亨在信中提到：

> 子路曾皙冉有公西华侍坐一章，夫子既语之以"居则曰不吾知也，如或知尔则何以哉"，正是使之尽言一旦进用何以自见，及三子自述其才之所能堪，志之所欲为，夫子皆不许之，而独与曾点，看来三子所言皆是实事，曾点虽答言志之问，实未尝言其志之所欲为，有似逍遥物外不屑当世之务者，而圣人与此而不与彼，何也（作于庆元二年。1196 年）？②

---

① 严时亨与欧阳希逊所居不远，故二人同时向朱子处问学，并常常交换问学的资料。
② 《文集》卷 61《答严时亨·问目各已批出·子路曾皙》引。

这里，严的来信也道出了人们的一个普遍疑问：为什么朱子不与"所言皆是实事"的三子，却独与"实未尝言其志之所欲为，有似逍遥物外不屑当世之务者"的曾点？难道孔子轻视事为吗？基于上述疑问，严提出了自己的看法：

> 《论语集注》以为：味曾点之言，则见其日用之间，无非天理流行之妙，而用舍行藏了无与于我……是虽尧舜之事业盖所优为，其视三子规规于事为之末，不可同年而语矣。某尝因是而思之，为学与为治本来只是一统事，它日之所用，不外乎今日所存，三子却分作两截看了。如治军旅、治财赋、治礼乐与凡天下之事皆是学者所当理会，无一件是少得底。然须先理会要教自家身心自得无欲，常常神清气定，涵养直到"清明在躬，志气如神"，则天下无不可为之事。程子所谓不得以天下挠己，己立后自能了当得天下事物者，是矣。①

首先需要指出，比较欧阳希逊和严时亨对《论语集注》之"曾点言志"评论的转述可知，二人所见的集注是同一版本。其大致内容为："曾点气象从容，辞意洒落……味曾点之言，则见其日用之间无非天理流行之妙，而用舍行藏了无与于我……是虽尧舜之事业盖所优为，其视三子规规于事为之末，不可同年而语矣。"这一版本，应该就是前文所提到过的宝婺本。这也是目前我们所能见到的，朱子对《论语集注》之"曾点言志"节评论的第一个修订版本。

以此版本和《论语集注》的初稿相比较：旧本中"见道无疑"中的"道"，在这里被明确点出为"天理"，而在朱子之前，还没有人用天理流行来诠释"曾点气象"。这也成为朱子之"曾点气象论"的最大特色。朱子曾指出：

> 道是统名，理是细目（郑可学录）。
> 道字包得大，理是道字里面许多理脉。又曰：道字宏大，理字精

---

① 《文集》卷61《答严时亨·问目各已批出·子路曾晳》引。

密（胡泳录）。①

从"见道"到"见日用之间无非天理流行",这一修改中所体现出的,正是为朱子所一贯注重虚实之辨的精神。

同时,旧本的"心不累事"云云,被朱子修订为"不规规于事为之末",表明朱子意在强调说曾点比三子更加"务本"。② 这些都是朱子批判与反思谢的"曾点说"的产物。

回到本书,严在《论语集注》的引导下,认为学者不但要理会为治,更要理会为学这一根本,而且要明白为学与为治是一统事,今日所存便是后日所用。由此,他认为三子割裂了二者,犯了舍本逐末的毛病。这一观点,朱子是不反对的。

但是,严认为"教自家身心自得无欲……则天下无不可为之事"、"己立后自能了当得天下事物者是矣"云云,似乎一个人只要做好了今日的存心工夫（还不是穷理的工夫）,他日的事为就会易如反掌。这一说法既取消了被朱子视为至关重要的中间一段大下学工夫,还给人以养心和应事前后隔绝的嫌疑,这也是朱子对陆学的基本印象③。按照朱子思想的固有逻辑,这有流于说禅的嫌疑。不过朱子在初读严的信时,似乎没有注意到这一点。严在信中继续指出：

> ……夫仁者,体无不具,用无不该（赅）,岂但止于一才一艺而已?使三子不自安于其所已能,孜孜于求仁之是务而好之、乐之,则何暇规规于事为之末?缘它有这个能解横在肚皮里,常恐无以自见,故必欲得国而治之,一旦夫子之问有以触其机,即各述所能。子路至于率尔而对,更无推逊,求、赤但见子路为夫子所哂,故其辞谦退,毕竟是急于见其所长。圣门平日所与讲切自身受用处全然掉在一边,不知今日所存便是后日所用,见得它不容将为学为治分作两截看了,所以气象不宏,事业不能造到至极。

---

① 分别见《朱子语类》卷6《性理三》。
② 传统儒学中本有本末之辨,《大学》对本末之辨就有明确的说明。
③ 陆子自小就强调在事为上用力,而朱子对陆学抛弃事为的印象,似乎是来自于对陆子弟子印象的放大。

如曾点浴沂风雩自得其乐，却与夫子饭蔬食饮水乐在其中、颜子箪瓢陋巷不改其乐襟怀相似，程子谓夫子非乐蔬食饮水也，虽蔬食饮水不能改其乐也，谓颜子非乐箪瓢陋巷也，不以贫窭累其心而改其所乐也。要知浴沂风雩人人可为，而未必能得其乐者，正以穷达利害得以累其心而不知其趣味耳。夫举体遗用，洁身乱伦，圣门无如此事，全不可以此议曾点。盖士之未用，须知举天下之物，不足以易吾天理自然之安，方是本分学者。曾点言志乃是素其位而行，不愿乎其外，无入而不自得者，故程子以为乐而得其所也。譬如今时士子，或有不知天分初无不足，游泳乎天理之中，大小大快活，反以穷居隐处为未足以自乐，切切然要做官建立事功方是得志，岂可谓之乐而得其所也？……

孟子所谓君子所性，即孔子颜子曾点之所乐如此。如老者安之，朋友信之，少者怀之，物各付物，与天地同量，惟颜子所乐如此，故夫子以四代礼乐许之。此浴沂风雩，识者所以知尧舜事业曾点固优为之也。然知与不知在人，用与不用在时，圣贤于此乘流则行，遇坎则止，但未用时只知率性循理之为乐，正以此自是一统底事故也。龟山谓尧舜所以为万世法亦只是率性而已。外边用计用较假饶立功业，只是人欲之私，与圣贤作处天地悬隔。如子路当蒯聩之难，知食焉不避其难，而不知卫辄之食不可食；季氏富于周公而求也为之聚敛而附益之，后来所成就止于如此，正为它不知平日率性循理，便是建功立事之本，未到无入不自得处。夫子之不与，其有以知之矣……（作于庆元二年，1196年）①

严认为，三子之病在于私欲不净，因而舍本逐末，抱有有意为国之心。同时，他也把"曾点气象"和"孔颜乐处"、"尧舜气象"直接相提并论，认为"曾点气象"的核心精神是安于所性、率性循理之乐，这和三子的用计用较的人欲之私是天地悬隔。严还特别强调，不可以把曾点视为隐士之流。应该说，严此信的内容基本上都是对朱子《论语集注》的发挥。见到严的来书后，朱子随之复信，给了严的观点以较高的评价：

---

① 《文集》卷61《答严时亨·问目各已批出·子路曾皙》引。

> 此一段说得极有本末。学者立志要当如此，然其用力却有次第，已为希逊言之矣。①

朱子的答语表明，他当时基本上认可了严对"曾点气象"的理解与定位。朱子在复信中也告诫严，从贵在立志的角度肯定曾点之襟怀固然重要，但也要注重用力的次第。我们会在后文中揭示朱子这封信中所隐含的意思。

但是，朱子在数年之后，却对严的上述观点进行了较为严厉的批评，《朱子语类》提到：

> 先生令（董）叔重读江西严时亨、欧阳希逊问目，皆问"曾点言志"一段。以为学之与事，初非二致，学者要须涵养到"清明在躬，志气如神"之地，则无事不可为也。先生曰：此都说得偏了。学固着学，然事亦岂可废也！若都不就事上学，只要便如曾点样快活，将来却恐狂了人去也。学者要须常有三子之事业，又有曾点襟怀，方始不偏。盖三子是就事上理会，曾点是见得大意。曾点虽见大意，却少事上工夫；三子虽就事上学，又无曾点底脱洒意思。若曾子之学，却与曾点全然相反。往往曾点这般说话，曾子初间却理会不得他。但夫子说东便去学东，说西便去学西，说南便去学南，说北便去学北。到学来学去，一旦贯通，却自得意思也（潘时举录）。②

在这段文字中，朱子的态度发生了一个180度的大转变。他尤其强调学者要事业与襟怀并重，并且认为曾点只是见得大意，却脱略事为，这与三子一样是各执一偏。由此，"曾点气象"不但无法和"尧舜气象"相提并论，也无法和"曾参气象"相比。至此，朱子已经明显在把曾点的地位降低，而他也在论"曾点气象"时，也把"虚实之辨"放在了首要的地位。

再者，他还直接指责严说是"废事"，是"只要便如曾点样快活"。如果我们对照严的来书，诸如主张"凡天下之事皆是学者所当理会，无一件是少得底"云云，就会感到朱子对严的指责有些不知所云，至少是

---

① 《文集》卷61《答严时亨·问目各已批出·子路曾皙》引。
② 《朱子语类》卷40《论语二十二·先进下》。

在借题发挥。为什么会发生这样的情况？

其实，只要我们把严的观点和陆学相对照，就会发现"学者要须涵养到'清明在躬，志气如神'之地，则无事不可为也"的说法，带有陆学"先立其大者"的影子。再者，严在这里只提到养心，却没有提到穷理，以及强调养心是本、事为为末，这都给人以"务内遗外"的感觉。而这也正是朱子批判陆学的重要一点。由此，朱子对严的说法态度上的转变，也正是其批判陆学大背景下的产物。关于这一点，清人陆陇其（原名龙其，字稼书，1630—1693）就曾明确指出：

> 严时亨论曾点一段，大约言点不是逍遥物外、不屑当世之务者，乃是素其位而行，不愿乎其外，无入而不自得者。孟子所谓大行不加，穷居不损。盖先理会要自家身心自得无欲，常常神清气定，则天下无不可为之事，识者所以知尧舜事业曾点固优为之也。三子规规事为之末，则所谓不知其仁也。朱子谓此一段说得极有本末。愚谓曾点之自得，又须看得与姚江（指王阳明）良知不同方好。所以朱子又继之曰：学者立志要当如此，然其用力却有次第。又答欧阳希逊曰：学者当循下学上达之序，庶几不错。若一向先求曾点见解，未有不入于佛老也。①

陆陇其对严时亨此信观点的概括非常准确，他对朱子给严复信中的深意的理解也很准确。当然，如果把这段文字中的姚江良知改为象山的"立大"，就更贴切了。弄清了这一点，我们就会明白朱子在《朱子语类》中表面批评的对象是严，其实却在更宽泛的意义上，在把矛头指向陆学，至少是他理解中的广义的陆学。这就像他会经常性的就这一点，批评某人的"近禅"一样②。

---

① 陆陇其：《读朱随笔》卷4《四库全书》本。
② 例如，朱子早年就针对好佛者汪应辰指出：以为先有见处，乃能造夫平易，此则又似禅家之说，熹有所不能无疑也。圣门之教，下学上达，自平易处讲究讨论，积虑潜心，优柔餍饫，久而渐有得焉，则日见其高深远大而不可穷矣。程夫子所谓"善学者求言必自近，易于近者非知言者也"，亦谓此耳。今曰：此事非言语臆度所及，必先有见，然后有以造夫平易，则是欲先上达而后下学，譬之是犹先察秋毫而后睹山岳，先举万石而后胜匹雏也……此则释氏之祸横流稽天而不可遏者。见《文集》卷30《答汪尚书·七》。

第二章 朱子论"曾点气象"考

那么,严说(其实背后是陆学,或者是谢说)的弊端何在?朱子对此并未指明,我们不妨分析一下朱子与胡大时(字季随,号盘古,生卒不详,福建人)①关于"洒落"问题的讨论以作参考——"洒落"被认为是"曾点气象"的重要规定性,而"洒落"与"清明在躬,志气如神"的内涵也大致相同。

1186年,一位湖南学者写信问胡大时:

> 《延平先生语录》②有曰:"……学者之病,在于未有洒然冰释冻解处,纵有力持守,不过只是苟免显然尤悔而已,恐不足道也。"窃恐所谓洒然冰释冻解处,必于理皆透彻,而所知极其精妙方能尔也。学者既未能尔,又不可以急迫求之,只得且持守,优柔餍饮以俟其自得,如能显然免于尤悔,其工力亦可进矣。若直以为不足道,恐太甚。③

对此,大时答曰:

> 所谓洒然冰释冻解,只是通透洒落之意。学者须常令胸中通透洒落,则读书为学皆通透洒落,而道理易进,持守亦有味矣。若但能苟免显然尤悔,则途之人亦能之,诚不足为学者道也。且其能苟免显然悔尤④,则胸中之所潜藏隐伏者,固不为少,而亦不足以言学矣。⑤

这里,大时与严时亨的说法都遇到了同一个问题:清明或是洒落是做工夫的结果,还是下功夫的前提,即究竟是始学之事,还是终学之事?大时所持的观点与严时亨一致,这一观点也和南轩早年的观点、陆子的观点一致。针对问者和胡大时的观点,朱子指出:

---

① 胡大时为胡宏之子,早先为张栻弟子,后先后到陈傅良朱子处问学,最后转投象山。大时学无宗主,每每受到朱子的批评。
② 即今本《延平答问》。
③ 《文集》卷53《答胡季随·学者问曰》引。
④ 文中出现悔尤、尤悔之不同,系本书如此。
⑤ 《文集》卷53《答胡季随·学者问曰》引。

此一条尝以示诸朋友，有辅汉卿（即辅广）者下语云："洒然冰解冻释，是功夫到后，疑情剥落，知无不至处。知至则意诚，而自无私欲之萌，不但无形显之过而已。若只是用意持守，着力遏捺，苟免显然悔尤，则隐微之中何事不有，然亦岂能持久哉？意懒力弛，则横放四出矣。今曰'学者须常令胸中通透洒落'，恐非延平先生本意。"①此说甚善。大抵此个地位，乃是见识分明，涵养纯熟之效，须从真实积累功用中来，不是一日牵强着力做得。今湖南学者所云"不可以急迫求之，只得且持守，优柔餍饮而俟其有得"未为不是，但欠穷理一节工夫耳。答者乃云"学者须常令胸中通透洒落"，却是不原其本，而强欲做此模样，殊不知通透洒落如何令得，才有一毫令之之心，则终身只是作意助长，欺己欺人，永不能到得洒然地位矣。②

朱子引述辅广这段话的态度很明确：洒然和洒落只能是工夫到后、涵养纯熟的结果，只能从格物致知中来，从真实积累中来。他指出，"胸中通透洒落"尤其不是出自人为"令得"的产物。这一点，于严时亨所希望的"自家身心自得无欲，常常神清气定"亦然。胡大时和严时亨的观点都忽略了极为关键的一点，即学者如何才能做到"胸中通透洒落"、做到"自家身心自得无欲，常常神清气定"？朱子借辅广之口指出：这是他们的"不原其本"，欠缺了穷理的一节工夫。见到朱子的复信后，大时再次致信朱子，坚持自己的观点。对此，朱子在复信中指出：

今乃复有来书之喻，其言欲以洒落为始学之事，而可以力致……才有令之之心即便终身不能得洒落者，此尤切至之论。盖才有此意便不自然，其自谓洒落者，乃是疏略放律之异名耳。迭此两三重病痛如何能到真实洒落地位耶？……愿察此语，不要思想准拟融释洒落底功效判着，且做三五年辛苦不快活底功夫，久远须自有得力处，所谓先难而后获也（作于淳熙十三年，1186年）。③

---

① 陈来先生将这句话当成了朱子的观点，不确，见《朱子哲学研究》，第55页。
② 同上。
③ 《文集》卷53《答胡季随·所喻两条》。按，王白田指出，此信作于1195年后，当与讨论严时亨的来信同时。见《朱子年谱》卷2《朱子论学切要语》，《四库全书》本，存疑。

朱子的意思是，"洒落"也有虚实之分，离开了即物穷理工夫以为支撑，而直接去求"洒落"，所得到的"洒落"就只是疏略放肆的异名，同理，离开下学工夫而求"立大"和"清明在躬"，都会流于空疏和张狂。他更深入的指出，大时的病处在于不愿去做辛苦不快活的工夫，而是直接就要洒落，其流弊会非常严重。"且做三五年辛苦不快活底功夫"而少谈境界，成为后来朱子告诫喜谈"曾点气象"者的常用话头。我们说，此后朱子之少谈洒落，很大程度上是出于担心时人虚说洒落的考虑。

朱子与胡大时就"洒落"的讨论，为我们理解他与严时亨的讨论提供了启发，也为我们理解朱陆异同提供了一个重要的参照。我们同样可以问"自家身心自得无欲，常常神清气定，涵养直到'清明在躬，志气如神'"云云，是始之事，还是终之事？严所说的"先要理会"又应该怎样具体来理会？是先关起门来养心，然后再出门去应物吗？就这一点上，就是陆子也还强调要"在人情、事势、物理上做工夫"。我们说，严的想法就不止是失之太快了，简直就有些天真。

其实，还有另外一个更为直接的原因，促使朱子对严的说法的态度发生了转变，那就是陈淳（字安卿，号北溪，1153—1217，福建漳州人）①与廖德明（又名廖悴②，字子晦，别号槎溪先生，江西南剑人，生卒不详）③之间围绕严时亨观点的辩论，以及他们就此问题向朱子的问难。

---

① 陈淳虽然是在1190年才从朱子学，但是他很早就在林宗臣的影响下研读过《近思录》。陈淳自述与朱子的渊源云：初不识圣贤门户为何如，年至二十有二矣，得先生（朱子）所集《近思录》读之，始知有濂溪、有明道、有伊川为近世大儒，而于有先生。自是稍稍访寻其书，一二年、三四年，又得《语孟精义》、《河南遗书》及《（二程）文集》、《易传》、《通书》与夫（朱?）先生所著定《语》、《孟》、《中庸》、《大学》、《太极》、《西铭》等传，吟哦讽颂，反诸身，验诸心，于是始慨然敬叹当时师友渊源之盛，抽关启钥如此之至。见陈淳：《北溪大全集》卷5《初见晦庵先生书》，《四库全书》本，下同。于此可见陈淳自始就受到了朱子的影响。可参看张加才先生《诠释与重建——陈淳与朱子学》一书，人民出版社2004年版。

② 《北溪大全集》卷3，有《送廖子晦悴潮还别四绝》诗，可证廖又名廖悴。

③ 《宋史》卷437《廖德明传》曰："少学释氏，及得龟山杨时书读之，遂受业于朱子。"廖不晚于1173年从朱子学。据《朱子语类》卷113记载：廖探明赴潮州，临行求一安乐法。朱说："圣门无此法"。他在向朱子受教时，关于心性及工夫进路，往往流露出为朱熹所不喜的禅气。史籍多不载廖与陆的交往，考《象山集》卷10《与詹子南·二》有：廖伴处送至四月二十四日书，发读甚慰，驰系用力不懈，无他疑惑，甚善，甚善。此心至灵，此理至明，要亦何疑之有？则廖与陆也显有往来。

在宋儒中，陈淳对于"曾点气象"问题特别关注，他在提到自己《与点说》的产生过程时云：

> （对于曾点的问题）某自三四年前已略窥一线，而口笔屡形容不出，至丙辰秋（即1196年，作者注），因感严说（即以上严时亨的观点）大故遗阙，忽跃如于中道，发此一段以记之。①

可见，是严说的"大故遗阙"直接刺激了陈淳，使他得以在长期的思考中形成了突破，于是写就了《详〈集注〉"与点说"》一文。之后，他随即由近到远地把《与点说》寄往他奉为师长的廖德明处和朱子处，以求印证，其文曰：

> 天理自然流行，圆转日用，万事无所不在。吾心见之明而养之熟，随其所处从容洒落而无一毫外慕之私，然后有以契乎天理自然流行之妙，在在各足而无处不圆。尧舜之所以为尧舜者，不能加毫末于此矣。如尧……无非浑然此理也；舜之……于天下事事物物，无一不从容乎天理之自然，而尧舜皆无纤毫容私焉；如孔子……与尧舜同一道也。若曾点之言志，盖有见乎此，故不必外求，而惟即吾身之所处，而行吾心之所乐，从容乎事物之中，而洒落乎事物之表。故非滞著以为卑，而亦非放旷以为高；故非窘迫而有所助，而亦非脱略而有所忘。此正有与物为春、并育同乐之意，即尧舜之气象而夫子之志也。推此以往，随其所应，触处洞然，冰融冻释，小而洒扫进退三千之仪，大而军国兵民，百万之务，何所而非此理，何所而非此乐哉？故尧舜事业于此可卜（一本卜为见字）其必优为之矣。若三子之事……较之于点，则点见事无非理，三子则事重而理晦。点于理密而圆，三子则阔而偏，不可与同日语矣。虽然，点亦只是窥见圣人之大意，如此而已，固未能周晰乎体用之全，如颜子卓尔之地，而其所以实践处又无颜子缜密之功，故不免为狂士。是盖有上达之资，而下学之不足安其所已成，而不复有日新之意。若以漆雕开者比之，则开也

---

① 陈淳：《北溪大全集》卷22《答廖师子晦·一》，《四库全书》本，下同。

正所以实致其下学之功，而进乎上达，不可得而量矣。在学者之趣味，固不可不涵泳于中，然所以致其力者，则不可以躐高而忽下，而当由下以达高，循开之所存，而体回之所事，开之志即笃，则点之地可造，回之功即唱，则点之所造，又不足言矣。①

从这篇文章中，我们可以清晰地看到其受到朱子影响的痕迹。同时也可以清楚地看到其与严说的不同：严说的重点在于强调曾点的"不愿乎其外，无入而不自得"，针对的是曾点的心理论；而陈说的重点在于强调曾点见天理自然流行之妙。另外，陈说又通过对颜子、漆雕开和曾点的对比，强调学者既要涵泳其志，更要实下工夫。尤其需要注意的是，陈的文中虽然还在极力为"曾点虽尧舜事业固优为之"这句话作注解，但却已经指出，学者若能"循开之所存，而体回之所事，则点之所造又不足言"云云，这与朱子在思考该问题上的最新进展，是一致的。

陈淳很快就得到了廖的回复②——《朱子语类》中所提到的《难"与点说"》，廖的这封回信今已不存，但我们却可以从陈淳对廖的回信的回复中，看到廖此信的些许内容：

> 某前者"与点说"拜呈，伏承批诲详委，甚荷警戒之勤，然愚意更有欲讲者，敢一披露以求正诲。
>
> 窃谓此章之旨未可容易读过，夫子所以喟然发叹而深与者，是岂浅浅见解？学者须看得表里净尽，方有实益。程子以点为已见大意，有尧舜气象，而与夫子老安少怀，使万物莫不各遂其性之志同，此其为义已精且备，但其言引而不发，如《论语集注》乃是即程子之意而发明之，其紧要却只在"见日用之间莫非天理流行之妙"句上，此正是就根源说来，而志之所以然者，可谓至精实，至明白矣。会得此意，则曾点气象，洒落从容，优为尧舜事业，方识得端的落着，不是凿空杜撰，而夫子所以深与、程子所以发明、并三子所不及之旨，

---

① 《北溪大全集》卷8，《详〈集注〉"与点说"》。
② 陈淳第二次向朱子问学时，还在追问朱子对"与点说"的意见，似乎朱子对于陈的来信并未及时回复。大概是由于朱子当时已经"深嫌人说'颜乐'、'与点'"的原因吧。

并洞见底里，会同一源。但此意乍看亦甚微而难著，某自三四年前已略窥一线，而口笔屡形容不出，至丙辰秋（即 1196 年，作者注），因感严说（即严时亨的观点）说，大故遗阙，忽跃如于中道，发此一段以记之，只是推广程子及《论语集注》之意而不敢有加焉，似觉如水到船浮，不至甚有怪涩处，而夫子曾点当日之意味，亦觉洋洋如在目前。以是自信，常存于中，而日用应接亦觉有洒然得力处多，所以奉而质诸长者。今承来教，缕缕大概排抑根源底意，而深主严说，似于《论语集注》未合。

夫所谓根源来底意思，是以天理言之，看理至于矩天始定。此亦不过下学中致知格物一节事，而所致所格者，要有归着至到云耳。盖致知力行，正学者并进之功，真能知则真能行，知行俱到，正所以为上达实见之地，自不相妨。恐未可偏抑，而但如来教，只务理会此，不必理会彼，而彼自在里许，忽然自达，恐差之多也。如严说者，全篇大旨只谓直道"'清明在躬，志气入神'，则天下无不可为之事"，又曰"素其位而行，不原（愿）乎其外，无入而不自得"，又曰"须自所乐中出，方做得圣贤事业"，此只说得《论语集注》所谓洒落从容以下底意思，乃涵养成后之效也。其所以如此者，端由向前有造理之功，洞见得天理流行，日夜间无处不是，故涵泳乎其中，即身见在，便是乐地，更无他念耳。以此意推广之，何处不是此理之妙？何处不是此理之乐？故虽尧舜事业，巍巍荡荡，其作处亦不过只顺他天理，对时育物，如此而已。此意思一同，所以谓"可优为之"焉，此底即是做彼底样尔。窃谓此意味甚恰博，此意甚缜密，最是圣贤吃紧处，若无此，则冥然养个甚，而亦安能怎地清明自得，从容洒落？所乐乐个甚？而于圣贤事业，亦将从何处有缝罅可入乎哉？严说正阙此，愚所以不敢依阿徇情而有向前根原①说不着之断，亦何嫌于分别，恐不得一以道彻上下、贯本末，为此彼此各是一义也。理在事中，理，形而上；事，形而下。三子只见物不见理，严说未说到理，鄙说正所以发明点于日用事物上见得件件都是理，于形而下见得一一都是形而上之妙，又非语上遗下，语理遗物之谓也。况严说又全无下

---

① 信中出现根原和根源的不同写法，系原文如此。

第二章 朱子论"曾点气象"考

学次第,如来教所谓尧舜有天下不与者无间,惟此一条云者,正与严说同,圣人所与之意决不徒然止此。若但止此,则意滞而不圆,非惟不彻古人心,而于自身又无受用实益,其不侵侵成谢事去,流入佛老者鲜矣。所谓涂人为禹者,义又不同,亦不得引以为喻。若必论端的成个尧舜巍巍荡荡之功,此须穷神知化盛德之至,有"绥斯来,动斯和"底手段方能,其中多少事在?虽颜子亦未可快许,而况于点乎?至所谓虚见实不同,而下叙颜曾(参)所以为实见,及以点无颜曾(参)之功,而君子欲讷言敏行,行远必自迩、登高必自卑者,极善极善。此则日用不可少歇工夫,而鄙说亦略具于篇末矣……①

陈北溪的这封信大致有两个内容:一是力辨严说之非,认为严说"根原不着","未说到理"、"全无下学次第",而且所说只是效验,却不知道这效验是要由"向前造理之功"中来,其所缺的也正是最关键的。二是指责廖德明"排抑根源底意,而深主严说,似于《论语集注》未合"。大概廖认为陈淳的说法过于突出了天理二字,有"语上遗下,语理遗物"的嫌疑②。因此主张只做心上(此)的工夫,不必去直接讨见天理(彼)③,这是廖和严的说法相通之处。而在陈淳看来,所谓"根原"指的就是天理,它要从下学中来,从格物穷理的工夫中见,不是游离于讲学应事之外的神秘之物。而严和廖的说法都只见心,不见理,廖甚至只去追求内心中神秘的"别有一物光辉闪烁,动荡流转"④,这只能会使具体的下手工夫流于空疏。

---

① 《北溪大全集》卷22《答廖师子晦·一》。
② 这也是后来朱子对陈的反复告诫。
③ 从《朱子语类》卷117可见,廖的《难"与点说"》意在强调陈淳的说法近于"却要先见个天理在前面,方去做",其毛病是"语上遗下,语理遗物"。朱子评价说,廖的说法无头,而陈的说法虽有头,却没有遵循下学上达的原则,似乎有把理当作一个空的物抱住不放的弊端。
④ 《文集》卷45《答廖子晦·前此屡辱贻书》。《文集》和《朱子语类》都多处收有朱子就此对廖的批评:如《朱子语类》卷113云:廖子晦得书来云:有本原、有学问,某初不晓得。后来看得他们都是把本原处是别有一块物来模样。圣人教人只是致知格物,不成真个是有一个物事,如一块水银样走来走去那里。这便是禅家说赤肉团上自有一个"无位真人"模样(黄义刚录)。

陈和廖都对对方的意见不甚满意，他们都在不断地就此向朱子提出问难。朱子对此的反映已经详细地记录在了他给廖的回信和《朱子语类》里。

正是出于陈淳的提醒，朱子才会对严说、胡说和廖说可能带来的弊端产生了警觉——也发现其与陆学的一致性，因此才开始在论"曾点气象"时开始全力告诫弟子们不能虚说"与点"，而要以重工夫的漆雕开、颜回、曾参为师。此后，已是朱子去世后不久，廖德明将朱子给他的复信（见上）转给陈淳，陈就此回信给廖，指出：

> 伏承录示先师别纸议论，捧读载四……向来考亭之诲，无不谆谆此意。深嫌人说"颜乐"、"与点"，深恶人虚说天理人欲，每每令就实事上理会……①

陈的这封信有助于我们理解为什么朱子对严说态度会发生转变，以及为什么朱子晚年会"深嫌人说'颜乐'、'与点'，深恶人虚说天理人欲"。于朱子，从严到胡，从胡到廖，从廖到陆学，从陆学到佛老，其间只隔一线。而陆学与佛老的分界，也只是这一线。朱子正是要通过讲虚实之辨来守住这一线。朱子在对严时亨书信的一褒一贬中，也使朱陆异同问题逐渐清晰起来。

四　1197年朱子论"曾点气象"书信研究

欧阳和严的书信，只是拉开了朱子与一批江西弟子讨论"曾点气象"的序幕，在随后的1197年里，他们对该问题的讨论达到了高潮。需要指出：这些书信的具体先后顺序我们已经不得而知，本书在下文的叙述顺序，也并不代表它们的先后顺序。但它们的同时出现，而且多来自于朱子门下受陆学影响巨大的江西弟子，这本身就很耐人寻味。这些讨论，对朱子论"曾点气象"晚年定论的形成具有非常重要的作用。

甘节（字吉甫，或作吉父，江西临川人，生卒不详，为曾极同乡，

---

① 《北溪大全集》卷22《答廖师子晦·二》。

约 1193 年从朱子学)① 致书朱子，问道：

《论语集注》中说曾点处，有"乐此终身"一句，不知如何（作于庆元三年，1197 年）？②

对此，朱子答曰：

观舜居深山之中，伊尹耕于有莘之野，岂不是乐此以终身？后来事业亦偶然耳。若先有一毫安排等待之心，便成病痛矣。注中若无此句，即此一转语全无收拾，答它圣人问头不著，只如禅家攀举竖拂之意矣。③

我们知道，儒家的基本精神在于经世致用，若仅仅说曾点"乐此（朱子本意似乎以此字指天理，但从文意看，此字更像是在指舞雩咏归的事实，这个字的含混直接导致了朱子思想的含混）终身"，无心事为，又何来"尧舜气象"可言？其行为与佛老的差别何在？这不能不引起甘节的怀疑。

另外，甘节提到《论语集注》中说曾点有"乐此终身"四字，似与下文提到的黄榦所见版本相同，而与欧阳希逊和严时亨所见的《论语集注》版本异。这可以说是目前我们所能见到的，朱子对《论语集注》之"曾点言志"节评论的第二个修订版本。

我们说，朱子在集注中说曾点"乐此以终身"的本意有两。

一者，他是要强调曾点之胸襟：毫无有意为国之心，了无私欲，自适

---

① 关于甘节的资料很少，黄榦《复甘吉甫》曾提到：榦老矣，诸兄正好着力，庶师道之有传也可见甘节年龄小于黄榦。黄榦又提到：向来从学之士，今凋零殆尽，闽中则？江西则甘吉父、黄去私、张元德……江东则……浙中则？大约不过此数人而已可见，甘后成为朱子的重要传人和《朱子语类》的编订者。《文集》卷62云："甘节处见送行语，令兄意亦甚佳，兄弟自为博约，想有味也。但甘君词笔颇工而趣向未正，数日苦口告之，未知能勇决否耳……甘君归，可更切磋之，人才难得，可惜只如此汩没了一生也。"方彦寿先生以为文中的甘君即指甘节，未详，见《朱熹书院门人考》，第181—182页。

② 《文集》卷62《答甘吉甫·论语集注中》引。

③ 同上。

其乐，如他在《朱子语类》中也提到：

> 曾点于道，见其远者大者，而视其近小皆不足为。故其言超然无一毫作为之意，唯欲乐其所乐，以终身焉耳（杨道夫录，己酉以后所闻）。①

可见，朱子所说的曾点"乐此以终身"，"此"即指"道"，即指的是天理。

二者，朱子意味"孔子本问如或知尔则何以哉？而曾点以浴沂风雩咏归为答，是乃答非所问，有近禅家味，故特加此四字，以见曾点以乐此终身为志也"②，即是说，朱子的本意，是要通过这句话点出曾点是以此为志，从而把曾点和禅家味区别开来。但是，朱子的这一做法并不成功，还是容易让人把曾点和佛老之徒的逍遥忘世、只顾自己快活相等同。

问题还在于，朱子在给甘节的答书中，说舜居深山和伊尹耕于有莘之野时，都"乐此终身"，乃至后来事业处于偶然，不能不更增添人们的怀疑：说舜和伊尹没有有意为国之心则可，而说其平日全无治国平天下之志，后来之事业纯出偶然，则尤为牵强。这也与孔孟思想的基本宗旨不符。

见到甘节的质疑后，朱子对这一段进行了反复的润色：先是把说曾点"乐此终身"（似为"曾皙有见于此，故欲乐此以终身"，这是黄榦所见的版本，其内涵是强调曾点见理，并欲乐此理以终身），改动为"及其言志，则又不过乐此以终身焉，无他作为之念也"（这是万人杰所见的版本，其内涵是强调曾点以乐此为志，无他作为之念），后来又改为"即其所居之位，适其所履之常，而天下之乐无以加焉"（这是朱子新修订的版本，其内涵是强调曾点安于其性分，素位而行，不愿乎外，见他给万人杰的回信），最终才确定为"即其所居之位，乐其日用之常，初无舍己为人之意"（这是定稿版本，其内涵是强调曾点乐其日用之常，只是初无舍己

---

① 《朱子语类》卷40。
② 《朱子新学案》第3册，第1508页。

为人之意，这不妨其日后有治国平天下的雄心）云云。细玩其中的微小变化，我们能发现许多的消息：朱子希望赞扬的，是曾点的浑然天理，了无私欲，而他尤其不希望人们把曾点理解为遗世而独立的隐士。而朱子在此问题上的细致反复，则颇能体现出他在平衡胸襟与事为这对矛盾上的苦心。

几乎与此同时，江西的万人杰（字正淳，江西人，生卒不详，早年师从陆九龄和陆子，1180年从朱子学）①来信云：

> 人杰昨得伯丰书云：必大向以鸢鱼之说请益于紫阳（指朱子），尚未得报，近得直卿书与鄙见合，试商榷之，却以见教。

> 直卿书云：浴沂一章，终是看不出喟然而叹，夫子与点之意深矣。《论语集注》云："日用之间，无非天理流行之妙。曾晳有见于此，故欲乐此以终身。"如此却是乐此天理之流行，而于本书曾晳意旨恐不相似。斡窃意恐须是如此，天理方流行。中心斯须不和不乐，则与道不相似，而计较系恋之私入之矣。夫子无意必固我，老者安之，朋友信之，少者怀之，政是此意，直是与天地相似……圣人岂教人如死灰槁木，旷荡其心，徜徉其间也哉？张子曰：湛一性之本，攻取气之欲。物各付物，而无一毫计（？疑为比）较系恋之私，则致广大而极高明，虽尧舜事业亦不能一毫加益于此矣。后来邵康节先生全是见得此意思。明道先生诗中亦多此意，此是一大节目，望详以见教。

---

① 朱子在《文集》中对万人杰多有赞赏，如《文集》卷34《答吕伯恭·三十一》云：子寿学生又有兴国万人杰，字正纯（淳）者，亦佳；卷44《与吴茂实·一》云：有曹立之、万正淳者来相见，气象皆尽好；卷52《答吴伯丰·一》云：大冶近有万君人杰者见访，见留之学中，气质甚美，议论亦可反复，殊不易得。《朱子语类·朱子十二·训门人三》也录有人杰向朱子问学的情况："（万）问曾点漆雕开己见大意？（朱）曰：曾点、漆雕是合下见得大了，然但见大意，未精密也。因语人杰曰：正淳之病，大概说得浑沦，都不曾嚼破壳子。所以多有缠缚不索性，丝来线去，更不直截，无那精密洁白底意思。若是实识得，便自一言两语断得分明。如今工夫须是一刀两断，所谓一棒一条痕，一掴一掌血，如此做头底方可无疑也。如项羽救赵，既渡，沈舡破釜，持三日粮，示士卒必死无还心故，能破秦。若更瞻前顾后便不可也，因举禅语云：寸铁可杀人，无杀手段，则载一车枪刀逐件弄过，毕竟无益。"这里，万在问"曾点气象"，而朱子却大谈工夫，大谈虚实之辨，其晚年之不喜人言一味"与点"可见一斑。

> 人杰窃谓：浴沂一章，《论语集注》甚分明，无可疑者。其说曰："曾点之学，有以见夫天理本然之全体，无时而不发见于日用之间，故其胸中洒落，无所滞碍，而动静之际从容如此。及其言志，则又不过乐此以终身焉，无他作为之念也。乃是曾点见得天理之发见，故欲乐此以终身。"今直卿所云，固是道理高处，然其本意却谓须是如此，天理方流行，则是先有曾点之所乐，方得天理之流行也。人杰窃恐全体大用未能了然于心目间，而欲遽求曾点之所乐，则夫事物未接之时，此心平静，胸中之乐固或有时而发见，然本根不立，凭虚亡（无）实，亦易至消铄矣。盖与《论语集注》之意未免有差也。伯丰所见与之相合，鄙意却未敢以为然，伏乞赐教（作于庆元三年，1197 年）。①

万人杰的来信涉及了很多内容。首先它告诉我们，自欧阳希逊和严时亨所见到的版本后，朱子已经对此节的评论进行了两次修订：黄榦所见的版本云："日用之间，无非天理流行之妙。曾晳有见于此，故欲乐此以终身……"这次修订，朱子突出了曾点的见道和他要以乐此为志；而万人杰所见的新版本则是："曾点之学，有以见夫天理本然之全体，无时而不发见于日用之间，故其胸中洒落，无所滞碍，而动静之际从容如此。及其言志，则又不过乐此以终身焉，无他作为之念也。"这一次修订，朱子先说曾点的见道和胸次，再说他的言志，在层次上更为分明。万所见到的，应该是朱子对《论语集注》之"曾点言志"节评论的第三个修订版本。

回到万人杰的书信，万提到，他的江西同乡吴必大（伯丰）对《中庸》"鸢鱼"章颇有所见，而伯丰又得到了黄榦复信的认同。因此吴致书人杰，并附上了直卿的信以求印证。其实，他们是在对《论语集注》的相关部分提出了质疑：他们怀疑，《中庸章句》中的"鸢鱼"章和《论语集注》中的"曾点言志"节，有倒因为果的嫌疑。人杰向朱子转述了黄直卿的来信，并认为：伯丰和直卿认为，人应该先有中心和乐无私之境，天理方能流行，这样的说法会导致刊落本根，一味求乐，反倒是倒因为

---

① 《文集》卷 51《答万正淳·人杰昨答伯丰书》引。

果。相反，正确的为学之序应该是像《论语集注》中所说的，先要见此天理之发现，然后才能乐此天理，《论语集注》本无可怀疑。

对此，朱子答曰：

> 《论语集注》诚有病语，中间尝改定，亦未惬意。今复改数句，似颇无病，试更详之。
>
> 　　直卿之说，却是做工夫底事，非曾点所以答"如或知尔，则何以哉"之问也。况论实做工夫，又却只是操之而存是要的处，不在如此旷荡茫洋，无收接处也。甘节吉甫亦来问此事，并以示之：曾点之学，盖有以见夫人欲尽处，天理浑然，日用之间随处发见，故其动静之际从容如此。而其言志，则又不过即其所居之位，适其所履之常，而天下之乐无以加焉。用之而行，则虽尧舜事业亦不外此，不待更有所为也。但夷考其行，或不掩焉，故不免为狂士。然其视三子者规规于事为之末，则不可同年而语矣，所以夫子叹息而深许之（约作于庆元三年，1197年）。①

朱子的答语为我们提供了一份珍贵的资料。这是目前我们所能见到的，朱子修改《论语集注》之"曾点言志"节的新版本，也是除了《论语集注》定稿之外，唯一完整的本子。它对于我们分析朱子论"曾点气象"的变化，有着特别重要的意义。

在复信中，朱子承认，旧本《论语集注》之"曾点言志"节的评论确有毛病，因此才会使弟子们对它的理解不一。朱子认为，黄榦的意思是在强调先要做工夫，然后才能得见天理流行，这本不错，而万提到即见天理流行，复乐此以为志，这也不错。我们看到，朱子在新改订的文稿中强调，曾点是先有人欲尽处，乃见天理之浑然，这即是针对黄榦质疑所做的修订。但是朱子认为，黄榦的看法既无法和《论语》本书曾点言志的内容相吻合，又说的有些"旷荡茫洋"。

在新修订的版本中，朱子首先强调，曾点先有人欲尽处这个因，因此才会有见到了天理的随处发现这个果，进而才会乐此天理流行并以乐此为

---

① 《文集》卷51《答万正淳·人杰昨答伯丰书》引。

志，乃至才会有动静从容之气象；继而朱子强调，曾点之志虽以即位履常为乐，但尧舜事业与此一理，因此并不妨碍其随后用之而行，经世致用。最后朱子强调，曾点虽然行或不掩言（不是完全行不符实，一个或字，大有深意），但仍然优于三子的规规于事为之末。

与此同时，朱子还针对这段文字做了两处特别的调整。

关于第一点，朱子把说曾点"是虽尧舜之事业盖所优为"，改为"则虽尧舜事业亦不外此，不待更有所为也"。这是因为，包括欧阳希逊在内的一大批弟子，都在怀疑曾点能否优为尧舜事业，也在就此纷纷向朱子提出质疑，此次调整正是对上述疑问的回应。本来，"是虽尧舜之事业盖所优为"这句话，是承程明道说曾点"便是尧舜气象"而来，朱子这样说的本意，也是要强调尧舜事业与曾点胸襟是一个道理：天理是本，事业为末，因此只要洞见天理，则虽尧舜事业之大也优为之。但是，他的这一说法却给人以误解，仿佛曾点要高于至少是等于尧舜。为此，朱子不得不对此一再做出澄清。综合《文集》和《朱子语类》的相关内容可见，朱子在与弟子们的讨论中，一再就此问题强调以下原则：

其一，曾点所见是大根大本，是源头，而"自源徂流，由本制末，尧舜事业何难之有"[①]、"使推而行之，则将无所不能，虽其功用之大如尧舜之治天下，亦可为矣。盖言其所志者大，而不可量也"[②]，因此，可以说曾点优为尧舜事业。

其二，"曾点气象"和"尧舜事业"存在虚实之别，前者只是虚见，而后者却是实有。曾点所见虽大却缺乏细微工夫，因此毕竟是狂者。而学者更应该以颜回、曾参为榜样，牢记虚实之辨。

其三，这一段贵在活看，尤其不能把眼光仅仅停留在事业二字上，机械地一件件比较曾点与尧舜的事功，而是要看他们相通的一面："何不说尧舜之心，恰限说事业"、"使曾点做三子事未必做得，然曾点见处，虽尧舜事业亦不过以此为之而已"[③]。

[①] 《文集》卷45《答廖子晦·颜渊之叹》。
[②] 《朱子语类》卷40《论语二十二·先进下》，李壮祖录。
[③] 《朱子语类》卷40《论语二十二·先进下》，辅广录。

其四，朱子这段话的重心，在于强调曾点所见天理，而不在于渲染他的洒落胸襟。事实上，朱子对上述新的修订并不满意，《论语集注》定稿最终没有保留这句话，也是因为朱子担心这样说容易使人一味追求曾点的洒落胸襟，而忽略事为的一面。

关于第二点，朱子去掉了说曾点"洒落"云云[①]。大概朱子晚年开始注意从曾点所见的是天理流行的一面来诠释"曾点气象"，而不再渲染他的主观心境上的洒落，或者是乐的一面。

大约与此同时，同样是来自于江西的董铢（字叔重，号盘涧，1152—1214，不晚于1184年从朱子学）[②]也致信朱子，提到了他对于"曾点言志"一节的迷惑：

> 曾点言志，气象固是从容洒落，然其所以至此，则亦必尝有所用力矣。知其所用力处，则知尧舜事业点优为之。然尧舜事业亦非一事，要必如点用力则不难为，但道理自有浅深，所至亦有高下。点资质高；合下见得圣人大本如此，故其平日用力之妙，必有超乎事物之外，而为应事物之本者。
>
> 其视三子规规于事为之末者，固有间矣。然一事一物亦各有一事一物之理，学者大本功夫固当笃至，亦必循下学上达之序，逐件逐事理会到底，乃能内外缜密，亲切不差。点言志甚高而行不掩焉，观其舍瑟倚门，亦可见矣。盖道理无纤毫空阙不周满处，外面才有罅漏，则于道体为有亏矣。或谓曾点只是天资见得大头脑如此，元不曾用力，又谓点已见到如此，天下万事皆无不了者，恐皆一偏之论也，未

[①] 《朱子语类》中多处收录了朱子与弟子就此问题的讨论：散见于《朱子语类》卷16、卷40和卷94。

[②] 董叔重向朱子的问学时间，以王白田《朱子年谱·朱子论学切要语》为准。关于董的资料，黄榦在《董县尉墓志铭》云：叔重讳铢，世为德兴望族……既冠，从乡之儒先程公洵游，公语以晦庵先生所以教人者，叔重尽弃所学，取《大学》、《中庸》、《语》、《孟》、诸书日夜玩习，裹粮入闽，抠趋函丈，不惮劳苦……庆元初，先生归自讲筵，日与诸生论学于林竹精舍。命叔重长其事。诸生日所讲习，叔重先与之反复辩难，然后即而折衷焉。见《勉斋集》卷38。（按，《朱熹书院门人考》据北京图书馆藏《勉斋集》，题为卷35，是）据《朱子语类》卷124记载，董铢曾向朱子问陆的师承，可见他和陆学没有师承的关系。

知是否?①

这里,董叔重所见到的,应该是朱子修订《论语集注》之"曾点言志"节的第四个版本。这一点也得到了来自《朱子语类》的印证:

> 问:集注谓曾点"气象从容",便是鼓瑟处;"词意洒落",便是下面答言志,"虽尧舜专业亦优为之"处否?(答)曰:……视三子规规于事为之末,固有间矣……(陈明作录)②

此版本说曾点"视三子规规于事为之末者,固有间矣"云云,当然要比说"其视三子规规于事为之末,不可同年而语矣"云云下语为轻。联系到上文所转述的,朱子让董叔重读欧阳希逊和严时亨的问目可知,朱子晚年更强调虚实之辨,在总体上降低曾点的地位,这一改定也是此大背景下的产物。

回到董的来信,董认为曾点之从容洒落,是尝有所用力的结果,这也是其优为尧舜事业的前提。但是,说曾点的用力处在大本,这有违下学上达之序,因此其所见也必定会有亏欠。他还转述了另外两种说法,后者正是严时亨的观点。他对这些异见难以取舍,希望朱子指正。对此,朱子复信曰:

> 此条大概近似,而语意不密。且看它见得道理分明,触处通贯处是个甚底,可也(作于庆元三年,1197 年)。③

朱子的答语非常简单,他希望董自己去反身体认曾点得见天理流行的真实境界。对于这一点,《朱子语类》中录有朱子对董更为详细地告诫:大意是告诫董等人更应该关注曾点"如何做到这里",并反问自己真能如

---

① 《文集》卷 51《答董叔重·人心之体》引。关于此信的年代,考《朱子语类》有"汉卿举叔重疑问(即此信)"一条,为万人杰录,辅广和万人杰同访朱子在 1197 年,即朱子落职和蔡季通被编管后,则此信更在稍前。
② 《朱子语类》卷 40《论语二十二·先进下九》。
③ 《文集》卷 51《答董叔重·人心之体》。

此否？而不能空想其"气象"。朱子更是多次强调：

> 公莫把曾点作面前人看，纵说得是也无益。须是自家做曾点，便见得曾点之心（林学蒙录）。①
>
> 王景仁问：程子言曾点与漆雕开已见大意，何也？曰：此当某问公，而公反以问某邪？此在公自参（李壮祖录）。②

我们说，若学者真正能如朱子所说，则其所学就是为己之学，就是实学。否则，就只是口耳之学。朱子反复强调行重于知，诚然。

就在同一年中，曾祖道（字择之，江西人，生卒不详，先从刘清之、陆象山学，本年才转从朱子学）三次致信朱子，问"曾点、漆雕开已见大意"一句。曾书信的内容我们同样不得而知，朱子的答书分别为：

> 此说未然，但漆雕语意深密难寻，而曾点之言可以玩索而见。意若见得曾点意，则漆雕之意亦可得矣。且看程子说大意两字是何意，二子见得是向甚处、如何见得（作于庆元三年，1197年后）。③
>
> 漆雕开、曾点二子是信个甚底，又是如何地信？曾点语可更以《论语集注》为主，子（仔）细体验，仍看上蔡之说，发明得亦亲切（作于庆元三年后，1197年后）。④
>
> 所论曾点大意则然，但谓漆雕开有经纶天下之志则未必然，正是己分上极亲切处，自觉有未尽耳。虽其见处不及曾点之开阔，得处未至如曾点之从容，然其功夫精密，则恐点有所不逮也。以此见二人之规模格局大概不相上下，然今日只欲想象圣贤胸襟洒落处，却未有益。须就自家下学致知力行处做功夫，觉得极辛苦不快活，便渐见好意思也（作于庆元三年后，1197年后）。⑤

---

① 《朱子语类》卷29《论语十一·公冶长下》。
② 《朱子语类》卷28《论语十·公冶长上》。
③ 《文集》卷60《答曾择之（祖道）·礼即理也》。
④ 《文集》卷60《答曾择之·仁者心之德》。
⑤ 《文集》卷60《答曾择之·所论曾点大意》。

曾择之可能是在信中对曾点和漆雕开二人的气象优劣做了比较，故朱子才会告诉他，《论语》中只说漆雕开"吾斯之未能信"，"斯"是何意，确实是有些"深密难寻"。相对来说，曾点之言更实在些。在朱子看来，二人的共性是"见得大"，二人之异是一个见的开阔，一个见得精密。在这三封信中，朱子都在告诫曾择之，把所关注的重心落在"大意"所指为何上，并切身去反复体会，其实就是让他自己去做极辛苦的反身工夫来体认天理，而不能单纯去想象"洒落气象"。《朱子语类》亦云：

> 前日江西朋友来问，要寻个乐处，某说只是自去寻，寻到那极苦涩处，便是好消息。人须是寻到那意思不好处。这便是乐底意思来。却无不做工夫自然乐底道理（黄义刚录）。①

文中所说的寻乐处的江西朋友，指的就是廖德明②，而朱子告诫其在苦涩处做工夫，这也是朱子晚年在论"曾点气象"时，告诫弟子们的基本观点。于朱子，刊落工夫，一味寻"曾点气象"、寻"洒落"、寻"乐处"，都犯了同一个毛病。

同年，曾极（字景建，一字景宪，号云巢，江西人，生卒不详。庆元后从朱子学）③致信朱子，提出了对曾点之"气象"的体认，曾的这封信今亦不存。朱子答曰：

> 别纸七条……第二论"曾点言志"，以为便欲进取揖逊泰和气象，殊非本意。彼亦但自言其日间受用处，而自它人观之，则见其或出或处，无所不可，虽尧舜事业亦优为之，非专指揖逊而言也……此七条者其首二义更宜思之，第二条尤须体认，不可草草（约作于庆

---

① 《朱子语类》卷117《朱子十四·训门人五》。
② 《朱子语类》卷113《朱子十·训门人一》。
③ 关于曾极的资料，《四库全书》本，《江西通志》曰：曾极，字景建，临川人。父滂，字孟博。四方宗陆氏者，自滂与李德章始。极志气豪放，朱文公得其书及诗，大异之。谓其文似老苏、大苏。尝游金陵，题行宫龙屏，忤时相史弥远，谪道州卒……所为诗文有《春陵小雅》、《金陵百咏》。可见，曾极与陆学实有渊源。

元三年，1197年①）。②

曾极在来书中大力渲染了曾点的"进取"、"揖逊"、"泰和"等，朱子告诫他体认"曾点气象"，不能仅仅局限于曾点的主观的一面上，而是应该注意客观的天理流行发用一面。他告诫曾极，对这一点要尤须体认，不可草草。由此可见，朱子晚年固然有不喜人言与点的一面，也有他喜言"与点"的一面。于朱子，在与弟子们的交流中非常注意因病施药，立论也注意不主一偏，这都是其思想丰富性的体现。

五　1198年朱子论"曾点气象"书信研究

在1197年后，朱子和弟子们仍然在讨论"曾点言志"的问题。1198年，其弟子李燔的从子李继善（字孝述，生卒不详，江西人）致书朱子，也质疑该问题：

> 孝述妄谓颜子之乐恐在克复之后，已过此关，克尽己私，故日用间是这道理在胸中平铺地顺流将去，无分毫私欲为之梗拂，故不待勉强作为，自无往而不与此理相周旋，所以触处皆乐，虽行乎穷途逆境亦只如此，曾不改吾乐焉。曾晳之志，恐是其胸中脱洒，略无系累，退想其动静语默之节，了覆其所陈之志，似把这道理做家常茶饭相似，日用间只如此平平地顺行将去，似将使万事万物各止其所，而吾心萧然，略不用意作为于其间。亦见夫此理所在，天然自有，触目皆然，自可坦然顺适，不假作为故也。如孝述自觉是初学，不曾窥见一分半分道理，便妄自惊喜，把来抬券，行时本不自在，间只是分付着意，似要于道理上加添些做，与这气象天渊不侔。若曾晳，可谓真知其为天理，但伊川则谓其虽知之而未必实能为耳；漆雕开之未能自信，恐是正在此处着力，过关未得，窃疑其虽未尽见是理自然流行之妙，而于本然实体固已识之，但恐识认未至真的，又自度此心了他未下，

---

① 《朱子书信编年考证》，第433页，本信年代未可详考。
② 《文集》卷62《答曾景建·别纸七条》。

然亦可见其直要于打斗处下死功夫胜过去，不但及此而遂已也。①

李继善认为，颜子和曾点都已经"过了大关"，因此所见都是天理自然，其所行也已经不假作为，而漆雕开则还没有"过关"。对此，朱子答曰：

> 先生批云：漆雕开恐不止如此（作于庆元四年后，1198年）。②

朱子的答词并未提及曾点，只是指出漆雕开已见大意，表明他默许了李在文中对颜回和曾点的定位。

六　1199年朱子论"曾点气象"书信研究

1199年，廖德明致书朱子，质疑曾点的优为尧舜事业，朱子答曰：

> 曾点一段，《论语集注》中所引诸先生说已极详明。盖以其所见而言，则自源徂流，由本制末，尧舜事业何难之有？若以事实言之，则既曰行有不掩，便是曾点实未做得，又何疑哉？圣人与之，盖取其所见之高，所存之广耳。非谓学问之道只到此处，便为至极而无以加也（上蔡所记伊川先生与之答问天下何思何虑一段，语意亦正类此，见于《外书》，可并捡看）。然则学者观此，要当反之于身，须是见得曾点之所见，存得曾点之所存，而日用克己复礼之功，却以颜子为师，庶几足目俱到，无所欠阙。横渠先生所谓心要弘放，文要密察，亦谓此也。来喻大概得之，然其间言语亦多有病，其分根原学问为两节者，尤不可晓，恐当更入思虑也（作于庆元五年，1199年）。③

金春峰先生指出："在晚年书信中，最重要的则是致廖德明诸信。"④ 大概这些书信基本上都作于朱子七十岁前后，因而朱子此信中的观点，颇

---

① 《文集·续集》卷10《答李孝述继善问目》引。
② 《文集》卷10《答李孝述继善问目》。
③ 《文集》卷45《答廖子晦·颜渊之叹》。
④ 《朱熹晚年思想》。

具有晚年定论的意味。廖德明的所问，表明至此朱子仍坚持"曾点的优为尧舜事业"，而他所看到的《论语集注》也还不是定稿。钱穆先生也由这封信中提到"《论语集注》中所引诸先生说已极详明"一句，而今本《论语集注》中只是收录了二程的四条"曾点说"这一事实，认为朱子完成《论语集注》定稿还在作此信之后①。

此处朱子明言：从曾点的见处一面说，曾点所见是本，事为是末，因而可以说"由本制末，尧舜事业何难之有"；但从事实一面说，则曾点无实行可言，这一点也毫无疑问。朱子强调：孔子之"与点"，所"与"的是曾点的见处。后人在品曾点的见处之外，还要牢记伊川"正好下工夫"的警告，注意做反身的工夫，既去存曾点的见处，又要在日用工夫上以颜回为师，下学上达，于分殊上见理一，这样才能无所欠阙。朱子还特别提醒廖，不能分根源和学问为两节，但主一偏。另外，朱子在信中多谈事业学问，却绝口不提"气象"、不提"洒落"，而朱子在给廖的同一封信中也指出：

> 颜子之叹一段……大抵此等处，吾辈既未到彼地位，臆度而言只可大概实说，却于其中反复涵泳，认取它做工夫处，做自己分上工夫，久之自当心融神会，默与契合，若只似此直以今日所见附会穿凿，只要说得成就，正使全无一字之差，亦未有益，况以近观远，以小观大，又自不能无所失乎。②

朱子的这一封信，也代表着他在论"曾点气象"上的晚年定论。我们说，廖的这一疑问对于朱子"论语集注"定稿的形成，具有非常重要的意义：定稿中最终没有出现曾点优为尧舜事业的说法，以及其只论曾点见处的一面，这都是基于朱子对廖来信综合考虑的产物。

七　朱子论《论语集注》"曾点言志"节的精神

上面详述了朱子与一大批江西弟子围绕修订《论语集注》之"曾点言志"节的书信往复过程。这一讨论过程本身价值何在？笔者没说，其

---

① 《朱子新学案》第3册，第1508页。

② 同上。

最大的价值在于它能够使我们深入到朱子的内心,去发现他在提出某一想法之际心里在想些什么,他有什么忧虑和矛盾,他又想通过对"曾点气象"的诠释实现什么目的。随之,映入我们眼帘的就不再只是朱子的思想,而且还包括他的人和他的内心世界。我们也能看到他们之间微妙的思想互动。其价值自然要比我们单纯关注朱子的那些被教材化了的思想教条更为重要。

另外,在朱子所有的从学弟子中,一个奇特的现象就是:来自江西的弟子特别爱谈"曾点气象"——而且几乎是无人不谈,而朱子的其他弟子则很少谈论该问题——就是黄榦和陈淳也是在吴伯丰和廖德明的交流中才开始谈论该问题的。这一现象说明了什么?当然我们不能说这些人就和陆学有直接的渊源,但若说完全没有关系也同样难以服人。至少可以说,陆学突出对心的强调更容易使人联想到"曾点气象"。事实上,喜谈"与点"也是朱子晚年对江西弟子们的一个基本印象,而他在与江西弟子谈话中,尤其是涉及"与点"时,话语也格外严厉。

从上述讨论中我们还可以看到以下几点:

其一,在弟子们的纷纷质疑下,朱子在书信和言谈中在总体上已经有把"曾点气象"逐渐降低的趋势。有感于部分弟子在讨论"与点"问题中所显露出的弊端,朱子在晚年自觉强化了虚实之辨,告诫弟子们应当以曾参、颜回等人为师,尤其要把自己用力的重心放在反身做工夫上。但是,朱子在正式的文字中对"曾点气象"的评价却始终没有做出根本性的调整,反而有越来越高的趋势,其在《论语集注》定稿中对"曾点气象"的推崇更是显而易见的。这一事实颇能折射出朱子在此问题上的复杂心态。

其二,朱子坚持强调为学要有序,要下学上达,更不能离开分殊而求理一;不能只做面向内心的工夫,而是要眼光向外去格物穷理,要注意本末内外动静精粗的合一。他对"曾点气象"的诠释也始终落脚在"天理"二字上。这也和其强调为学不能只做一个好人的观点是一致的。他认为只重内心,只谈大本,是佛老之学。对此,深得朱子学精髓的黄榦,后来曾在对定稿的评论中进一步指出:

> 天下之理固根于人心,而未尝不形见于事物;为学之方固当存养乎德性,而亦不可不省察乎实行。夫是以精粗不遗,而表里相应,内

外交养，动静如一，然后可以为圣学之全功也。点之志则大，质则高，识则明，趣则远，然深厚沉潜、淳实中正之意有不足焉，则见高而遗卑、见大而略小，见识有余而行不足，趋向虽正而行则违，此所以不及乎回参也。虽然，自回参而论之，点诚有未至；自学者论之，点之所见岂可忽哉？规规萫萫于文义之间、事为之末，而胸中无所见焉，恐未易以狂语点也。①

黄榦此说既论人心，更论事物，既主养德性，也主察实行，内外表里精粗动静全面照顾，直指"圣学全功"，是对朱子的上述说法的忠实解说。

其三，朱子开始不喜人空谈"洒落"等主观境界，亦不喜人空谈"与点"，这是出于对这批江西弟子竞言"与点"的反动。朱子在晚年逐渐认为，一个人如果不去践履，即使所谈的"尧舜气象"、"孔颜乐处"丝毫不差，也毫无益处——为什么不把目光投向儒学经典的其他部分，投向下学处呢？由此，我们说朱子不喜人空谈"与点"，并不代表他就对"曾点气象"持否定的态度。相反，他始终对曾点的所见者，即天理流行发现于日用之间的"实境"情有独钟，并希望充分挖掘其正面的价值。

其四，朱子在讨论中特别重视兼顾胸襟与事业，强调为学既要有无事无为的一面，也要有有事有为的一面，既要做大事，也要做小事，要本末贯通。这是因为朱子既担心人一味渲染"胸襟"而流于佛老，又担心其一概不谈"胸襟"而转入管商一路。

其五，在朱子与弟子们的这些讨论背后，我们也能看到朱陆异同的消息。上文已经指出，朱子非常希望塑造出一个代表儒学理想人格的"曾点气象"——了无私欲，洞见天理之流行等等。但是当他的一大批江西弟子随之竞言"曾点气象"时，他却发现在为他所努力塑造的这个"曾点气象"之外，大家心目中的"曾点气象"还有着与"陆学气象"难以割舍的渊源：比如好高恶卑、刊落工夫，比如重内心遗外物、玄想气象，比如虚而不实、张狂放荡，比如不谈《论语》的其他的大部分内容、只谈与点这一段内容，还比如为学不按部就班，却急于求效等。由此，朱子

---

① 胡广：《四书大全·论语集注大全》卷11引，《四库全书》本，下同。

也陷入了无限的尴尬中：继续推崇"曾点气象"，却很难划清他心目中的"曾点气象"和"行不掩言"、有"狂者胸次"的那个"曾点气象"之间的界限，则其流弊就会是引导人流于佛老或者是他心目中的陆学。同时，继续推崇"曾点气象"还容易和其所一贯主张的"理一分殊"、"虚实之辨"，以及主张下学上达的基本立场发生冲突。反之，若完全放弃推崇"曾点气象"，那么他又该如何评价程明道的"曾点说"呢？而他想要突出强调"曾点气象"之正面价值的初衷也会落空。在几经权衡之后，朱子最终还是选择了前者。但问题也就因此而来，他只能在弟子们的反复质疑下调整对"曾点气象"的评价，以使自己的想法得到更为清晰的表达。在这些讨论中，新的"曾点气象"论也渐渐在"气象"上和陆学划清界限。

附录　朱子论"曾点气象"的其他书信研究

《文集》中还收录了朱子与陈亮（少时取名汝能，字同甫，二十六岁改名为亮，三十六岁又改名为同，世称龙川先生，1143—1194）围绕"曾点气象"而展开的一场小论战。1185年，朱子在给陈的复信中指出：

> "楼台侧畔杨花过，帘幕中间燕子飞"，只是富贵者事，做沂水舞雩意思不得。亦不是躬耕陇亩、抱膝长啸底气象，却是自家此念未断，便要主张将来做一般看了，却恐此正是病根（作于淳熙十二年，1185年）。①

陈亮此前给朱子的信中有"楼台侧畔杨花过，帘幕中间燕子飞"一语②，其书信中也明显带有"不平之气"和愿从此独善其身的味道。于龙川，这是意气语，是牢骚语，而朱子则看出了龙川自作洒脱而实际低沉的心态。此信就是在提醒龙川"楼台侧畔杨花过，帘幕中间燕子飞"实不能代表儒者超脱的胸襟，更不是诸葛亮待价而沽，希望一伸抱负的心态，只是玩物丧志的代名词罢了。对于朱子的提醒，龙川颇不在意：

---

① 《文集》卷36《答陈同甫·人至忽奉诲示》。
② 陈亮：《龙川集》卷20《与朱元晦秘书·去秋辱答教》，《四库全书》本，下同。

> "楼台侧畔杨花过,帘幕中间燕子飞",当时论者以为贫人安得此景致?亮今甚贫,疑此景之可致,故以为可只作富贵者之事业,而来谕便谓做沂水舞雩意思不得,亦不是抱膝长啸底气象,如此则咳嗽亦不可矣。①

陈龙川意味朱子的此信只是寻章摘句,因此其回信充满了意气。他的复信末尾有"各家园池,自有各家景致"一语,已包含不想再与朱子置辩之意。这一小插曲,在一定程度上反映了二人对于"沂水舞雩意思"的不同理解。于朱子,"沂水舞雩意思"绝不等同于"忘世逍遥";而于龙川,则对此并无感触,也毫不在意。这一论战并没有太多的学术意义,却可以看出二人不同的价值取向。

次年,黄榦致书朱子讨论"曾点言志"节,这封信的内容我们不得而知。朱子答曰:

> 所论曾皙事甚佳,但云道体虚静而无累,恐钝滞了道体耳(作于淳熙十三年,1186年)。②

黄榦在强调曾点的"见道"时,渲染了"道""虚静"和"无累"的一面,朱子对他的告诫,这么说有违儒学动静不离的基本宗旨。此后朱子在对"曾点言志"节评论的修订中特意强调其"见其日用之间无非天理流行"、"动静之际从容如此"云云,正是因此而改。

此后约1190年前后,吴伯丰来信,就《论语集注》对"曾点言志"节的评论提出了质疑:

> 子路曾皙冉有公西华侍坐,《论语集注》谓三子之对,夫子无贬词,则皆许之矣。而又载程子之说曰:三子皆欲得国而治之,故夫子不与。二说似相抵牾,以愚意索之,岂非许之者以其材足以有为,而其不与者,则未能合己之志欤?

---

① 《龙川集》卷20《与朱元晦秘书·又书·比者匆匆奉状》。
② 《文集·续集》卷1《答黄直卿·向留丞相》。

> 程子又曰：子路只为不达为国以礼道理，若达，却便是这气象也。盖谓子路之意未免有所作为，而曾点所言，则皆行其所无事耳。使子路有见于此，一皆循其理之所当然，而不以己意参焉，则即曾点之气象矣。然必大观夫子所以哂子路者，特以其言之不让而已，如冉有公西赤之言，非不知让者，遂谓之能达此道理可乎？必大于此，盖屡致思而有未能灼然者。①

吴的来书提到了两点疑问，一是《论语集注》中既认为孔子不与三子，但又强调三子之对夫子无贬词，这是明显的抵触；二是对程子评论三子的不解：他不明白三子与曾点的差距何在。他还认为，孔子在许之和不与之间，体现出了明显的褒贬态度。但是我们知道，朱子在内心中一向事业与胸襟并重。因此，他只能既推崇曾点的胸襟气象，又强调不能贬低三子之对。《论语集注》正是他的这一想法的体现。针对吴的第一个疑问，朱子答曰：

> 不与者，不若于曾皙有与点之言耳。以孰能为大之语观之，不害于许其才之可用也（作于绍熙元年，1190年）。②

朱子这里强调，"孔子不与三子"，只是认为三子只是尚且和曾点有差距，这并不妨碍孔子同样称许三子。孔子更没有贬低三子的意思。针对吴的第二个疑问，朱子指出：

> 子路地位已高，故见得此理，则其进不可量。求赤之让，乃见子路被哂而然，非实有见也，又其地位与曾点之地位甚远，虽知让之为美，此外更有多少待事耶？③

这里，朱子既强调子路地位已高，其进不可量，同时明确认为求、赤

---

① 《文集·续集》卷1《答黄直卿·向留丞相》。
② 《文集》卷52《答吴伯丰·诗传中有音未备者》引。
③ 同上。

"地位与曾点之地位甚远"。这与他日后在《论语集注》的改订本中认为曾点所见是天理，而三子只是"规规于事为之末"的观点相差甚远。

两年后，赵师夏致信朱子，也提出了同样的疑问：

> 四子言志一条，程子曰："夫子与点，盖与圣人之意同，便是尧舜气象，使子路若达为国以礼道理，却便是这气象也。"何也？盖为国不循理道则必任智力，不任智力则循理道，不能出此二途也。曾点有见乎发育流行之体，而天地万物之理，所谓自然而然者，但吾不以私智扰之，则天地顺序而万物各得其所，此尧舜事业也。子路则以才气之胜，自以为虽当颠沛败坏，不可支持之处，而吾为之，亦能使之有成，子路诚足以任此矣。然不免有任智力之意，故志意激昂而气象勇锐，不若曾点之闲暇和平也。然不曰理，而曰礼者，盖言理则隐而无形，言礼则实而有据，礼者理之显设，而有节文者也，言礼则理在其中矣。故圣人之言体用兼该，本末一贯。若曾点则见其体而不及用，识其本而违其末，所以行有不掩而失于狂欤？①

对此，朱子答曰：

> 得之（确切年代不详，约作于绍熙三年，1192年）。②

赵师夏认为三子和曾点的差别是任智力和循天理的差别，但是曾点尚见体而不及用，因此还属狂者之流。他尤其提出了礼实理虚的观点，这一说法虽然得不到《论语》本身的支持，却切中了朱子所非常看重的虚实之辨，因此得到了朱子的首肯。

第五节　朱子在《论语集注》定稿中对"曾点气象"的讨论

朱子晚年在经过对《论语集注》"曾点言志"节的反复讨论之后，最

---

① 《文集》卷59《答赵致道·周子曰》引。
② 同上。

终确定了此节注释的定稿。在我们看来，这和他与陈淳的最后会面时的讨论一起，组成了他对于"曾点气象"问题的晚年定论。当然我们相信，如果不是朱子随之就离开了人世，他对此问题的探讨一定还会继续。我们也没有必要把他在"曾点气象"上的晚年定论和他此前对该问题的讨论对立起来。

一　定稿研究

（一）《论语集注》"曾点言志"节的定稿

就目前资料来看，朱子最终确定《论语集注》之"曾点言志"一节的定稿（以下简称定稿）的时间甚晚：不但上文所引朱子与廖德明的书信往复已在其七十岁之际，而《朱子语类》中也收录了吕焘在同年就"曾点言志，虽尧舜事业亦优为之"的疑问，在上述问答中，虽然朱子已经认为曾点"言志，亦不是要去做事底，只是心里要恁地快活过日而已"，但他还没有流露出要删除这一句的意思①。这表明，至此《论语集注》此节的定稿还没有确定。《论语集注》此节的定稿虽不属朱子的易箦之作，也当离此不远，其文云：

> 曾点之学，盖有以见夫人欲尽处，天理流行，随处充满，无少欠阙，故其动静之际从容如此。而其言志，则又不过即其所居之位，乐其日用之常，初无舍己为人之意，而其胸次悠然，直与天地万物上下同流，各得其所之妙隐然自见于言外，视三子之规规于事为之末者，其气象不侔矣。故夫子叹息而深许之，而门人记其本末独加详焉，盖亦有以识此矣。②

不妨先比较这段文字与朱子录示万人杰的修订本之间的异同："天理流行，随处充满，无少欠阙"与"天理浑然，日用之间随处发见"相比，避免了给人以天理别为一物的印象；"乐其日用之常"与"适其所履之常"相比，更能与"言志"二字相符；而朱子删去"天下之乐无以加焉"

---

① 见《朱子语类》卷40《论语二十二·先进下》。
② 《论语集注》卷11《先进》。

一句，则是因为朱子不希望人们认为此乐为最高，转而轻视事为；他删去"用之而行，则虽尧舜事业亦不外此，不待更有所为也"一句，其原因上文已经有了说明。值得说明的是，朱子删去"但夷考其行，或不掩焉，故不免为狂士"一句，则清楚地表明了他只是想从曾点所见天理流行的这一个方面来诠释"曾点气象"的意图，也就是说，朱子有意不再提及曾点狂和行不掩言的一面；而在比较曾点和三子之别时，"其气象不侔矣"与"则不可同年而语矣"，其下语的轻重也非常明显，这也体现了其努力平衡胸襟与事功的苦心；而在朱子的所增上，其强调曾点的胸次必与天地同流的意图，我们就不必再说了。

总的来看，定稿先论曾点之见为因，再论其志、其胸次为果，然后戛然而止，不再论其行——不论是行文的层次，还是所要表达的意图都很清晰。此后，历代对此定稿的注解甚多，其中颇能揭示朱子意图的有辅广的观点：

> 理欲不两立。须是人欲净尽，然后天理自然流行，随事随处不待勉强用力、自无纤毫欠缺处。然惟圣人心与理一，而后能礼用兼备，自然而然。若曾皙则以天资之高，而于此有见焉耳。故《集注》著"有以见夫"四字，便自断得曾皙所学之分量分晓。与后面程子所谓"曾点狂者，未必能为圣人之事，而能知夫子之志"之说相应。①

> 曾皙所居之地不过只做得此等事，而浴沂、咏归数语亦其平时日用之常。夫"即其所居之位"，则无出位之思；"乐其日用之常"，则无作意之为，只此两句便又见得曾皙不愿乎其外、无入而不自得之意。不过与诸朋友徜徉自适，初不见其有三子之志，而其胸次悠然自适，直与天地万物上下同流，各得其所之妙，显然自见于言语之外，是则曾点之所乐也，初无舍己为人之意一句，说得点之事实；胸次悠然而下数句，又形容得点之乐处分晓。②

总之，在定稿中，我们已经看不到曾点有丝毫所谓"狂士"的影子

---

① 《四书大全·论语集注大全》卷11引。
② 赵顺孙：《论语纂疏》卷6，《四库全书》本。

了。相反，他却被朱子打扮成了一位见识高妙、能够洞见天理，完全做到了时时存天理、灭人欲，并能"乐其日用之常"且又"从容自若"的理学家式的有"气象"者。其实，这也正是朱子极力推尊"曾点气象"的目的所在。同时我们也发现，这里朱子也有意回避了其弟子们针对曾点是否缺乏实行的疑问，而只是讲曾点的见地与胸襟，并尽可能从"纲"与"目"的不同上把曾点与佛老（其实也是陆学）划清界限。这样，曾点就成了只是"初无"入世的念头①，却会随时去体认天理的儒家典范。可以说，至此朱子对所谓"曾点气象"的推崇是显而易见的。

今天，对大多数读者来说，他们所接触到的更多只是朱子在《论语集注》定稿中赞扬"曾点气象"的这区区一百多个字，又能有几人能够了解朱子在形成这段文字中的诸多曲折和深意呢？需要再次指出，朱子的"曾点气象论"具有明显的宋学特色，常常会创造性地自出己意，不拘原文。这里，我们只要"要其会归，遗其所寄"就可以了，不必与其争论文字训诂上的是与非。

（二）定稿中对二程"曾点气象论"的态度

以往我们对朱子论"曾点气象"的研究，总是集中在他的所谓"一百三十七言"上。其实，无论是朱子在这一节中的其他评论，还是他在本节中引用前人的观点，所有这些才构成了他对"曾点气象"问题的完整看法。我们只要把视野扩大到本节的整体内容上，就能发现其中的很多消息。

上文已指出，朱子最终决定在定稿中只是正面突出曾点的见处，而回避他的"狂"和"行不掩言"，定稿也很好地完成了这一意图。但是曾点"不可学"的这一面毕竟就摆在那里，而且也都被二程提到过。朱子又该如何面对这一事实呢？在《论语集注》的这一节中，朱子除了自己直接评论外，还附上二程对此的评论作为补充：

程子（此为小程子）曰：古之学者优柔厌饫，有先后之序……如子路公西赤言志如此，夫子许之亦以此，自是实事，后之学者好

---

① 儒学中本有认为尧舜孔孟异地皆然的说法，认为孔孟在尧舜之时之地就会有尧舜之行，反之皆然。故朱子这里说曾点"初无"入世念头，也就是在强调曾点在此时此地会乐其性分之常，而在需要应时之际自然会挺身而出。

高，如人游心千里之外，然自身却只在此。

又曰（此为大程子语）：孔子与点，盖与圣人之志同，便是尧舜气象也。诚异二三子者之撰，特行有不掩焉耳，此所谓狂也。子路等所见者小，子路只为不达为国以礼道理，是以哂之，若达，却便是这气象也。

又曰（此为大程子语）：子路冉有公西华皆欲得国而治之，故孔子不取。曾点狂者也，未必能为圣人之事，而能知孔子之志。故曰"浴乎沂，风乎舞雩，咏而归"，言乐而得其所也。孔子之志，在于老者安之，朋友信之，少者怀之，使万物莫不遂其性，曾点知之，故孔子喟然叹曰：吾与点也。又曰：曾点、漆雕开已见大意。①

这里，朱子在引用二程的观点时有两点值得玩味：

其一，从朱子编订《论语集注》的一贯体例来看，他在讨论某一含有歧义的话题，而需要引用前人的一些差异较大的观点作为补充时，通常会把自己较为认同的观点放在前面。在这里，朱子显然是有意把小程子的观点放在前面以做强调。对于这一点，我们在体会到朱子在讨论"曾点言志"一节时的复杂心情的情况下，是可以理解的。尤其是在大程子的观点一再遭到弟子们的质疑、而他又对一味宣扬曾点之乐的流弊颇有所警觉的情况下，就更是如此。朱子亦云：

程子论三子言志自是实事一段，甚好。及论夫子与点一段，意却少异，所以《集注》两载之。②（吴必大录）

前一条是伊川的观点，后三条是明道的观点。需要指出，此前朱子在编订《论孟精义》时，先载的是明道语，后载的伊川语，而《论语集注》特意把伊川语移到明道语之前，朱子对二人观点的轻重之意显然自见。

其二，无论是小程子的原话（见上文），还是朱子所摘引的部分内容，这些文字都撇开了对"曾点之乐"的直接褒贬，却是在讨论"后之

---

① 《论语集注》卷11，《先进》。
② 《朱子语类》卷40，《论语二十二·先进下》。

学者"的好高之弊。这段话既包涵有一定的警诫意味,又在一定程度上对"曾点气象"本身有所回护,符合朱子对于"曾点言志"问题的一贯思路。朱子这种安排的目的,既希望对"曾点气象"有正面的宣扬,又希望尽可能对过分渲染"曾点气象"所带来的弊端有所消解。

从朱子处理二程材料中,我们明显能够感觉到他对自己在《论语集注》定稿中对"曾点气象"的一味推许还是心存顾虑的。他更希望人们认识到一味宣扬"曾点气象"的流弊。这就促使我们必须要注意朱子不喜言点的一面。

(三) 如何认识朱子晚年的不喜言点

与朱子在定稿中给予"曾点气象"极高的评价形成鲜明对比的是,朱子在晚年的非正式场合多次强调自己不喜言点,其典型者如:

> (朱子)曰:某平生不爱人说此话。《论语》一部自"学而时习之"至"尧曰",都是做工夫处,不成只说了与点,便将许多都掉了。圣贤说事亲便要如此,事君便要如此,事长便要如此,言便要如此,行便要如此,都是好用工夫处。通贯浃洽,自然见得在面前,若都掉了,只管说与点,正如吃馒头,只撮个尖处,不吃下面馅子,许多滋味都不见。向来此等无人晓得,说出来也好,今说得多了,都是好笑,不成模样。近来觉得说这样话,都是闲说,不是真积实见。昨廖子晦亦说与点及鬼神,反复问难,转见支离没合杀了。圣贤教人,无非下学工一贯之旨……学者且要其万理中千头百绪都理会,四面凑合来,自见得是一理,不去理会那万理,只管去理会那一理、说与点,颜子之乐是如何?程先生语录事事都说,只有一两处说此,何故说得恁地少?而今学者何故说得恁地多,只是空想象……不要说总会,如博我以文,约我以理,博文便是要一一去用功,何曾说总会处……圣贤之学,非老氏之学。老氏说,通于一,万事毕,其它都不说,少间又和那一都要无了方好。学者固是要见总会处,而今只管说个总会处,如与点之类,只恐孤单没合杀,下梢流入释老去,如何会有"咏而归"的意思?①

---

① 《朱子语类》卷117《朱子十四·训门人五》。

类似的话在《文集》和《朱子语类》中非常多。朱子于此强调，《论语》中通篇都是做工夫处，而"与点"只是其中的一小部分（如馒头的尖处），就是这小部分，还是建立在"都是好用工夫处。通贯浃洽，自然见得在面前"之上的，但是时人眼中却只有这一点。朱子认为，古人所做多实，今人所说多虚，这是古人与今人的最大不同。他还指出，向来儒学中很少人关注"曾点气象"，而宋代前贤对此略做提点，使儒学发展开一生面，"说出来也好"。但是，这种风气一转而为人人竞相谈论"孔颜乐处"与"曾点气象"，乃至于人人刊落工夫，轻视下学，虚说气象，其流弊就非常明显了。他反问："而今学者何故说得恁地多？""不成只说了与点，便将许多都掉了？"其鲜明的批判精神实在不让颜元等明清诸贤，且其评论中并没有一味主张否定"气象"，这更显公允。

　　又，今之学者往往据这段话极力强调朱子不喜言点，甚至进而演化为朱子晚年不喜曾点类型的理想人格[①]。我们说，如果我们全面地考察朱子的文献，就可以看出朱子所谓的不喜言点，只是朱子论"曾点气象"的一个侧面，至少我们能够在朱子思想发展的各个阶段里，发现他大量高度称许曾点的文字[②]。如果我们只过分强调朱子对"曾点气象"态度的某一个方面，就不可能了解他在此问题上的良苦用心，更会忽视朱子思想的复杂性与多侧面性。似乎可以这样说，所谓的朱子不喜言点，应该准确地表述为他不喜人空谈"曾点气象"等一切作为"尖处"者，而是希望人们能够在下学上达中自得。这在上文中已经表达得非常清楚，而且也能得到

[①] 代表者如陈来先生的观点：其一："然而，终朱子一生，他始终对'洒落'不感兴趣。他在中年追寻未发的思考和所要达到的境界与李侗不同，而他晚年更对江西之学津津乐道于'与点''自得'表示反感。反复强调道德修养的严肃主义态度。警惕浪漫主义之'乐'淡化了道德理性的境界。"见《朱子思想研究》，第55页。其二："朱子一生最不喜欢人说'吾与点也'，其弟子一日求安乐法，朱子回答'圣门无此法'（《朱子语类》卷113），朱子认为'闲散只是虚乐，不是实乐'，朱子显然是以敬畏排斥洒落。"见《有无之境》，第244页。其三：朱子对于曾点采取了两种相互联系又有所矛盾的态度。他一方面从"天理"的积极意义上解释曾点气象……曾点本来未提到任何关于天理人欲的问题，朱子尽量把曾点乐处解释为"人欲尽处，天理流行"的道德境界。尽管如此，朱子也不得不肯定其超然自得的一面。然而，朱子更经常持的是另一种态度，即对曾点有所批评……特别是宋代受陆学影响较大的江西学者津津乐道于"曾点气象"而鄙薄主敬的严肃律己功夫，使朱子十分不满。见《有无之境》，第254页。

[②] 如果一定要做个比较的话，那么毋宁说在总体上朱子赞许曾点的话要比批评他的话多得多。

更多文献的支持。

而在这个意义上,他同样多次声明不喜人空谈"孔颜乐处"、不喜人空谈一贯、空谈大本、空谈仁体、空谈心体等等,我们自然不能因此就说朱子不喜这些吧?在朱子,单纯说"与点"、说"孔颜乐处",都不足以尽圣贤之学的大观,而刊落下学、一味说与点,更不可能真正体会到"咏而归"的真义。因此,朱子的不喜言点,更应该被理解为对时人竞言"曾点气象"之流弊的一种警觉与反动,理解为对一种对时人流弊的批判,其意图是要去"扶醉人"。就此一段来看,我们还不能得出朱子不喜曾点的结论,尤其不能得出朱子终生不喜曾点的结论。

另外,朱子是不是一味地主张用敬畏排斥洒落?乃至是终身不喜"洒落"?上文足以表明,在很长的一段时间里,"洒落"在朱子的心中并不是一个绝对贬义的词汇,也不仅仅是一个代表理解文辞无滞碍的词汇。朱子同样认为,洒落气象也有虚实之分。真正的洒落气象非常令人敬佩①但,人未到真正的洒落境界时有意做达,虚说洒落的弊端也很大。如他在与胡大时的信中强调:

>"洒落"两字本是黄太史语,后来延平先生拈出,亦是且要学者识个深造自得底气象,以自考其自得之浅深,不谓不一再传而其弊乃至于此,此古之圣贤所以只教人于下学处用力,至于此等则未之尝言也。②

这里,朱子已经明确指出提倡洒落有其正面的价值,指出问题只是出在后人虚说洒落,或是说不做工夫先求洒落。朱子也正是针对这一现象才会强调,"圣贤所以只教人于下学处用力,至于此等则未之尝言也"。这并不表明他对"洒落"持一概否定的态度。我们说,虽然简单的词汇统计不能完全说明问题,但《朱文公文集》中共计出现"洒落"一词三十九次之多,《朱子语类》中共计出现"洒落"一词十二次之多。它们基本上都是在正面的意义上被朱子使用的。这足可以说明问题。在这一点上,

---

① 朱子本人就曾强调:大抵观圣人之出处,须看他至诚恳切处,及洒然无累处。《文中子》说天下皆忧吾独得不忧,天下皆疑吾独得不疑。又曰:穷理尽性吾何疑?乐天知命吾何忧?此说是。见《朱子语类》卷137,吕焘录,1199 年。

② 《文集》卷53《答胡季随·所喻两条前书》。

付长珍博士的观点是很公允的:

> 应该指出的是,朱熹之所以重视工夫论,是因为他感到一味地洒落、玄远,则无法找到下手处,其目的是为了给普通人成圣提供具体有效的可行之路。他的偏于理性主义的敬畏境界,乃是对洒落境界所作的限制和补充。但他内心深处却十分向往洒落自得、浑然至乐的自由境界。朱熹也并非以敬畏排斥洒落,"从心所欲不逾矩"依然是他心仪的理想之所。①

上述辩解非常重要,否则我们就无法理解朱子为什么会在定稿中那么渲染曾点的胸次悠然,不规规于事为之末了。

二 朱子"易箦之叹"考

最后,我们必须要提到所谓朱熹针对"曾点言志"的"易箦之叹"问题。在朱子去世后不久,祝穆即在《新安文献志·朱文公易箦私识》一文中对朱子弟子们所记录的朱子"易箦"之叹的真实性提出了质疑。此后清人夏炘(字心伯,人称弢甫先生,1789—1871)又在《述朱质疑》中对祝的观点提出了反驳②。但无论是在以蔡沈、黄榦为主的朱子诸位弟子们的记录中,还是在包括祝氏等人的质疑中,都没有提到朱子"易箦"之际围绕"曾点言志"节的态度是否有所转移,是否有过"叹"。事实上,最先提出朱子在"曾点言志"问题上有"易箦之叹"的,反而是几近五百年后的明人杨慎,据程树德《论语集释》引:

> 按:《丹铅录》云:朱子易箦之前,悔不改此节注,留后学病根……③

那么,一直让后人关注的是,朱熹真的有过针对"曾点言志"一节

---

① 付长珍:《宋代理学境界论》,博士学位论文华东师范大学,第25页。
② 《述朱质疑》卷16《祝和甫(即祝穆)易箦辨不可信说》,《景紫堂全书》本。
③ 《论语集释》第3册,卷24《先进下》,第812页。

的"易篑之叹"吗？流行的观点认为，虽然朱子在晚年一直在对《论语集注》进行改动，他对"曾点言志"一节更是屡屡改写，但如杨慎所说的"易篑之叹"，既不见于朱熹本人的晚年书信中，也不见于其弟子所编辑的《朱子语类》和他们各自的文集中，甚至也不见于杨氏之前的任何记载中，其真实性大可怀疑。对于杨慎本人，《四库提要·子部·杂家·通雅》条则直斥其为"好伪说以售欺"，并对杨编造的许多所谓"古本"颇为不屑[①]。况且，朱子在其去世前仅两个月时还在和陈淳讨论该问题，至少朱子还是有非常充足的时间来对这一节进行修订的。因此，"易篑之叹"不存在。另一种看法则认为，朱子在其《论语集注》中对"曾点言志"一节的评论和其在晚年绝大多数时间里对此问题的评论有出入，也不排除朱子有"易篑之叹"的可能性。

当然，就我们目前所见到的所有材料来看，朱子在去世的前几天仅仅修订过《大学》、《中庸》两书，对于他一生都颇为关注的"曾点言志"一节，他与陈淳对该问题的讨论基本可被视为他的最后之论。在没有新的证据出现之前，所谓朱子就"曾点言志"的"易篑之叹"都只能是或然的。

问题的关键点还在于，只要我们能对朱子晚年修订《论语集注》此节的艰苦过程稍有了解，则也能体会到朱子最终确定定稿的文字时，是下了多么大的决心。而且定稿的确定距其"易篑"只有很短的时间（不足一个月？极有可能是他和陈淳的谈话才最终促成了完成了定稿），这些因素都说明"易篑之叹"的可能性甚微。

问题似乎只能到此为止。但是，需要指出的是，我曾细检四库所收的杨氏《丹铅余录》、《丹铅续录》、《丹铅摘录》、《丹铅总录》诸书，却并没有找到程氏所引的相关文字，程书的引文出处显然是错误的。就我掌握的资料看，这一点还没有被人指出过。其实，程氏所引文字出自后人编辑的《升庵集》：

> 朱子晚年有门人问"与点"之意，朱子曰：某平生不喜人说此

---

① 今人王嘉川总结胡应麟对杨慎讹误的指陈，有十条。其中就提到"无中生有，影撰作伪"和"引文讹误，妄改原文"两条。见《布衣与学术——胡应麟与中国学术史研究》，商务印书馆2005年版，第418、425页。

话,《论语》自"学而"至"尧曰"皆是工夫……又易箦之前悔不改"浴沂"注一章,留为后学病根,此可谓正论矣。①

这里,杨氏所引朱子的两段话,前半部分出自《朱子语类》,原文为:

（陈淳）因问向来所呈"与点说"一段如何。（朱子）曰：某平生便是不爱人说此话,《论语》一部自"学而时习之"至"尧曰"都是做工夫处,不成只说了"与点"便将许多都掉了……②

比较这两段话可知,杨氏的引文比较随意,与原文也颇有出入。杨氏所引朱子的后一段话则不知所自。应该说,其可信程度并不高。

---

① 杨慎：《升庵集》卷45《夫子与点》,《四库全书》本。按,杨慎的作品非常烦杂,也多重复,其诸作品之间的关系可见李勤合的硕士论文《杨慎丹铅诸录研究》一文。
② 《朱子语类》卷117。

第三章　朱子"曾点气象论"研究
——以《朱子语类》为中心

本章将会以《朱子语类》① 为中心，对朱子"曾点气象论"的基本精神做出概括。需要指出的是，朱子的"曾点气象论"与其论"曾点气象"是两个不同的概念：前者是指朱子认为"曾点气象"是什么，后者则指朱子讨论该问题的过程。我们会在下章再对朱子的论"曾点气象"作出分析和评价。由于其中的论点在前文中已经多有所提到，故本书只对其略做归纳，不再展开。

在《朱子语类》中，朱子的"曾点气象论"更具复杂性：在不同时期，在不同地点，针对不同对象，朱子的态度每每有所不同，甚至会截然相反。不过，我们还是能从中发现其变中的不变者——在朱子确定其根本为学之方后所一贯坚持的立场。这不单是朱子"曾点气象论"的基本精神，也是朱子之为学与做人的基本精神。同样需要指出的是，朱子的"曾点气象论"带有鲜明的境界论和审美学的成分，这一点毫无疑义。但是它又不限于上述内容。在理学中，价值论、境界论和工夫论有其内在的关联性，而朱子的"曾点气象论"就关联着这些内容。

第一节　朱子"曾点气象论"的基本精神

一　推尊曾点之能见大本

朱子"曾点气象论"的第一个方面，就是大力凸显曾点之所见者——所谓的"大本"，这也是朱子"曾点气象论"的最显著特色。在不

---

① 凡本章所征引《朱子语类》，未标明出处的，均见该书的卷40。

同的时期，朱子都曾不厌其烦地强调：

> 曾点是见他个道理大（太）原了……其行有不掩者，是他先见得大了，自然是难掩（辅广录，甲寅以后所闻）。
>
> 曾点见处极高……他狂之病处易见，却要看他狂之好处是如何（潘时举录，癸丑以后丙闻）。
>
> （曾点）须是大段高，缘他资质明敏，洞然自见得斯道之体，看天下甚么事能动得他大纲（叶贺孙录，辛亥以后所闻）。
>
> 曾点气象又大，志趣又别（黄卓录，记录年代不详）。
>
> 若曾点，所见乃是大根大本（李壮祖录，记录年代不详）。
>
> 曾点天资高明，用志远大，故能先见其本（李壮祖录，记录年代不详）。
>
> 曾点于道，见其远者大者（杨道夫录，己酉以后所闻）。
>
> （曾点）其见到处，直是有尧舜气象……曾点见识尽高，见得此理洞然（徐㝢录，庚戌以后所闻）。
>
> 缘曾点见得道理大……操得柄欛，据得源头……曾点合下便见得圣人大本是如此（周明作录，壬子以后所闻）。
>
> 曾点所见，乃是大根大本……曾点之所用力者，水之源也……（周明作录，壬子以后所闻）。

甚至在七十岁之际与弟子陈淳的谈话中，朱子仍然坚持认为：

> 曾点不知如何，和下便被他绰见得这个物事（天理）、孔门惟颜子、曾子、漆雕开、曾点见得这个道理（陈淳录）。①

同时，面对弟子们的多次问难，朱子也一直在维护曾点的"气象"。他不只是盛赞"曾点之志，如凤凰翔千仞之上"②，而且也一直在告诫弟子们要去切实体会"曾点气象"："看他如何得如此，若仔细体会得这意

---

① 《朱子语类》卷117。
② 同上书，卷40《杨道夫录》。

思分明，令人消得无限利禄鄙啬之心"①，"且只理会曾点如何见得到这里"②，类似的语句在文集和《朱子语类》中不胜枚举。这也足以说明，认为朱子完全不喜曾点的说法，至少是不全面的。

朱子明言，曾点之所见的这个大根本，就是在事事物物上、在日用之间流行的天理，是天理流行的在在实境：

> 曾点见得事事物物上皆是天理流行……他看见日用之间莫非天理，在在处处莫非可乐……此是可乐天理（潘植录）。
>
> 缘他日用之间见得天理流行，故他意思常恁地好（潘时举录）。
>
> 只是他见得许多自然道理流行发见，眼前触处皆是……无不是这个道理（叶贺孙录）。
>
> 这道理处处都是，事父母，交朋友都是这道理，接宾客是接宾客道理，动静语默莫非道理，天地之运，春夏秋冬，莫非道理。人之一身便是天地，只缘人为人欲隔了，自看此意思不见。如曾点却被他超然看破这意思。夫子所以喜之。日月之盈缩，昼夜之晦明，莫非此理（叶贺孙录）。
>
> 曾点只是见得许多都是道理发见，触处是道理。只缘这道理本来到处都是（叶贺孙录）。

强调曾点所见是天理流行的在在实境，这也成为朱子推尊"曾点气象"的最大亮点——也是朱子"曾点气象论"的独有特色。显然，在这里朱子并不认为天理只是静摄的，是只存有而不活动的，更不只是概念和范畴。对他而言，理不仅体现为人伦物理，而更是体现在天地自然的事事物物上。单纯说理，自然是洁净的，更无所谓动，但是理又必然会乘气而行，使气充分实现自身：作为现实世界的所以然者，它本身具有创生意，是自然生生之所本。在这一点上说，天下莫实于理者。朱子多次强调道体流行是鸢飞鱼跃，是活泼泼的，展现为日月盈缩、昼夜晦明，就很能说明这一点。

---

① 《朱子语类》，潘时举录，癸丑以后所闻。
② 同上书，万人杰录，丁巳。

此天理流行也即是生生不息的至仁之境。朱子特别强调以自然的流行论仁。唯自然流行是理气和合的结果，故朱子特别以四时交替、气化流行所体现出的生机论仁，这也成为朱子论仁的独有特色。朱子明言，"理无迹，不可见，故于气观之。要识仁之意思，是一个浑然温和之气"、"仁是天地之生气"[①]。对他来说，理气浑然为一体，故观气即可见其所寓之理，而论理不及气，悬空谈理，都会流于禅说。在朱子眼中，理气均非死物，二者之和合所创生的世界亦非死物，而是一生生之体。牟宗三先生极不喜朱子的论仁方式，以为"他只能顺伊川之抽象的、分解的思路入。但正因此，其所了解的仁亦是抽象的、理智的、干枯的、死板的（以定义、名义的方式入）"[②]。牟先生显然是错会了朱子。

朱子特别强调天理流行之外在于人的真实性和先在性——这也是对佛教"以心法起灭天地"说的反动。在先秦儒学中，理字虽然还不是一个重要的概念，但是《孟子》和《中庸》[③]都特别强调"诚"，均认为"诚者，天之道"。在朱子看来，此诚字是对人欲尽处，天理流行的最好概括，其核心则是一"实"字：天之诚即天理流行的自在自然，表现为"真实无妄"[④]；人之诚是自为的，表现为体认此天理而能做到实有诸己。

当然，天之诚和人之诚又不是两个诚。它们在儒学天人不二的理论架构中实现了统一。

需要指出，虽然强调天理是理学的共性，但是朱子对天理的突出强调还是导致了后人的诸多批评：有的说他"析心与理为二"[⑤]；有的说他过分强调了外在之天理的权威而压抑了人的个性，导致了心体与性体的紧张；还有的说他过于注重对理的知识、概念性的把握，缺乏对道体流行的当下体认；还有的认为朱子对"理"理解的多元性导致了其思想的支离。

其实，所有这些指责都只是看到了朱子思想的某一方面而已。钱穆先生准确地指出：

---

① 《朱子语类》卷6《叶贺孙录》。
② 《心体与性体》下，第212页。
③ 学界对此二书的成书先后存在不同的看法，且争论较大。
④ 朱熹：《中庸章句集注》，《四书五经》本。
⑤ 《王文成公全书》卷2《语录二》，《传习录中·答顾东桥书》。

朱子虽理气分言，但认为只是一体浑成，而非两体对立。此层最当深体，乃可无失朱子立言宗旨。朱子云："天下未有无理之气，亦未有无气之理……理未尝离乎气。"①

朱子论理气心性，都既有分说，即对其差别的细致辨析；更有合说，即强调它们"一体浑成"，强调"心性理，拈着一个，则都贯穿"②。同样，对朱子来说心与理更不是完全隔绝的关系。把握朱子的这一运思方式，对于消除上述误解非常关键。

二　推尊曾点之胸次

朱子"曾点气象论"的第二个方面，是强调曾点得见天理流行后的胸次——朱子很自觉地区分了曾点的见处与其胸次间的不同。对于后者，朱子释之为"胸次悠然，直与天地万物上下同流，各得其所之妙，隐然自见于言外"。

朱子论曾点的所见时，重点在理上，而论曾点的胸次时，重点则转到了心上。心为性情的展开之地，而理学工夫又只能在心上用力，因此心也自然就成了朱子所讨论的重点对象。在一定意义上，钱穆先生称"理学家中善言心者莫过于朱子"③，也不为过。

我们知道，中国哲学史上本有强调"与物同体"或"与天地同流"的传统，而且其立论的基础与论证过程却大有不同④。大致可以说，惠施的"范爱万物，天地一体"是基于逻辑的、辨说的；庄学和玄学的"同体"或"同流"，是基于"坐忘"、或者"冥迹"的产物——其最终所得是纯无之胸次；而僧肇的"然则玄道在于妙悟。妙悟在于即真，即真即有无齐观，齐观即彼己莫二。所以天地与我同根，万物与我一体"⑤，是言语道断，双遣双非的，更是以空为核心的。与此相反，儒学所说的心（性）通天地，无论是孟子、《易传》、《中庸》，乃至后来的《西铭》、程

---

① 《朱子新学案》第1册，第25—26页。
② 《朱子语类》卷5《性理二》。
③ 《朱子新学案》第1册，第34页。
④ 详见《有无之境》，第258—275页。
⑤ 僧肇：《肇论·涅槃无名论·妙存第七》，《大正新修大藏经》卷45，NO.1858，第159页中。

颢、陆象山王阳明等,基本都是通过"大其心"实现的,其所得终属道德胸次①,是有之胸次。

《中庸》云:"天命之为性。"这是认为人之为人者来自"天命"——这也是人善端的来源。人以此所命者做为自己的本质本分,或者是人道所当为者,称之为性。因此,就这个作为天之命者和人之所本者的性来说,人是可以通天的,天人本来就是一本的。人只要尽其心知其性就可以知天,存其心养其性即可以事天,即可参天地之化育——在天地间找到自己的位置,与天地万物上下同流,即可成德成圣,即可以博施济众,治国平天下。当然,儒学一贯认为圣只是人之为人者的充分实现而已,从来也不认为离人之外别有圣。这可以说是所有儒者天人一体说的逻辑起点。

在许多理学思想家看来,天人一体是天人之间的本然状态(而非只是一种主观感受,一种境界而已),但是大多数人受私欲的掩蔽,失却了这种状态,因此"与物同体"只能为圣人所独有,只能是仁者之胸次:

仁者浑然与物同体,义礼智信皆仁也。②

仁者以天地万物为一体,莫非己也。认得为己,何所不至……故博施济众乃圣之功用。③

大人者,以天地万物为一体者也。其视天下犹一家,中国犹一人焉。若夫间形骸而分尔我者小人矣。大人之能以天地万物为一体也,非意之也,其心之仁本若是,其与天地万物而为一也。④

此胸次的现实出发点就是每个人不假考索、当下呈现的仁爱恻隐之心、不忍人之心,是此心中天赋之理的完满呈现:

思天下之民,匹夫匹妇有不被尧舜之泽者,若己推而内(纳)之沟中。⑤

---

① 也可参看导田虔次的《朱子学与阳明学》,陕西人民出版社1986年版,第30页。
② 《二程遗书》卷2上《识仁篇》。
③ 同上书,卷2上,《元丰己未,吕与叔东见二先生语》。
④ 王守仁:《王文成公全书文录续编》卷26《大学问》,《四部丛刊》本,下同。
⑤ 《孟子·万章》,《四书五经》本。

> 生民之困苦荼毒，孰非疾痛之切于吾身者乎？……视民之饥溺犹己之饥溺……每念斯民之陷溺，则为之戚然痛心，忘其身之不肖而思以此救之。①

此仁心是情感的，而非分析的；是客观的，而非逻辑的、推论的。它既包含个人突破小我后的从容、洒落、和乐之感，更多包含仁心发动下的悲天悯人、真诚坦恻之情，与誓要救民于水火的担当意识。用陈来先生的话说，就是"拯救意识"与"逍遥意识"的统一。否则，"与物同体"若完全流于"逍遥"，流于"丧我"，则会丧失儒家的属性②。相反，若儒者能时时以此胸次自警，不断提醒"与物同体"所必然包含的道德意识，就足以保证其儒者身份的自我认同，保证其不会流于佛老之独善其身，不会流于以个人超越为高。

另外还需指出，情在儒学中居于非常重要的地位，这是儒学与西方思想的一大不同点。大概可以说，儒学基本认为性情是一体的：情的发动体现为情，离开了情也就无所谓性。喜怒哀乐之情未发为性，仁义礼智之性发动为情；情之未发便是性，性之已发为情；心为变化感通之全体，其体为性，其用为情；未发不能无情，已发不能无性。具体到朱子，其中和之悟的核心是要追求情之动而中节的状态，而不主张根绝情。这虽是题外话，却有助于我们把握中国哲学的特色所在。

不过在理学内部，对天人一体还是有不同的看法，一种看法以为：

> 所以谓万物一体者，皆有此理，只为从那里来。③ 故有道有理，天人一也，更不分别。④

> 此理在宇宙间，未尝有所隐遁，天地之所以为天地者，顺此理而无私焉耳。人与天地并立而为三极，安得自私而不顺此理哉？⑤

---

① 《王文成公全书》卷2《答聂文蔚·一》
② 在这一点上，朱子极不喜人以"万物同体"论仁，并对人一味宣扬此胸次持非常警惕的态度。
③ 《二程遗书》卷2上。
④ 同上。
⑤ 《象山先生全集》卷11。

此说以理为天人一体之根据，天人一体的进路则在于使人合天——具体事说，是要使人合于天理。与此相对，另一种看法则认为：

> 人心与天地一体，故上下与天地同流。①
> 天地万物俱在我良知的发用流行中，何尝又有一物超于良知之外？②

这是典型的把外在世界意义化为我的世界之延伸的做法，认为此心（本心、良知）是天人一体的根据，天人一体的进路在于复其本心，人化自然。

朱子无疑是前一种说法的代表，而第二种说法的典型则是王阳明。天人一体说，也成为朱子论胸次的理论基础。

回到本书，朱子之论胸次，有五个突出特点：其一，盛赞曾点之志，推其为与天地万物上下同流，各得其所之妙；其二，强调其德性、理性与质实的一面，而力避其神秘的一面；其三，强调其合内外、兼物我的一面，而非单纯面向内心，诉诸单纯主观感受的一面；其四，强调其是切近的而非玄远的；其五，强调其是和乐的而非疏狂的。以下分别对其作出说明。

关于第一点。朱子继承程明道的说法，对曾点之志有突出的强调。他曾长期认为，若从志上说，则曾点"虽尧舜事业故所优为"，有尧舜气象。甚至在弟子们的多次质疑下，朱子仍然没有改变这一看法。上文已经指出，贵志是宋儒自认为度越汉唐诸儒之处。朱子多处强调：

> 学者须以立志为本……若不立志，终不得力（滕璘录）。③
> 看今世学者病痛，皆在志不立……至如漆雕开、曾点皆有志。孔子在陈，思鲁之狂士，狂士何足思，盖取其有志（郑可学录）。④

---

① 《王文成公全书》卷3《传习录下》。
② 同上。
③ 《朱子语类》卷118。
④ 同上。

大概说，志关乎着一个人的眼界之大小，胸襟之广阔。人以三尺之躯，凭什么和天地并立为三？朱子明言，这凭的是人能够自觉到天之所以与我者"元无少欠"；自觉到"天地之塞吾其体，天地之帅吾其性"；自觉到在究极的意义上，天人同此气，同此性，同此仁。此自觉者正在于人的志。由此，一个人若体会到"吾其体，吾其性，有我去承当之意"，就会自觉地去推事父之心以事天，就会自觉地去尽自己的分内责任。此承当二字也正在于志。志对于人培养胸次的重要性，是显而易见的。

朱子认为，曾点之志有尧舜气象，表现在其志在使万物"各得其所"、"各遂其性"：

> 问：曾点言志如何是有尧舜气象？（朱子）曰：明道云："万物各遂其性"，此一句正好看尧舜气象。且看莫（暮）春时物态舒畅如此，曾点情思又如此，便是各遂其性处。尧舜之心，亦只是要万物皆如此尔。孔子之志，欲得老者安之，少者怀之，朋友信之，亦是此意（周谟录）。[①]

朱子强调与天地同流，并不是要取消天人之分，而是要在天地之大背景下找到人之为人的位置，此谓各安其分，各尽其责，各得其所。于朱子，天人之间的关系是理一分殊，而非抽象的万物一体。因此，朱子非常强调在理一的前提下的爱有次等，各有其分，这也成为儒学相别于佛老的基本点[②]。这一点恰恰突出了儒学的特色——对时育物，老安少怀，致君泽民。这也是朱子论"曾点气象"和论胸次的特色所在。

朱子也强调，曾点之志又贵在其明白本末之别，以我为本，而不愿乎其外者——天赋的此善此性即在我心里，为我所固有，这就是我的本。因此立志的出发点就要落脚在这个本上，要全这个本：安于其分，各得其所，物物而不物于物，乃至于无入而不自得，从容自在。同时，能全这个本，也就可以做到与天地同流。

关于第二点，朱子于胸次，多强调其德性、理性与质实的内涵，而力

[①] 《朱子语类》卷118。
[②] 就是王守仁也不反对这一点。

避其神秘的色彩；强调其是理性的而非信仰的一面。我们说，在源头上说，原始儒学和宗教有着内在的关联，因此在儒学中论天、论敬甚至论礼的内容上都具有浓厚的神秘色彩。当然，儒学的渐趋成熟本身就标志着一种人文主义、理性主义的兴起。尤其是以孔子"仁"的概念出现为标志[①]，理性主义毫无疑问成为儒学的本质，也成了其区别于佛老之学的最根本之点。此后，不管儒学怎样向道德性命之学发展，它始终都没有偏离理性主义这一大方向。它的核心思想是哲理的，而非信仰的。

不过，随着儒学向内在化、心性化、境界化发展，以理学为代表的儒学更加强调人的感受化和境域化的一面——或者说是以心性为中心。就此而论，可以说在理学中尤其是在二程诸弟子和陆王一系中，强调神秘和直觉色彩的因素在逐渐增强——比如渲染万物一体的主观感受，比如渲染主静无我的主观感受，比如强调廓然一悟，比如强调无言之域等等，这在很大程度上抹去了儒学与佛老之学的界限，大大增强了儒学的宗教性色彩[②]。

而朱子之论胸次，则旨在大力扭转这一趋势，使儒学重新回到质实的路子上来。在《朱子语类》中，朱子论胸次，紧紧围绕理字展开，由内及外，层层外推到自然世界，即是由此而发；而其谆谆告诫陈淳和廖德明的要点，也正是由此而发；又如，其大力强调胸次的道德属性，而不渲染其主观感受的一面，反对把胸次玄虚化，反对把胸次说得过高，亦是由此而发。朱子在论曾点的胸次时，也很注意强调其理性的一面：指出曾点的"上下与天地同流"不是在强调"万物一体"的主观感受，已如上述[③]，而其强调曾点之"各得其所之妙"，这同样贯穿了"理一分殊"的思想，而没有流于神秘化。

关于第三点，其实也是第二点的延伸。在理学家们看来，佛学泯除所能的界限，认为人法二界皆为幻象，而儒家胸次之区别于佛者，就是强调客观世界的真实，以及在此基础上的物我贯通。朱子尤其强调，不能摒弃

[①] 在孔子之前，也有人提到仁，但都没有把它作为一个核心概念来对待。

[②] 吴言生先生在论禅宗的境界论时指出，境界论主要由四个部分组成，即一切现成的现量境、能所俱泯的直觉境、涵容互摄的圆融境、随缘任运的日用境。就感受论，禅宗境界与上述境界非常相似。见《禅宗诗歌境界》，中华书局2001年版。

[③] 朱子在论"与天地同流"时，很注意强调"理一分殊"，并自觉以此和"万物一体"划清界限，可参看《朱子语类》论《西铭》的相关内容。

外在实境而论胸次。早在编订《论语或问》的时候，朱子已经在强调论曾点之心"则固蔼然天地生物之心，圣人对时育物之事也。夫又安有物我内外之间哉？"此后，朱子更是把强调胸次的通人我、通物我和对陆学的批判联系起来，强烈批判关起门来一味论胸次是告子，是佛禅。

关于第四点，朱子论胸次，倡导切近而反高论、虚论。论为学，朱子最强调切身切实做工夫，其论胸次亦然。《朱子语类》云：

> 因举天地万物同体之意，极问其理。（朱子）曰：须是近里着身推究，未干天地万物事。也须知所谓心之德者，即程先生谷种之说；所谓爱之理者，则正谓仁是未发之爱，爱是已发之仁尔。只以此意推之，不须外边添入道理。若于此处认得仁字，即不妨与天地万物同体，若不会得，便将天地万物同体为仁，却转无交涉矣（周谟录）。①

钱穆先生曾云：自孔孟以下，儒家言仁，皆指人生界，言人心、人事，朱子乃以言宇宙界②。朱子特以天地之生气、生意论仁，其胸次不可谓不高。但是他同样强调学者要令胸次自近而远徐徐展开，不可直接追求与天地万物同体之境界。在他看来，及身而求，自下升高，这样得来的胸次才不是虚境界，才不是玩弄光景，才不会流于玄想，才能真实抵达与天地万物同体之境界。否则"泛言同体者，使人含糊昏缓，无警切之功，其弊或至于认物为己者有之"③。

关于第五点，朱子于胸次推尊和乐而反对"疏狂"。在本书中，"疏"，即指空疏，疏阔，其引申意则指散淡不羁。而"疏狂"，意指蔑视规范，放纵其心，任运纵横等，当然也指文人之纵情于声色诗酒的一面，尽管这已经不属于哲学讨论的范畴了。事实上，唐宋文学之士的"疏狂"丝毫不逊于魏晋④。我们也很容易从自称"疏狂"者如李白、白居易和苏轼等人当中发现佛老的影响。此"疏狂"因此也和儒学的基本价值形成了对立：儒学一向以自然、中和、平淡为美，以纲常为准则，而"疏狂"

---

① 《朱子语类》卷20《论语二·学而篇上》。
② 《朱子新学案》第1册，第237页。
③ 《文集》卷67《仁说》。
④ 其详情见《宋代文化与文学研究》一书。

者往往会过分强调人的个体之维，强调心对于外在规范的优先性，会表现出过与不及的一面。他们的所谓"疏狂"看似超脱，看似胸次玄远，实则多是刻意掩盖本真的产物：或是出于失意后的宣泄，或是出于个人价值观的幻灭……基本上背离了儒家所强调的中行之道。朱子论乐，强调见道自然而乐，却反对乐字当头——反对把乐本身作为追求的对象而刻意寻乐，反对脱离儒学规定的乐，反对拟议之乐，反对乐而流于快活，反对乐而失之荡。于朱子，乐不是指感性之乐，也不是指审美之乐，而是指见道后的愉悦，是指心中的畅然，是从容中道的自由，是鸢飞鱼跃，是活泼泼地，是无过无不及的和乐。朱子对于"疏狂"者之乐最为反感。其于曾点，则刻意强调其从容、和乐、乐循天理的一面，用意显然就是要把他心中的曾点形象和"疏狂"者划清界限。当然，历史上的曾点确实也有"疏狂"的一面，故朱子针对曾点的这一面常有非常严厉的批判。

我们说，朱子论"曾点气象"，有意区分曾点的见处与胸次，明确划分出了自然之天理流行与人之胸次悠然的界限，这是其论学的一大特点。在他看来，混淆二者的界限很容易流于玩弄光景，或是以心代理、务内遗外（陆学），"心外无理"（王学），甚至是以心法起灭天地（佛学）。朱子指出二者实有界限，但又能贯通，这既突出了天理的实在性，又强调了天人之别，凸显了儒学为己之学的根本。

三　大力强调理欲之辨

朱子"曾点气象论"的第三个方面，是特别强调理欲之辨。他显然认为曾点的能见到天理流行和能有如此的胸次，其关键是因为曾点做到了人欲尽处，天理浑然：人欲尽处是因，见天理流行、胸次悠然是果。理欲之辨本是理学中的大题目，包含着很多的内容。这里只就朱子论理欲的特殊点及其精神，略做说明。

朱子认为，人心之发动有"合道理底"和"徇情欲底"之别，个中关键是此心是要由"性命之正"做主，还是由"形气之私"做主。前者即是天理，而后者即是人欲[①]。在朱子的逻辑中，人欲的含义很广，"不

[①] 《朱子语类》云：只是一心，合道理底是天理，徇情欲底是人欲。见《朱子语类》卷78《腾璘录》。

必声色货利之娱，宫室观游之侈也，但存诸心者小失其正，便是人欲"①——人欲的特点是"不合道理"，"失其正"，指情之动而过其度②，这和我们通常所说的人欲（即人的感性欲求），含义颇为不同。基于理本论的立场，朱子认为人欲只是天理的派生者："人欲便也是从天理里面做出来"，天理"安顿得不恰好，便有人欲出来"③。这相当于认为天理是本，人欲只是天理的歧出。在他看来，人受气质之蔽，人欲的出现有其必然性。毋宁说，除圣人外，很少有人能发必中节，因此都会受到人欲的困扰。"有人欲，则天理便不得不与人欲对为消长"④，因此它也就成了每个儒者必须要正视和解决的问题。

朱子强调，天理与人欲的关系不同于道心与人心的关系：人欲不等于人心："人心，人欲也，此语有病。"⑤ 这是因为，人不能独立于形气之外，因此虽圣人也不可能取消人心。而人欲就不同了——心的发动或当或不当，不当者没有任何存在的必然性与合法性，因此说，人都不应该有人欲，却不能没有人心。朱子反复强调，天理人欲"是交界处，不是两个"⑥，它们常处在互为消长的对立状态，而且它们之间的界限常在几微之间：

> 天理存则人欲亡，人欲胜则天理灭，未有天理人欲夹杂者（魏椿录）。⑦

> 人只有天理人欲两途，不是天理便是人欲，即无不属天理，又不属人欲底一节（徐植录）。⑧

---

① 《文集》卷37《与刘共父·二》。
② 岛田虔次先生即指出：情动而变为过度之时，这就是"欲"，即是恶。若反过来说，则假如一切都是得中的状态的话，这就是善，逸脱"中"而陷入"过"或者"不及"（即负的过度）之状态，就是恶。我们一说到朱子学，立即预想到严重的道德主义，而且预料对恶的激烈地憎恶克服之意志，而这一点决不是错误的。但是，朱子学的恶的理论，可以说如此单纯。见《朱子学与阳明学》，第62页。
③ 《朱子语类》卷13《学七·力行》。
④ 同上。
⑤ 同上书，卷78《尚书一·纲领》，萧佐录。
⑥ 同上书，徐寓录。
⑦ 同上书，卷13《学七·力行》。
⑧ 《朱子语类》卷41《论语二十三·颜渊篇上》。

因此，与只是要求人心听命于道心不同，朱子明确号召要"存天理、灭人欲"，他的"曾点气象论"所反复强调的，也正是这一点。这实际是要求心的发动时时、事事合道理，而不是要根除人的合理自然欲求。他强调，学者若不能时时"存天理、灭人欲"，就不可能会有私欲尽处，天理流行的胸次。仅就此而言，朱子的理欲说并不算是"以理杀人"。对此，劳思光先生亦颇有同情之理解：

> 儒学向以"成德"为主旨，故其有关道德之学说，又非重在语言意义一面之清理，而重在实践之要求……而"理欲"之辨即各家之通义也。
>
> 宋儒言"理欲"，其要义在于意志方向问题，而不在意志内容问题。若就意志内容言，则其内容自不离此事实世界，而"欲"亦是一心理事实或生理事实，故似无由排除。但在方向一层说，则另是一事。内容一面所涉乃"有无问题"，方向一面所涉则是"主从问题"也。故"理欲之辨"乃"理作主"或"欲作主"之辨，因所取乃方向义，非内容义。①

这是说，儒学的方向在于成德成圣，这一方向本就决定了她必会讲"理欲之辨"，必须要解决理和欲谁为主导的问题。否则，心地上的工夫又如何展开呢？落实到实践上，"成德"之学必然要求以德性规范意志乃或是在情欲中提升意志，使之发而中节——此即存天理、灭人欲也。朱子的理欲论，具有鲜明的精英色彩，这是他和晚明之理欲论的最大差异所在。

后人对朱子理欲说的误解主要有二：一为陆子，一为戴东原。

陆子不喜朱子的天理人欲之分：

> 天理人欲之言亦自不是至论。若天是理，人是欲，则是天人不同矣……分明裂天人而为二也。②

---

① 《新编中国哲学史》第三卷，下册，第647页。
② 《象山先生全集》卷34《语录上》。

陆子认为，天理人欲之言的意思是，天只是理，人只有欲，这其实是对理欲说的误读。至少是朱子绝不会说"天是理、人是欲"的。相反，朱子反复强调心具众理，而且是初无少欠。用现代人的说法就是，朱子会毫不犹豫地承认人都具有天赋的善性和成圣的可能性，也会毫不犹豫地承认人禽之分，他怎么会认为人（只）是欲、人等于禽兽呢？但是，朱子也一定会强调，"天人同"或"天人一"，这只能是人做工夫变化气质后的理想状态，是只有圣人才能承当的境界。现实的人都处在十字路口，既有被情欲所左右而丧天良，流于禽兽的可能性，也有成圣成德的可能性，其中的关键就在于人是要循天理，从而使自己的本性充分绽放，还是要为情欲所支配，而丧失人之为人者。

戴震亦不喜理欲之分，他认为宋儒理欲说之蔽是"以释混儒"和"舍欲言理"。在他看来，理本乎欲，它是情欲之不爽失者，而非在情欲之外的如有一物。理的内涵是情欲之不爽失者，因此舍欲不可言理。我们说，东原的这一说法自然能持之有故，言之成理。此说给了人的基本欲求以合理的地位，其积极意义自不待言。但是，东原因此遂谓"舍欲言理"者无不失理之正解，并视之为以意见杀人，就有些自说自话了。东原对程朱之理欲说的误解也是明显的：东原视朱子在超越的层面上谈理为流于佛老，视程朱之提倡灭人欲就是要根绝人的基本需求，视程朱之谈理为任意见，这显然都是误解。此中的关键是，东原对程朱理欲说的本意未必有清晰的理解，遂认为朱子所说的人欲即指人的感性需求，而其实情却不然①。因此，他对程朱的批判就很有些不相应。这一点在上文中已经反复提及过，这里不必再多讲。我们说，相对于明清之际儒者强调人欲的正当性，朱子更强调人欲之危，强调其随时都会流于恶的一端：人欲也未便是不好，谓之危

---

① 黄宗羲对陈确的批评，也同样适用于戴震。陈亦主张"人心本无所谓天理，天理正从人欲中见，人欲恰好处即天理也，向无人欲，则亦无天理之可言矣"。黄驳之云：此言从先师（刘宗周）"道心即人心之本心，义理之性即气质之本性，离气质无所谓性"而来，然以之言气质、言人心则可，以之言人欲则不可。气质人心是浑然流行之体，公共之物也。人欲是落在方所，一人之私也。天理人欲正是相反，此盈则彼细，彼盈则此细。故寡之又寡，至于无欲而后纯乎天理。若人心气质恶可言寡耶……必从人欲恰好处求天理，则终身扰扰不出世情，所见为天理者，恐是人欲之改头换面耳。见《南雷集》之《南雷文案》卷3《与陈乾初论学书》，《四部丛刊》本。钱穆先生在《中国近三百年学术史》中，引此段注为出自《南雷文案》卷2，不确。

者，危险欲堕未堕之间，若无道心以御之，则一向入于邪恶，又不止于危也①。于朱子，人欲的定义就是不合天理，而失去天理的约束，人欲随时都会膨胀为私欲，展开为恶行，其怎能不危呢？又怎能不灭人欲呢？

四 强调工夫与气象紧密相连

朱子"曾点气象论"的第四个方面，是论胸次必论工夫，每提到境界处必着重提到工夫、提到下学。他显然认为，胸次悠然必须从下学工夫中来，果只能从因中来，从下学上达中见。

朱子论胸次的一个根本点就是告诫人不要奢谈胸次，而要注意在做工夫中见胸次，在做工夫中见了无私欲，天理流行之实境。这在一定程度上又关联着本体与工夫的关系问题。在理学中，本体一词最为常见，也最容易被引来和西方的本体论思想相比附。不过，笔者细检周张程朱陆王诸人的文献，发现他们基本是在"……的本然状态"，在与用相对的体，与末相对的本，与源相对的流的意义上使用本体一词的，如他们经常提到心之本体，性之本体，仁之本体，气之本体，意之本体，却没有把本体当做一个单独的物事来对待的事例，当然更不会认为此"本体"（即使其存在的话），会独立或者是超越于万物之上。不仅如此，他们都反对追索一玄虚的本体，而是强调即用见体。这也为我们对前人思想的诠释划定了必要的界限，要我们必须谨记理学所讲的本体和西方哲学本体论的不同之处。在这方面，张岱年先生的提醒也非常必要：

> 在宋明道学中，所谓体或本体，亦非专指宇宙之最究竟者。（张先生自注云：宋明哲学中所谓本体，常以指一物之本然，少有指宇宙之本根者……所谓本体亦即本然、原来之意）……宋明道学又有所谓"道体"，亦指本根，与今所谓本体意同。②

从前人对本体一词的规定可知，其论本体，必会落脚到理气和心性上，落脚到强调人对……之本体的复归上。这一复归过程，必定会建立在

---

① 《朱子语类》卷13《学七·力行》，李方子录。
② 张岱年：《中国哲学大纲》，中国社会科学出版社1994年版，第7—8页。

做工夫之上。具体来说，也就是围绕"存天理、灭人欲"的行动而展开。戴东原力辨为学之"非复其初"①，不知理学多讲复其本，而非讲复其初——理学中本然即是应然，至善即是至真，当然也就是必然，这在很大程度上是在以假为真，但它却由此具有对于理想世界的指引作用："它所内蕴的一种道德理性——对人性必然向着固然、当然方向作自我选择和生长的信念。"② 在这一点上，儒学和佛老的分别是明显的。

中国哲学一贯强调返身自得，讲为己之学，也讲虚实之辨。为己之学所突出的一点就是强调真理并不表现为逻辑上的无懈可击，而在于它可以引领我走向生命的真实，引领我"按照自我展示（self-disclosure）的方式积极地参与世界的实现"③。朱子同样相信，上下与天地同流的境界不是不在，但它对于每个人来说都有一个由虚知到实体的渐次展开的过程。任何人，若不经过自己下学工夫的体认与证成，任何口中所说胸次都是不真实。这一点，也是中国哲学的根本特色之所在。

我们曾反复强调，朱子论"曾点气象"时的心态是复杂的，是充满矛盾的。因此，朱子在论"曾点气象"时，也花费了大量的精力告诫弟子们曾点不可学、曾点近于庄子、曾点虚而不实的一面。毋宁说，越是在晚年，朱子对此的强调就越多。

五 批评"曾点气象"虚的一面

朱子"曾点气象论"的第五点，就是严厉批判曾点之虚之狂，批判曾点之刊落工夫，批判曾点之近佛老，并从虚实之辨的角度号召人学曾参、颜回、漆雕开。总的来看，朱子在《朱子语类》中，对曾点的批评较之《文集》更为严厉。这也可以看做是《朱子语类》和《文集》的一个不同点。

首先，朱子强调，曾点和庄老仅隔一线，并对曾点之工夫疏略非常反感。《朱子语类》云：

> 曾点意思与庄周相似，只不至如此跌荡（潘时举录）。

---

① 戴震：《孟子字义疏证》卷上，《四库全书》本。
② 崔大华：《儒学引论》，人民出版社2001年版，第859页。
③ 郝大维、安乐哲：《汉哲学思维的文化探源》，江苏人民出版社1999年版，第172页。

曾点言志，当时夫子只是见他说几句索性话，令人快意，所以与之。其实细密工夫却多欠阙，便似庄列。如季武子死，倚其门而歌、打曾参仆地，皆有些狂怪（万人杰录）。

只怕曾点有庄老意思……他也未到得便做庄老，只怕其流入于庄老（叶贺孙录）。

然未见得其做事时如何，若只如此忽略，恐却是病，其流即庄老耳（吴必大录）。

观季武子死，曾点倚其门而歌，他虽未是好人，然人死而歌，是甚道理？此便有些庄老意思（辅广录）。

在朱子看来，曾点之近庄老，在于其狂——非礼无法，在于其疏略。在理学中，一向有"未有真知而不能行"的说法，因而曾点所行的狂，必然表明其下学工夫的疏略，表明其所见虚而不实①：

他只是见得这大纲意思，于细密处未必便理会得，如千兵万马，他只见得这个，其中队伍未必知（徐植录）。

（曾点）往往于事为之间有不屑用力者焉，是徒见其忠（一）之理，而不知其恕（殊）之理也（李壮祖录）。

如今人在外看屋一般，知得有许大许高，然其中间廊庑厅馆，户牖房闼子（仔）细曲折，却是未必看得子细也……如一个大屋样，他只见得四面墙壁高低大小都定，只是里面许多间架殊不见得（曾祖道录）。

虚实之分，也是曾点在所见与所乐上与尧舜周孔，乃至于曾参、颜回、漆雕开的最显著区别。个中原因，一是由于曾点欠缺细致入微的下学工夫：

曾点虽是如此，于用工夫处亦欠细密（黄卓录）。
他虽知此理，只是践履未至（周谟录）。

---

① 在这方面，朱子有时承认曾点所见是实理的流行，有时认为曾点所见有些不实。

> 曾皙不曾见他工夫（黄义刚录）。
> 他是太宽了，却是工夫欠细密（叶贺孙录）。
> （曾点）不肯屑屑做那小底工夫，是他合下一见便了，于细微节目工夫却有欠阙（周明作录）。

其二，朱子强调，曾点之所见处非从下学上达中来，非从格物穷理中来：

> 曾点不知如何，和下便被他绰见得这个物（陈淳录）。
> 曾点都未曾去做，却先晓得了，更教他如曾子恁地细密做将去何可比也？只缘他见得快后不当事，所以只见得了便休（吕焘录）。
> 点合下见得大处（李壮祖录）。
> 曾点是未行而先见得此意思者（辅广录）。
> 人有天资高，自然见得此理真实流行运用之妙者，未必皆由学问之功。[①]

朱子进而认为，曾点既有空疏的一面，故须裁之，须抑之：

> 曾点之志，夫子当时见他高于三子，故与之。要之，观夫子不知所以裁之之语，则夫子正欲共他理会在（杨道夫录）。
> 曾皙不曾见他工夫，只是天资高后自说着。如夫子说吾党之小子狂简，斐然成章，不知所以裁之，这便是狂简。如庄列之徒皆是。他自说得恁地好，所以夫子要归裁正之。若是不裁，只管听他恁地，今日也浴沂咏归，明日也浴沂咏归，却做个甚么合杀（黄义刚录）。
> 想见当时圣人亦须有言语敲点他，只是《论语》载不全（叶贺孙录）。

而就曾点本人而言，朱子认为他亦须循序渐进，从头做踏实的下学工夫来弥补其不足：

[①] 《文集》卷61《答欧阳希逊·所示卷子》。

若是曾晳，则须是更去行处做工夫始得（辅广录）。

曾点有时是他做工夫，但见得未定，或是他天资高后被他瞥见得这个物事，亦不可知。虽是恁地，也须低着头，随众从博学审问慎思明辨笃行底做工夫，衬贴起来方实，证验出来方稳，不是悬空见得便了。博学审问五者工夫，始终离他不得（陈淳录）。①

但是，问题的另一面是，曾点较之常人之规规于事为之末，毕竟还是见到了。这一点，最终还是获得了朱子的推许：

曾点意思见得如此，自与诸子别（叶贺孙录）。

譬如一块宝珠，尧舜便实有在怀中，曾点只看见在，然他人亦不曾见得（吕焘录）。

然看到此，也是大故难（曾祖道录）。

随之，朱子特别强调曾点不可学，告诫弟子们更需要以"重工夫"的曾参、颜回、漆雕开为榜样，既有气象，更做工夫：

某尝说，曾晳不可学。他是偶然见得如此，夫子也是一时被他说得恁地也快活人，故与之。今人若要学他，便会狂妄了（黄义刚录）。

点自是一种天资，不可学也（周明作录）。

学者须是学曾子，逐步做将去，方稳实（沈偶录）。

对曾点之虚的批判，也构成了朱子"曾点气象论"的重要方面。

六 基于"曾点气象"指示为学之序

朱子"曾点气象论"的第六点，是力戒弟子朋友们不能忽视下学，一味奢谈"与点"，玄想"气象"，而是要牢守为学之序，自下学而上达。关于这一点，在后文朱子与陈淳的晚年问答时，会有详细的介绍，此不

---

① 《朱子语类》卷117。

详论。

综上所述，朱子"曾点气象论"可以概括为两个要义：一是盛推天理流行的境界，盛推与天为一的胸次；二是强调虚实之辨，强调下学上达，强调在分殊处用力见理一。我们说，这不仅是朱子"曾点气象论"的精神，也是朱子为学的基本宗旨与精神。这一宗旨，又是与朱子对于自己封建士大夫的自我认同是分不开的。

第二节 朱子对与"曾点气象"相关之"气象"的评论

朱子的"曾点气象论"已如上述，其中也倾注了朱子对儒学人格之所应然的诸多设想。不过，朱子也很清楚，曾点毕竟不是孔子，更不是尧舜，"曾点气象"毕竟不能代表儒学的最高理想。在《朱子语类》中，朱子还通过对"曾点气象"与其他相关"气象"的比较，来揭示儒学理想人格的所应然，以及来指示为学之方。对此的分析有助于我们更进一步了解朱子对儒学理想人格之所应然的理解。

我们说，朱子固然有不喜人空说"气象"的一面，也常强调不喜人一味空洞的比较前贤的优劣，这是因为他担心这会流于魏晋之清谈。相反，他指出，如果在比较前人的"气象"时注意返身，那么这种比较就是非常有意义的。如他一再强调：

> 叔器问：先识圣人气象如何？曰：也不要如此理会……只要看如何做得到这里……自家真能如此否……今不理会圣贤做起处，却只去想他气象，则精神却只在外，自家不曾做得着实工夫。须是切问而近思。向时朋友只管爱说曾点、漆雕开优劣，亦何必如此？但当思量我何缘得到漆雕开田地，何缘得到曾点田地，若不去学他做，只管较他优劣，便较得分明，亦不干自己事（陈淳、黄义刚同录）。①

朱子反复强调，为学要干自己事，评人优劣也要与返身而诚相联系。

---

① 《朱子语类》卷29《论语十一·公冶长下》。

把握住了这一点，比较前人的优劣就不会流于闲议论和闲是非，也不妨碍朱子自己在《朱子语类》中反复对先贤之优劣进行比较。

一　曾点与子路

子路是孔门的大弟子之一，历史上他的地位一向仅次于颜回、曾参和孟子数人。但是在"曾点言志"一节中，孔子的所与却给了曾点，子路终输却曾点一些。今天看来，这个小故事本不值一提，但是宋儒却由此认为，在总的气象上，"共敝"（子路）亚于"浴沂"（曾点）。

朱子在比较曾点与子路时，基本上继承了上述观点。他对此还进一步的说明：曾点与子路的差别，是见大本与规矩于事为的不同，是所见道理上的粗细之别。子路勇气有余而识理（礼）不足，尚且在事为上落脚，这是他不及曾点之处。但是，由于当时宋儒普遍认为，子路是实下工夫者的典型，因此朱子也对时人一味贬低子路而推崇曾点的流弊也颇有警觉——认为轻视子路，会潜在地流于轻视事为，以独乐为高的危险。由此，朱子在《朱子语类》中也多次强调："子路品格甚高"，"子路见处极高，只是有些粗"，"子路地位高，品格亦大故高"，"他资质大段高"，"今学者只从子路比上去，不见子路地位煞高，是上面有颜子底一层，见子路低了……他这气象煞大，不如是，何以为圣门高弟？""就子路地位更收敛近里，便会到无伐善无施劳处（颜回地位）"、"子路更修教细密，便是颜子地位"。个中原因，在于朱子很希望通过赞扬子路来"进学者"：因为"子路志愿，正学者事"。对此，朱子的高弟辅广亦指出：

> 子路虽有曾点气象，而其实亦有不同。曾点是知之事，子路自行之事，"浴沂"（曾点）之知崇，"共敝"（子路）之行实。①

这在很大程度上也体现着朱子本人的态度，体现着朱子胸襟与工夫并重的基本态度。

---

① 《论语纂疏》卷 3 引。

二 曾点与曾参

在《朱子语类》中，朱子评价曾点父子的态度最为鲜明，也最发人深省。这是因为，一般人认为，二人的为学之方也恰好截然相反，但是二人在孔门的地位更有天壤之别：

> 曾晳……想见他只是天资高，便见得恁地，都不曾做甚工夫，却与曾子相反。曾子便是着实步步做工夫，到下梢方有所得（叶贺孙录）。
>
> 某尝谓曾点父子为学每每相反。曾点天资高明，用志远大，故能先见其本，往往于事为之间有不屑用力者焉。是徒见其忠之理而不知其恕之理也。曾子一日三省，则随事用力，而一贯之说必待夫子告之而后知。是先于恕上得之，而忠之理则其初盖未能会也。然而一唯之后，本末兼该，体用全备，故其传道之任不在其父而在其子，则其虚实之分，学者其必有以察之（李壮祖录）。
>
> 曾参曾点父子两人绝不类。曾子随事上做细微曲折，做得极烂熟了，才得圣人指拨，一悟即了当；点则不然，合下便见得如此，却不曾从事曲折工夫，所以圣人但说吾与点而已，若传道则还曾子也。学者须是如曾子做工夫，点自是一种天资，不可学也（周明作录）。①

在朱子眼中，曾氏父子正相反，一个天资高，另一个却鲁钝。但天资高的只有见处，缺乏下学工夫；鲁钝的却扎扎实实从分殊处做起，为学有序。因此，最终二人之结果全异——曾点最终没有任何作为，而曾参却成了孔门的正宗传人。显然，朱子据此特别希望后人在为学上不能只是依靠个人的天资，而是要以曾参为师，把自己放在中下资质的地位上，踏实做下学的工夫。朱子特别强调，要注意曾点父子之间的虚实之分，这也是朱子有感于时人之竞言与点，好乐恶苦之痛下针砭的具体表现。朱子还强调，曾参就是在悟得"一贯"以后，其气象仍然时刻以

---

① 类似的话，在《朱子语类》中有十多处，此不详引。

敬畏为核心——战战兢兢，直到易箦时仍不松懈，这一点最值得后人效法。

三 曾点与颜回

在许多人眼中，曾点与颜回有很多共性，也有很多相通之处——至少在乐这一点上，因而成为后人津津乐道的话题。若借用时贤常用的术语说，就是二人很能体现儒学中"无"的向度①。如彭国翔先生就提到：

> 龙溪对颜子的推重，文集中比比皆是，这固然与阳明学以颜子为圣学象征符号对抗官方朱子学以争取自易正统地位有关。但除了这种相对而言较为外部的原因外，阳明学尤其龙溪在吸纳佛老过程中发展儒学本身"无"的向度，可以从颜子的历史形态得到更多的印证，恐怕更是一个思想理路上的内在原因。②

其实，朱子对颜子的推崇，丝毫不逊于阳明学派。前文所引用的《近思录》已经显示，朱子继承了二程的观点，认为颜子仅次于孔子，稍"高于"孟子。这一点在《朱子语类》中也多处得到了印证③。不过，宋儒包括朱子之推崇颜回，是因为他道德上的完美，是因为他的好学和重工夫，是因为他代表儒学之"有"的向度的典型。也正因为这一点，一向以刚毅自期的张载也才会对颜回赞叹有加。宋明两代对颜子的不同理解，这本身就能说明很多问题。

对朱子来说，颜回与曾点的共性在于：二人都有极高的天资，都能见得大本。与子路相比，二人都见得细。但二人的差异更是明显，也更为朱子所强调：颜子之乐实，曾点之乐虚；颜子之乐真（自然、平淡、恬静），曾点之乐劳攘、外露；颜子前途未可限量，曾点很可能流于佛老。

---

① 关于有无之辨，详见后文之分殊，也可参阅陈来先生的《有无之境》，康中乾先生的《有无之辨》和彭国翔先生的《良知学的展开》三书。

② 《良知学的展开》，第103页。

③ 如《朱子语类》卷93，《孔孟周程》云：或问颜子比汤如何？曰颜子只据见在事业，未必及汤，使其成就则，汤又不得比颜子……颜子比孟子，则孟子当粗，看磨棱合缝，犹未有尽处（林学蒙录）。

由此，朱子既肯定和推崇二人的见处之同，但更强调颜的乐更为自然，更为真实；同时，他也注意区别颜曾在工夫之有无上的相异处，强调二者的虚实之分：

> 问颜子乐处，曰：颜子之乐，亦如曾点之乐，但孔子只说颜子是恁地乐，曾点却说许多乐底事来，点之乐浅近而易见，颜子之乐深微而难知，点只是见得如此，颜子是工夫倒（到）那里了，从本源上看方得（林赐录）。①
>
> 颜子之乐平淡，曾点之乐已劳壤了，至邵康节云"真乐攻心不奈何"，乐得大段颠蹶。或曰：颜子之乐，只是心有这道理便乐否？曰：不须如此说，且就实处做工夫（林学蒙录）。②

朱子显然认为，颜回更近于儒学的理想人格。不过，朱子有时还会在不经意间把二人相提并论，如《论语或问》云：

> 程子答鲜于侁之问，其意何也？曰：程子盖曰，颜子之心，无少私欲，天理浑然，是以日用动静之间从容自得，而无适不乐，不待以道为可乐然后乐也。③

以此内容和朱子在《答万人杰》书所引的《论语集注》之"曾点言志"一节的评论相比，就很能说明这一点。

四　曾点与漆雕开

上文已经提到，朱子曾反复提到曾点与漆雕开的优劣，这在《文集》和《朱子语类》中不下十多处：

> 问：漆雕开与曾点孰优劣。曰：旧看皆云曾点高，今看来，却是

---

① 《朱子语类》卷31。
② 同上。
③ 《四书或问》卷11《论语·雍也第六》。

开着实，点颇动荡（郑可学录）。①

如漆雕开见大意则不如点，然却是他肯去做（曾祖道录）。②

若论见处雕未必如点透彻，论做处，点又不如开着实（李儒用录）。③

朱子认为，论见地，曾点无疑要优于漆雕开；而论做工夫处，则"颇重工夫"的漆雕开更为着实。表面上看，二人各有所长，似乎点还略高于开。但是从虚实之辨的角度来看，则开实而点虚，因此开更能获得朱子的青睐。为了突出与曾点之乐的区别，朱子特别用"灰头土面"来形容漆雕开：

漆雕开想是灰头土面朴实去做工夫，不求人知底人，虽见大意，也学未到（潘时举录）。④

正是基于这一点，朱子认为漆雕开较之曾点更能有进步的潜力：

开是着实做事，已知得此理，点见识较高，但却着实处不如开。开却进未已，点恐不能进（董铢录）。⑤

事实上，越是在晚年，朱子就越重视做工夫处，也就越希望弟子们能以漆雕开为师，不要去空头的羡慕"曾点气象"。这也是朱子越来越强调虚实之辨一个具体体现吧。朱子的这一精神，对于限制理学发展的过分玄虚化，起到了非常明显的作用。

与上述几人相比，曾点的长处在其见处，其不足在其做工夫处。于朱子，曾点有许多东西需要向这几个人学习。

---

① 《朱子语类》卷28《论语十·公冶长上》。
② 《朱子语类》总40。
③ 同上书，卷28。
④ 同上。
⑤ 同上。

五　曾点与庄子、邵雍

在朱子眼中，曾点和庄子及邵康节也有很多的共性——天资高，却缺少儒家法则的约束而失之于狂，只是曾点不及二人更放荡罢了。

在《朱子语类》中，邵康节经常被引为曾点的同调，而二人之间的相似性，通常被指为一味追求快活，对乐的追求超出了儒学基本价值观的约束。如邵康节的《和君实端明》诗曰：

> 养道自安恬，霜毛一任添。且无官责咎，幸免世猜嫌。
> 蓬户能安分，黎羹固不厌。一般偏好处，曝背向前檐。①

邵康节视"官责"为人生的一种负累，认为注重安乐自由的精神和不委屈以累己的生活才是了无滞碍的生活。我们固然可以在程明道甚至朱子的诗文中偶尔发现类似的作品，但是这些作品并不是他们思想的主流。反观康节，他的所有作品中都缺少对儒学基本价值观的肯认，而一味宣扬这种情绪。毋宁说，安乐已经成了他所追求的最高原则，这种态度明显与理学的基本价值观不类。对于康节之乐，朱子说：

> 看他（邵雍）诗，篇篇只管说乐，次第乐得来厌了。圣人得底如吃饭相似，只饱而已。他却如吃酒。②

朱子显然以为，邵康节滔滔不绝地咏叹生命的快乐感觉，乐得太过分了，乐的太张扬了，乐得有些以玩物为道，会有淡忘儒学的基本价值观、流于佛老的危险③。我们也能在朱子晚年对曾点的批判中看到类似的话语，而这同他对时人一味渲染曾点之乐的忧虑是相关的。朱子的这种态度，也能让我们想起叶水心对邵康节的批评。

在《朱子语类》中，朱子也经常对曾点和庄子进行比较：他认为二

---

① 邵雍：《击壤集》卷9，《四库全书》本。
② 《朱子语类》卷93。
③ 相对而言，朱子认为康节较之庄子还算是有规矩。庄子则完全"无礼无本"。

人的共性是狂，是超然于礼法绳墨之上和"不犯手"。

> 老子犹要做事，在庄子都不要做了，又却说道他会做，只是不肯做（辅广录）。
> 要之，他（庄子）病我虽理会得，只是不做（郭友仁录）。
> 庄子见处亦高，只不合将来玩弄了（潘时举录）。

庄子之鼓盆而歌，曾点之倚门而歌，在朱子眼中已不仅是失之狂，而且是失之怪了，这是他所不能容忍的。他对此的批判也格外严厉。不过，朱子也时时对庄子的见处赞叹有加，并称其能见"尧舜气象"：

> 因言庄子，不知他何所传授，却自见得道体（钱木之录）。①
> 他大纲如庄子。明道亦称庄子，云有大底意思。又云庄生形容道体尽有好处（叶贺孙录）。
> （曾点）其见到处直是有尧舜气象。如庄子亦见得尧舜分晓（徐寓录）。

而对于"尧舜气象"，朱子则明确释之为：

> 或问天王之用心何如？便说到天德而出宁，日月照而四时行，若昼夜之有经，云行而雨施，以是知他见得尧舜气象出（徐寓录）。

此"尧舜气象"即是"四时行焉，百物生焉"之天理流行气象。至于为什么庄子能见到此气象却还那样非礼无法，朱子的回答必定是庄子有体却无用，较之曾点更为过分，这是由于庄子的所见更为"空疏"。

于朱子，邵康节和庄子都不是学者所应效法的榜样。他更不希望人们所推崇的"曾点气象"，会变成"康节气象"和"庄老气象"。

六　曾点与谢良佐

本书已经反复指出，谢良佐之推尊曾点，也是谢本人气象的反映。这

---

① 《朱子语类》卷16《大学三》。

种气象曾长期令朱子着迷，而后来朱子对谢思想的清算过程，大大促进了其"曾点气象论"的成熟。事实上，朱子对二者的批判常常搅在一起，难以分开。概言之，朱子认为二人的共性是妄为高论，颠倒为学之序，不屑卑近，忽视下学。在朱子的逻辑中，这也和佛老仅隔一线，尽管其较之邵康节和庄子来说还略强一点。

朱子之于谢良佐，同样是爱恨有加：一方面，朱子对谢的禅味始终心存警觉，《语类》和《文集》中也反复在强调这一点：

> 问：谢氏解颜渊季路侍章，《或问》谓其"以有志为至道之病"，因其所论浴沂御风，何思何虑之属，每每如此，窃谓谢氏论学，每有不屑卑近之意，其圣门狂简之谓欤？《集注》云：狂简，志大而略于事也。曰：上蔡有此等病不是小，分明是释老意思（吴必大录）。①

朱子当然并不认为谢氏全无工夫，但却认为其脱略下学工夫的嫌疑，近似于有体无用的佛老。但另一方面，朱子又对谢之"曾点说"能落脚在人的心性上，以及谢以"曾点气象"来形容道体流行，抱有相当的好感：

> 此（"曾点言志"）一段，唯上蔡见得分晓。盖三子只就事上见得此道理。曾点是去自己心性上见得那本原头道理（辅广录）。
>
> 上蔡说鸢飞鱼跃，因云知勿忘勿助长则知此，知此则知夫子与点之意。看来此一段好，当入在《集注》中舞雩后（沈僩录）。

朱子很注意一分为二地对待谢上蔡和他的"曾点说"：既贬抑其的立言过高和过玄的成分，同时又赞扬突出其反映道体、天理流行的内容。

但最终朱子也没有把谢的评论收入《集注》中。

七　曾点——朱子心中的圣人气象

朱子对前贤气象或人格理想进行了反复的辨析，对于诸多前贤更是颇

---

① 《朱子语类》卷29《论语十一·公冶长下》。

有微辞。那么在朱子心中，理想的人格气象又是什么样子呢？朱子的回答必定是圣人气象。《文集》、《语类》包括《或问》、《近思录》等书中，都收录了朱子对此问题的详细讨论。同时，钱穆先生也对此有过专门的论述。这里只是结合本书的主题略做讨论。通过对朱子之圣人气象看法的考量，我们能对他的"曾点气象论"有更为准确的理解。

在宋明理学中，朱子的气象论可谓别开生面。上文已有提及，儒家之论圣贤、之希圣希贤的情节，实有着悠久的传统。其间每个人对圣人的理解也各有不同。大概在唐宋之前，人们心中的圣人是"生知"的代表，其重心在德才兼备，无所不通，甚至是博施济众，一般人是难以企及的。随着儒学转向内在，人们对圣人的理解开始落在道德纯粹上，其代表就是阳明的重成色不重分量的说法。儒学的这一转变也使得圣人不再远离世人，不再以神的面目示人。与此相应，儒学的成圣成德之路也在变得越来越简单和容易，渐修与顿悟的问题也开始进入了儒学的论域。① 但是在此转变下，儒学的圣人理想也有变得干枯的危险。

不过，只要儒学修齐治平的理想不堕，那么她就不可能在对圣人的理解上完全把智识因素排除在外。而朱子气象论的根本点，就是强调以理而非心来统摄气象，并强调理的天地自然意，强调圣贤气象不能陷于个人超越。这大大突出了圣人智识的一面，使圣人的形象变得更为丰满。

具体到本书，虽然大程子宣扬"曾点气象……便是尧舜气象"。但在朱子看来，"曾点气象"乃至颜子之乐，与圣人气象天悬地隔，不可同日而语。在朱子的所有文字中，他从来没有把孔子与曾点相提并论之处，也没有把孔子与颜、孟、曾参、漆雕开相提并论的意思，可谓明证。即使是在与人讨论大程子的那一段话时，他也一再强调大程子仅仅是就"与圣人之志同"这一点上说的，并没有真正把曾点等同于尧舜。于朱子，圣人气象应该纯而又纯，无懈可击。反之，无论是颜回、曾参，还是孟子、曾点、漆雕开等人，都是贤人之属，都会有这样或是那样的缺陷。

---

① 陈来先生就指出：古典儒学与道家中都没有顿与渐问题出现，顿悟与渐修一类问题在儒学内出现，肯定与佛教讨论的影响有关。见《中国近世思想研究》，商务印书馆2003年版，第217页。其实，在儒学内部出现顿与渐的问题，其对圣贤之学的理解由智识主义向德性主义的转变，未必不是另一个重要的原因。对此，余英时先生有精彩的论述。

那么，朱子心中的圣人气象又如何？钱穆先生论之甚详①。概言之，朱子认为圣人气象即"人欲尽处，天理流行"，以及由此而发而中节，时时事事都能做到恰当好的气象：

> 圣人只是做到极致处，自然安行，不待勉强，故谓之圣（沈佣录）。②

> 圣人万善皆备，有一毫之失，此不足为圣人。常人终日为不善，偶有一毫之善，此善心生也。圣人要求备，故大舜无一毫厘不是，此所以为圣人。不然，又安足谓之舜哉（寿昌录）？③

显然，朱子决不会认为，端茶童子在一时一事上能做到动容周旋，便是圣人。他眼中的圣人不但要规模宏大，而且要兼德性与事功为一，兼眼界胸襟与工夫为一，兼极高明与道中庸为一，是裁成辅相天地之化育者——继天地之志，述天地之事，"外极规模之大，内推至于事事物物处，莫不尽其工夫"④，一句话，圣人要集"成色"与"分量"为一体。

朱子强调，"圣主于德，固不在多能，然圣人未有不多能者"⑤，不多能又怎么能做到博施济众？不如此，至多只是一个困居家中的善人而已，充其量只是一堂堂之人而已⑥。可见，朱子认为做圣人千难万难，并不容易。朱子云：

> 有德而有才方见于用，如有德而无才，则不能为用，亦何足为君子（吕焘录）？⑦

> 圣人何事不理会？但是与人自不同（曾祖道录）。⑧

---

① 《朱子新学案》第1册，第259—271页。
② 《朱子语类》卷58《孟子八·万章上》。
③ 同上书，卷13《学七·力行》。
④ 同上书，卷17《大学四·或问上》。
⑤ 同上书，卷36《论语十八·子罕篇上》。
⑥ 陆王也不否定此一立场，只是他们极大地压缩了人们学习外部知识的空间而已。
⑦ 《朱子语类》卷35《论语十七·泰伯篇》。
⑧ 同上书，卷15《大学二·经下》。

第三章 朱子"曾点气象论"研究

有德无才,尚不足为君子,更遑论圣人,原因其是无用——朱子固然大力反对功利之学,却仍以为用来期许圣人,不知颜习斋对此做何感想;但若反过来说,"今若只去学多能,则只是一个杂骨董底人"①,也不会得到朱子的赞赏——有才无德,被朱子视为是管商之徒,无忌惮之属,乃至是汉唐文字之儒。在这一点上,朱子反复强调儒学以成德为中心,强调"君子不器"。余英时先生早已准确地指出,"朱熹同时与两种不同的倾向作斗争——没有智识基础的简约之论和没有道德核心的博学"②,在对圣人的定位上,朱子同样也是如此。这一特点,也是我们把握朱子精神的关键点。

但是,如果说圣人与凡人同样都是在理会事,他们的区别又何在?朱子的回答是圣人的理会事,服从于他的为己之学这一大本。

当然,朱子也不希望说高了、说虚了圣人,不希望在圣人和凡人之间划上一道鸿沟:

> 圣人之道有高远处,有平实处(杨道夫录)。③
>
> 学者是学圣人而未至者,圣人是为学而极致者,只是一个自然,一个勉强尔。惟自然,故久而不变,惟勉强,故有时而放失(李壮祖录)。④
>
> 只有个生熟,圣贤是已熟底学者,学者是未熟底圣贤(叶贺孙录)。⑤

于朱子,圣凡出于一本,只是圣人已经由勉强而达到了自然、自由、自在之境,已经能事事做得恰当好而已。因此朱子又注意告诫弟子们不要以为圣人遥不可及,而是要时时以成圣为志。

---

① 《朱子语类》卷15《大学二·经下》。
② 余英时:《朱熹哲学体系中的道德与知识》,见田浩主编的《宋代思想史论》,社会科学文献出版社2003年版,第257—284页。
③ 《朱子语类》卷8《学二·总论为学之方》。
④ 同上书,卷21《论语三·学而篇中》。
⑤ 同上书,卷32《论语十四·雍也篇三》。

八 曾点与朱子气象

就本书而论，朱子与"曾点气象"的特殊渊源已如上述，而其对"曾点气象"之爱之恨，之褒之贬，都无不是其个人气象之流露。将朱子气象与"曾点气象"相对照，更能使我们把握朱子为学的精神。

我们说，朱子思想的核心是理，而朱子同样以"从心所欲而不逾矩（以理为矩）"为毕生追求的目标。此理想又集中反映在《格物补传》和《中庸章句》中。概言之，此理想是由即物穷理，下学上达而能够"众物之表里精粗无不到，吾心之全体大用无不明"①，进而在应物时从心所欲，发必中节之气象，也是复天命之本然，人欲尽处，天理流行之气象。需要再次指出的是，在朱子的思想体系中，德性与知识的紧张远较其他理学思想家为轻。原因在于：朱子对理的理解更多强调的是其规范意，其对善的理解不是指其直心而发，天然流露，而是强调其发动需要有以节之，使之无过无不及——因为过犹不及，爱而流于溺便会成为私的源头。如果说在孔子那里，是礼对人的仁心发动起到了限定的作用，使之发而中节；而在朱子那里，节制人心发动的最终依据是天理。这个理虽然随处发现，无少欠缺，本无所偏。但是就人而言，人对理的禀受却各有差异：

> 如一江水，你将杓去取只得一杓，将碗去取，只得一碗，至于一桶一缸各自随器量不同，故理亦随以异（沈僴录）。②

人所禀之气的或清或浊，会限定人的所禀之理，使之未能充分表现。在这种情况下，大多数人未必都会有对天理自觉和准确的判断，即使偶有良心发现，也不能执以为常。故朱子特别强调为学的根本在于格物致知，格物以明理，致知以尽心，以此变化气质——唤醒我处于蒙蔽状态的

---

① 朱熹：《四书章句集注》，《大学章句》，《四书五经》本。
② 《朱子语类》卷4《性理一》。陈来先生亦认为，理气偏全"几乎是朱熹哲学中最为混乱的一个问题"，见《朱子哲学研究》，第124页。对于这个问题，《朱子语类》中（?）枅的一段话深得朱子的赞许：于此，则言气同而理异者，所以见人之为贵，非物之所能并；于彼，则言理同而气异者，所以见太极之无亏欠，而非有我之所得为也。朱子认为此论甚分明。见《朱子语类》卷4《性理一》。

本性，使之发动一循于理。由此，我们也就会明白，朱子为什么不希望人直接去格心，去察识所谓的心体流行，而是要"曲折"的去格物理：在他看来，心、性、仁都是无形影之物，相对而言，外在的物事同涵此理却更为真实具体，所以人就应该先从这些事物上用力。在朱子而言，格物理，即所以格性理也。

回到第一手资料，朱子在易箦前三个月时对陈淳的告诫之语，最能体现出真正的朱子气象：

> 子思说尊德性，又却说道问学；致广大，又却说尽精微；极高明，又却说道中庸；温故，又却说知新；敦厚，又却说崇礼。这五句是为学用功精粗全体说尽了，如今所说，却只偏在尊德性上去，拣那便宜多底占了，无道问学底许多工夫，恐只是占便宜自了之学，出门动步便有碍，做一事不得……一日之间事变无穷，小而一身有许多事，一家又有许多事，大而一国，又大而天下，事业怎地多，都要人与他做。不是人做，却教谁做，不成我只管得自家？若将此样学问去应变，如何通得许多事情，做出许多事业？学者须是立定此心，泛观天下之事，精粗巨细无不周遍，下梢打成一块，亦是一个物事，方可见于用……（陈淳、黄义刚录）。①

> 今也须如僧家行脚，接四方之贤士，察四方之事情，览山川之形势，观古今兴亡治乱得失之迹。这道理方见得周遍。"士而怀居，不足以为士矣"，不是块然守定这物事在一室，关门独坐便了，便可以为圣贤。自古无不晓事情底圣贤，亦无不通变底圣贤，亦无关门独坐底圣贤。圣贤无所不通，无所不能，那个事理会不得？如《中庸》"天下国家有九经"，便要理会许多物事；如武王访箕子，陈《洪范》，自身之视听言貌思极至于天人之际，以人事则有八政，以天时则有五纪，稽之于卜筮，验之于庶征，无所不备；如《周礼》一部书载周公许多经国制度，那里便有国家，当自家做，只是古圣贤许多规模，大体也要识。盖这道理无所不该（赅），无所不在；且如礼乐射御书数，许多周旋升降文章品节之繁，岂有妙道精义在？只是也要

---

① 《朱子语类》卷117。

理会。理会得熟时,道理便在上面;又如律历、刑法、天文、地理、军旅、官职之类,都要理会。虽未能洞究其精微,然也要识个规模大概道理方浃洽通透。若只守个些子,捉定在那里,把许多都做闲事,便都无事了。如此只理会得门内事,门外事便了不得。所以圣人教人要博学,须是博学之、审问之、慎思之、明辨之、笃行之。子曰:我非生而知之者,好古敏以求之者也。文武之道,布在方册。在人贤者识其大者,不贤者识其小者。夫子焉不学?而亦何常师之有?圣人虽是生知,然也事事理会过,无一之不讲。这道理不是只就一件事上理会见得便了,学时无所不学,理会时却是逐件上理会去。凡事虽未理会得详密,亦有个大要处。纵详密处未晓得,而大要处已被自家见了。今公只就一线上窥见天理,便说天理只恁地样子,便要去通那万事,不知如何得?萃百物,然后观化工之神;聚众材,然后知作室之用。于一事一义上欲窥圣人之用心,非上智不能也。须撒开心胸去理会。天理大,所包得亦大。且如五常之教,自家而言,只有个父子、夫妇、兄弟,才出外便有朋友。朋友之中事已煞多,及身有一官,君臣之分便定。这里面又煞多事,事事都合讲过。他人未做工夫底,亦不敢向他说。如吾友于己分上已自见得,若不说公,又可惜了。他人于己分上不曾见得,泛而观万事固是不得,而今已有个本领,却只捉定这些子便了,也不得。如今只道是持敬,收拾身心,日用要合道理无差失,此固是好,然出而应天下事,应这事得时,应那事又不得。学之大本,《中庸》、《大学》已说尽了,《大学》首便说格物致知,为甚要格物致知?便是要无所不格,无所不知,物格知至方能意诚、心正、身修,推而至于家齐、国治、天下平、自然滔滔去都无障碍(陈淳、黄义刚录)。①

这里,广博的具体名物知识和广泛的周行实践成为朱熹下学工夫所指向的对象,而他心中那治国平天下的高远抱负,以及其上通天地的深远境界,都使得气象在他的口中呈现出了前人所未有的宏大气势,从而与陆王所宣称的那种"虽一事不知,也可以做一个堂堂正正的好人"的说法形

---

① 《朱子语类》卷117。

成了鲜明的对照，也和明清之际广为流行的"读万卷书，行万里路"的精神颇有不同。这可以被认为"朱子气象"。

后来，陈淳亦反复以此理想告人：

> 道理初无玄妙，只在日用人事间，但循序用功，便自有见。所谓"下学上达"者，须下学工夫到，乃可从事上达，然不可以此而安于小成也。夫盈天地间千条万绪，是多少人事？圣大成之地，千节万目，是多少工夫？惟当开拓心胸，大作基址。须万理明澈于胸中，将此心放在天地间一例看，然后可以语孔孟之乐。须明三代法度，通之于当今而不宜，然后可以为全儒，而可以语王佐事业。须运用酬酢，如探诸囊中而不匮，然后为资使深，取之左右逢其原，而真为己物矣。至于以天理人欲分数而验宾主进退之机，如好好色恶恶臭而为天理人欲强弱之证，必使之于是是非非如辨黑白，如遇镆铘，不容有骑墙不决之疑，则虽艰难险阻之中，无不从容自适矣。然后为知之至而行之尽。①

若陈淳者，乃得朱子的真精神。现代新儒家极不喜朱子的这一气象，而只把眼光拘束在（个体层面的）道德超越上，其心目中的圣人也只是要明澈生命的真实，并以此为自足。其立论非不高明，却终亦难以"讳其偏"②。

第三节 一个典型个案研究

本小节以一个典型个案为例，对朱子的"曾点气象论"作出进一步的说明。

陈淳是朱学后劲，他的一生始终生活在朱子思想的巨大影响下，把维护朱子思想作为自己的最大使命。陈淳与朱子针对"曾点气象"问题的讨论很有代表性。这不仅是因为他对此问题讨论得最多，还因为这些讨论

---

① 脱脱等：《宋史》卷430《道学四·朱氏门人》引，《四库全书》本。
② 牟宗三：《心体与行体》卷1，第4—5页。

极大地影响了其基本为学工夫的确立。故钱穆先生也指出：

> 陈淳乃朱门后起之秀，朱子七十时再来门下，当归期，召入卧内，此夜所问，却专拈"与点"一节，可见当时学者重视此一节之情形。朱子当夜所告，兼论颜曾（参）开点四人，朱子生平对此一章之意见，不啻倾囊吐出矣①。

在此对话中，朱子晚年对此问题的态度有着最全面和彻底的表达，故此节也集中体现了朱子论"曾点气象"的基本观点与精神，体现着朱子的境界与为学工夫。另外，这次谈话被全文收入《心体与性体》卷三，其大部分内容被收进了王白田的《朱子论学切要语》中，其重要性不言而喻。由于朱子在此谈话中论述极为详尽，甚至有些重复，故笔者只是略作评点，不再展开发挥。

关于此一问答的背景，在朱子六十岁时，陈淳首次拜访朱子，会面时劈头便提问"工夫大要"，在朱子提示其"以何为要？有要则三十五章可以一贯"后，再问"颜子之乐……乐可求之否"，其忽略下学，急于求道之心油然可见，亦流露出朱熹所不喜的禅气。对此，朱子曾对其痛下针砭。甚至是在十年后他在给廖的最后一封信中也提到：

> 安卿之病，正亦坐此②。向来至此，说得既不相合，渠便藏了，更不说著，遂无由与之极论，至今以为恨，或因与书，幸亦以此晓之，勿令久自拘縶也③。

不久，陈淳既再次拜访朱子，遂有了这次问答。

> 诸友问疾，请退，先生曰：尧卿、安卿且坐，相别十年，有甚大头项工夫、大头项疑难可商量处？淳曰：数年来见得日用间大事小事

---

① 《朱子新学案》第 3 册，第 1527 页。
② 这个此，指廖和陈都有在日用之间合下要见"天命之性"，见"天理"一把它作为一物，要把它常藏在胸里。
③ 《文集》卷 45《答廖子晦·前此屡辱贻书》。

分明，件件都是天理流行，无一事不是合做底，更不容挨推闪避。撞着这事，以理断定，便小心尽力做到尾去。两三番后，此心磨刮出来便渐渐坚定，虽有大底，不见其为大；难底，不见其为难；至晓确、至劳苦处，不见其为晓确劳苦；横逆境界，不见其有憾恨底意；可爱羡、难割舍底，不见其有粘滞底意。见面前只是理，觉如水到船浮，不至有甚悭涩，而夫子与点之意、颜子乐底意、漆雕开信底意、《中庸》鸢飞鱼跃底意、周子洒落及程子活泼泼底意，觉见都在面前，真个是如此。而礼仪三百，威仪三千，亦无一节文非天理流行；《易》三百八十四爻时义，便正是就日用上剖析个天理流行底条目，前圣后哲，都是一揆。而其所以为此理之大处，却只在人伦，而身上工夫切要处，却只在主敬。敬则此心常惺惺，大纲卓然不昧，天理无时而不流行，而所以为主敬工夫，直是不可少时放断，心常敬则常仁。先生曰：恁地泛说也容易。久之，曰：只恐劳心落在无涯可测之处。因问向来所呈"与点说"一段如何？曰：某平生便是不爱人说此话。《论语》一部，自"学而时习之"至"尧曰"，都是做工夫处，不成只说了"与点"，便将许多都掉了。圣贤说事亲便要如此，事君便要如此，事长便要如此，言便要如此，行便要如此，都是好用工夫处，通贯浃洽，自然见得在面前。若都掉了，只管说"与点"，正如吃馒头（即包子），只撮个尖处，不吃下面馅子，许多滋味都不见。向来此等无人晓得，说出来也好，今说得多了，都是好笑，不成模样。近来觉见说这样话都是闲说，不是真积实见。昨廖子晦亦说"与点"及"鬼神"，反复问难，转见支离没合杀了。圣贤教人，无非下学工夫，一贯之旨如何不便说与曾子？直待他事事都晓得方说与他？子贡是多少聪明，到后来方与说"汝以予为多学而识之者欤？曰：然，非欤？曰：非也，予一以贯之"此意是如何。万理虽只是一理，学者且要去万理中千头百绪都理会，四面凑合来，自见得是一理，不去理会那万理，只管去理会那一理，说"与点"、颜子之乐如何，程先生《语录》事事都说，只有一两处说此，何故说得恁地少？而今学者何故说得恁地多？只是空想象。

程先生曰：学者识得仁体，实有诸己，只要义理栽培，恐人不晓栽培，更说如求经义皆栽培之意。吕晋伯问伊川：语孟且将紧要处会如何？伊川曰：固是好，若有所得，终不浃洽。后来晋伯终身坐此病，说得孤单，入禅学去。圣贤立言垂教无非著实，如……等类皆一意也。大抵看道理要得宽平广博，平心去理会。若实见得，只说一两段，亦见得许多道理。不要将一个大底言语都来罩了，其间自有轻重不去照管，说大底说得太大，说小底又说得都无巴鼻……淳又曰：圣人千言万语，都是日用间本分合做底工夫，只是立谈之顷要见总会处，未易以一言决。曰：不要说总会，如"博我以文，约我以礼"，博文便是要一一去用功，何曾说总会处？又如"深造之以道，欲其自得之也"，深造以道便是要一一用功，到自得方是总会处；如颜子克己复礼，亦须是"非礼勿视，非礼勿听，非礼勿言，非礼勿动"，不成只守个克己复礼，将下面许多都除了？如公说易，只大纲说个三百八十四爻皆天理流行，若如此，一部周易只一句便了，圣人何故作许多《十翼》，从头说"大哉乾元"云云，圣贤之学非老氏之比，老氏说通于一，万事毕，其它都不说，少间又和那一都要无了方好，学者固是要见总会处，而今只管说个总会处，如"与点"之类，只恐孤单没合杀，下梢流入释老去，如何会有咏而归底意思（陈淳、黄义刚录）？①

二人初会面，朱子问陈在为学中的疑难，陈却大谈自己所得之境界——大谈从容与乐。朱子则告诫他若是只把眼光钉在理上，一味追求一贯，容易蹈于空虚无实之地。上文已指出，朱子自从学李延平后，遂即接受李的教诲，把下学上达，在分殊上做工夫以见理一确定为自己根本的为学工夫，而朱子后来所以反复告诫弟子们的，也正是这一点。于朱子，不说下学，刊落工夫，只管说"与点"，说"一贯"，说"总会处"，就只是在说闲话，纵然说得头头是道，也是虚见，势必会流于佛老之虚之无。朱子强调，在无人说过"曾点气象"的情况下，提出它自然有其价值，毋宁说，这还是根本。但是，若人人竞说"与点"，却不喜谈下学，其问题就更大了。而陈淳之弊，正在喜谈上学而忽略下学，喜谈理而忽略事。我们知道，朱子并不反对为学要先立根本以定其规模，但他认为这只是为

---

① 《朱子语类》卷117。

学的起点,更反对人把所有的力量都用在"一贯"、"总会处"上。

晚,再入卧内,淳禀曰:适间蒙先生痛切之诲,退而思之,大要下学而上达。下学而上达固相对是两事,然下学却当大段多著工夫。曰:圣贤教人,多说下学事,少说上达事。说下学工夫要多也好,但只理会下学,又局促了。须事事理会过,将来也要知个贯通处。不理会下学,只理会上达,即都无事可做,恐孤单枯燥。程先生曰:但是自然,更无玩索;既是自然,便都无可理会了。譬如耕田,须是下了种子,便去耘锄灌溉,然后到那熟处。而今只想象那熟处,却不曾下得种子,如何会熟?如一以贯之,是圣人论到极处了,而今只去想象那一,不去理会那贯,譬如讨一条钱索在此,都无钱可穿。又问为学工夫,大概在身则有个心,心之体为性,心之用为情,外则目视耳听,手持足履,在事则自事亲事长,以至于待人接物,洒扫应对,饮食寝处,件件都是合做工夫处,圣贤千言万语,便只是其中细碎条目?曰:讲论时是如此讲论,做工夫时须是著实去做。道理圣人都说尽了,《论语》中有许多,诗书中有许多,须是一一与理会过方得。程先生谓或读书讲明道义,或论古今人物而别其是非,或应接事物而处其当否,如何而为孝,如何而为忠,以至天地之所以高厚,一物之所以然,都逐一理会。不只是个一便都了。胡叔器因问:下学莫只是就切近处求否?曰:也不须恁地拣,事到面前便与他理会。且如读书,读第一章便与他理会第一章,读第二章便与他理会第二章,今日撞着这事便与他理会这事,明日撞着那事便理会那审,万事只是一理,不成只拣大底要底理会,其他都不管。譬如海水,一湾一曲一洲一渚无非海水,不成道大底是海水,小底不是?程先生曰:穷理者,非谓必尽穷天下之理,又非谓止穷得一理便到。但积累多后,自当脱然有悟处。又曰:自一身之中,以至万物之理,理会得多,自当豁然有个觉处。今人务博者却要尽穷天下之理,务约者又谓反身而诚则天下之物无不在我,此皆不是。且如一百件事理会得五六十件了,这三四十件虽未理会,也大概可晓了……(陈淳、黄义刚录)。①

---

① 《朱子语类》卷117。

做工夫必自下学而上达，而且应该多说下学边事，实实在在做下学工夫。但是，又不能只理会下学而陷于局促，不能务博却不知返身，而应在下学中求上达，在积累中寻求贯通，在贯通中求明心。于朱子，贯通须是建立在有种有钱的基础上，无种无钱而直求种之熟、钱之贯，势必会留笑柄——丹家犹忌"鼎内若无真种子，犹如水火煮空铛"①，何况是以实学自期的儒学呢？具体到做工夫上，朱子自听杜鹃之悟后②，已领会到了"（理）无乎不在，本末精粗，皆要从头坐起，不可拣择，此所以为教人有序也"的道理，而其痛感时人的喜大耻小，也反复强调为学不可拣择，但却需要循序渐进的道理。

先生召诸友至卧内，曰：安卿更有甚说话？淳曰：两日思量为学道理，日用间做工夫所以要步步缜密者，盖缘天理流行乎日用之间，千条万绪无所不在，故不容有所欠缺。若工夫有所欠缺，便于天理不凑得着。曰：也是如此。理只在事物之中，做工夫须是密。然亦须是那疏处敛向密，又就那密处展放开。若只拘要那缜密处，又却局促了。问：放开底样子如何？曰：亦只是见得天理是如此，人欲是如此，便做将去。李丈说廖倅③惠（即廖德明）书有云"无时不戒谨恐惧，则天理无时而不流行；有时而不戒谨恐惧，则天理有时而不流行"，此语如何？曰：不如此也不得。然也不须得将戒谨恐惧说得太重，也不是恁地惊恐，只是常常提撕，认得这物事，常常存得不失。今人只见他说得此四个字重，便作临事惊恐看了。如临深渊，如履薄冰，曾子亦只是顺这道理常常恁地把捉去。若不用戒谨恐惧而此理常流通者，惟天地与圣人耳。圣人不勉而中，不思而得，从容中道，亦只是此心常存，理常明故能如此。贤人所以异于圣人，众人所以异于贤人，亦只争这些子，境界存与不存而已。尝谓人无有极则处，便是尧舜周孔。不成说我是从容中道，不要去戒谨恐惧，他那工夫亦自未

---

① 《悟真篇》中卷上，《七言绝句六十四首·五》。
② 朱子在同安听杜鹃啼而彻悟《论语》之"子夏之小子门人"章，后人认为这是朱子归本儒学的标志。
③ 倅为宋代官制，为地方官副职之义。

尝得息……（陈淳、黄义刚录）。①

为学工夫要密，不密则所见的理就会有所欠缺，但是太密又会导致拘束，因此又要注意既得后的放开。当然，有意使开固然不好，得后自然放开眼界才会开阔，此可谓张弛文武之道。朱子亦强调，不能把戒谨恐惧说得太重——临事惊恐，苦心极力之气象，同样为朱子所不喜。

> 是夜，再召淳与李丈入卧内，曰：公归期不久，更有何较量？淳读"与点说"曰：大概都是，亦有小小一两处病。
> 又读廖倅（即廖德明）书"所难与点说"，先生曰：有得有失，又读淳所回廖倅书②，先生曰：天下万物当然之则便是理，所以然底便是源头处。今所说固是如此，但圣人平日也不曾先说个天理在那里，方教人做去凑。只是说眼前事，教人平平恁地做工夫去，自然到那有见处。淳曰：因做工夫后见得天理也无妨，只是未做工夫，不要先去讨见天理否？曰：毕竟先讨见天理立定在那里，则心意便都在上面行，易得将下面许多工夫放缓了。孔门惟颜子、曾子、漆雕开、曾点见得这个道理分明，颜子固是天资高，初间仰之弥高，钻之弥坚，亦自讨头不着，从博文约礼做来，欲罢不能，既竭吾才，方见得如有所立卓尔，向来仿佛底，到此都合聚了；曾子初亦无讨头处，只管从下面捱来捱去，捱到十分处，方悟得一贯；漆雕开曰：吾斯之未能信，斯是何物？便是他见得个物事；曾点不知是如何，合下便被他绰见得这个物事；曾点漆雕开已见大意，方是程先生恁地说。漆雕开较静，曾点较明爽，亦未见得他无下学工夫，亦未见得他合杀是如何，只被孟子唤做狂，及观《檀弓》所载，则下梢只如此而已。曾子父子之学自相反，一是从下做到，一是从上见得。子贡亦做得七八分工夫，圣人也要唤醒他，唤不上。圣人不是不说这道理，也不是便说这道理。只是说之有时，教人有序。子晦之说无头，如吾友所说从源头来，又却要先见个天理在前面方去做，此正是病处，子晦疑得也是，只说不出。

---

① 《朱子语类》卷117。
② 均见上章。

吾友合下来说话便有此病，是先见如有所立卓尔，然后博文约礼也，若把这天理不放下相似，把一个空底物放这边也无顿处，放那边也无顿处，放这边也恐攧破，放那边也恐攧破。这天理说得荡漾，似一块水银滚来滚去，捉那不着。又如水不沿流溯源，合下便要寻其源，凿来凿去，终是凿不得。下学上达自有次第，于下学中又有次第，致知又有多少次第？力行又有多少次第？淳曰：下学中如致知时亦有理会那上达底意思否？曰：非也。致知今且就这事上理会个合做底是如何，少间又就这事上思量合做底因甚是恁地，便见得这事道理合恁地。又思量因甚遭理合恁地，便见得这事道理源头处。逐事都如此理会，便件件知得个源头处。淳曰：件件都知得个源头处，凑合来便成一个物事否？曰：不怕不成一个物事。只管逐件恁地去，千件成千个物事，万件成万个物事，将来自然撞着成一个物事，方如水到船浮，而今且去放下此心，平平恁地做，把文字来平看，不要得高。第一番且平看那一重文义是如何，第二番又揭起第一重看那第二重是如何，第三番又揭起第二重看那第三重是如何，看来看去，二十番，三十番，便自见得道理有稳处。不可才看一段便就这一段上要思量到极，要寻见源头处……又曰：圣人教人只是一法，教万民及公卿大夫士之子皆如此……节节推上去，便自见原头处。只管恁地做工夫去，做得合杀，便有精彩。又曰：圣人教人，只是说下面一截，少间到那田地，又挨上些子，不曾直说到上面……不成只一句便了，若只一句便了，何更用许多说话？如"诗三百，一言以蔽之，曰思无邪"，圣人何故不只存这一句，余都删了？何故编成三百篇，方说思无邪？看三百篇中那个事不说出来？又曰：庄周、列御寇亦似曾点底意思，他也不是专学老子，吾儒书他都看来，不知如何被他绰见这个物事，便放浪去了。今禅学也是恁地。又曰：二三子以我为隐乎？吾无隐乎尔，吾无行而不与二三子者，是丘也。向见众人说得玄妙。程先生说得絮。后来仔细看，方见得众人说都似禅了。不似程先生说得稳（陈淳、黄义刚录）。①

陈淳与廖德明围绕严时亨"与点说"的争论已见上章。陈力反严和

---

① 《朱子语类》卷117。

廖的只论心却不讲天理。但是朱子却看到了陈的说法同样有"辟空捉天理"①的毛病——严和廖捉的是心，是赤肉团上的无位真人，而陈捉的是"别有一物"的天理。朱子特别强调为学要有序，要在平实普通的事上去体会理，反对离事言理。他认为，于一贯，"圣人不是不说这道理，也不是便说这道理。只是说之有时，教人有序"。廖德明的说法全不说到理是无头，而陈淳的说法却又抱定个"天理"不放，似乎有把"天理"独立为一物，隔绝于万物之外的嫌疑，是无尾。朱子认为陈的说法也是变相的好高骛远，是"先见如有所立卓尔，然后博文约礼也"，同样是颠倒了为学之序。

> 问：前夜承教诲，不可先讨见天理，私心更有少疑。盖一事各有一个当然之理，真见得此理，则做此事便确定。不然，则此心末梢又会变了，不审如何？曰：这自是一事之理，前夜所说，只是不合要先见一个浑沦大底物摊在这里，方就一这里放出去做那万事。不是于事都不顾理，一向冥行而已。事亲中自有个事亲底道理，事长中自有个事长底道理，这事自有这个道理，那事自有那个道理，各理会得透，则万事各成万个道理，四面凑合来，便只是一个浑沦道理。而今只先去理会那一，不去理会那贯，将尾作头，将头作尾，没理会了。曾子平日工夫，只先就贯上事事做去，到极处夫子方唤醒他，说我这道理只用一个去贯了，曾子便理会得。不是只要抱一个浑沦底物事，教他自流出去（陈淳、黄义刚录）。②

朱子告诫陈不要离开事为先去追索浑沦的"一贯的天理"，"浑沦底物事"，陈却误会为朱子不让其在一事一物上一一穷尽其理。相反，朱子向来主张要各事上理会得透其理，以见理一，这一段正是对此的辨析。王白田错会其意，反认为陈淳记录有误，"自安卿之意，而非朱子之指也"③，牟宗三先生已辨其失④，此不详述。

---

① 此是牟宗三先生语，见《心体与性体》第三卷，第 480 页。
② 《朱子语类》卷 117。
③ 王懋竑：《朱子论学切要语》卷 2，《四库全书》本。
④ 《心体与性体》第 3 卷，第 500 页。

淳有问目段子，先生读毕，曰：大概说得也好，只是一样意思。又曰：公说道理只要撮那头一段尖底，末梢便要到那大而化之极处，中间许多都把做渣滓，不要理会相似，把个利刃截断中间都不用了，这个便是大病。曾点、漆雕开不曾见他做工夫处，不知当时如何被他绰见这道理。然就二人之中，开却是要做工夫：吾斯之未能信，斯便是见处，未能信便是下工夫处。曾点有时是他做工夫，但见得未定，或是他天资高后，被他瞥见得这个物事，亦不可知。虽是恁地，也须低着头随众从博学审问慎思明辨笃行底做工夫，衬贴起来方实，证验出来方稳，不是悬空见得便了，博学审问五者工夫终始离他不得。只是见得后做得不费力也。如曾子平日用功极是仔细，每日三省，只是忠信传习底事，何曾说着一贯？《曾子问》一篇都是问丧祭变礼微细处，想经礼圣人平日已说底都一一理会了，只是变礼未说，也须逐一问过。一贯之说，夫子只是谩提醒他，纵未便晓得，且放缓亦未紧要，待别日更一提之，只是曾子当下便晓得，何曾只管与他说？如《论语》中百句未有数句说此，孟子自得之说亦只是说一番，何曾全篇如此说？今却是悬虚说一个物事不能得了。只要那一去贯，不要从贯去到那一。如不理会散钱，只管要去讨索来穿，如此则《中庸》只消天命之谓性一句，及无声无臭至矣一句便了，中间许多达孝达德九经之类皆是粗迹，都掉却不能耐烦去理会了。如礼仪三百，威仪三千，只将一个道理都包了，更不用理会中间许多节目。今须是从头平心读那书，许多训诂、名物、度数一一去理会。如礼仪，须自一二三四数至于三百威仪，须自一百二百三百数至于三千，逐一理会过，都恁地通透始得。若是只恁悬虚不已，恰似村道说无宗旨底禅样，澜翻地说去也得，将来也解做颂，烧时也有舍利，只是不济得事。又曰：一底与贯底都只是一个道理，如将一贯已穿底钱与人，及将一贯散钱与人，只是一般，都用得，不成道那散底不是钱（陈淳、黄义刚录）。①

---

① 《朱子语类》卷117。

做工夫不能只撮尖处,而曾点"博学审问五者工夫终始离他不得",这是朱子的最后态度。显然,一味钻在训诂、名物、度数中固然不好,但对之一律排斥者,也"只是不济事"的人,更不用说是治国平天下了。朱子显然认为,任何人的为学工夫都要落脚在这五者上。

> 诸友入侍,坐定,先生目淳申前说,曰:若把这些子道理只管守定在这里,则相似山林苦行一般,便都无事可做了。所谓潜心大业者何有哉?淳曰:已知病痛,大段欠了下学工夫。(朱子)曰:近日陆子静门人寄得数篇诗来,只将颜渊、曾点数件事重迭说,其它诗书礼乐都不说。如吾友下学,也只是拣那尖利底说,粗钝底都掉了。今日下学,明日便要上达。如孟子从《梁惠王》以下都不读,只拣《告子》、《尽心》来说,只消此两篇,其他五篇都删了。紧要便读,闲慢底便不读,精底便理会,粗底便不理会。书自是要读,怎地拣择不得。如《论语》二十篇,只拣那曾点底意思来涵泳,都要盖了,单单说个风乎舞雩,咏而归,只做个四时景致,《论语》何用说许多事?前日江西朋友来问要寻个乐处,某说只是自去寻,寻到那极苦涩处,便是好消息。人须是寻到那意思不好处,这便是乐底意思来。却无不做工夫自然乐底道理。而今做工夫,只是平常怎地去理会,不要把做差异看了,粗底做粗底理会,细底做细底理会,不消得拣择。《论语》、《孟子》怎地拣择了,史书及世间粗底书如何地看得(陈淳、黄义刚录)?①

为学要在苦中见乐,在辛苦中得受用。单单求乐,就会流于玩弄光景,就只能做个四时景致,在这一点上朱陆之间心有灵犀,所见相同。在朱子眼中,道问学不比尊德性,前者约而后者"却煞阔,条项甚多,事事物物皆是问学,无穷无尽"②,需要大段做工夫。

上述谈话已经足以见朱子为学的宗旨与气象。尤其值得注意的是,朱子之论"曾点气象",少谈境界,少谈上达,却反复在谈为学次序,重点

---

① 《朱子语类》卷117。
② 同上书,卷118,《朱子十五·训门人六》。

落在为学之方上，这是朱子基本的为学精神。这次谈话也对陈淳有着深远的影响，后来陈淳就此回忆说：

> （先生）……谆谆警策，无非直指病痛所在，以为所欠者下学，惟当专致其下学之功而已，而于下学之中，所谓致知，必一一平实，循序而进，而无一事之不周。要如颜子之博约，毋遽求颜子之卓尔；要如曾子之所以为"贯"，毋遽求曾子之所以为"一"。而其所以为人痛切直截之意，比之向日郡斋从容和乐之训，则又不同矣。①

此寥寥数语已完全说出了朱子"曾点气象论"的要义所在。

---

① 《北溪大全集》卷10《竹林精舍录后序》。

第四章　朱子论"曾点气象"的评价及影响

本章将对朱子之论"曾点气象"做出总体的评价,并对其中牵涉到的问题展开进一步的说明。

第一节　强调有无、虚实之辨

朱子论"曾点气象"最鲜明的特色是强调有无之辨和虚实之辨。长期以来,对"有无"的讨论似乎只是老学、玄学或是佛学的话题——或视之为本末体用之关系,或视之为指示世界之本真状态、世界之本源的范畴。但是自陈来先生的大作《有无之境》面世以来,作为理学方面的"有无之辨"也开始为人所关注起来。陈先生甚至认为:

> 理解中国古典哲学中的"有""无"智慧与境界是研究中国文化的一个核心问题。
> 有无之境的融合正是新儒家(Neo-Confucianism)精神性的核心。
> 可以把"有我之境"与"无我之境"看成把握整个中国哲学中关于精神境界的基本范畴。①

有无之辨的引入为我们对理学的认识开启了一个新的视窗,也使我们对理学的认识更为真实,更能把握理学较之先秦与汉唐儒学的独特性。虽然陈先生对此问题的讨论主要集中在明代思想家如王阳明的身上,主要集

---

① 陈来:《有无之境》,第3、8、235页。

中在理学境界论的层面,但这无疑给我们对朱子学的研究提供了一个新思路。我们说,儒学中的有无之辨绝不限于理学(当然在理学中更为典型罢了),也不仅限于境界论层面。但是与先秦儒学相比,理学中的有无之辨无疑更为突出:无论在内部的争论上,还是在与佛老之争中,它都被推到了非常重要的地位。但是,与佛老玄学中的有无之辨总是围绕有与无这对范畴本身而展开不同,理学中的有无之辨实际上包含着一系列的问题(类似于家族性概念),这些问题的共性是,它们都围绕着意思相对的一对概念而展开——在最广泛的意义上,这对概念包容或指称一切以有无为前缀的词组,如有心无心、有我无我、有为无为、有情无情……①乃至于指称像敬畏与洒落、名教与自然、从容和乐与戒谨恐慎、何思何虑与必有事焉、株守与放荡……暗含有或无之规定性的词组展开的。显然,这里所谓"有无之辨"是一个所指极为宽泛的,甚至是一个言诠说不尽的命题,缺乏严格上的规定性。在一定意义上,有无之辨甚至和玄学中的言意之辨一样,具有方法论的意义。因此,如果单单在文字训诂上讨论有无二字的缘起与流变,甚至是其哲学内涵的演变,都不足以揭示出理学中有无之辨的真意所在②。概言之,理学中的有无之辨围绕四个层面而展开:在本体论层面、在价值论层面、在工夫论层面、在境界论层面。我们对此问题的讨论也要说明立言的基础是哪一个层面,其具体所指为何,否则很容易引起不必要的混乱。

在本体论或存有论层面③,理学家们一致认为天理与自然为实有,甚至认为"莫实于理者",他们也都一致在批判佛老以世界之本真、之本然为空、为虚无的说法。在这个意义上说,理学的整体精神是有,其有无之辨是在同佛老的互动中展开的——目的就是要辟佛老。这当然不是说理学否认气化层面的气有聚散,物有生死,而是其认为气的聚散,物的生死为天地间之常理,认为此理生生不穷,最为真实。需要指出的是,老庄、王

---

① 陈来:《有无之境》,第4页。
② 借用分析哲学的说法,毋宁说,这里所说的有和无,都是描述性(descriptive)的词汇。不过,有一点很清楚,那就是理学中的无和佛家所主张的缘起性空的无与佛老以舍离为中心的无完全不同,这一点前贤论述已详,此不赘述。
③ 上文已经指出,在理学中,本体意即……的本然之体,具有较多的含义。这里可以指对世界之根本看法,其所体现出的是一个理学家的基本价值观。

弱文献中的"无",并不是为理学家们所理解的"不存在",而是指"象帝之先",是指"无形"和"无名"者,它仍然尚是一"物",至少尚是一"在"(being),而真正以为"无"就是"不存在",恐怕还是自裴頠开始的①,是出于对老庄玄学的"误解",而理学家们基本上都继承了这一"误解"。不过此"误解"并不妨碍理学家们清楚地表达自己的思想。

再引申一步,儒学与佛老对"最上者"的看法也存在有无之辨。释道两家都视"最上者"为不可言:如《老子》强调"道可道,非常道;名可名,非常名",认为对于最上者只能默而体之。佛门也强调"第一义不可说",认为只有"拈花微笑"、"默然无语"、"截断众流"才是对最上者的最佳体认方式。这可以说是对佛老属于无之学的最好注脚。反观儒学,孔子固然没有直接说明什么是仁,但是却认为仁离人不远,求则得之,而君子则不可须臾离仁。他明确告诉弟子"为仁之方",强调为仁由己。而宋儒更是直接以理释天释仁,认为"仁只是一个浑然天理"②。朱子对第一义更是有着独特的理解:

> 曹问:如何是第一义?曰:如为人君止于仁,为人臣止于敬,为人子止于孝之类,决定着恁地,不恁地便不得,又如在朝须着进君子退小人,这是第一义……且如为学决定是要做圣贤,这是第一义(叶贺孙录)。③

至此,儒学的最上者已经完全理性化了,也体现出了鲜明的有之学的特色。

在价值论层面,理学内部在对道德与自由之选择上的张力也构成了有无之辨。这也深刻地反映着理学内部对最高价值和最高境界理解上的不同。如果恰如冯友兰先生所言,理学的理想追求境界是道德境界和天地境界。那么,大多数理学家在对这两种境界的分别上是模糊的。他们对于天地境界的理解多限定在一种放大了的"道德境界"中,而对于那种彻底

---

① 佛教说空,是说众物了无自性,并不废假有。僧肇的《不真空论》对此有详细的说明。
② 《朱子语类》卷6。
③ 同上书,卷15《大学二·经下》。

化了的"无我自由之境"始终抱着拒斥的态度，视之为佛老之学的本质。然而，一方面，理学以"尊德性"为其本质，这决定了理学不能离开人的"有我之境"而立论；另一方面，像其他所有的哲学思潮一样，理学并不必然排斥对个人自在之境界的追求，也要在最终意义上给出对理想自由的承诺。那么他们就难免会在追求社会性的道德和个体性的自由选择取舍上形成张力（此处可参看杨国荣先生的精彩论述）①，并由此形成有无之辨。

在工夫论层面，理学中同样存在有无之辨。不过这只是说在理学中就工夫而论，存在偏于有与偏无的不同入手之争而已——理学中虽然也有"以无工夫为工夫"、"无中生有"等种种说法，但还没有人真正会提出要取消工夫——就是为《明儒学案》所攻击的二王（王艮，字汝止，1483—1540 和王畿，字汝中，1498—1583）及其后学亦不例外②。但是，如果我们宏观地比较（狭义的）理学与心学在工夫论上的差异，就会发现后者在为学之方上更多地采取了"负的方法"③——比如强调无心，强调忘，强调无事，强调不犯手，强调神秘体验等，也更强调简易工夫，强调顿悟，这与狭义的理学所主张的格物穷理，主敬涵养形成了鲜明的对比，也招致了后人对其刊落工夫的指责。在这个意义上，理学在工夫论层面的有无之辨是很激烈的，而为人经常提到的敬畏与洒落之辨，同样可以归结为此一层面的有无之辨。

在境界论层面，理学中存在着较为明显的有无之辨，而当代学者所关心的理学之有无之辨的重点也正在于此，其代表者即陈来先生和彭国翔先生。上文已经强调，理学的境界论体现着儒学的所应然，也贯彻着儒学的基本价值观，其基本形态应该是以道德境界为核心④。但是，基于儒学先哲理想人格的多元性，乃至于孔孟本人之理想状态的丰富性，儒学中本有较为丰富和多元的理想境界论模式——其中就不乏对无之境界的赞美，而

---

① 杨国荣：《心学之思》，生活·读书·新知三联书店1997年版，第141—156页。
② 他们甚至还会主张非常严厉的道德践履，主张严肃的道德主义。唯一的例外，可能就是被视为异端之尤的李贽，李之叛逆精神和对假道学的反感都使他对所谓理学的诚敬工夫不感兴趣。
③ 冯友兰先生曾对负的方法有所说明。
④ 冯先生对境界的划分，大家想必已经耳熟能详，在此不再引述。

其对有之境界的强调和其对无之境界的强调并不构成绝对的对立和紧张。仅举孔子为例，我们既可以看到其强调拯救意识的一面，强调道德境界的一面、凸现忧患意识的一面，这可以称为其有之胸次或境界；也可以看到其强调从容和乐境界的一面（乐而忘忧）、强调孔颜乐处的一面，乃至于强调无滞无碍与自由自在的一面，这可以称为其无之境界。事实上，如果我们对无之境界的界定稍微放松的话，我们能够在大多数儒者的身上发现类似的情况，其中就包括朱子在内。

需要指出，理学对无之境界的强调未必都是吸收佛老思想的结果，更不能一提到无之境界就联想到佛老①。不仅无执无滞、无有做善、无有做恶在传统儒学中本已有之，就是这种境界与佛教那种以本来无一物，何处染尘埃为前提的"无所住而生其心"、"心体无滞"根本不同——后者是真正的本无之境（其内在的逻辑又要求本无又不废妙有），而儒学的无之境界是以有为前提的无。

在理学中，上述四个层面的有无之辨并非不相关联：一个儒者的有之境界在很大程度上来自于他平日的有之工夫，而这又会强化他对存有层面和价值层面之有的信念。反之，对于无的一面也是一样。

在陈来先生看来，理学自宋到明，经历了一个类似于从理性主义（狭义理学）到存在主义（心学）的转变，在这一大背景下，阳明及其后学更多地注意在坚持儒学之基本价值观的前提下，强调儒学在境界论层面的无的一面。这是其吸收佛老生存智慧的结果，而在理学中，也只有在阳明身上有无境界才得到了真正的融合。反观朱子，我们似乎只能以有之境界来定性他。的确，就朱子主流思想而言，其占主导地位的无疑是理性的精神和有之境界②——朱子较之其他理学家有着更为强烈的现实批判精神，也对宣扬无之精神的明道、上蔡、延平之属每有微词，朱子的道统意识与忧患意识也更为强烈，这些都是不可否认的事实。

但是，对任何理学家来说，他对理想境界的设想中都不可能绝对的

---

① 参看牟宗三的《宋明儒学的问题与发展》，第30页。

② 对任何儒者而言，其思想中占主导地位的都会是有之境界。但是朱子往往会把别人视为无之境界者转为有之境界——释之为天理挥然、从容中节的表现。

离"有"说"无",或是离"无"说"有"(尤其是在无指无所窒碍的情况下,更是如此),而是希望使自己的思想能够有无兼赅、从容中道,这是时人在当时激烈论战中的共同追求,这在朱子亦然:他同样也在用如明镜之虚明、之虚灵、之寂然不动来指示心(之本)体①,他也会推崇动亦定、静亦定之境界,推崇廓然大公之境界,甚至于长期对洒落之境界推崇有加。我们只能说,朱子对有之境界的强调压倒了其对无之境界的偏爱,而不能说朱子完全拒绝无之境界。借用陈来先生的说法,对于有无之辨,朱子持"论高远,以无为高;论轻重,以有为重"②的立场。

  回到本节的主题,朱子论"曾点气象"最鲜明的特色,是强调有无之辨和虚实之辨——他在很大程度上是在把有无之辨转化为虚实之辨:这不是说朱子直接把有无之辨等同于虚无之辨,从而主张从根本上取消无之境界,而是说他更加强调辨析境界的真实与否——朱子反对任何不真实的境界(不论其属于有之境界还是无之境界),一律斥之为玩弄光景。反之,若是真境界,则无论是敬畏之境还是洒落之境,只要它没有流于"舍离"、没有和儒家的基本价值观形成正面的冲突,都会得到朱子的赞许。进而,朱子认为境界的真与不真,是由工夫的真与不真决定的——真实的无之境界同样来自于变化气质,突破小我的真实工夫,同样要由真实的有之工夫来开出。因此,朱子特别强调要多谈工夫、少论境界,多在下学上用力,而不刻意去求境界。他认为只有这样才能日履实地,有真实受用。在这个意义上说,朱子对于所有境界的推许都始终潜藏在他心灵的更深处,其中也包括其对儒学范围内之无之真境界的推许。当然,朱子又特别注意赋予无之境界以理性的因素,使之建立在儒学价值观的大本上——典型者就是以天理浑然来诠释"曾点气象",来诠释鸢飞鱼跃和"活泼泼地"之境界,而朱子所说的"洒落"和"不累",更多是指"对义理玩味至融会贯通、无所滞碍"(当然不尽如此)。显然,与明儒所宣扬的无之境界相比,朱子的无之境界包含更多

---

  ① 如果阳明的无善无恶心之体是指"无所滞碍"、不把一物执定在胸中的话,我们没有理由认为朱子会反对这一境界。
  ② 《有无之境》,第229页。

的有之因素。

我们说,虚实之辨是朱子学的内在要求,它已经贯彻到了朱子思想体系的方方面面。而在虚实之辨与有无之境之间,无疑是前者的辉光遮蔽了后者,使我们很难发现朱子思想的多面性甚至是矛盾性,准确揭示出朱子思想的多面性和矛盾性,更能使我们认识到一个真实的朱子。

第二节 强调儒学与佛老之辨

朱子之论"曾点气象",还涉及理学中的又一个大题目——儒学与佛老之辨。儒学与佛老都是中国传统哲学中的主流。自其诞生或是传入中国之际起,它们之间就形成了一种复杂的互动关系:相互激励,相互影响,相互排斥,相互启发。而辨析儒学与佛老思想的异同又始终是学界争论不休的热点,难有定论。此问题的复杂性在于,儒学和佛老都不是由一时一人构成的,不同时代、不同学派的学者或偏于强调其同,或偏于强调其异,或强调儒释道各自思想的纯粹性,或强调三者之间的贯通性,难以一概而论。再者,三家思想本身又都具有开放性,处在不断的变化损益之中。现实情况常常是,三家中的后来学者往往会根据来自对方的指责而及时调整自己学派的观点,弥补自己思想的不足,乃至于有针对性地提出新观点来压制对方,从而使整个思想史的发展呈现出波澜壮阔的景象。因此,对这个问题的讨论若不是建立在对每位学者之个案的充分研究之上,就总给人以立论笼统,勉强的感觉。而从大的历史背景来看,这个问题又显然与时代有关,与政治有关,不是一个纯学术的问题。

基于此,我们在讨论儒学与佛老的关系时,关键是要抓住问题的关键点,把握矛盾的主导方面——若是从总体精神上把握理学,那么我们只能说理学的基本精神是辟佛老,而不能是相反——不辟佛老,不足以体现出儒学独有的真精神,不辟佛老,就难以成为重建社会秩序的主导力量。只不过,就理学发展的细节来说,宋儒比明儒更能感受到来自佛学的压力与挑战,因此会更为激烈的辟佛罢了。当然,理学在佛老之学的压力与刺激下,不得不深入反思自身的不足,进而挖掘本有的心性论因素来发展自己,在这方面佛老的外在刺激作用显而易见,也不容抹煞。因此,流行一时的"援佛入儒"或"援道入儒"①,若只是指理学家们会在潜移默化中受到佛教影响的话,未必就不可接受。但是我们必须看到,儒释道之间从来都是一种相互影响的关系:尤其是对于以禅宗为代表的中国佛教来说,其在形成过程中受儒道影响的痕迹更为明显②,"援儒入佛"、"援儒入道"早在宋代之前就已是一普遍的现象。我们完全可以说,没有包括儒道在内的中国传统文化的孕育,就不会有中国佛教尤其是禅宗的出现,当然也就不会有所谓的"援佛入儒"或"援道入儒"问题。

由于此话题牵扯过大,因此本书更主要是针对朱子本人来讨论这个问题的。对于这个问题,前贤同样讨论已多,因此本书只结合本书主题谈一些个人的看法。而就此问题而论,我们同样需要区分朱子在不同层次、不同角度、不同环境下的言论,需要区分朱子对道、佛的不同态度,也只有这样,我们才不会被朱子各种"不同的"言论所迷惑。

就总体而言,我必须再次强调张岱年先生的这段话:

> 近人喜谈"三教合一",专讲朱学融会佛老,对于朱氏"辟佛老",却不肯注意。此书(即束景南先生之《朱子大传》)指出,

---

① 这种说法当以陈寅恪先生为代表:"佛教于性理之学 metaphysics,独有深造,足救中国之缺失……宋儒若程若朱,皆深通佛教者,既喜其义理之高见详尽,足以救中国之缺失,而又忧其用夷复夏也。乃求得而两之法,避其名而居其实,取其珠而还其椟。采佛理之精粹以之注解四书五经,名为阐明古学,实则吸取异教。声言尊孔辟佛,实则佛之义理,已浸渍濡染,与儒教之传宗,合而为一……自得佛教之裨助,而中国之学问,立时增长元气,别开生面。"此为陈寅恪先生对吴宓先生语,见吴学昭之《吴宓与陈寅恪》,清华大学出版社1992年版,第10—11页。按,陈先生的说法似是而非,单是"采佛理之精粹以之注解四书五经"一句就不能不令人生疑。且问佛理之精粹为何?是三法印,是缘起性空?还是如陈先生所认为的心性理论。恐怕宗门人士会有与陈先生截然不同的理解,而且,越是佛理之精粹就越和儒学格格不入。这一关键点辨析清楚了,陈先生的观点就很值得商榷了。在陈先生之前,宋代的叶适、清代的众多学者也多有这种看法。但反对的声音也同样很多,而且进来已经成为潮流,典型者如:《宋明儒学的问题与发展》,第18页;《朱子新学案》第1册,第13—14页;《道学与民佛学》,第4—5页,等等。

② 方立天先生对此有详细论述,其大概是说:中国佛教宗派流传史表明,佛教宗派的思想文化变异越大,流传越久;变异越小,流传越短。这也说明中国的时空背景、文化传统对佛教的制约、影响是何等强大有力。印度佛教主性寂说,而中国佛教则主性觉说,性寂说偏于断烦恼,而性觉说偏于开智慧。佛教在中国发展的历程显示了其受中国传统文化影响的痕迹。详可参看方先生《中国佛教哲学要义》第三编,中国人民大学出版社2002年版,下同。

"朱学作为一种新的儒学,是反对当时社会上泛滥横行的佛教道教的直接产物,不能离开这一基本历史事实来谈朱熹的融和佛老",我认为这一观点是完全正确的。①

于朱子,他的主导精神是维护儒学之道统,维护儒学之纯粹性,因此必然会强调儒学与佛老之异的一面,尤其是儒学与佛老在存有论和基本价值观上的异的一面,这一点无可怀疑,也不必争辩②。当然,朱子并没有否认儒与佛老确有相通的地方,恰恰相反,朱子反复强调佛老之"弥近理而大乱真","佛学之与吾儒虽有略相似处,然正所谓貌同心异,似是而非者,不可不审。明道先生所谓'句句同,事事合,然而不同者'"③,都清楚地说明了这一点。在朱子看来,一个儒者的基本责任正是要辨析清楚这一点,要能找出二者的同中之异,贵在见到儒学的独特本质。古人云"闻弦歌而知雅意",我们需要善会朱子的雅意。

另外,于朱子而言,辨析儒释道三者异同还不是最终目的,钱穆先生认为,"朱子尽力辨斥禅学,非是要在外面树立门户,作儒释疆界之争,乃是要在门内指示路径,教人以治学之方"④,此可谓不刊之论。我们必须时刻牢记,朱子的任何言论都紧密关联着他的为学之方,这也是我们把握朱子学的一个基本精神。

在朱子看来,儒家与佛老之辨,其核心是虚实(有无)之辨。在通过学理来辨析儒与佛老之别时,朱子很重视继承自李侗的理一分殊原则。他认为,儒与佛老之别不只在"理一"处,更存在于为儒家所特别关心的分殊层面上——在人伦物理、纲常礼义上。朱子认为,儒家的"实",

---

① 此为张老为束景南先生之《朱子大传》所作的序言,见《朱子大传》。钱穆先生亦持此态度,认为:今人又谓宋代理学渊源实自方外……然当时理学家主要宗旨正在辨老释……理学诸儒则在针对释老而求发扬孔子之大道与儒学之正统。明得此一分辨,乃能进而略述理学家之所以为学,与其所谓学之所在,亦即理学家之用心与其贡献之所在。见《朱子新学案》,第13—14页。

② 问题的关键是,朱子想要突出强调儒学与佛老同的一面,还是异的一面,尤其是似同实异之处。相对于明儒,朱子显然选择了后者。这既是时代的要求使然,更是对佛老之威胁的必然反映,这一点也是明儒难以体会的。

③ 《文集》卷59《答吴斗南・便中奉告》。

④ 《朱子新学案》第3册,第1086页。

是因为它不离分殊而谈理一，故能做到明体达用，体用一源；佛老的"虚"，则是因为它离用求体，因此是体用两分，有体无用。这样，其所得到的"体"，也只是虚体。这里，朱子对虚实二字有特别的规定：在他看来，天下最实的是以德性为内核的理，而且是以"理一分殊"形式流行于天地万物之上的理；最空的是隔绝外物，摒弃纲常伦理的心。这里，若不联系朱子的"理一分殊"思想，就很难真正领会他的儒与佛老之辨：怎么宣扬妙有的佛和宣扬道生天地的老学、主张有作有为的道教反而是虚呢？

具体来说，朱子批判佛的空，更多针对的是其主张心中无理，无仁义礼智之性，空豁豁"着不得一物"。在这个意义上，朱子才反复强调：

> 儒释言性异处，只是释言空，儒言实，释言无，儒言有（廖德明录）。
> 吾儒心虽虚而理则实，若释氏则一向归空寂去了（潘柄录）。
> 释氏虚，吾儒实，释氏二，吾儒一，释氏以事理为不紧要而不理会（甘节录）。
> 惟其无理，是以为空。它之所谓心，所谓性者，只是个空底物事，无理（甘节录）。[①]

我们可以说，华严讲"理事无碍"，禅门的石头希迁亦讲理事关系，因此表面上似乎朱子说释氏无理有些不相应，但是佛教所说的"理"，其本意就是自性空，当然与朱子所说的理不能同日而语了。同样，朱子认为老之虚，也是指其外人伦，主出世。离开了对朱子虚实之辨的特殊理解，我们很容易认为朱子对佛老的批判是无的放矢。

另一方面，朱子坦言儒家也不是不讲空：

> 释氏说空不是便不是，但空里面须有道理始得。若只说道我见个空，而不知有个实底道理，却做甚用得？譬如一渊清水，清冷彻底，看来一如无水相似，它便道此渊只是空底，不曾将手去探是冷是温，

[①] 均见《朱子语类》卷126《释氏》。

不知道有水在里面，佛氏之见正如此。今学者贵于格物致知，便要见得到底，今人只是一斑两点见得些子，所以不到极处也（郑南升录）。①

朱子亦云"虚灵自是心之本体"②，心不虚灵不昧，就难以具众理而应万事。中国传统哲学中，最常见的是以明镜应物来喻心体，也正是看到了心虚即心空的一面，但儒学之为儒学，必然会强调空里面须有道理，在这方面，阳明的"无善无恶心之休"亦莫能外。也正是在这一点上，儒与佛老虽都讲空讲虚，却有鲜明的界限。

具体而论，朱子辨析儒与佛老之辨的重心，在于辨析儒释之异同。这是因为，当时道的影响已经无法与佛争锋，而其对儒学纲常伦理的冲击性也不及佛③。就儒学与老庄的关系而言，出于理学家的基本信念，朱熹对老庄思想中过度强调人的个体向度，以及由此而淡化人的社会向度与社会责任提出了强烈的批判——认为他们充满了自私自利的机心④，凡事不犯手，"只顾自己快活"——这类似于说老学是极端的个人自由主义，认为其"拘泥"于私有（己身）而不化。也正是在这一点上，朱子非常注意划清"曾点气象"与"庄老气象"的界限——这也是在划清儒学与庄老的界限。

需要注意的是，宋代道的重心已经由道家向道教（以内丹学为代表）转移。仅就内丹学而言，其有⑤的因素远远大于佛和老庄。首先，虽然内丹学已不再局限于"徇生执有者物而不化"，开始强调性命双修，强调无生，但是内丹学的核心，始终是作为"上药三宝"的神与气精——不独后两者的有的属性至为明显，就是内丹学所说的神，也与我们当前所说的

---

① 《朱子语类》卷126《释氏》。
② 同上书，卷5《性理二》。
③ 朱子亦云：禅学最害道，庄老于义理绝灭犹未尽，佛则人伦已坏，至禅则又从头将许多义理扫灭无余，以此言之，禅最为害之深者，见《朱子语类》卷126。而为当前学术界颇为关注的内丹学，在当时的影响更小：最大的原因是，内丹讲究单传和亲传，强调"饶君聪慧过颜闵，不遇真师莫强猜"（《悟真篇·七言绝句六十四首·五十九》），"火候"始终是内丹学中的秘中之秘，这一情况直到现在也没有改变。由此，内丹学的影响始终限定在很小的范围内，而真正于内丹学有所得者，更是屈指可数。
④ 庄子亦反对机心，但朱子所说的机心是指自利之心，而庄子所说的机心是指非纯真之心。
⑤ 这里说的有无，是指虚无和实有，积极和消极。

与物质相对的"意识"不可同日而语①，这就决定了内丹学在根本上是有之学。再者，内丹学较之老庄之尚因循，较之《素问》中以随顺阴阳四时的养生学而言，表现得更为积极。内丹学响亮的口号是"我命在我不在天"，"始知我命不由天"②，甚至是主张盗天地之玄机，主张要通过积极有为的手段来达到无为的目的。而内丹学的所有派别都强调要始于有作，终于无为③，这一点概莫能外——即使是主张先性后命的北宗丹法，也强调以筑基炼己为先，其秘传的丹法更为烦琐，细密——典型者即以伍冲虚、伍守阳、柳华阳为代表的伍柳丹法。其三，较之老庄而言，在内丹学中术被置于了非常重要的地位，而其作为学的一面则大为减退。也正是在这一点上，大多数理学家都只是视内丹学为养生术，对其批评也相应较少。其四，内丹继承了自葛洪以来强调外儒内道的主张，所有丹经都提倡三教合一，而多数早期内丹中人都有着出入三教的经历④，这也使得其同儒家伦理的对立更小。

总之，宋代的道尤其是内丹学有的色彩非常明显。但是，就更重要的一面看，就内丹学的基本价值观而论，它仍然属于出世之学。它虽不主张来世，但却同样以人间为火宅，为"迷途"，主张要离尘世，独自逍遥⑤。以此为基础，内丹学的核心是颠倒之学，所谓"顺为凡，逆则仙，只在中间颠倒颠"⑥，它所要做的就是逆，要回到未生前，返还回到无言之域，

---

① 在内丹学中，神更具有物的属性，就是在朱子那里，神也属于二气之良能，不等于我们所说的意识和纯粹的精神。

② 分别见于《抱朴子内篇·卷三·黄白》和《悟真篇·七言绝句六十四首·五十四》。

③ 《悟真篇》云：始于有作无人见，及至无为众始知，但知无为为要妙，孰知有作是根基（《四库全书》本作：始于有作人争觉，及至无为众始知，但见无为为道妙，不知有作是根基）。虽然不同的人提出过不同内丹的修炼阶段，有三阶段（炼精化气，炼气化神，炼神还虚）乃至十六阶段（可参赵避尘先生所撰之《性命法诀明指》一书，学术期刊出版社1988年版）的不同，但其主体都是有之工夫。

④ 南宗五祖、王喆均为自儒入道，张伯端更是由道义入佛。与佛教内部始终存在三教是否合一的争论不同，内丹学者无一例外皆主张三教合一。

⑤ 《悟真篇》起首就强调"不求大道出迷途，纵负贤才岂丈夫。百岁光阴石火烁，一生身世水泡浮。只贪利禄求荣显，不觉形容暗瘁枯。试问堆金等山岳，无常买得不来无"，这显然是以人生为妄幻，其受佛影响的痕迹显然可见，见《悟真篇》，《七言四韵·一》。

⑥ 张三丰：《无根树·五》，见王沐编《道教五派丹法精选》第3册，中医古籍出版社1989年版，第342页。

先天世界（实质是脱离社会），在这个意义上，其在最终归宿上和儒学理想是背道而驰的。而对于大多数理学家而言，虽然他们都承认内丹术的效用，但都认为其终属自了之学。

相对于当时已经日渐萧瑟的道家而言，佛学思想之精深，以及其在当时对儒学的影响，都是道家所无法匹敌的。因此，朱子之辟佛老，中心还是在辟佛。需要指出的是，就整体而言，朱子对佛学的理解是禅学化的，而他对禅学的理解在很多场合又表现出一种泛化的特色，缺乏严格性和规范性，如陈来先生和钱穆先生都反复强调：

> "禅学意思"自朱熹口中说出来，缺乏一种十分确切的哲学意思……在他看来，凡主张略、高、深、巧、易、径、快者，都是禅学的变种。
>
> 朱熹常常是用禅学重内遗外的一般特点，及宋代禅宗特别是由大慧宗杲开创的看话禅的趋于简易、禁遏念虑、弃除文字、专求超悟本心以及呵佛骂祖、粗暴狂颠的教法这样一些特点来衡量陆学的。朱熹所谓"禅学意思"即指径易超绝厌弃文字的为学倾向及遗外求内、绝物存心的修养风格。①
>
> 当时立说，偏于内而忽外，偏于上而忽下，朱子莫不斥其近禅。
>
> 朱子言心地工夫，贵能在下学、方外（指义以方外）上用，若离下学，无方外，则朱子皆斥其近禅。②

在许多情况下，自朱子口中说出的这一广义的"禅学意思"，并不是指严格意义上的持佛教思想者——而是指所有在为学方式上，在做人态度等外部特征上和佛禅具有共性者③。这样看来，朱熹会指责二程的大多数弟子和二陆乃至曾点等人为"近禅"才毫不稀奇。只有把握了这一点，我们才不会对朱子批评佛禅的某些"不相应"的话感到意外。

若要是谈到辟佛，就不能不涉及究竟以什么标准来区分其异同的问

---

① 《朱子哲学研究》，第400、402页。
② 《朱子新学案》第2册，《朱子论禅学》下，第1095、1096页。
③ 《朱子哲学研究》，第400页。

题。彭国翔曾认为：

> 儒释道三教融合在中晚明所达到的理论深度，使入世与出世或经世与出世这样虽然总体上并不错但毕竟不免失之笼统的传统讲法受到了相当程度的挑战。禅佛教以及以全真道为代表的新道教在理论上早已将儒学注重社会伦理的思想尽可能的容纳于自身之内，而中晚明像一些往来于三教之间的道士，以及像憨山德清、紫柏真可那样积极投身社会活动，甚至卷入政治斗争的禅宗高僧，其实践活动本身更是使儒释道之间变得疆界难明。①

其实为彭国翔君所说的这种情况，在宋代僧人中早已经是如此。这是事实，不必详论②。而如何判定儒学与佛老的区别更始终是困扰时人的一大难题。大概在朱陆二子之前，儒者辨儒学与佛老异同只是集中在外在性的东西上。典型如二程也主张"观迹辟佛"说，并不主张深穷佛理，然后再辟之。其中的唯一特例应该说是张载。张横渠在其《正蒙》中很集中地批判了佛老的思想，其批判的锋芒也直指佛老的思想领域。但是，虽然张横渠辟佛非常激烈，但是其思想本身仍不脱佛学的痕迹，其"死而不亡"说被朱子讥讽为"大轮回"就是明证。自朱陆起，或以虚实之辨，或以义利之辨划分儒释疆界，才成为理学界所持的基本标准。

我们说，儒学与佛老异同本是个异常复杂的问题，我们只能用"同中有异，异中显同"来定位它们之间的复杂关系。因此，究竟是否有可能在它们之间划出一条泾渭分明的界限都还是个问题。而简单用一个标准来判断就只能是大概的，笼统的，相对的。尤其是在三家思想本身都派系林立，内部思想难以完全统一的情况下更是如此。在这方面，不论是入世

---

① 彭国翔：《良知学的自我展开》，生活·读书·新知三联书店2005年版，第267页。

② 像彭先生提到的中晚明的这些现象，诸如新道教与禅佛教强调注重吸收儒家伦理，禅道诸大德积极参与抗金等政治活动，这在宋代都有出现，如宗果曾强调，"予虽学佛者，然爱君忧国之心，与忠义士大夫等"，"菩提心则忠义心也"。见《大慧普觉禅师语录》卷24《示成机宜》，《大正新修大藏经》第47册，NO.1988，第912页。亦可参看《朱熹的历史世界》，第74—75页。再如：内丹中人如元代的丘处机亦在救世济民上多有贡献，可参《元史·释老·丘氏本传》。

出世说、公私之辨说、还是虚实之辨说，都有其各自的局限性。但是，若从三家的核心概念出发，牢牢把握它们的主要矛盾，则儒学与佛老之间又不是不可以做出区分的。在这方面，《庄子·齐物论》所说"自其异者视之，肝胆楚越也；自其同者视之，万物皆一也"，讲的正是这个道理。这种相对与绝对之间二而一，一而二的辩证法需要我们注意。

朱子严辨儒释道疆界的努力，在后来遇到了较大的挑战——不独以阳明及龙溪为代表的明儒更强调儒佛儒道融合的一面①，就是当今学者也不乏从佛教立场上强调儒释道融合的例子。如，朱子一再强调佛教的外人伦、遗物理，而当今学者则特别强调"中国佛教伦理具有浓厚的儒家伦理色彩"，"具有儒家化的特色"，"中国佛教具有浓厚的社会伦理色彩"②，这似乎对朱子的说法形成了挑战。本书则认为，佛教在中国的主流是中国化，中国佛教在中国特殊的环境下不得不采取与儒学伦理相协调、相妥协的发展策略，这也是事实。但是，中国佛教的这一发展趋势，并未从根本上改变其出世宗教的本质——方立天先生亦言，中国佛教的所有的社会化色彩的伦理，都只能服务于其解脱和出世的本质，具有方便和对机性质，是权法。况且，儒释道内部在发展历程中，始终存在回到原初思想，回到原始经典的呼声，这又使得佛教在中国传播中的中国化过程充满了复杂性。就根本而言，中国佛教同样以空为自己的核心观念，这与以理为核心观念的儒学，界限是无法调和的。另外，我们也要注意把佛教中那些劝世的方便说教和其核心思想区分开来，尤其不能高估其因妥协而提出的东西。

在伦理层面，佛教尤其是中国佛教和儒学至少在迹上存在诸多共性的东西：比如佛教本有"诸恶莫作，诸善奉行，自净其意，是诸佛教"③ 的说法，而中国佛教又对此有所发挥，结果使中国佛教伦理与儒学伦理的疆界更为模糊。但是，佛教提出"诸恶莫作，诸善奉行"的说法，是服务于其"自净其意"这一目的的，他们认为为善去恶只是有漏善。相对而言，主张"人性本净"才是佛教的本质，也才是无漏善④，这和儒学的人

---

① 陈来和彭国翔都强调，阳明及龙溪虽主张融合儒释，但在存有与价值观的层面上都不失儒者的基本立场。
② 《中国佛教哲学要义》下卷，第849、850页。
③ 《法句经·第二十二·述佛品》，《大正新修大藏经》卷4，NO.0210，第567页中。
④ 《中国佛教哲学要义》下卷，第868页。

性本善的说法根本不同。再者，佛教亦提倡平等，提倡慈悲，这也似乎与儒学仁者爱人的观点相近。但是，佛学的这一观点的立言基础是无差别观念，这和儒家基于情感立场的爱有次等，爱分是非的思想亦不相同①。也正在这一意义上，朱子反复批判佛教的这一观念是在把人混同于物，是二本。朱子投入了很大的精力来辨析这些似是而非的东西，因为他认为这些东西对儒学的基本精神带来的冲击最大。

朱子之辟佛，主要对象是"被后世公认为禅宗之正系"②的洪州宗——代表者为马祖道一等③（而很具讽刺意味的是，洪州宗的主要渊源，却是中国固有的文化观念和思维模式，尤其是老庄和玄学，其对传统佛学的颠覆也最为彻底）④——大概是因为洪州宗在中国化的外衣下，更加"弥近理而大乱真"吧。

前贤多指出，洪州宗的最大特色是提倡生活化、自然化的禅学，其核心思想主张平常心即道，甚至于认为"自古自今，佛只是人，人只是佛"⑤、"祖师西来，直指一切人全体是佛"⑥。这就泯除了人与佛的界限，这也比慧能所宣扬的"自心即佛"迈出了颠覆性的一大步。洪州祖师特别反对向外驰求，而是强调自信本心，强调"道不用修"，"拟向即乖"，声称"若无闲事挂心头，便是人间好时节"⑦。依照洪州宗的逻辑，人不受污染的心"无造作，无是非，无取舍，无断常，无凡无圣"，无条件的

---

① 其优劣暂不作评论。

② 《中国佛教哲学要义》上卷，第467页。洪州宗的思想与老庄之学非常近似，仅就此而言，也难怪朱子会认为佛窃取了老庄的精华。今人反以为朱子此说犯了常识性错误，是没有注意到佛教的中国化过程中普遍存在"援道入佛"和"援儒入佛"的情况。另外，朱子对当时流行一时的文字禅基本没有回应，个中原因不好推测。

③ 只有理解了这一点，我们才不必引用佛教其他流派的思想来指责朱子对佛的批评是错误的，是不相应的。

④ 《中国佛教哲学要义》上卷，第498页。

⑤ 宋颐藏主编《古尊宿语录》卷1，《大鉴下三世（百丈怀海大智禅师）·广录》，中华书局1994年版，正文第16页。按，萧萐父先生在中华书局版该书的前言中，把这段话标出自该书第二卷，见该书前言第20页，误。

⑥ 唐裴休集《黄檗山断际禅师传心法要》，《大正新修大藏经》卷48，NO.2012A，第383页上。

⑦ 分别见（宋）道原纂《景德传灯录》卷28；《大正新修大藏经》卷51，《史传部》，NO.2076，第440页；《无门关·平常是道》，《大正新修大藏经》卷48，《诸宗部》，NO.2005，第295页。

即是佛性的体现。人只要不去扰动它，任其而行，其发动作用处就会"触类是道"。对此，朱子提出了严厉的批评：认为其带来的弊端一是其主张一切现成，无适非道，认为这会导致刊落工夫；二是其强调"作用是性"，会导致泯灭是非，泯灭人与禽兽之别——本书在讨论朱陆异同时已经指出，朱子认为气禀之杂是人生必须面对的因素，受此影响，人的"作用"也不必然就是性的体现，渲染"作用见性"会混同人的物性与本性，泯灭是非的界限。这在《文集》、《朱子语类》中多处可见，不再详引。

朱子之批判洪州宗，还与其过分渲染"自由"有关。可以说，从原始佛教到禅宗，再到洪州宗，有一个由重敬畏到重洒落的发展趋势，洪州宗则把它发展到了高峰。该派宗师特别强调无所执著、毫无系累的"自由"精神，并视之为佛的本质。由此，此派中人多有呵佛骂祖、扫荡一切的出格表现。这一点尤其引起了朱子的反感，认为它"大坏佛氏之学"。当然，对于洪州宗师们的言论岁激进，我们也要善会其意，明其所寄。如义玄曾高倡"逢佛杀佛，逢祖杀祖，逢罗汉杀罗汉，逢父母杀父母，逢亲眷杀亲眷"①，但是他随即对此做出了温和的解释：

> 云：如何是父？师云：无明是父。你一念心，求起灭处不得，如响应空，随处无事，名为杀父。云：如何是母？师云：贪爱为母。你一念心，入欲界中求其贪爱，唯见诸法空相，处处无著，名为害母。云：如何是出佛身血？师云：你向清净法界中无一念心生解，便处处黑暗，是出佛身血。云：如何是破和合僧？师云：你一念心，正达烦恼结使，如空无所依，是破和合僧。云：如何是焚烧经像？师云：见因缘空，心空法空，一念决定断，迥然无事，便是焚烧经像。②

言论惊天动地，而其行仍未超出传统的约束，这在中国传统哲学中不乏其例，如本书在导言中提到的颜习斋，如杨慈湖，甚至如阳明后学都是

---

① 《古尊宿语录》卷4《镇州临济（义玄）慧照禅师语录》，第65页。
② 同上书，第70页。

如此，于洪州宗人，也是如此。

中国佛学在由唐到宋的发展中，也发生了一些变化，比如从偏重"直心说禅"到偏重"绕路说禅"①，从偏重"不立文字"到偏重"不离文字"，再到宗杲的怒焚《碧岩录》。宋代佛学的上述变化既体现了佛学发展的多元化，同时也体现出其中国化进程的加快。朱子对佛禅的批判，也敏锐地注意到了上述变化。不过，他对此作出的回应，主要是对默照禅和看话禅的批判：

> 因举佛氏之学与吾儒有甚相似处，如云……看他是甚么样见识，今区区小儒怎生出得他手？宜其为他揲下也。此是法眼禅师下一派宗旨如此。今之禅家皆破其说，以为有理路、落窠臼、有碍正当知见。今之禅家，多是麻三斤、干屎橛之说，谓之不落窠臼、不堕理路（沈僴录）。②

可见，朱子批判佛家的根本一点，在于其不讲理路、不讲工夫。

我们说，在涉及儒释道之间的大是大非上，朱子的主导精神是辟佛③。但是在此前提下，朱子于佛老亦不主一概摒弃，甚至也承认佛老有所取。再者，通观儒学的发展史，我们也会发现一种普遍现象：多数儒者一方面有着坚定的入世信念，同时也强烈的向往一种不与俗世同流合污，向往高洁出尘的个人生活的倾向。这种情况于孔子是如此，于朱子亦是如此。在这一点上，他们与佛老之学的自由精神至少是相通的。这就出现了一个奇怪的现象：一方面，朱子在与儒学内部人士的交流中极力强调儒学与佛老之辨；另一方面，他则始终同佛老宗门人士保持着非常良好的关系。这种情况既反映出了儒与佛老关系的多层面性，也反映出了朱子对佛老态度的复杂性和多层次性，同时还表明在朱子内心深处始终存在着对无之境界的爱好。

---

① （宋）重显颂古、克勤唱评《佛果圜悟禅师碧岩录》卷1，《大正新修大藏经》卷48《诸宗部》，NO.2003，第141页上。

② 《朱子语类》卷126《释氏》。

③ 上文已反复强调，朱子辟佛，主要是针对儒门中人，他从未和释道中人展开过类似的辩论。

第四章 朱子论"曾点气象"的评价及影响

大家都对阳明与王艮谈话中强调"满街都是圣人"这句话非常熟悉，也常常以此为阳明心学一系的一大特色，却很少有人知道其实这句话最早出自朱子之口，而且是出自他对僧人的赞叹：他在任职同安期间曾到泉州开元寺古刹，并为此庙提对联曰：

> 此地古称佛国，满街都是圣人。①

称佛寺为满街都是圣人，自然能反映出朱子当时对佛学的态度，但是这毕竟是应景之作，不必太把它当真。

钱穆先生也注意到，朱子对佛门中人踏实的心地工夫颇为赞赏。大家也都已经注意到了朱子作《周易参同契考异》，著《阴符经考异》，这是事实，也不必隐讳。当然，朱子与道家修养术，尤其是内丹术了解不深，且从未实践过，这也是事实。我们更不能过多地渲染朱子的《调息箴》②。不能一提到静坐调息就和道佛思想联系在一起。

我们在研究朱子与佛老关系的问题时，还要善于注意读出朱子行文的言外之意。例如，朱子常常会用一种游戏的态度作诗或是与弟子们交谈，对此，我们就没有必要对朱子有时的满口禅语过于认真：

> 脱却儒冠着羽衣，青山绿水浩然归。看成鼎内真龙虎，管甚人间闲是非。生羽翼，上烟霏，回头只见冢累累。未寻跨凤吹箫侣，且伴孤云独鹤飞。③

此诗题为戏作，对此我们不必太认真，但戏作有时也会透露出朱子内心深处的消息，这又是我们需要注意的。有时，朱子还会即兴来一段参禅

---

① 《朱子大传》，第142页。
② 张伯端云：更饶吐纳并存想，总与金丹事不同，见《悟真篇》之《七言律诗十六首·十五》，亦可见张氏《悟真篇》的前后序；《周易参同契》亦批判"食气鸣肠胃，吐正吸外邪"等诸术，谓其与金丹术不同，见《周易参同契通真义·卷上·是非历藏法章第二十七》，《四库全书》本。
③ 《文集》卷10《叔怀尝梦飞仙，为之赋此，归日以呈，茂献侍郎当发一笑·鹧鸪天》，据束景南考证，此诗作于庆元二年，叔怀为阁皂山道士，见《朱子大传》，第999页。

的游戏，尤其是赋闲在家时，更是如此：

> 寿昌问：鸢飞鱼跃，何故仁便在其中。先生良久微笑曰：公好说禅，这个亦略似禅，试将禅来说看。寿昌对：不敢。曰：莫是云在青天水在瓶么？寿昌又不敢对。曰：不妨试说看。曰：渠今正是我，我且不是渠。曰：何不道我今正是渠。
>
> 先生顾寿昌曰：子好说禅，禅则未必是，然其所趣向，犹以为此是透脱生死地等事，其见识犹高于世俗之人，纷纷然抱头聚议，不知是照证个甚底事。
>
> 先生问寿昌：子见疏山，有何所得？对曰：那个且拚归一壁去。曰：是会了拚归一壁，是不会了拚归一壁？寿昌欲对云：总在里许。然当时不曾敢应。会先生为寿昌题手中扇云：长忆江南三月里，鹧鸪啼处百花香。执笔视寿昌曰：会么？会也不会？寿昌对曰：总在里许。①

这些即兴游戏之作都不可当真，而朱子屡屡游禅寺，会禅僧，咏禅乐，也都被他牢牢限定在有限的空间里，他也并没有因此而变为禅门中人。

朱子对佛老之学的批判都是基于他对佛老之学个人认识。对于佛老之学本身而言，我们很难说朱子的指责就是"合理"的。甚至在一定程度上，我们也可以说朱子不懂得佛老之学的真谛。他的所谓有无之辨，无论是对于老庄之学、在当时早已把"性命双修"定为宗旨，大量吸收了心性修养之学的新兴道教内丹学，还是对于在理论体系的精深与完备上都并不逊色于理学的佛学来说，这些都不是需要真正反思的话题。

对于这一点，笔者还要多说几句。自朱子之后，一些对佛学有较深了解的人往往指责朱子有对佛学的"误读"，这种指责直到现在还有人在提起。我们客观地说，在佛学本身，自释迦灭度之后，其思想就始终在被重释、被"误读"着。事实上，任何一种思想体系的发展历程中，都会存在一定程度的"误读"现象。这一点，我们已经在前文有所说明——宋明之讨论"曾点气象"，正是一种非常有意义的创造性"误读"。试问，若没有后期印度佛教徒对原始佛学的"误读"，就不会有今天的大乘佛

---

① 均见《朱子语类》卷118《朱子十五·训门人六》。

学；若没有中国佛教徒对印度佛学的"误读"，就不会有今天我们自己的中国佛学。

佛学内部宗派林立，禅宗内部同样宗派林立。它们屡屡兴起所谓的判教活动，相互指责对方为异端，此诚为"此亦一是非，彼亦一是非"。在这种情况下，我们只能说，要求存在一种完全不被"误读"的佛学，这本身就是一种幻想。于朱子，我们更不能指望他像宗门人士那样精通佛学，这对朱子是不公平的。朱子对佛学的了解，在两宋理学诸子中还算是比较深入的，也正因为如此，他才会颇具自信地说：

> 今金溪学问，真正是禅。钦夫、伯恭缘不曾看佛书，所以看他不破。只某便识得他。试将《楞严》、《圆觉》之类一观，亦可粗见大意。①

当然，朱子之溺佛的经历和时间很有限②，其对佛书多是浏览，并未真正下过工夫。因此，朱子于佛学之评论会有粗疏是必然的。但是，若有学者"专据此中一二小节，便谓朱子于佛学未有甚深了解……毛举细节，断为无当矣"③。

其实，朱子在谈论佛学时，其重心每每在于强调佛学与儒学之辨，旨在揭示所谓的"弥近理而大乱真"者。仅就此一点儿而言，朱子在对佛老之学的批判中，坚持了虚实之辨的原则，牢牢坚持人的社会责任远远重于其个人自由的基本立场。这可以说是他对儒学与佛老之别上最深切、也最不容人辩驳的认识。在这一总的精神上，朱子对佛学的了解并没有问题。

第三节　强调现实批判精神

朱子论"曾点气象"，也体现着强烈的现实批判④精神。本来儒学的

---

① 《朱子语类》卷124《陆氏》。
② 虽然朱子多次强调他有十年的溺佛历程，但是束景南先生已经指明，在此阶段朱子从未放松过对儒学经典的研读。而且，朱子此时所读的书目非常杂，又好老庄道教思想，实际上在佛学中投入的精力不多，且大多集中在禅学上。
③ 《朱子新学案》第2册，《朱子论禅学拾零》，第1116页。
④ 本书中，批判二字取其相对温和的意思。

根本精神就是它的社会性和现实性，就是它的基于王道理想之上的现实批判性，李泽厚先生以实用理性对其作出的界定是准确的。故而本书如此强调朱子之论"曾点气象"颇有些无的放矢。但是，我们知道理学较之传统儒学的一大特色就是大大突出了形上和超越的一面，也大大突出了以王道和圣人观为核心的理想性的一面，突出了道德性命心性学的一面，突出了有无境界的交融，这就大大增加了其玄远的一面。尤其是在当代新儒家们的推波助澜下，理学再次被推为空中楼阁——视之为脱离现实的独立的形上道德心性学而已。正是针对这一点，从束景南到余英时先生到李景林师，都提倡把理学放回到它的现实土壤中，提倡去挖掘理学与现实生活的关联性，去审视其不离中庸却能极高明的一面。也正是在这一点上，他们不约而同地注意到，理学家们热烈讨论宇宙秩序（天道）的目的，是要安顿和提升现实的社会秩序。他们也注意到理学家们对重建社会秩序的重视远远重于对单纯形上思辨的关注，注意到了理学家们的身份，不是所谓纯粹的思辨者和纯粹的哲学家——而是以治国平天下为己任的士大夫——这些人的共同使命，就是通过批判现实世界来使自己的理想世界现实化。由此，现实批判几乎构成了理学的主旋律，而这却是我们多年来的学术研究所未予以足够重视的。

今天看来，批评精神可谓理学之灵魂，也是朱子学的灵魂——若理学的最终目的在于重建社会秩序，那么它就必然会以批判当前不合理的社会秩序为首务。朱子的一生就是在对各种时学，对时人地不断批判中度过的。如果超出前几章的视线来审视此问题，我们就会发现，朱子还在批俗学（辞章、训诂），批汉唐儒，批王学（王安石），批苏学，批二程诸弟子，批浙学，乃至批上至帝王下至无名诸弟子，几乎是在全线作战。由此，翻检朱子的诸著作，有针对性的批判文字随处皆是——如针对吕祖谦学派的泛滥经史，而强调读书贵约，要以尊德性为先；而针对陆学的贵简易，则特别强调读书穷理，格物致知；针对金华、永康学派的贵事功、轻道德而强调天理人欲、道心人心；而针对陆学的务内遗外，则大讲不能遗弃外物；针对湖湘学派的以知觉论性，而强调知是非者才是性，而针对陆学只强调性和心的道德属性，转而强调心和性智识的一面……可见，朱子几乎是在全线作战。因此，我们若不能对朱子的思想有一整体的把握，就很容易发现朱子思想似乎有"自相矛盾"之处。完全可以说，朱子学是奠基和成熟于批判之上的——在批判对方时注意返身自责，不断扬弃自己思想的偏失，正是朱子为学的基本精神。

朱子之论"曾点气象"，同样闪耀着现实批判的光辉。虽然在表面上，此讨论多是在论天理人欲、人心道心的形式下完成的，也多少带有形上思辨的痕迹，但是朱子论气象，强烈批判独乐意识，并且力主去承当，去应物。在他眼中，"与物同体气象"的要义也不是要忘我，而是要强调去承当：

"吾其性，吾其体"，有我去承当之意（周谟录）。①

况且，朱子论"曾点气象"的重心并不在于渲染所谓的"气象"，而在于批判和矫正时人在为学之方上的偏失，并由此矫正其在佛老影响下的独善其身、自得其乐、好高恶卑等诸倾向，在于突显儒学的基本价值观，强调儒者的入世情怀，其现实批判的色彩是很明显的。

第四节 朱子"曾点气象论"的影响

在对"曾点气象"的讨论中，朱子的出现绝对是一个分水岭。他以其强大的影响力统一了此前人们对此问题的不同认识。他的"曾点气象论"也长期成为对此问题的唯一权威看法。这种情况直到明代中期陈白沙、王阳明出现后才有所改变。总的看来，朱子之后人们对"曾点气象"的看法，仍然较为集中地折射出了其对儒学的理想境界与所用工夫的不同看法，也仍然可以被归纳为敬畏与洒落之争，被看成是儒学与佛老之辨的一个具体体现。

在此之外，人们围绕"曾点气象"还展开了另一个方面的争论：那就是朱子后学大多从"天理"的角度诠释"曾点气象"，极力渲染其中的理性因素；相对而言，以阳明为代表的心学一系则更注重从"良知"、从率真、从容的角度来诠释之，把它理解为一种心境，一种感情。在这一发展历程中，朱子与王阳明对"曾点气象"的不同看法形成了鲜明的对照，

---

① 《朱子语类》卷98《横渠之书一》。

而他们及其后学在这一问题上的不同看法,也体现出了理学体系中不同发展流派之间的深刻异同。在明代及以后,朱学与王学之间的互动与相互制约推动了儒学的整体发展,我们也能通过二人及其后学对待"曾点气象"的态度,窥探到这一时期思想发展的大势。

朱子后学与阳明后学的最大不同是,虽然朱子的直系后学人数众多,但他们都被掩盖在了朱子的巨大光环下。真正能在朱子思想的基础上开出新天地的人几乎没有。"此亦一述朱,彼亦一述朱"的局面直到明初才有所扭转。这种情况也反映在了其弟子们对曾点了讨论上,无论是陈北溪、黄直卿、金履祥,还是真德秀(字景元,后更希元,学者称西山先生,1178—1235)等人都只是坚守着朱子思想的一隅而无所发挥。与上述诸人相比,黄震似乎是个特例,其论"曾点言志"一节,则曰:

> 四子侍坐,而夫子启以如或知尔,则何以哉?盖试言其用于世当何如也。三子皆言为国之事,皆答问之正也。曾皙孔门之狂者也,无意于世者也,故自言其潇洒之趣,此非答问之正也。夫子以行道救世为心,而时不我予,方与二三子私相讲明于寂寞之滨,乃忽闻曾皙浴沂咏而归之言,若有触其浮海居夷之云者,故不觉喟然而叹,盖其意之所感者深矣。所与虽点,而所以叹者岂惟与点哉?继答曾皙之问,则力道三子之美,夫子岂以忘世自乐为贤,独与点而不与三子者哉?①

东发为朱学后劲,黄宗羲称其"《日钞》之作,折中诸儒,即于考亭(即朱子)亦不能苟同"②。东发此论,就被钱穆先生指为"甚得论语'与点'一欢之深旨,较之《集注》似更允惬"③。我们说,东发此论的核心,是强调三子之答志在为国为正,而曾点无意于世之答为非正。同时,东发也划清了孔子之志与曾点之志的界限:认为前者为适人之适者,

---

① 《黄氏日抄》卷2。
② 《宋元学案》卷86《东发学案》,第2886页。
③ 《朱子新学案》第3册,《朱子与二程解经相异·下》,第1519页。按,《论语》此段,恐怕韩李的《论语笔解》和杨树达先生的观点更为切近,分别见《论语笔解·下》(《四库全书》本)和《论语疏证》,上海古籍出版社1986年版,第273页。而东发此论却未必是"孔子与点"之正解。

后者为自适其适者。这无疑把"曾点气象"彻底逐出了儒学的阵营,也是对朱子和明道之"曾点说"的彻底颠覆。

东发论"曾点气象"的最大特色,还在于对于世人之论该问题之种种玄虚的猛烈抨击:

> 后世谈虚好高之习胜,不原夫子喟叹之本旨,不详本章所载之始末,单撮与点数语而张皇之,遗落世事,指为道妙,甚至谢上蔡以曾皙想象之言为实,有暮春浴沂之事,云三子为曾皙独对春风,冷眼看破,但欲推之使高,而不知陷于谈禅,是盖学于程子而失之者也。程子曰:"子路、冉有、公西华言志,自是实事。"此正论也。又曰:"孔子与点,盖与圣人之志同,便是尧舜气象。"此语微过于形容,上蔡因之,而遂失也。曾皙岂能与尧舜易地皆然哉?至若谓曾皙狂者也,未必能为圣人之事,而能知夫子之志,遂以浴沂咏归之乐,指为老安少怀之志,曾皙与夫子又岂若是其班哉?窃意他日使二三子,盍各言尔志,此泛言所志,非指出仕之事也。今此四子侍坐而告以如或知尔则何以哉,此专指出仕之事,而非泛使之言志也。老安少怀之志,天覆地载之心也,适人之适者也;浴沂咏归之乐,吟风弄月之趣也,自适其适者也。曾皙固未得与尧舜比。岂得与夫子比,而形容之过如此。亦合于其分量而审之矣。①

我们知道,小程子在论"曾点言志"一节时,曾针对时人一味渲染"曾点气象"的流弊,突出强调"子路、冉有、公西华言志,自是实事"。但是,或许是为了回护孔子,或许是为了维护"曾点气象"的正面价值,

---

① 《黄氏日抄》卷2。黄氏在该书的另一处也指出:孔子本以行道济世为心,故使二三子言志。子路、冉子之对皆正也。曾点孔门之狂者也,无心于仕,而自言中心之乐,其说虽潇洒出尘,然非当时问答之正也。孔子当道不行,私相讲明,而忽闻其言独异,故一时叹赏之。已即历举子路冉有之说皆足为邦,孔子之本心终在此而不在彼。学者必尽取一章玩味始末,然后孔子之本心可得而见。自禅学既兴,黜实崇虚,尽《论语》二十篇皆无可为禅学之证,独曾子浴沂咏归数语迹类脱去世俗者,遂除去一章之始末,独摘数语牵合影傍,好异慕高之士翕然附和之,上蔡又演为独对春风、没些能解之言。且曾点此时时自言意欲如此而已,何尝果对春风?曾点又岂没些能解者耶?善乎近世南轩先生作《风雩亭之词》曰:希踪兮奈何,盍务勉乎敬恭。必若此,斯可明孔门之本旨,绝异端之影借。见该书卷41。于此可见,黄氏的态度是一贯的。

总之小程子并没有指责曾点，而只是批评时人的一味好高。这里，东发于时人包括朱子盛谈曾点的正面价值没有丝毫的共鸣，而对之采取了一概否定的态度。他这样做虽然突出了儒学传统中强调经世致用的优先性，却也使得朱子等人维护"曾点气象"之正面价值的努力与苦心失去了意义。当然，东发强调虚实之辨，其实正是对小程子和朱子一贯精神的继承。只不过，朱子并没有因为时人竞谈与点的流弊而取消"曾点气象"本身之价值，而是既要力图避免此弊端，一面又要大力挖掘"曾点气象"在教化社会中的正面价值。

东发还对谢上蔡的一味好高而陷于佛老，展开了批判。从《黄氏日抄》可见，东发每每指出谢上蔡是杨慈湖（杨简，字敬仲，世称慈湖先生，1141—1226）的思想源头，而其批判谢上蔡者，未尝不是在批判他的同乡杨慈湖辈。今天看来，东发此论颇为平常。但是，理学自濂溪起既有好高之弊，这一风气虽然受到了朱子的暂时抑制，却并没有被完全扭转，甚至还有愈演愈烈之势。由此，东发此论乃属不得不发之列，更不能以老生常谈视之。

在元初，经常吟咏曾点的是刘因（初名骃，字梦骥，后改名因，字梦吉，后人称静修先生，1249—1293）。我们很容易从他的诗作中读出那种不事王侯、高尚其志的隐士心态，能看到其所理解的"曾点气象"与理学一系的不同：

> 巧隐林旁无四邻，背山向水得天真。风光正及二三月，童子同来六七人。十日得闲须小醉，一年最好是深春。鸟声似向花枝说，曾见无怀有此民。①
>
> 晋楚英雄管晏才，当时真眼尚谁开。狂生携着鲁儿子，独向舞雩风下来。②
>
> 独向舞雩风下来，坐忘门外欲生苔。归时过着颜家巷，说与城南华正开。③

---

① 刘因：《静修先生文集》卷9《春游》，《四部丛刊》本，下同。
② 同上。
③ 同上书，卷13《曾点扇头二首》。城南：即曾点之葬处。

> 青天仰面，卧看浮云卷。苍狗白衣千万变，都被幽人窥见。偶然梦见华胥，觉来花影扶疏，窗下鲁论谁诵，呼来共咏舞雩。①
>
> 于时吾与子，咏春风于舞雩，濯尘缨于沧浪，来登斯楼，终日徜徉，歌紫芝之曲，酌明月之觞，渺天地于一粒，随造化而翱翔，期万代于咫尺，顺四时而行藏，下视万物杳焉，如千里毫芒，然后嚣嚣然，洋洋然，庶乎可以与天下俱忘者矣。②

刘的这些诗作中，颇有隐者的恬淡情绪和老庄气息。应该说，隐藏在诗人刘因背后的，一定会有那种无法明言的失意感与幻灭感。于刘因，早年的激进与中晚年后的恬淡。其进其隐，背后都包含有许多无人知晓的故事。《元史·刘因传》在论及刘因时就提到：

> 欧阳元尝赞因画像曰：微点之狂，而有沂上风雩之乐……则其志不欲遗世而独往也，明矣。亦将从周公孔子之后，为往圣继绝学，为来世开太平者邪？论者以为知言。③

同样，《宋元学案》中虽然提到刘因与康节和曾点相近④，但却还是认为静修有功于圣门，并视之为与许衡并列为"元之所借以立国者"⑤。应该说，若论其事，则刘因之隐毕竟是事实，而若论其志，则其怀有济世之志也是真实的。是无情的现实浇灭了刘因矢志报国的雄心，使他不得不在出处去就上煞费苦心，最终还是成为事实上的隐者。这不能不说是时代的悲剧。静修用文字和自己的生活诠释出了"曾点气象"所无法彻底摆脱的一面——与遗世思想难以彻底划清的干系，而这也正是朱子所最不愿意看到的。

有明一代，学界思想发生了巨大的变化。朱学虽然在明初仍然有很大

---

① 刘因：《静修先生文集》卷15《清平乐·三》。
② 刘因：《静修集·续集卷二》，《横翠楼赋》，《四库全书》本。
③ 宋濂等编《元史》卷171《列传第五十八·刘因》，《四库全书》本。
④ 《宋元学案》卷91《静修学案》中，黄百家转引虞邵庵的话指出：若静修者，天分尽高，居然曾点气象。见该书第3021页。
⑤ 同上书，卷91《静修学案》，第3021页。

的影响,但随着程朱思想被官方化,其自身也在走向僵化,此诚如《明史》所言:

> 明初诸儒皆朱子门人之支流余裔,师承有自,矩矱秩然。曹端(字正夫,号月川,1376—1434)、胡居仁,笃践履、谨绳墨,守儒先之正传,无敢改错。①

可见,明初诸儒的一个明显特色是株守,用容肇祖先生的话说,就是他们"简陋了,腐化了、退化了"②,也丧失了思想的原创性。如薛瑄(字德温,号敬轩,1389—1464,陈来先生的《宋明理学》认为薛瑄死于1465年,不确)竟然喊出了"自考亭以还,斯道已大明,无烦著作,直须躬行耳"云云,其整个思想界的沉闷气氛可想而知。明初诸儒的另一个特色是,宣扬敬畏和清苦严毅的个人作风有余,讲和乐自得之境不足③。这更加剧了理学内部所固有的个体意义上的心(重自由自在)与具有形上意味的性之间的紧张④。此后,以陈白沙、王阳明为代表,学界再次掀起了一场思想解放运动,追求自由、自主、活泼泼的精神也一跃成为时代的主流,而讨论"曾点气象"的真正高峰,也适时地出现在了陈献章、王阳明之际。

总的来说,与宋儒尤其是朱子相较,明儒不再追求思想上的全面,而是更强调其言说的个性化,注重发挥本人思想中的独特之处。由此,明儒多有一偏之论,也多有惊世骇俗之论,而其在隐微细节的辨析上则远远超越了宋儒⑤。正是在这一背景下,时人围绕"曾点气象"的争论也进一步明朗化了。大致形成了以王学与反王学(朱学)或是王学修正派之间的两军对垒。

"有明之学,至白沙始入精微……至阳明而后大,两先生之学最

---

① 张廷玉等编:《明史》卷282《儒林一》,《四库全书》本。
② 容肇祖:《明代思想史》,上海书店1989年复印民国丛书本,第13页,下同。
③ 当然,上述说法也不是绝对的。
④ 杨国荣先生借用牟宗三先生的术语,将此矛盾总结为心体与性体之矛盾。
⑤ 参见《明儒学案·发凡》,第17页。

近。"① 黄梨洲此论，指出了陈黄二人思想的一致性一面。就本书而言，他们的共性又表现为其对"曾点气象"的特别推崇上。

前人在论及明代心学的兴起时，未有不首提陈献章（字公甫，别号石斋，后人称白沙先生，1423—1500）者，盖白沙先生为扭转一时风气的人物。陈白沙论学以自然为宗，论境界以曾点、邵康节、周濂溪为的，其基本思想被梨洲概括为：

> 以虚为基本，以静为门户，以四方上下往古来今穿纽凑合为匡郭，以日用常行分殊为功用，以勿忘助之间为体认之则，以未尝致力而应用不遗为实得。远之则为曾点，近之则为尧夫，此可无疑者也。②

在梨洲眼中，白沙之学既以虚静为根本，又能兼顾到日用常行的分殊，既强调未尝致力，又能做到应用而不遗，其"气象"与"曾点气象"相当。而白沙之论曾点，则明显体现出了对程朱理学长期发展之日趋沉闷，日渐僵化的反动：

> 色色信他本来，何用尔脚劳手攘思想，舞雩三三两两正在勿忘勿助之间，曾点些儿活计被孟子一时打并出来，便都是鸢飞鱼跃，若无孟子工夫，骤而语之以曾点见趣，一似说梦。会得，虽尧舜事业，只如一点浮云过目。③

白沙此论，既推崇曾点之见趣，又不忘强调孟子之工夫，表面上看也颇为圆融，也在强调不能空说气象。但我们还是能够看出，白沙的理想之境是曾点襟怀，而不是庄敬严毅的状态。而且，他还有意地在强调这一对立。如果我们从历史的角度来看，则在薛瑄、曹端、胡居仁诸人大力强调敬畏有些过头的时候，白沙能起而宣扬曾点襟怀，不能不说具有明显的思

---

① 《明儒学案》卷5《白沙学案·上》，第78页。
② 同上。
③ 陈献章：《白沙子》卷3《与林郡博·四》，《四部丛刊》本。

想解放的意义。

正是在这一意义上,容肇祖先生认为:"陈献章的思想,他的重要的贡献,是要将个人的思想由书本的束缚及古人的奴隶之下解放出来。"① 这一点毋庸置疑。但是,宣扬主静和自然,毕竟更容易走向佛老的一边。黄宗羲对此就很中肯的评论道:"然而此处最难理会,稍差,便入狂荡一路。"② 在白沙那里,虽然他也有说梦之戒的自觉,但是儒学本有的那种强烈的担当精神还没有发露出来。他更缺少像阳明那样对良知这类观念的正面强调,终给人以"失却最上一层"的感觉③。他也和刘因一样,徘徊在隐士与非隐士之间④。

相对于陈白沙而言,王阳明的思想则更为圆通,也更能凸现儒学的真精神。王守仁(字伯安,1472—1529,世称阳明先生)的思想,就其直接意义来说,是对朱子学的反动;而就时代论,阳明倡导的"心学"是在程朱理学逐渐僵化的情况下出现的思想运动,因而具有全新的气象,也给当时的思想界带来了新解放。由于前贤们对阳明学的精神已经有了较为详细的论述,此不赘言。

概括而言,论及"曾点气象",阳明不再遵循朱子以"天理浑然"来注解"曾点气象"的理路——而是转而认为"曾点气象"妙在其狂、其乐,妙在无入而不自得,妙在其是良知的自然发露。这就是说,朱子论"曾点气象",是围绕理字展开,而阳明论"曾点气象",则围绕良知(心)展开,这也大致是他们思想异同的一个集中体现。

王阳明曾经以"影响尚疑朱仲晦,支离羞做郑康成。铿然舍瑟春风

---

① 《明代思想史》,第 42 页。
② 《明儒学案》卷 32《泰州学案·一》,第 719 页。
③ 此为陆桴亭评白沙语,见陆桴亭著《思辨录·诸儒异学篇》。《四库全书》和《清儒学案》只收入陆的《思辨录辑要》,而未收《思辨录》。此文转引自梁启超《中国近三百年学术史》,东方出版社 1996 年版,第 121 页。
④ 自白沙之后,批评其近佛老的声音一直延续到了今天。应该说,在白沙的思想里确实也体现出了一体之两面。如梨洲之师刘宗周就认为,白沙之学"终是精魂作弄处,盖先生识趣近濂溪而穷理不逮,学术类康节而受用太早……似禅非禅,不必论矣"。见《明儒学案·卷首·师说》。但是,正如梨洲所言,"先生之学,自博而约,由粗入细,其与禅学不同如此"。如果我们只注意白沙晚年有得后的"放开"语,而不注意其早年千辛万苦的对书册的求索历程,当然很容易指其为近禅,而其实情则远非这么简单。准确地说,白沙更近于隐士,而非禅客。

里，点也虽狂得我情"① 的诗句相标榜，把狂者胸次作为其个人为学精神的核心。当然，其本人的气象也与后人心目中的"曾点气象"多有吻合。王自己也曾说过：

> 曾点这意思却无意必，便是素其位而行，不愿乎其外，素夷狄行乎夷狄，素患难行乎患难，无入而不自得矣。②

在阳明看来，曾点"狂"的前提是他"无意必"、"不愿乎其外"，是以我为主的气概，是自信本心的表现。而他自己也正是因为能做到以我为主，才能使"良知"自然流露：

> 吾自南京以前，尚有乡愿意思在。今只信良知真是真非处，更无掩藏回护，才做得狂者。使天下尽说我行不掩言，吾亦只依良知行。③

于他来说，"行不掩言"正与乡愿态度相反，其所体现出的，是表里如一、光明磊落的精神，也正是良知的本然呈现。既然良知时时知是知非，故行动一依良知而行，自然就能做到从容中道，他又有云：

> 狂者志存古人，一切纷嚣不足以累其心，真有凤凰千仞之意，一克念即圣人矣。惟不克念，故阔略事情而行常不掩，惟其不掩，故心尚未坏，而庶可与裁。④

阳明认为狂者离圣人只有一克念的距离，因为狂者其志高，其心未坏，这是乡愿者所无法企及的，其对曾点之推许远高于朱子。

在阳明心中，理想人格本来就是多元的——人之才气不同，因此要随才成就，狂者就要成就其狂，而不要去强行改变其本性：

---

① 《王文成公全书》卷20《外集》，《月夜二首（与诸生歌于天泉桥）·二》。
② 同上书，卷1《传习录上》。
③ 同上书，卷34《年谱》。
④ 同上。

> 圣贤之学不是这等细缚苦楚的，不是装做道学的模样……以此章（即"曾点言志"章）观之，圣人何等宽宏包含气象？且为师者问志于群弟子，三子皆整顿以对，至于曾点，飘飘然不看那三子在眼，自去鼓起瑟来，何等狂态？及至言志，又不对师之问目，都是狂言，设在伊川或斥骂起来了。圣乃复称许他，何等气象……圣人教人，不是束缚他通做一般，只如狂者便从狂处成就他，狷者便从狷者处成就他，人之才气，如何同的？①

阳明论曾点，最强调他的狂的一面，这也与他提出道学革新的激情与勇气是分不开的。恰如陈来先生所言，曾点式的狂者胸次是构成阳明思想"无"之境界中的重要组成部分②。

另一方面，阳明也注意到了时人虚说本体，玩弄光景的弊端。他无论是论气象还是论良知，都始终注意强调在工夫上见本体，着力凸现儒学的精神：

> 中秋，月白如昼。先生命侍者设席于碧霞池上。门人在侍者百余人。酒半酣，歌声渐动。久之，或投壶聚算，或击鼓，或泛舟。先生见诸生兴剧，退而作诗。有"铿然舍瑟春风里，点也虽狂得我情"之句，明日诸生入谢，先生曰：昔者孔子在陈，思鲁之狂士。世之学者没溺于富贵声利之场，如拘如囚而莫之省脱，及闻孔子之教，始知一切俗缘皆非性体，乃豁然脱落。但见得此意不加实践以入于精微，则渐有轻灭世故、阔略伦物之病，虽比世之庸庸琐琐者不同，其为未得于道一也。故孔子在陈，思归以裁之，使入于道耳。诸君讲学但患未得此意，今幸见此，正好精诣力造以求至于道，无以一见自足，而终止于狂也。③

> 利根之人，世亦难遇。本体功夫，一悟尽透，此颜子、明道所不敢承当，岂可轻易望人！人有习心，不教他在良知上实用为善去恶功

---

① 《王文成公全书》卷3《传习录》。
② 《有无之境》，第252—258页。也可见杨国荣之《心学之思》，第58页。
③ 《王文成公全书》卷34《年谱》。

夫，只去悬空憩个本体，一切事为俱不着实，不过养成一个虚寂。此个病痛不是小小，不可不早说破。①

吾年来欲惩末俗之卑污，引接学者多就高明一路，以救时弊。今见学者渐有流入空虚，为脱落新奇之论，吾已悔之矣。故南畿论学，只教学者存天理，去人欲，为省察克治实功。②

阳明很清楚，狂者虽然高于世俗之人，但离真正的圣道还很远，而若只有曾点之狂，而无下学工夫之实，其流弊是危险的。阳明自述对于"良知"的体认过程，则有"千死百难"之语，确实不可以简易空疏、玩弄光景者视之。

此后，王门后学中的泰州一派更是凸显了"曾点气象"中的"乐"、"狂"的一面，他们以狂者自任，高扬儒学的担当精神，倡导"乐学"境界，时时以济世为己任，以一腔热诚积极为实现理想而奔走，"无有放下时节"③。在他们看来，"曾点气象"大体代表着以下的特点：它是人本真心体的自然发露、不假事为、天然、率真、和乐、独立自得、自由自在等，这些都是与其主张要高扬个人主体精神的宗旨是紧紧相连的。不过，他们似乎都有自信太过的嫌疑，不但高唱"现在良知"者有之，就是高唱"良知当下现成"、以解缆放船为工夫者亦然，有的甚至公然宣称："无物故乐，有物则否矣。且乐即道，乐即心也，而曰所乐者道，是床上之床也。"④ 虽然以乐为道是其自信本心的表现，但是这种说法毕竟离冲开儒家纲常的束缚不远了。

我们说，尽管许多学者认为，晚明近乎放荡和享乐的风气与阳明后学有关，但我们还没有发现真正的阳明弟子中有所谓"鱼馁肉烂"的现象。即使就是被目为异端之尤的李贽（字宏甫，号卓吾，又号笃吾，又号温陵居士，1527—1602）、颜钧（号山农，1504—1596）、何心隐（原姓梁，名汝元，字夫山，1517—1579）之辈，其文字中也没有特别

---

① 《王文成公全书》卷34《年谱》。
② 《王文成全书》卷32《年谱一》。
③ 《明儒学案》卷32《泰州学案》，第703页。
④ 同上书，《泰州学案·东崖语录》，第719页。

出格的东西①。相反,我们多能发现泰州学派人的古道热肠,发现他们对于儒学近似于宗教徒式的痴狂。

在当时,从白沙、阳明首推"曾点气象"开始,同样也就出现了反对过分宣扬曾点之乐的声音。随着人人竞相讨论"曾点气象","反对"曾点气象"的声音也同时强大了起来。这一个案也是明代中期儒学敬畏与洒落之争的典型体现。

早在阳明之前,胡居仁就曾提出:"'胸中洒落,如光风霁月',虽也形容有道气象,终带了些清高意思。"②胡为朱学后劲,自然不便对延平的上述观点多有微词,但是他还是从道德主义的立场出发,对宣扬洒落者泼了冷水,认为他们清高有余而担当精神不足。在阳明同时,与阳明直接形成对立的是夏尚朴(字敦夫,号东岩,1466—1538),他指出:

> 寻常读"与点"一章,只说胸次脱洒是尧舜气象,近读《二典》、《三谟》,方知兢兢业业是尧舜气象。尝以此语双门詹困夫(不详),困夫云:此言甚善,先兄复斋(不详)有诗云:"便如曾点象尧舜,怕有余风入老庄。"乃知先辈聪明,亦尝看到此。③

从上述材料中,我们可以明显看到夏氏和詹氏兄弟对当时人人竞言"与点之乐"的反感之情,也能看到其对时人竞言"曾点气象"之流弊的警觉。对他们来说,敬畏与洒落正好对立,过分宣扬了洒落的一面,也就抑制了敬畏的一面,片面地宣扬"曾点气象",无异于失掉了儒学的基本价值观,而流于佛老。夏还撰写了《浴沂亭记》重申上述思想,其中亦云:

---

① 我们常常能在《明儒学案》中看到认为他们"遂复非名教之所能羁络"的评论,但是细看他们的文字,我们很难发现他们有所谓非圣,有所谓"启蒙思想"的东西。不过,若不止是观其言,而且去考其行,则这些人都有任侠之风,如罗汝芳为救邻媪而不惜行贿,何心隐假借占术攻击严嵩,参见嵇文甫之《晚明思想史论》,东方出版社1996年版,第31、54页。这些人的言行已经不像正统儒生了。
② 《居业录》,卷一。
③ 夏尚朴:《东岩集》卷1《语录》,《四库全书》本,下同。

旧尝游太学,得逮事章枫山先生(章懋,字德懋,号暗然子,1437—1522)。章讲学于枫木庵中,学者因曰枫山先生,《明儒学案》有传),先生一日谓予云:陈白沙应聘来京师,予在大理往候而问学焉。白沙云:我无以教人,但令学者看"与点"一章。予(章)云:以此教人善矣,但朱子谓专理会与点意思,恐入于禅。白沙云:彼一时也,此一时也。朱子时人多流于异学,故以此救之;今人溺于利禄之学深矣,必知此意,然后有进步处耳。予(夏)闻其言恍若有悟,信以洒落为尧舜气象。后读《二典》、《三谟》,乃知兢兢业业方是尧舜气象,孔颜之乐端不外于此矣。故周子有礼先乐后之训,而程子亦云敬则自然和乐,和乐只是心中无事,是皆吾心之固有,非有待于外求者,必从事于敬,庶可知其意味之真耳。岂必放浪形骸之外,留连山水之间,然后为乐其乐耶?因以告夫同游二三君子,且着诸篇以自警焉。①

"我无以教人,但令学者看'与点'一章"。白沙此论,在明初朱学依然强盛之际提出,其冲力与解放性可想而知。固然,明初思想之僵化需要通过讲"曾点气象"来予以破除,这也有救时之弊,因病施药的意味。我们当然也不能说只要一讲"与点"就会流于禅学。但是,夏氏、章氏的忧虑毕竟不是空穴来风。其后来历史的发展反倒正好证明了这一点。我们知道,二程就提到过救人为学之弊端如扶醉人,需要两面扶持,但主一偏,其为害就不可避免。我们也能在胡居仁等人的文献中发现相同的忧虑。这些,也从一个侧面反映出了明代思想风气的转换。

同时,《明儒学案》中还载有:王文成赠诗有"舍瑟春风"之句,(夏)先生答曰:孔门沂水春风景,不出虞廷敬畏情。可见,夏与王一个侧重宣扬洒落,一个重在强调敬畏,态度恰好相对。从以上引文中可知,夏氏的这一主张绝非他一人的孤声先发,而是代表了一批人的共同

---

① 《东岩集》卷3。按,章懋本人文集对此的记载是:问:白沙人来,就学者如何开发之?白沙以为今人陷溺于名利污浊之中,先令他看"浴沂章"以洗其心胸。先生曰:今日也浴沂,明日也浴沂,如何合杀,怕流入老庄去。白沙曰:使摆脱开方好。向道,此亦救一时之弊也。见《枫山语录》,《四库全书》本。

观点①。当然,若细考之,则王门后学内部关于"良知异见"的种种争论,也未尝不包含敬畏与洒落之争的因素。只是对此一点,前贤已经多有论及,这里不再多言②。

以提倡敬畏情来对抗曾点之乐,显然是出于对时人一味寻乐所可能带来的流弊的警觉,也深刻地反映出了理学内部在敬畏与洒落问题上的冲突。在思想史上强调敬畏与洒落的冲突自古已然,但这一矛盾只是到了此时才被人自觉地意识到了,也更被有意地凸显了。

必须指出,上述资料只是反映出了夏东岩思想的一个侧面,而在四库存目丛书集部第六十七册所收的《夏东岩先生诗集六卷》中,我们却能看到一个推尊白沙,提倡洒落的东岩形象。仅举四库馆臣对《东岩诗集八卷》的提要③,就足以说明这一点:

> 多涉理语,近白沙、定山(庄泉,字孔场,号定山,1413—1475)④流派,集中《读〈击壤集〉》绝句云:"闲中风月吟边见,始信尧夫是我师。"其宗法可知也。⑤

---

① 例如,《明儒学案·河东学案下》中还录有吕柟门人杨天游的话:今之学者,不能实意以积义为事,乃欲悬空去做一个勿忘勿助;不能实意致中和,戒惧不睹不闻,乃欲悬空去看一个未发气象;不能实意学孔颜之学,乃欲悬空去寻孔颜之乐处。外面求讨个滋味快乐来受用,何异却行而求前者乎?兹所谓舛也……今世学者,病于不能学颜子之学,而先欲学曾点之狂,自其入门下手处便差。不解克己复礼,便欲天下归仁;不解事亲从兄,便欲手舞足蹈;不解造端夫妇,便欲说鸢飞鱼跃;不解衣锦尚䌹,便欲无声无臭;不解下学上达,便自谓知我者其天。认一番轻率放逸为天机,取其宴安磐乐者为真趣,岂不舛哉!见该书第 157 页。

② 可参看《明儒学案》的相应部分。

③ 四库馆臣所见的本子,是浙江巡抚采进本《东岩诗集八卷》,而《四库全书存目丛书》所收的本子,为南京图书馆藏明嘉靖四十五年,斯正刻本《夏东岩先生诗集六卷》,二者的内容应该是大同小异。

④ 庄泉在"气象"上与陈献章相近,但也有些许不同。黄宗羲评之为:以无言自得为宗,受用于浴沂之趣,山峙川流之妙,鸢飞鱼跃之机,略见源头打成一片,而于所谓文理密察者竟不加功。盖功未入细而受用太早,慈湖之后流传多是此种学问。其时虽与白沙相合,而白沙一本万殊之间煞是仔细,故白沙言定山人品甚高,恨不曾与我问学,遂不深讲……先生之谈道,多在风云月露、傍花随柳之间,而气象曜如,加于乐天一等。见《明儒学案》卷 43《诸儒学案上三》,第 1081—1082 页。

⑤ 夏尚朴:《夏东岩先生诗集》,《四库全书存目丛书》第 67 册,齐鲁书社 1997 年版,第 401 页。

东岩的诗集中,宣扬吟风弄月的诗作非常多,文中提到陶潜、东坡、尧夫、白沙的地方也屡屡皆是。如其《题白沙集后》云:岭海谁希贤圣踪,白沙真有古人风①。这表明东岩也没有把敬畏和洒落绝对对立起来,并不主张完全用敬畏来代替洒落。

客观地说,以上心学一脉对"曾点气象"的推许,对于解放人们深受理学教条的束缚起到了很大的作用,后人对此也都有极高的评价。不过正如有人所指出的,虽然晚明时期对"曾点气象"的过分渲染,直接导致了时人道德意识的淡化,也确实与被喻为"王学末流之弊"的时代精神危机不无干系,以上所引诸人对这一倾向的警觉与批判自然不无道理,但是反过来说,若只讲敬畏,不讲洒落,又会走向另一个极端,会再次使人们的思想走向僵化,甚至会扼杀人们的主体性。事实上,如何处理敬畏与洒落之间的关系,最大可能的实现整个社会道德水平的提高,同时又能保证人的个体自由的充分实现,又尽可能地避免包括极端个人主义、玄虚思想、功利主义在内的各种一偏之论对社会的不良影响,这始终是朱子在论"曾点气象"中特别关注的问题,也是整个中国哲学史所面对的一个主要问题。直到今天,展开对此问题的深入探究仍然具有重大的现实意义。我们说,单就这两种思潮本身而言,它们都各有利弊,若片面强调其中的任何一方而无所限定,都会出现偏差。相反,只有出现这两种思想交相争辉、互相制约、互相促进的局面,才能够有效的消解与抑制片面宣扬其中的一方所可能出现的弊端。我想,这也应该是我们解决该问题的一个思路吧。

在明代理学内部围绕"曾点气象"展开论争之时,开始有学者要根本取消这一问题,这个人就是杨慎。杨慎(字用修,号升庵,1488—1559)对"曾点气象"的理解颇为另类,颇能开清人学风的先声。我们只有把他的言论放在明清之际思想转变的大背景下,才能够真正体会到他的观点的价值。由于前贤已对此有过很多的论述,这里只是简单地提示一下②。总的来说,在杨慎的时代,社会及学术领域正在酝酿着全方位

---

① 夏尚朴:《夏东岩先生诗集》,《四库全书存目丛书》第67册,齐鲁书社1997年版,第398页。

② 可参看钱穆、梁启超、余英时、葛兆光、王汎森等人的专门论述。

的变革，而由理学向经学进而是礼学的转变，则是其中重要的内容。在这一浪潮中，提倡怀疑和走出宋明儒者，提倡实学者渐成潮流。杨慎就是这一潮流中的先驱人物。论及"曾点言志"一节，杨慎强调：

> 四子侍坐，而夫子启以"如或知尔，则何以哉"，盖试言其用于世者何如也。三子皆言为国之事，答问之正也。子路乃率尔以对，先蹈于不辞让，而对之非礼矣。夫子哂之，盖哂其不逊，非哂为国也。曾皙是时手方鼓瑟而心口相与，曰：夫子其不悦于为国乎？又见赤与求之答，夫子无言，窃意夫子必不以仕为悦矣。故一承"点，尔何如"之问，从容舍瑟而试问曰：异乎三子者之撰！盖逆探夫子之意也。夫子云亦各言其志，而点乃为浴沂咏归之说，盖迎合之言，非答问之正也。夫子以行道救世为心而时不我与，方与二三子私相讲明于寂漠之滨，而忽闻曾皙浴沂之言，若有独契其浮海居夷之志，曲肱饮水之乐，故不觉喟然而叹，盖其意之所感者深矣。所与虽点，而所以叹者岂惟与点哉？至于三子出而曾点后，盖亦自知答问之非正，而蒙夫子之独与，故历问之。而夫子历道三子之美，夫子岂以忘世自乐为贤，独与点而不与二三子哉？①

对于杨慎，造伪和以出名为目的的各种翻案是他被人经常提到的话题。这段文字就是一个翻案的典型。我们甚至可以用标新立异来定位杨在说这段话时的内心世界。他不惜设身处地的带曾点立言，为其设计了一段充满机心的内心独白，于是就草草把曾点的言说定性为"迎合之言，非答问之正也"。如果说从实证的角度来看，朱子等人的曾点论固然难以站得住脚，那么杨慎的观点同样也是想当然的产物——这一添字解经的做法比宋儒之好出己意有过之而无不及。但是，我们也要看到，杨慎所注意的也正是很多人会提出的疑问：为什么孔子不与"皆言为国之事"的三子，却要与颇有些自得其乐的曾点呢？事实上，只要我们越是把注意力转向《论语》的文本本身，就越会感到宋儒种种解说的不可信，也就越会激发

---

① 杨慎：《升庵集》卷45《夫子与点》，《四库全书》本。按，此段完全取自黄震的言论，杨慎窃取之而丝毫不予以注明，杨氏之无德，于此可见。

人去探讨孔子与点的真正原因①。杨慎接着指出:

> 后世丧虚好高之习胜,不原夫子喟叹之本旨,不详本章所载之始末,单摭与点数语而张皇之,遗落世专,指为道妙,但欲推之过高,而不知陷于谈禅,其失岂小哉?程子曰:子路冉有公西华官志,自是实事,此正论也。又曰:夫子与点,盖与圣人之志同,便是尧舜气象②。又曰:上下与天地同流,且天地同流,惟尧舜可以当之。曾点何如人,而与天地同流,有尧舜气象乎?且圣人之志,老安少怀,安老必有养老之政,怀少必有慈幼之政,非隐居放言亦为政之事也。点之志与圣人岂若是班乎?此言或出于谢上蔡之所录,非程子之言,亦不可知。纵真程子之言,吾亦辟之矣。程子之贤不及孟子,孟子曰:琴张曾皙牧皮者,孔子之所谓狂也。点也人品之高下,孟子已有定论,且与琴张、牧皮为伍,琴张、牧皮又可与子路、冉有若是班乎?嗟乎!今之学者循声吠影,徒知圣人之所与,而不知圣人之所裁也。孔子曰:吾党之小子狂简,斐然成章,不知所以裁之。孔子自陈归鲁,欲裁正者,正为皙辈。惜乎不知所以裁点之事,而徒传与点之语,使实学不明于千载,而虚谈大误于后人也。朱子晚年有门人问与点之意,朱子曰:某平生不喜人说此话,《论语》自《学而》至《尧曰》皆是工夫……又易箦之前,悔不改"浴沂"注一章,留为后学病根,此可谓正论矣。吕与叔……又因程子吟风弄月之言,而演为心斋之说。心斋乃庄子之寓言,此诗不惟厚诬曾点,又嫁非于颜子矣。其去竹林七贤、南朝八达者几希。审如是,何不径学庄列而学孔孟?孔孟固如是乎?夫子历聘卒老,于行荷蒉、晨门、长沮、桀溺、植杖、楚狂之徒,非笑讥讽,而夫子之辙不回,而佛肸公山之徒召亦欲往,岂以不仕为高者耶?充点之志而不知圣人之裁,则与桀溺之忘世,庄列之虚无,晋人之清谈,宋人之禅学,皆声应气求,响合影附,不至于猖狂自恣,放浪无检不止也。鼓之舞之流于异端而不觉

---

① 其实,这一公案的最大魅力就在于它没有确解,可以引发人无限的遐想。有时候我甚至想,我们真的有必要凿开混沌吗?

② 按,这一段同样来自于黄震。

者，岂非尧舜气象一言为之厉阶哉？①

宋人尧舜气象、天地同流之说又过矣。曾晳狂者也，本有用世大志，而知世之不我以也。故为此言以销壮心而耗余年。此风一降则为庄列，再降则为嵇阮矣。岂可鼓之舞之推波助澜哉？②

这里，杨慎重在抨击时人的各种"曾点论"是"谈虚好高之习"，进而认为曾点之志"与桀溺之忘世，庄列之虚无，晋人之清谈，宋人之禅学"，乃至与佛老之学了无分别。他的这一观点以及"纵真程子之言，吾亦辟之矣"的精神，我们会在更多明清之际学者们的著作中看到。这一精神也可以概括为崇实二字，体现出了鲜明的批判精神。当然，我们也大可不必如钱穆先生那样，一定要把这种精神和王学联系起来③，试图在理学中为它寻找渊源。另外，有一点也需要我们注意，那就是为杨慎所指出的，朱子晚年不喜人空言曾点，空言气象，这一点概括得还是很准确的。

至于杨慎文中所提到的观点，几乎是黄震观点的翻版，只是增添了一些更具煽动性的文字罢了，不必详做评论。

晚明之际，有感于王学末流的泛滥，学者纷纷转而强调儒学的基本价值观，强调儒者的社会责任和道德之维，其代表当属东林学者和刘宗周。在一定意义上，这也表明，朱子学在当时重新得到了人们的关注。

东林学者基本上站在了王学的对立面（他们又都对王学有所继承），大力批判王学末流的种种流弊。要言之，他们把批判的中心，指向了当时甚嚣尘上的"无善无恶"说和空谈性命、一味寻乐等诸时弊，呼唤大家关心国计民生，呼唤儒学向经世致用复归。这种救世的见解，是东林学派的真精神。正是出于这一缘故，东林学派都对"追求独乐"之属，持一种极为严厉的批判态度：

官辇毂，念头不在君父上；官封疆，念头不在百姓上；至于水间林下，三三两两相与讲求性命，切磨德义，念头不在世道上，即有他

---

① 《升庵集》卷45《夫子与点》。
② 杨慎：《丹铅总录》卷26《四库全书》本。
③ 钱穆先生曾多次提出，像杨慎这样的观点，在明清之际颇为流行的，那种不以圣人之是非为是非的精神与王学的精神一致。

美，君子不齿也。①

部中甚安闲，尽可静养，但学者以天下为任，不以一部为职，念至此，无处著一乐字矣。②

问高忠宪（高攀龙）："明道许康节内圣外王之学，何以后儒论学只说程朱？"忠宪曰："伊川言之矣。康节如空中楼阁。他天资高，胸中无事，日日有舞雩之趣，未免有玩世意。"③

此前已经有很多人认为"曾点气象"有玩世意，但是这些话出自东林党人的口中，却具有格外的震撼力。在他们看来，贞定人道德本心的有效手段就是扎实的工夫，他们呼吁："不患本体不明，只患工夫不密；不患理一处不合，惟患分殊处有差。必做处十分酸涩，得处方能十分通透。"④ 这也是朱子学精神的体现。

已有许多学者指出，晚明之际在社会领域发生了全方位的变化，士人之心态及生活理念都和前代大相径庭——更注重人的感性一面，更注重人的个体之维，更注重享乐。在此大背景下，东林诸贤所呼吁者，对于维系时代的凝聚力，对于保持社会的基本道德导向，都有着积极的意义。但是，也许是时代使然，东林学者基本上都缺乏对朱子宣扬"曾点气象"的苦心的同情之理解，其立论也较朱子为浅。

继东林诸贤之后，能进一步从理论上集有明学术之大成，而自觉以救王学末流之流弊为己任者，则曰刘宗周先生。刘宗周（初名宪章，字启东，一作起东，号念台，学者称其为蕺山先生，1578—1645）是晚明的最后一个大理学家，他的去世也标志着一个时代的结束。他的思想深刻地反映着时代跳动的脉搏，近来已经成为学界研究的热点⑤。

蕺山为学之绝大精力，在于修正王门后学之流弊：针对其讲无是无非而大讲意根独体之良；针对其刊落工夫、虚说本体而力倡绵密细致的心地工夫：

---

① 《明儒学案》卷58《东林学案》，第1377页。
② 高攀龙：《高子遗书》卷8《与李尚甫书》，《四库全书》本。
③ 《宋元学案》卷10《百源学案》，第471页。
④ 《明儒学案》卷58《东林学案一》，第1417页。
⑤ 东方朔先生、李振纲师对此都有精深的研究。

> 学者只有工夫可说，其本体处直是着不得一语，才着一语便是工夫边事，然言工夫而本体在其中矣。大抵学者肯用工夫处，即是本体流露处，其善用工夫处，即是本体正当处。若工夫之外别有本体可以两相凑泊，则亦外物而非道矣。①

上述观点和朱子高度一致，而他的"曾点气象论"，也透露出了独有的消息：

> 圣人之志，以老安少怀为极致。事即宇宙事，宇宙内事皆吾分内事，此洙泗学术之宗也。群居讲求，莫非用世之道。如有用我，执此以往矣，如不用我，守此以藏矣。故由之有勇知方，求之足民，赤之礼乐，其施为气象不凡矣。
>
> 曾点狂者也，胸次洒脱，志趣超远，舍瑟一对，悠然独见性分之全，素位而行，浮云富贵，莫（暮）春即景，若曰吾何以人之知不知为哉？吾有吾时，吾有吾地，吾有吾群，吾有吾乐而已。盖忧则违之之志也。故夫子喟然叹曰吾与点也。子不云乎，用之则行，舍之则藏，点也见及此，进于道矣，能无与乎？然其如夫子惓惓用世之心，何喟然之叹岂能已哉？及曾点请问辨三子之异同，而夫子一则曰为国，一则曰为邦，又曰诸侯，惓惓用世之心见乎辞矣。虽然，其言不让，未闻道也。安论二子乎？使三子而知所以为国，则夫子不必与点矣。夫子既与点之见道，而又终与三子之为邦，意盖曰不吾知也，则亦为曾点而已；如或知尔，曾点不难为三子，即三子岂可少哉？呜呼，此夫子之志也。点即景容与，便是为国以礼手段。夫子初发问，商个用世之业，觉眉宇间有津津喜色，子路率尔之对，不觉一哂，亦志害也。及至曾点，乃舍却知尔公案，别寻个丘壑意味出来，将夫子一片热肠顿然灰冷，然其道则是，故叹息而与之云，三子皆以圣贤之学术，奏拯溺、亨屯之略，欲为天下拨乱世而开太平也。兵凶干济，自是宏远之才，康阜生民，亦非小康之术，宗庙会同，达乎朝廷，行

---

① 董玚编：《刘子全书》卷19，《文编六·书上》，《答秦履思·二》，台北华文书局1968年版，第1318页。

乎邦国，有礼陶乐淑之化，合而观之，三子事业岂小补云乎哉？使夫子而得邦家，则诸子亦皋夔稷契之侪也。①

蕺山的思想，颇有集有明思想之大成的意味，其为学过程历经数变，基本已将当时的各家思想融和为一处，进而形成了自己独到的风格。黄宗羲就提出："先生之学，以慎独为宗。儒者人人言慎独，唯先生始得其真。"② 这里，通过对慎独和对"意"的贞定作用的强调，蕺山着力批判了当时道德理想严重失落的现状，高扬了儒家传统的担当意识和以救世为己任的精神。

蕺山的曾点论，其中心是在强调以人文关怀为中心的"洙泗学术之宗"，强调其核心是"老安少怀"、"民胞物与"的精神。他认为，"用之则行，舍之则藏"是一体之两面，无所谓高低之分，只是取决于现实的条件，此所谓异地皆然，关键是要保持人的性分之全，不愿乎外。此外，他还针对当时社会人人竞相讨论曾点、轻视三子的流弊，③ 强调孔子的"惓惓用世之心"，强调"使三子而知所以为国，则夫子不必与点矣"、"三子事业岂小补云乎哉"。这与当时社会黜虚崇实的整体精神是一致的。事实上，我们更能从蕺山的文字中，看出他努力把"夫子既与点之见道，而又终与三子之为邦"合为一体的努力。于蕺山，如果一味肯定曾点之"气象"，其流弊只能是以忘世为高，而一味肯定三子的答问之正，其流弊则是重事为轻进道，抑或是要流于申韩了。

我们说，在明清鼎革之际诸贤中，真正能在"曾点气象"的问题上接续朱子的，实只有王船山一人而已。王船山曾详细论及过朱子的论"曾点气象"。在其大作《读四书大全说》中，船山针对朱子观点提出他在志功之辨、理欲之辨、儒与佛老异同之辨上的思想。

首先，船山借"曾点、漆雕开已见大意"这一公案，对朱子以"理"来阐释"曾点气象"，给予了高度的评价：

---

① 《刘子全书》卷30《经术三》，《论语学案三》，第2563—2565页。
② 《明儒学案》卷62《蕺山学案》，第1512页。
③ 对此流弊，李振纲师有精彩的论述，可参看《证人之境》一书的相关论述。刘宗周将其总结为：其弊也，猖狂者参之以情识，而一是皆良；超洁者荡之以玄虚，而夷良于贼。见《刘子全书》卷6《证学杂解二十五则·二十五》，第441页。

> 除孔子是上下千万年语，自孟子以下，莫不是因时以立言。程子曰"曾点、漆雕开已见大意"，自程子从儒学治道晦蒙否塞后作此一语，后人不可苦向上面讨滋味，致堕疑网。盖自秦以后，所谓儒学者，止于记诵词章，所谓治道者，不过权谋术数。而身心之学，反以付之释老。故程子于此说，吾道中原有此不从事迹上立功名、文字上讨血脉、端居无为而可以立万事万物之本者，为天德、王道大意之存，而二子为能见之也。及乎朱子之时，虽有浙学，而高明者已羞为之，以奔骛于鹅湖（陆学），则直须显漆雕开之本旨，以闲程子之言，使不为淫辞之所托，故实指之曰"斯"，指此理而言。恐其不然，则将有以"斯"为此心者，抑将此"斯"为眼前境物，翠竹黄花，灯笼露柱者。以故，朱子于此，有功于程子甚大。①

船山以为，二程提出以上的公案，很有针对时弊的意味，而二程后人并没有理解他们的苦衷，而是一味"向上面讨滋味"，好高务巧，再次使儒学的发展出现了偏差（船山认为这一偏差的代表就是象山之学）。有鉴于此，朱子才郑重地指出曾点和漆雕开所见的"大意"，是指此"理"而言。由此，船山认为朱子之论"曾点气象"，既继承了二程论曾点的正面价值，也很有效地规避了二程后学空谈"与点"的流弊。

船山又指出：

> 朱子谓"三子（子路、冉有、公西华三人）不如曾点之细"，又云"曾点所见乃是大根大本"，只此可思，岂兵农礼乐反是末，是枝叶，春游沂咏反为根本哉？又岂随事致功之为粗，而一概笼罩去之为细耶？看此一段语录，需寻入处。身心无欲，直得"清明在躬，志气如神"，天下无不可为之事。读语录者，须知"清明在躬"时有"志气如神"事，方解朱子实落见地。②

这里，困扰船山的同样是本书多次提到的难题：为什么"兵农礼乐

---

① 《读四书大全说》卷4《公冶长》，《船山全书》第6册，第652页。
② 同上书，卷6《先进》，第764页。

反是末，是枝叶，春游沂咏反为根本"？他反弹琵琶，一改朱子对严时亨观点的批评态度，认为人只有体会到"清明在躬"的好处，才能真切地体会到朱子的心境，这是把朱子针对严氏的话题转成了辨析理欲之辨的话题。船山从理欲之辨和本末之辨的角度对此做出了回答。他认为，"兵农礼乐"、"随事致功"当然重要，但是辨析理欲之分更为重要：

> 《论语集注》云"人欲净尽，天理流行"，朱子又云"须先教心直得无欲"，此字却推勘地精严。①

他指出，问题的关键不在于一个人是在"春游沂咏"，还是他已经投身于"兵农礼乐"，而是要看他的一举一动是从天理的当然与必然处出发，还是从个人之私和"己之所欲为"的一己动机出发。若是后者，那么无论他干什么都会怀有"拟议"与"偏据"之心，会因为"才落机"而生出人欲之伪，进而偏离大本。这样，纵然是他"便成也不足以致主安民，只为他将天理边事以人欲行之耳"。反之，只要他能以无私之本心去去顺理而行，即使是"春游沂咏"也不影响他的天理流行，乃至于此心此理一旦发于事业，就会无事不成。在这里，船山继承了朱子认为人一切行为动机必须立足于天理这一大本，必须以公心行公事的一贯立场，在对欲之辨、志功之辨的讨论上坚持了儒家的基本立场。基于对理欲关系的不同理解，船山认为天理和人欲同体而异用的意味。

船山还对理欲之辨展开了进一步的分疏：

> 盖凡声色、货利、权势、事功之可欲而我欲之者，皆谓之欲。乃以三子反证，则彼之"有勇"、"知方"、"足民"、"相礼"者，岂声色货利之先系其心哉？只缘他预立一愿欲要得如此，得如此而为之，则其欲遂；不得如此而为之，则长似怀挟著一腔子悒怏歆羡在，即此便是人欲，而天理之或当如此、或且不当如此、或虽如此而不尽如此者，则先为愿欲所窒碍而不能通……怀挟著一件，便只是一件，又只

---

① 《读四书大全说》卷6《先进》，第764页。按，"须先教心宜得无欲"，不见于朱子的任何文献，类似文字也不是朱子的观点，而是严时亨的说法，见上文论述。

在者（这）一件案上作把柄。天理既该夫万事万物，而又只一以贯之。不是且令教民有勇知方，且令足民，且令相礼，揽载著千伶百俐，与他焜燿。故朱子发明根本枝叶之论，而曰"一"、"忠"、曰"大本"。凡若此者，岂可先拟而偏据之乎？故三子作"愿"说，作"撰"，便是人欲，便不是天理。

<blockquote>欲者，己之所欲为，非必理之所必为也。①</blockquote>

王汎森先生曾指出，"治晚明清初思想史的人，多已注意到当时思想家反对禁欲主义，发展出自然人性论，尤其是有一种'情欲大解放'之倾向……在主张自然人性论的思想家的作品中，常能见到极为深刻的道德严格主义。这种现象以明末清初的思想家为特别突出"②。他还把这种现象称作"两极并陈"。王先生指出的这一现象很具有普遍性。我们在王门后学乃至于颜李学派中都能看到这种现象，而船山先生也是其中的典型。事实上船山对理欲之辨，同样也持着道德严格主义的立场。他对人欲的界定就非常严格，也与朱子以"不当"来界定人欲的说法相通。船山同样把理欲之辨延伸到了人的内心世界：

<blockquote>徒立一志以必欲如此，即此是人欲未净而天理不能流行。三代以下，忠节之士，功名之流，摩拳擦掌，在灯阁下要如何与国家出力，十九不成，便成也不足以致主安民，只为他将天理边事，以人欲行之耳。③</blockquote>

我们在读船山的作品时，常常能感到其深厚的历史批判精神。虽然以"必欲如此"为人欲，这在船山之前已经早有人提及，但我们还是能够从他的文字中，感受到他对晚明时那种人潮汹涌，纷纷以承道者自认的状态的反思，感受到其对王门后学流弊的深刻反思。我们也能从《宋论》和《读通鉴论》中，感受到他的这种批判意识④。在这里，对理或是礼的强

---

① 《读四书大全说》卷6《先进》，《船山全书》第6册，第761页。
② 王汎森：《晚明清初思想十论》，复旦大学出版社2004年版，第93页。
③ 《读四书大全说》卷6《先进》，《船山全书》第6册，第761页。
④ 赵园先生对此有精彩的论述，可参看《明清之际士大夫研究》一书的相关论述，北京大学出版社1999年版。

调，是与船山自觉清算王学以己代理之流弊的巨大努力是相关的。

第二，船山还进而提出了"存养"与"省察"必须并进的观点，并由此突出了儒学与佛老之辨。他不同意"须是人欲净尽，然后天理自然流行"的看法，认为"此语大有病在"。在他看来，"但净人欲"是儒学与佛老共同的一面，净人欲不会自动导致人的天理充周，因为这是两个不可相互替代的过程。相反，人只有自觉去做细致的格致工夫才能真正体会到天理流行之境界。他指出：

> 须是人欲尽净，然后天理自然流行，此语大有病在……倘须净尽人欲而后天理流行，则但带兵农礼乐一切功利事，便与天理窒碍，叩其实际，岂非"空诸所有"之邪说也？①

他强调，如果抛开了正面的体认天理，而一味强调"净人欲"，就会流于佛老。其实，这正是为朱子晚年所一再强调的"克己"与"复礼"的区别，也是二程所强调的主敬与集义的区别。论到曾点，船山认为，曾点是偏于做净人欲的工夫，"而所以其行不掩者，亦正在此"。他还从体用两方面对此做出了说明：从体上说，"苟天理不充实于中，则何所为主以拒人欲之发"？而从用上说，人必须要时时接触人事，而如果心中无理为之主宰，一接触就会有人欲产生。相反，如果人能做到明礼与净欲两工夫并进（礼，船山指为是"天理之节文"），那么"则兵农礼乐无非天理流行处"。在这里，船山强调"明礼"对于辟佛老的重要性，正是在强调朱子所谓的格物之工夫。这是他对朱熹在该问题上所持观点，诸如力主"涵养"与"致知"并进和强调儒学与佛老虚实之辨等思想的积极回应。在这一点上，陈来先生也有较为明确的说明：

> 只讲去欲、无语、净欲，就与释氏断烦恼之说无法区别，释氏只讲去欲，不讲存理，不讲有其德，而儒家"仁"学的根本精神在于存天理、有其德。因此船山认为，儒家圣学"大要在存天理"，而佛老之学可谓"大要在净尽人欲"。这包括两点，一是儒家在存理遏欲之间主

---

① 《读四书大全说》卷6《先进》，《船山全书》第6册，第763页。

张存理为主，二是儒家的"遏私欲"与佛老的"净人欲"有所不同。①

船山在这里所辨析的，核心精神是儒释之辨，同时也是虚实之辨。这也正是朱子之论"曾点气象"的基本精神。

第三，王夫之还通过对曾点与庄周的比较，强调了所谓的儒道之别。这也是紧承朱子而发的。船山认为，一言以蔽之，庄子思想就是一个"机"字："看着有难处便躲闪"、"则兵农礼乐、春风沂水了无著手处，谓之不滞于物"，这种态度与儒家的基本宗旨是截然对立的。相反，他自己认为曾点是"然其言春风沂水者，亦无异于言兵农礼乐，则在在有实境"；这不是出于"机心"的选择，而是处处皆然的实境。在这一点上，船山认为"曾点气象"完全不同于老庄之学。我们说，表面上看，"机心"正是庄学所反对的，船山以此来定位庄学似乎有点不相应。但是，船山这里所批判的是庄学"不滞于物"的所谓"机心"，即是在批判它的独善其身，自私用智。另外，船山还针对老庄之学而强调"诚明同德"的重要性，指出一味求乐、不讲事为，"翻（反）以有所明而丧其诚"是老庄之学的本质，这又是他对朱子在辟佛老方面的发展。

显然，以上王夫之所讨论的问题包括理欲之辨和儒学与佛老之别，都是朱子一直想要通过对"曾点气象"的讨论来重点阐述的问题。我们说，明清之际人们对"曾点气象"的态度发生了巨大的转变。从中我们分明可以体会到思想转换的先声。

自清代以降，随着明清诸思想家们对理学反思的深入，随着他们为学兴趣的转变，他们开始立足于元典本身探讨是否存在"曾点气象"的问题。总体来看，虽然在清代程朱之学仍然被悬为功令，但是无论是述朱者还是述王者，其思想的原创性都大不如前②。清代汉学之重光乃一大势，

---

① 陈来：《诠释与重建——王船山的哲学精神》，北京大学出版社2004年版，第151页。
② 清代朱子学的研究成果突出，典型者如王懋竑的《朱子年谱》，夏炘的《述朱质疑》都堪称力作，但二人都不脱考据的传统，而在对朱子思想的开拓上都无创见。梁启超先生云：清代"朱学者流"——所谓以名臣兼名儒，从我们眼中看来，真是一文不值。据我个人的批评，敢说：清代理学家，陆王学派还有人物，程朱学派绝无人物。见《中国近三百年学术史》，《阳明学派之余波及其修正》，东方出版社1996年版，第62页。此说虽粗，却能切中清代朱子学的要害。

儒者特色鲜明如颜习斋者，一传而为李塨，已经离训诂之学不远，此后虽有戴震提出抬轿人与轿中人之喻，但毕竟不足以改变学术发展之大局。仅以曾点问题而论，此后如刘宝楠的《论语正义》、近人程树德的《论语集释》都在综合前人论述成果的基础上，以大量的篇幅讨论了《论语》中"曾点言志"一节的本意问题，而程朱对此的论述已经无法再进入他们的视野①。此后，近人杨树达、杨伯峻以及当代编辑的《孔子大全》等等也都只是对"曾点言志"问题本身进行了专门的讨论，却都再没有把它当作理学的基本问题来看待。一叶知秋，至少是仅就清代学术而言，为什么对宋明思想的反思同时也意味着理学整体在走向衰亡？这是个真正应该思考的问题②。但是，此时"曾点气象"早已成为了指代一种极高个人修养境界的同义词，而为曾点所憧憬的理想生活，也已成为了人们指代理想大同社会的代名词。"曾点气象"无论是在对理学的发展贡献上，还是在促进中国传统哲学境界论的形成上都已经深入人心，其内涵也远远超越了它的原始含义。

在近代学人中，钱穆先生对朱子与"曾点气象"关系问题的考辨颇见工力，也基本上是在照着理学在讲。在其大作《朱子新学案》中，钱先生对朱子在其《文集》与《朱子语类》中对"曾点气象"的种种不同评论做了详尽的梳理，意在通过挖掘朱子与二程在对该问题上的不同评价来辨析他们之间的思想异同。钱穆先生对此研究几乎涵盖了朱子论"曾点气象"的所有内容，也大致勾勒出了朱子在修订《论语集注》中对"曾点气象"的评价过程中的详细变化情况。同时，他也点出了朱子在这个问题上的复杂心态与矛盾之情，并且指出了朱子晚年对该问题的晚年定论。不过，钱穆先生似乎对朱子之所以特别关注该问题的背景和深层原因挖掘的不够。尤其他对朱子论"曾点气象"在理学发展史上的重要意义

---

① 如程树德就认为：按：曾点在孔门无所表现，其学其才均在三子之下，《朱子语类》中关于此章论述不少，惜其沿其师尧舜气象谬说，并天理流行一派套语，多隔靴搔痒之说。见《论语集释》第3册，卷24，《先进下》，第817页。程还引用了大量清人的论述来支持他的观点。

② 清代学术，无论是程朱，还是陆王都代有传人，朱陆之争在清代也上演过不少闹剧。但其在总体上则呈现衰亡之势，却是不争的事实。清代学术之兴盛，是史学，是经学，但却连广义上的哲学都不是。"训诂明然后义理明"，这句话在把明训诂作为义理明的必要条件时其合法性无可怀疑，但它却不是义理明的充分条件。再者，借旧瓶装新酒者，是否就因为其注解没有忠实于所注解者而完全没有价值？对于这个问题前贤论述已多，此不详论。

并没有做更多的介绍。这不能不说是大淳之小疵。另外，钱穆先生对朱子论"曾点气象"的书信的年代考证上较之陈来先生而言，稍欠严谨。如其在《朱子新学案》中将《答方伯谟2》一信误作为《答陈明仲15》便是较明显的一例。

相对而言，冯友兰先生也很重视讨论"气象"和"曾点气象"。冯先生自己曾说道："总起来说，'境界说'是新理学的中心思想。"① 我们说，虽然传统儒学包括宋明理学都有很浓厚的境界论因素，却很难说它是以境界论为中心的。把境界论提高到中心思想的地位，这是冯先生的开新所在。如早在写《贞元六书》之际，冯先生就提出了以四境界说和知天、事天、乐天、同天为代表的人生境界论，而他在晚年编成的《哲学史新编》中，也着重强调了所谓境界和"气象"的问题。由于受新实在论的影响，冯先生早年间过于强调真际、共相、大全之无规定性的一面，给人以游离于儒学核心思想之外的感觉。不过，在编写《哲学史新编》之际，冯先生一改其早年境界论思想中浓重的神秘主义色彩②，转而强调"与点"和"气象"与道学核心思想的内在联系，并把这作为道学的基本问题来看待。冯先生后来所提出和关注的问题也是本书所要着力解决的问题。

自近代以来，新儒学一直以复兴儒学者自任，其影响也在不断扩大。但是，新儒家尤其是港台新儒家既强调对传统儒学的继承，更强调对其开新，在许多方面都远远走出了传统儒学乃至宋明理学。世易时移，他们也有了自己所关注的问题和思考问题的方式，而其眼界之高，往往要汇中西文化为一，区区"曾点气象"已经很难再激起他们的问题意识了。

例如，熊十力先生认为：

> 宋儒于事功方面，自是无足称者。《论语》于曾点诸子言志一章，夫子于由、求、赤等，一一以为邦许之，可见孔门师弟精神，非如后儒忽略事功，而朱子《集注》释此章，乃独许曾点，而谓"三子规规于事为之末"。朱子此种意思，完全代表宋明理家，非特为其

---

① 冯友兰：《三松堂全集》卷14，第223页。
② 可参看陈来《论冯友兰哲学中的神秘主义》，载《中国文化》第13期。

一人之见而已。孔子内圣外王的精神,庄子犹能识之,至宋明诸师,而外王之学遂废。自此,民族愈益式微,此非我辈今日之殷鉴耶?①

《论语》原文中,孔子是在与点还是在与三子,原文俱在,似乎不必再讨论。但熊先生认为"至宋明诸师,而外王之学遂废"之观点,实不足以概括宋明先贤之真精神。事实上,包括朱子本人在内的一大批宋明士大夫绝不轻视事为,但却强调在事为之初,先要求大本以为约束,使外王不至于流于霸道,这又是我们应该注意的。这一点余英时先生辨之已详,我们也不必再展开论述了。

再如,牟宗三先生针对黄宗羲在《明儒学案》中对王襞(字东崖,1512—1588)的评论而说到:

> 曾点所说即表示一种轻松的乐趣,其志不在作什么事业。此是一时独出彩头。孔子喟然叹曰"吾与点也",这亦不过是一时的幽默。他们师弟二人都不是在此想表示道体流行之境界。此由子路、冉有、公西华三子离开后,曾晳复与孔子正式讨论三子之所说,即可知之。及至宋儒才把这种乐趣与道体流行之境界打并一起说。②

牟先生认定《论语》"曾点言志"一节的本意不过是"轻松的乐趣",而孔子的喟然之叹是一时幽默,这只是他自己幽默的体现。其实《论语》本书中其实并没有什么幽默可言,毋宁说倒是很庄重的。不过,牟先生指出所谓道体流行云云只是出于宋儒的演绎,这一点却是正确的。牟先生还认为:

> 宋儒既这样联想在一起,我们即作一体道之境界看。这种境界可以说是儒家内圣之学中所共同承认的,亦是应有的一种义理,亦可以说是儒释道所共同的,禅家尤喜欢这样表示。(若云喜欢多说此,便

---

① 熊十力:《熊十力全集》第4卷,《十力语要》卷2,《与贺昌群书》,湖北教育出版社1999版,第269页。

② 牟宗三:《从陆象山到刘蕺山》,上海古籍出版社2001年版,第202页,下同。

流于禅，则非是。）宋儒周濂溪亦有这种风格……但既是一种共同的境界，又须看个人的造诣，便不是关键的所在，多说亦无意义……因此朱夫子很不喜欢这一套。所以他说"曾点不可学"。其不可学倒不在那一时的"风乎舞雩"，根本是在不可把学问（实践的工夫）当作四时景致来玩弄……因此，历来言学重点都不在此义上多加宣扬。因此，若专亦此为宗旨（此既是一共同境界，实不可作宗旨），成了此派底特殊风格，人家便说这只是玩弄光景。[①]

牟先生基本上是把"曾点气象"归结为一种乐趣，因此才会把它看成是儒释道所共同的境界。其实在宋明之际尤其是在朱子的著作里，"曾点气象"还是被赋予了相当多的内容，人们对它也有不同的定位与理解。因此泛泛地说它是儒释道的共同境界，还是说它完全体现了儒学自己的境界，都没有注意到它本身所包含的复杂性。我们既要看到"曾点气象"与佛老相通的一面，也要看到它所包含的与佛老相异的一面，这样才能体会到前人在辨析"曾点气象"上的苦心。至少以朱子晚年成熟的思想为标准来看，"曾点气象"正是"天理流行"（朱子以此取代了"道体流行"）的体现，在这个意义上，"曾点气象"与佛老的道体流行境界还是不同的。今天来看，把关注的焦点放在此中微妙的异同上，这更有利于我们把握理学的基本精神。仅就这点而言，"曾点气象"恰恰是理学中的关键所在。当然，若学者一味地渲染"曾点气象"，并且仅仅把它定位为一种和乐的心境，就会流于玩弄光景，这必然是朱子所批判的。

颇为可惜的是，新中国成立后大陆方面对曾点问题只有零星的关注，尤其对朱熹论"曾点气象"问题论述更少，偶有所及也只是集中在审美与文学领域，没有对该问题从理学视角出发的专题性论述。当然，到本书截稿时为止，仍然没有关于朱熹论"曾点气象"为研究对象的专题性论文面世。

[①]《从陆象山到刘蕺山》，第203—204页。

结论　朱子论"曾点气象"的定性与定位

今天，当我们再去审视朱子之论"曾点气象"时，又该对其做出怎样的评价与定位？首先，朱子之论"曾点气象"，彰显着儒学尤其是理学的独特性。长期以来，面对西方的强势话语，更多是出于自我发展的目的，我们的哲学研究不得不向西方靠拢，借用西方的模式来整理我们的传统思想，以期扬弃传统思想的非逻辑性、非系统性之不足，以期使之更像是一门"哲学"。上述倾向在近来受到了学术界的普遍质疑：中国传统思想很容易在这种外在化的处理下丧失其真精神，沦为无生命的材料，至少是泯灭其独有的特质，而经过整理后的所谓中国"哲学"，又会在无意间成为西方文化中心论和优越论的注脚①。随之，学界也开始怀疑是否存在一个统一模式的"哲学"，转而强调哲学大家庭的多元性。近来儒学的一大共识，就是强调要突出儒学之所以为儒学者，即重视揭示儒学的独特性——张立文先生谓之曰：自己讲，讲自己②。这一总的趋势是不错的。不过必须注意，无论是中西方的思想都充满了复杂性。若无视这一复杂性，简单而想当然地概括所谓东西方文化的特色，往往会贻笑大方：刘小枫先生对此的批判就很值得我们深思与警觉③。但是，我们的儒学研究需要揭示儒学的特质，这一方向应该成为我们努力的目标。

把握儒学独特性的途径有三：

其一，是注意其所关注的主题和独特的提问方式。在这方面，已经有很多学者指出，儒学的主题就是成德成圣，而其独特的提问方式就是何为

---

① 安乐哲：《和而不同：比较哲学与中西会通》，北京大学出版社2002年版，第18页。
② 张立文：《中国哲学的"自己讲"、"讲自己"》，《中国人民大学学报》2003年第2期。
③ 刘小枫：《拯救与逍遥（修订本）》，上海三联书店2001年版，第1—2页。

圣，如何成圣，前者大致相当于儒学的本体之学，而后者大致相当于儒学的工夫之学。

其二，是注意其核心的概念。就理学而言，它的核心概念是"理"。"理"的内涵当然不限于戴东原所强调的"纹理"、"条理"的意思。"理"的内涵在于它的"合理"：于物体现为"恰当好"；于人体现为"本善"，于社会体现为参差有序的道德法则。"理"又具有开放性，指一切应然、必然和当然之则。"理"与气合创生了人与万物，而"理"又是它们的所以然者，是价值之源。这个"理"是理性而非信仰的，非蒙昧的；是实有的而非空洞的。它不是对象化的、纯粹化了的独立之物，而是以"在"的形式的敞开者，创生者。此"理"又为理学修养论提供了保证。在理学中，圣只是人之本然的全面呈现，即天赋之理在人的全面呈现而已。但是现实的人被视为是尚未呈现其本然状态的存在者——受气质之弊或外物的引诱，他们的本性处于掩蔽状态，就像西方思想中现实事物永远无法真正实现其理念一样。因此，人的成圣之路，也就是人的潜在本然（本体）完全实现之路，其方法理学谓之工夫。而本体工夫之辨也因此成为理学的核心内容，成为理学的独特性所在。

其三，关注其特有的社会功能。理学乃至于儒学的主要功能是教化，这是西方的哲学所不具备的[1]。儒学有自己的义理之学和哲理的系统，其核心在于教化——认为建设社会秩序的最佳方法在于化民成俗，在于倡导礼乐。由此，儒学最缺乏对纯粹知识的兴趣[2]，一向视之为"万物之怪书不说，无用之辨，不急之察"[3]。如《孟子》亦认为：知者无不知也，当务之为急；仁者无不爱也，急亲贤之为务。尧舜之知，而不遍物，急先务也；尧舜之仁，不遍爱人，急亲贤也[4]。显然，儒者们认为需要去日切磋而不舍的"先务"，应该是君臣之义，父子之亲，夫妇之别，他们用力的主战场就在于生生不已的现实生活世界。

儒者基本上都有对自己使命的高度自觉：以先觉觉后觉，化民成俗为己任。故儒学教化的中心最终落在化字上，不仅要自化，而且要化社会。

---

[1] 李景林先生对此特别重视。
[2] 不独儒家为然，庄子对惠施的批判，其核心就是指责其无用，指责其不切身。
[3] 荀况：《荀子·天论》，《四库全书》本。
[4] 《孟子·尽心上》。

而其教化的手段,并没有诉诸信仰,乃至于愚民,而是要使之明理(礼)有耻。《论语》云:"道(导)之以政,齐之以刑,民免而无耻;道(导)之以德,齐之以礼,有耻且格。"① 此言儒学一贯认为政刑只具有工具意义,而德礼才是化民之本,也正是这个道理。

儒学的中心在于教化,故其非常注重挖掘人成德的内在根据,决不认为人的成圣需依靠外在力量的救赎,需要上帝的怜悯,而是特别强调"为仁由己",强调"我欲仁,斯仁至矣"。也正是基于上述原因,儒学基本上都持性善论的立场②,认为教化的目的在于全人之所以为人者,而非把人变为异己者,把人送往彼岸世界。

儒者以教化为己任,故其立论的根本目的在于导人于实行,故常不离行而言知——而是始终将真知的价值定位为服务于笃行以成德,现以徐爱在《传习录》旧刻跋中记录阳明的话为例:

> 格物是诚意的工夫,明善是诚身的工夫,穷理是尽性的工夫,道问学是尊德性的工夫,博文是约礼的工夫,惟精是惟一的工夫。③

在这里,格物、明善、穷理、道问学、博文、惟精,都属于知边事,它们都要为诚意、诚身、尽性、尊德性、约礼、惟一的所谓主意服务,而后者本身即具体展开为成德的行动。可以说,教化已经成为儒学尤其是理学区别于其他思想流派的根本特色。

儒者以教化为己任,故其特别重视为后学指导为学之方,特别注重此为学之方的纯粹性,注意此为学之方较之于佛老者的独特性。就本书而言,朱子之论"曾点气象",其突出的特点是从理本论的角度释之。他的目的无非是为理学塑造一个理想人格,是要指示出一条成圣之方(而非成曾点之方)而已,其所包含的教化义是显而易见的。对于如何实现此气象乃至于如何实现更高的气象,朱子必强调在下学中上达,在踏实践履中实现之,从而使其论"曾点气象"体现出了浓厚的理学特色。由于上

---

① 《论语·为政》。
② 有些学者持有条件的性善论,只有荀子为特例,故其很难被人视为儒学的正统。
③ 《王文成公全书》卷1《传习录上》。

文对此有详细的论述，此不赘言。

其次，朱子的"曾点气象论"不独长期主导了理学中对"曾点气象"问题的讨论，而且其基本精神也长期主导了此后理学的发展。朱子对"曾点气象"的讨论，突出宣扬了理性精神和崇实精神，这也成为理学的一个基调。理学能在后来的发展中不为佛老所夺，能保持其理性的精神而没有走向过分的玄虚化，其中的很大原因在于朱子学，在于朱子"曾点气象论"扭转世风的作用。朱子学之广大和中庸，也使陆王最终难以与之争横①。这在"曾点气象论"上，情况同样是如此。我们今天在谈论理学的特色时，也一定会想到朱子学的这一特色。

其三，朱子之论"曾点气象"带有鲜明的精英哲学色彩：重责任而轻权利，重付出而轻收获，重人的社会之维而轻其个体之维，重拯救意识而轻逍遥意识。上述特色本是儒学的一贯传统，而朱子则把它发挥到了极致②。清儒焦循（字里堂，1763—1820）曾指出：余谓紫阳之学所以教天下之君子，阳明之学所以教天下之小人；紫阳之学，用之于太宽平裕，足以为良相；阳明之学，用之于苍卒苟且，足以成大功。里堂意味朱子之学包含了"行其所当然，复穷其所以然，诵习乎经史之文，讲求乎性命之本"的复杂内容，只能是"一二读书之士能之"。相反，阳明之学一本良知，对于任何人，即使是愚夫愚妇，"有以感发之，无不动者"③。我们在这里引此文不是在争朱王学的短长，而是在强调二者的特色。显然，朱子学较之阳明学有着更为浓厚的精英色彩。甚至在朱子论"曾点气象"这样一个很容易流于轻松的话题时，我们同样可以感受到了其深切的忧患意识，感受到他不愿独善其身，不愿逃避社会的一片苦心，感受到其战战兢兢，惟理是瞻的心情。在社会正在由精英社会向世俗社会转型的今天，我们固然可以说，朱子学甚至是其论"曾点气象"都没有给个人的安乐留有一席之地，可以指责其不符合现代性。但是，我们在设身处地考虑朱子摆脱佛老影响之时，在大义和个人爱好之间做出艰难取舍时的复杂心

---

① 高攀龙：《高子遗书》卷5："朱子大，能包得陆子；陆子精，便包不得朱子。这已成为公论，于王学亦然。"《四库全书》本。

② 物极必反，朱学之后有王学，在这一点上看就有其必然性。正如庄子之批评墨学，朱子的教导，的确有些让人不堪。

③ 焦循：《雕菰集》卷8《良知论》，中华书局1985年版，第123页。

情吗？

那么，朱子之论"曾点气象"的不足之处又在哪里呢？欲论此问题，不妨先注意理学之"根本缺点"[①]。我们说，儒学的一根本特色在于其流传的延续性——主要是以后人诠释前人著作的形式展开的。这一特点有其长处，也有其弊端。其长处在于儒学在发展中不容易偏离其核心思想，其弊端是儒学在发展中很难分清"我注六经"与"六经注我"的关系：理学之于传统儒学，本是极具创新之新学，却必"附其名而淯其实"，必须称其所言者"古已有之"，为孔孟之本意，这很容易招致后来人"诬孔"的指责。必须承认，孔子少言性与天道，对理字更是只字不提，而宋儒言"无极太极"，言理气数理性命，言本体言超越，二者之间的差距不容讳言。今天看来，"宋学自宋学，孔学自孔学，离之双美，合之两伤"[②]，我们也必须就宋学论宋学，就孔孟论孔孟，合中有分，分后乃有合，此洵为不刊之论。也只有在此前提下，我们才能对宋学之所谓新者，有切实的了解。

具体到朱子之论"曾点气象"，其所提倡之"人欲尽处，天理浑然"云云本非《论语》原文所包含者，朱子必认为这是孔子本义，并反复曲为之说。其会不断招致弟子的怀疑，也是必然的。以考据者的立场，则程树德先生对朱子的指责，正是事实，尽管这一指责缺少"同情的理解"。可以说，在旧框子的束缚下，朱子之论"曾点气象"很难痛快淋漓地直抒胸臆，很难正面充分展开论述自己的观点，却不得不耗费巨大的精力来弥合自己思想与旧框子的矛盾，遂给人以朱子善变的印象，其尴尬处也显而易见。

再者我们说，朱子学太博大也太精密了，这既是其长处，也是其短处。于朱子，积六十多年的从学不辍，步步为营，再加上他的个人气魄和胸襟，能做到对任何思想的"区域分辨而不害其同，脉络贯通而不害其别"[③]，或分说或总说，或正说反说而都能做到圆通无碍，我们也很难在其本人的思想中找到多少漏洞。但是，后人若不能对朱子学有一宏观深切

[①] 此为梁启超先生语，见《清代学术概论》，东方出版社，第9页。
[②] 《清代学术概论》，第15页。
[③] 《文集》卷56《答方宾王·三》。

的体认,又不具备朱子的工夫与见识,就很容易只领会到朱子学的一隅,进而错会其为学宗旨——朱子学在后来的发展中常常会失去其真精神,很大程度上就是出于这个原因。

再者,我们说,于朱子,他肯定会认为他的学说至普通,至平实,至切近,无玄虚;而于后人尤其是明初诸儒,我相信,他们都会视朱子学为需仰视才见之物。当他们在面对如此博大的朱子学时,一定会感到深深的压力,会有一种背负了沉沉十字架的感觉,并会由衷地产生出自卑感[①],会不断出现于朱子学,只需尊而行之,不必发展的感叹。朱子学自朱子后只能陈陈相因,此后不得不有阳明学起而革新之,此中确实蕴含着内在的必然性。

具体到朱子之论"曾点气象",朱子对此问题的讨论超过数万言,在不同时期在不同的条件下,其立论多有不同。本书以二十万多言的篇幅,对此问题做出了详尽的考察,犹不敢说已经解释出了朱子在此问题上的全部精义,而后人若仅仅截取朱子对此问题上的片言之语,便认为朱子的态度如之何如之何,鲜有不失朱子之真精神者。

往者已逝,而朱子之论"曾点气象"于我们的当下生活又有怎样的启示?我们说,自清代已降,理学正日益淡出我们的生活,而只是以知识论的形式被讨论着。工夫,践履,修养心性,返身而诚,圣人气象对于普通人早已成为天方夜谭,而中国哲学和古文也被视为是高不可及的晦涩之物,被视为一种在实践上远离时代,远离现代当下生活的尘封故物。昔日生活化,拒斥纯粹概念化,思辨化的儒学现在只是成了少数知识分子的奢侈游戏,成了他们自说自话小天地中的玩物,成了已经完全被对象化了的研究对象。儒学再次被异化了,只不过,这一次异化是如此的彻底,在学术与生活脱节的情况下,哲学尤其是儒学又如此难以找到自身的安身之所,难道它的宿命只是走向博物馆吗?

问题是,难道当代人都不需要再次面对过去儒学家门所面对的问题吗?理学家们所提倡的理想人格在当代就毫无意义吗?其实情况恰好相

[①] 典型者如王阳明亭前格竹,谈圣人难做,罗汝芳(字近溪,1515—1588)早年慕薛文清之学,其实就是明初的朱子学,静坐生出心火,不得不转向阳明学下。甚至朱子自己也在《语类》中多次叹圣人难做。

反。从某种意义上说,随着社会的进步,说现代化可以为全新意义上的、完全个人意义上的"内圣"(包括精神陶冶、审美体验等各种广义的追求)提供更为开阔的空间当不为过。这是因为,时代的进步正在为个人提供更多的发展舞台。在此舞台上,人的意义与人的价值也正越来越呈现出多元性或者说是多层次性。人的精神空间也大大被拓宽了,他需要面对更多如何提升自己精神境界的问题。事实最终会证明,在未来,对"内圣"问题的讨论不是落伍了,而是才刚刚开始,因为这是出于人本身的终极意义上的永恒的需要。人需要扩充对于自身的理解,在一个更高的层面上实现对自身意义的确认。正如蒙培元先生所指出的:

> 中国的心灵哲学在提高人的精神境界方面做出积极的贡献,至今仍有其价值。"内圣"开"外王",此路走不通,但"内圣"之学则不可丢。今日看来,"仁"的境界作为"内圣"之学,具有永久价值。①

这就是说,人需要在当下体验的主体地位中获得对人生意义与价值的充分理解,也更需要面对自己的内心世界。这也为儒学在我们的当下生活中呈现其意义提供了可能。

当然,其前提是我们不应该再幻想把它看得那么高妙,不再把它当成是所谓造就圣人以"治国平天下"的根本大法。这里,儒家必须要从一种官方的强势话语中脱身,实现自身从理想主义的冷峻严毅向现实主义的活泼泼思想的过渡。它必须把自己定位为一种在社会多元化理念中,为人的全面发展提供多元可能性向度的平凡一员上,充分发挥其固有的教化功能,平等地参与未来社会人的全面发展的建设。这样,它就完全可以通过对每一单个人的生活境界的提升达到它原本想要达到的目的——最终对塑造所谓的国民性发挥其价值。"人是目的",而广义的自由则是在所有"目的"中最为重要的终极性内容。人越是能够挣脱各种外在因素的制约,就越会把自由的意义指向生命本体意义上的自我超越——指向追求"内圣"式的精神超越。在此,古人包括宋明理学在这方面的探索都可以

---

① 蒙培元:《心灵的境界与超越》,人民出版社1998年版,第83页。

为我们提供可资利用的丰富资源。

　　回到朱熹所论及的"曾点气象"，显然朱熹在这里强调的是一种完全理想化了的、建立在有（指必然性的社会规范）之上又融会在无之中，即内在即超越的自由境界，它所指向的也是一种和乐的道德境界，又是一种发诸至仁的生生之境，一种上参天地又从容中道的自由逍遥之境。它是生活的，更是哲学的——具有超越的意义。有与无的结合，这本身就形成了一种天然的默契。"有"的良性发展可以保证社会的整体有序，而这又是个人层面上的"无"之境界得以充分展开的必要前提。同时，"内"的精神修养被设定为实现"外王"之道的准备前提，而"外王"之道又在为实现人内在境界的新飞跃提供基础。这种内外有无的体用一源，无论在当时还是在今日，都并没有过时。

　　诚如上文的分析，朱子学的这一精神在今天当人们颇感有些自我迷失之际，不失为一剂有益的良药，对人重新找回人生的意义是绝对不可少的。同时，朱子的这一理想为正在实现着社会现代化转向的当代中国更有着可以变为现实的可能性。笔者相信，这也是我们今天呼唤振兴国学，呼唤振兴儒学的最大意义所在。

参考文献

电子版丛书资料

［1］本社编《文渊阁四库全书》电子版，武汉大学出版社，1997年。

［2］本社编《二十世纪儒学研究大系》，中华书局，2003年。

［3］本社编《续修四库全书》，第1—1300册，上海古籍出版社版，1998年起。

［4］本社编《四库全书存目丛书》，齐鲁书社版，1996年起。

［5］本社编《四库全书禁毁丛书》，北京出版社版，1997年起。

［6］本社编《四库全书未收丛书》，北京出版社版，1997年起。

［7］书同文《四部丛刊》电子版，北京书同文数字技术化有限公司，2001年。

［8］本公司编《丛书集成新编》，台湾新文丰出版社，1986年版。

［9］本公司编《乾隆大藏经》，台北：传正有限公司，1997年版。

［10］本社编《道藏》，文物出版社、上海书店、天津古籍出版社，1988年版。

［11］北京图书馆编《北京图书馆藏珍本年谱丛刊》，北京图书馆，1998年版。

［12］（日）高楠顺次郎、渡边海旭等监修《大正新修大藏经》（1—55册），台北：新文丰出版公司，1983年版。

［13］蒋廷锡等原纂，东吴大学编《古今图书集成》，电子版（台湾故宫版）。

［14］李一氓等编《藏外道书》，巴蜀书社，1999年版。

［15］清·阮元，王先谦等编《清经解，续经解》，上海书店，1988年版。

原著类资料

[16] 清·黄宗羲编《宋元学案》，中华书局，1985年。

[17] 清·黄宗羲编《明儒学案》，中华书局，1986年。

[18] 宋·黎靖德编《朱子语类》，上海古籍出版社，1992年。

[19] 清·李绂编《朱子晚年全论》，中华书局，2000年。

[20] 元·脱脱编《宋史》第36册，中华书局，1986年。

[21] 明·王阳明撰《王阳明全书》，上海古籍出版社，1992年。

[22] 宋·朱熹撰《朱熹集》，四川教育出版社，1998年。

[23] 宋·朱熹撰《论语集注》，中国书店，1998年，《四书五经》本。

[24] 宋·朱熹撰《四书或问》，上海古籍出版社，2001年。

[25] 宋·朱熹撰《近思录新解》，宗教文化出版社，1997年。

朱子问题编年研究类

[26] 清·高愈编《文公朱夫子年谱》，清同治八年刻本。

[27] 明·何可化等编，清·朱烈订《紫阳朱夫子年谱》，清康熙二年刻本。

[28] 清·黄中编《朱子年谱》，清康熙二十九年刻本。

[29] 清·毛念恃编《紫阳朱先生年谱》，清乾隆十年刻本。

[30] 宋·李方子编《朱文公年谱》，清雍正八年刻本。

[31] 李方子原编，明·李默、朱河订《紫阳文公先生年谱》，明嘉靖刻本。

[32] 清·李元禄编《朱子年谱纲目》，嘉庆七年刻本。（注[9—20]均收入北京图书馆藏珍本年谱丛刊第25册到31册影印出版）

[33] 清·童能灵编《子朱子为学次第考》，乾隆刻本。

[34] 清·王懋竑编《朱子年谱》，中华书局，1998年。

[35] 清·夏炘：《述朱质疑》，《续修四库全书》，第952册。

[36] 清·朱钦绅辑《朱夫子年谱》，清乾隆十年刻本。

[37] 清·褚寅亮编《重订朱子年谱》，清乾隆四十七年刻本。

[38] 清·郑士范编《朱子年谱》，光绪六年刻本。

现代论著

[39]（美）包弼德：《斯文》，刘宁译，江苏人民出版社，2001 年。

[40] 陈来：《中国近世思想史研究》，商务印书馆，2003 年。

[41] 陈来：《朱子书信编年考证》，上海人民出版社，1989 年。

[42] 陈来：《宋明理学》，辽宁教育出版社，1997 年。

[43] 陈来：《有无之境》，人民出版社，1992 年。

[44] 崔大华：《儒学引论》，人民出版社，2000 年。

[45] 程树德：《论语集释》，中华书局，1997 年。

[46] 陈来：《朱子哲学研究》，华东师范大学出版社，2001 年。

[47] 陈来：《现代中国哲学的追寻》，人民出版社，2001 年。

[48]（日）岛田虔次《朱子学与阳明学》，蒋国保译，陕西师范大学出版社，1986 年。

[49] 方彦寿：《朱子书院与门人考》，华东师范大学出版社，2000 年。

[50] 冯友兰：《贞元六书》，华东师范大学出版社，1996 年。

[51] Feng Yu – Lan. *Selected Philosophical Writings of Feng Yu – Lan.* (M). Beijing: Foreign Languages press, 1991.

[52] 葛兆光：《中国禅思想史》，北京大学出版社，1995 年。

[53] 哈佛燕京学社主编：《儒家与自由主义》，生活·读书·新知三联书店，2001 年。

[54] 韩德明：《荀子与儒家的社会理想》，齐鲁书社，2001 年。

[55]（日）荒木见悟：《儒教与佛教》，杜勤、舒志田等译，中州古籍出版社，2005 年。

[56] 周晋：《道学与佛学》，北京大学出版社，1999 年。

[57] 吕思勉：《理学纲要》，东方出版社，1996 年，民国丛书本。

[58] 吕澂：《中国佛学源流略讲》，中华书局，2002 年。

[59] 赖永海：《佛学与儒学》，浙江人民出版社，1996 年。

[60] 李景林：《教化的哲学》，黑龙江人民出版社，2006 年。

[61] 李景林：《教养的本原》，辽宁人民出版社，1998 年。

[62]（美）列文森：《儒教中国及其现代命运（Confucian China and its Modern Fate）》，郑大华译，中国社会科学出版社，2000 年。

［63］李明辉：《当代儒学的自我转化》，中国社会科学出版社，2001年。

［64］李泽厚：《中国古代思想史》，天津社会科学院出版社，2003年。

［65］李泽厚：《美学三书》，安徽文艺出版社，1999年。

［66］李泽厚：《己卯五说》，中国电影出版社，1999年。

［67］李泽厚：《历史本体论》，生活·读书·新知三联书店，2002年。

［68］李泽厚：《世纪新梦》，安徽文艺出版社，1998年。

［69］李泽厚：《论语今读》，安徽文艺出版社，1998年。

［70］栗品孝：《朱子与宋代蜀学》，高等教育出版社，1998年。

［71］李祥俊：《王安石学术思想研》，北京师范大学出版社，2000年。

［72］牟宗三：《心体与性体》，上海古籍出版社，1999年。

［73］牟宗三：《从陆象山到刘蕺山》，上海古籍出版社，2001年。

［74］蒙培元：《心灵的超越与境界》，人民出版社，1998年。

［75］宁新昌：《境界形而上学及其限制》，齐鲁书社，2004年。

［76］彭永捷：《朱陆之辨》，人民出版社，2002年。

［77］钱穆：《朱子新学案》，巴蜀书社，1986年。

［78］钱穆：《宋明理学概论》，台北：学生书局，1977年。

［79］束景南：《朱熹年谱长编》，华东师范大学出版社，2001年。

［80］束景南：《朱子大传》，福建人民教育出版社，1992年。

［81］束景南：《朱子佚文辑考》，江苏古籍出版社，1991年。

［82］沈松勤：《北宋文人与党争》，人民出版社，1998年。

［83］唐文明：《与命与仁》，河北大学出版社，2002年。

［84］（美）田浩：《功利主义儒家陈亮对朱子的挑战》，姜长苏，江苏人民出版社，1997年。

［85］Wei Bin-Zhang. *Confucianism and Modernization—Industrialization and Democratization of the Confucian Regions.* London, Macmillan press LTD, 1999.

［86］Wm. T. de Bary. *Learning for Oneself: Esssays on the individual in*

Neo-Confucianism. (M). New York: Columbia Univeisity Press. 1991.

[87] Wm. T. de Bary. eds. *Self and Society in Ming Thought.* (M). New York: Columbia University Press. 1970.

[88] Wm. T. de Bary. eds. *The Unfolding of Neo-Confucianism.* (M). New York: Columbia Univeisity Press. 1975.

[89] 余英时:《士与中国文化》,上海人民出版社,2003年修订版。

[90] 余英时:《朱熹的历史世界》,生活·读书·新知三联书店,2004年。

[91] 余英时:《中国思想传统的现代诠释》,江苏人民出版社,2003年。

[92] 杨柱才:《道学宗主》,人民出版社,2004年。

[93] 杨国荣:《心学之思》,生活·读书·新知三联书店,1997年。

[94] 杨国荣:《善的历程》,上海人民出版社,2000年。

[95] 郑家栋:《断裂中的传统》,中国社会科学出版社,2001年。

[96] 张立文:《朱熹评传》,南京大学出版社,1998年。

[97] 赵峰撰:《朱熹的终极关怀》,华东师范大学出版社,2004年。

[98] 张祥龙:《海德格尔思想与中国天道》,生活·读书·新知三联书店,1996年。

[99] 张祥龙:《从现象学到孔夫子》,商务印书馆,2001年。

优秀硕博文库

[100] 曹树明:《〈肇论〉思想意旨及其历史演变》,南开大学博士论文,2005年。

[101] 付长珍:《宋代理学境界论》,华东师范大学博士论文,2001年。

[102] 刘承相:《朱子早年思想研究》,中国社会科学院博士论文,2002年。

[103] 李勤合:《杨慎丹铅诸录研究》,华中师范大学硕士论文,2003年。

[104] 〔韩国〕权相佑:《朱熹理一分殊思想研究》,中国社会科学院博士论文,2003年。

［105］王健：《对朱熹解释思想的思考》，中国社会科学院博士论文，1992年。

［106］魏琪：《朱熹哲学与宗教的关系》，中国社会科学院硕士论文，1988年。

［107］《朱熹理学思想研究》，复旦大学博士后资料。

［108］张体云：《张栻与朱子诗比较研究》，湘潭大学硕士论文，2003年。

论文类

［109］冯达文：《"曾点气象"异说》，《中国哲学史》，2005年第4期。

［110］金春峰：《朱子晚年思想》，《山东大学学报》，2005年第1期。

［111］田智忠：《从评点"曾点气象"看朱熹论涵养与工夫》，《孔子研究》，2006年第2期。

后　记

博士毕业转眼一年多了，这本书似乎是要给我的博士生涯划一个晚到的句号，记得我当时在论文的致谢中提到：

  黄宗羲云：宁凿五丁之间道，不假邯郸之野马。这是说无论是为学还是做人都贵在见独，贵在能有自己的思想。这里，见独来自于自己的真切体认，是任何外人和书籍所不能替代的。真正的哲学，只能是在诸个体的充分展开上见其贯通。这是哲学的特色，更是其魅力所在。也正是在这一点上，哲学首先是思想，是与作者的生命相通的"天机活物"，然后才是学问。无论是谁，只有领会了二者一而二，二而一的关系，才能找准自己的位置，才能从中有所受用。

论文的创作也是一个见研究对象之独的过程，是一个与研究对象进行思想交流的过程。由此，我们的交流对象就不能只是完全客观化的知识，而是活生生的人。这个过程不但要能见对方的文字，还贵在见他的言外意，引申意，贵在见其在做文字时的心中所想，至少是其所考虑的问题。这个过程既要求作者做到无我，以完全呈现研究对象的本然状态，同时也要求其能在更高的层面上做到有我，以与研究对象之间形成有机的沟通，把对方的思考引到自己的思考中，使自己有所得，有所受用，有所提高。显然，这也是一个促进做人与做学问同步提高的过程。此过程也使我真正体会到，贵疑、善疑才是做好论文的前提。在论文的写作中，从资料的选择、校对，到对前人思想的评点、辨析，都要求我不能姑息任何二手资料，也不能迷信权威和专家，而是自己每每认真的思考一遍，认真去查询每一条资料的最原始出处，就是对前贤的观点也必须进行细致的审查。在一定意义上，我在论文写作中最大的收获是方法，更是态度。

本书在写作中引用了大量的文献资料。对于此问题，我想引述张岱年先生的一段话作出说明："现在讲中国哲学，对一个哲学家的学说有所诠释，实必须指出证据，实必须'拿证据来'。因此今日讲中国哲学，引哲学家的原文，实不只是引，而亦是证；不是引述，而更是证明。"(《张岱年全集》第二卷，《中国哲学大纲》自序）我想，张先生的这段话在今天还是有效的，颇能代表我对此问题的一个说明。尤其是对于朱子思想的研究，我想用朱子自己的话来作出说明会更有说服力。

值此论文完成之际，我首先要感谢我的导师李景林老师。李老师对我的论文的资料收集和论文的写作、修改均给予了很大的帮助。在他的悉心指导下，我的论文才得以顺利完成。商聚德老师、周桂钿老师、郑万耕老师等也在我的论文写作前给予鼓励并对论文的资料收集与论文的修订提供了重要线索。本书的写作同时参考了大量前贤的研究成果，尤其是钱穆先生、束景南先生、陈来先生等的作品。在此，我表示深深的谢意。我还要感谢我的全体老师在三年中对我学习的指导和生活的照顾，是他们的谆谆教导为我的毕业论文的写作打下了良好的基础。同时，我还要特别感谢对论文评审的专家，谢谢您在百忙之中对论文的审查，谢谢您的宝贵意见。

最后，我还要特别感谢爱人李力，她在完成自己硕士论文的同时，还时时照顾我的衣食住行，使我得以全力完成论文的写作。此真情无论如何感谢都不算过分。

田智忠
2007 年 8 月于福建师大

再版后记

《朱子论"曾点气象"》一书，原是我的博士论文，由巴蜀书社纳入"儒释道博士文丛"，于2007年出版。我于2006于北京师范大学中国哲学专业博士毕业，匆匆在次年即出版此书，故并未对博士文稿予以进一步的修改。蒙当时的博士论文审阅老师和诸位论文答辩委员老师略有首肯，因此此书的出版颇为顺利，在此对审阅和点评论文的各位老师和巴蜀书社的各位编辑老师致以真诚的感谢。

《朱子论"曾点气象"》的写作，得到了我的硕博士导师的悉心指导，当然也在与导师的沟通中坚持了一些自己的立场。李景林老师建议我增强文章的理论厚度，专立一章讨论朱子的"曾点气象论"，但我反复考虑之后认为朱子对"曾点气象"问题的讨论虽多，却难以称得上是成体系的"论"，因此还是坚持将重点放在朱子讨论此问题的过程上。今天看来，如此操作其失就是没有照顾到朱子对此问题的关注与其整体思想，尤其是其对一些关键问题之间的关联性。这一失误，我只能在随后的十多年中，通过不断写出朱子的相关文章来弥补。这一点，在2007年前后发表的几篇文章中，有集中的体现。不过，也正因为论文刻意回避了对一些纯概念的分析，也使得其重视讨论为学之方的特色得到了强化，其得其失，已留在了历史岁月中，无法修改。正因如此，本次此书再版我没有对其做出任何修改，以保留其最初的形态。

此书初版之时，导师李景林先生欣然答应为本书作序，序中体现出浓厚的情意，本次再版，亦保留此序，以见先生提携之意。此次再版，非常感谢北京师范大学哲学学院的经费支持，非常感谢中国社会科学出版社编辑的辛勤付出，在此致以诚挚的谢意。

田智忠 于北京师范大学
2020年3月